Johannes Gerloff
Die Palästinenser – Volk im Brennpunkt der Geschichte

JOHANNES GERLOFF

DIE PALÄSTINENSER

VOLK IM BRENNPUNKT DER GESCHICHTE

SCM Hänssler

SCM

Stiftung Christliche Medien

Dieses Werk einschließlich aller seiner Teile ist urheberrechtlich geschützt. Jede Verwendung außerhalb der engen Grenzen des Urheberrechtsgesetzes ist ohne vorherige schriftliche Einwilligung des Verlages unzulässig und strafbar. Das gilt insbesondere für Vervielfältigungen, Übersetzungen und die Einspeicherung und Verarbeitung in elektronischen Systemen.

FSC www.fsc.org MIX Papier aus verantwortungsvollen Quellen FSC® C006701

2. Auflage 2011
© der deutschen Ausgabe 2011
SCM Hänssler im SCM-Verlag GmbH & Co. KG · 71088 Holzgerlingen
Internet: www.scm-haenssler.de; E-Mail: info@scm-haenssler.de

Die Bibelverse sind, wenn nicht anders angegeben, folgender Ausgabe entnommen: Lutherbibel, revidierter Text 1984, durchgesehene Ausgabe in neuer Rechtschreibung 2006, © 1999 Deutsche Bibelgesellschaft, Stuttgart

Umschlaggestaltung: OHA Werbeagentur GmbH, Grabs, Schweiz;
www.oha-werbeagentur.ch
Titelbild: istockphoto.com
Klappenbilder: © Johannes Gerloff; © Elisabeth Hausen
Bilder im Innenteil: © Johannes Gerloff
Karte: Wikipedia.de, © Lencer
Satz: Satz & Medien Wieser, Stolberg
Druck und Bindung: CPI – Ebner & Spiegel, Ulm
Gedruckt in Deutschland
ISBN 978-3-7751-5337-9
Bestell-Nr. 395.337

Inhalt

Vorwort
Das Diktat der »Political Correctness«

oder: Warum ich dieses Buch überhaupt geschrieben habe

Die Palästinenser waren nie mein Wunschthema. Aber wer sich für Israel interessiert, muss sich um die Palästinenser kümmern. Das fordern sie selbst und vor allem ihre Freunde - manchmal recht nachdrücklich. Das diktiert die *Political Correctness* und vor allem der Deutschen liebstes Kind: die Ausgewogenheit.

Diesem Diktat habe ich mich gebeugt - und bin vielen interessanten Menschen begegnet. In Bethlehem, Ramallah, Hebron, Nablus, Dschenin, Jericho und Gaza, aber auch im Libanon, in Syrien, Jordanien und Ägypten, der Türkei, auf Zypern, in Deutschland und Tschechien habe ich Palästinenser getroffen. Mit manchen verbindet mich mittlerweile eine jahrelange Freundschaft - obwohl zwischen uns Welten liegen und ich nicht weiß, ob ich diese Menschen jemals verstehen werde.

Ich bewundere die Hartnäckigkeit, mit der dieses Volk seine Ziele verfolgt - aller *Political Correctness* zum Trotz. Dabei denke ich an den Hamas-Scheich aus Tulkarem, der erklärte, der wahre Friede werde erst kommen, wenn sich alle Juden und Christen dem Islam unterwerfen. Aber auch die blinde Frau aus Beit Dschallah steht mir vor Augen, die in den Bombennächten des Jahres 2001 den palästinensischen Kämpfern zurief: »Wenn ihr auf die Juden schießt, kämpft ihr nicht gegen Menschen. Ihr kämpft gegen Gott!«

Zur Geradlinigkeit des palästinensischen Volkes gehört, dass es sich für den Wahlsieg der Hamas im Januar 2006 nie entschuldigt hat - obwohl die freie Welt den Willen des Volkes in den Palästinensischen Autonomiegebieten (PA) bis heute nicht anerkennen will. Diesen Charakterzug verkörpert aber auch ein ehemaliger Scheich der extremistischen Salafiten. Er hat in Jesus von Nazareth den Erlöser der Welt und König Israels erkannt. Das sagt er weiter, öffentlich auf den Straßen seiner

Heimatstadt, obwohl klar ist, dass ihn sowohl seine Begeisterung für Jesus als auch seine Liebe zum jüdischen Volk das Leben kosten kann.

Die Palästinenser sind ein hochintelligentes Volk und gehören zumindest im Nahen Osten zu den Volksgruppen mit den meisten Akademikern pro Kopf. In vielen Krankenhäusern der Welt praktizieren palästinensische Ärzte. Wenn ich unsere Tochter, die an Diabetes leidet, ins Jerusalemer Hadassah-Krankenhaus begleite, sitzt uns dort ein Team von Ärzten gegenüber, das weltweit zur Spitze der medizinischen Forschung gehört: Ein orthodoxer Jude, eine gläubige Muslima aus Bethlehem mit Kopftuch und ein »israelischer Araber« - pardon, die *Political Correctness* fordert wohl die Bezeichnung »Palästinenser mit israelischer Staatsbürgerschaft«.

In Bethlehem, so klagt der Vorsitzende der einheimischen Wirtschaftskammer, bekommt man heute kaum noch einen Installateur, Schreiner oder Maurer. Alle haben studiert und sind jetzt Ingenieure, Ärzte, Rechtsanwälte oder Wissenschaftler. Die letzten verbliebenen fähigen Handwerker gehen zur Arbeit nach Israel, weil dort die Bezahlung besser ist. Der Einfluss palästinensischer Theologen ist immens, nicht zuletzt im Blick auf den weltweiten islamischen Dschihad.

Bei alledem offenbaren die Palästinenser eine Bauernschläue, die ihr Gegenüber glauben macht, es habe vollkommen unbeeinflusst seine eigene Meinung gebildet. Das gilt nicht nur für den Bazar in der Jerusalemer Altstadt, den kaum ein Tourist verlässt, der nicht vom Gefühl beseelt ist, ein wirklich gutes Geschäft gemacht zu haben - wobei Tatsache bleibt, dass er übers Ohr gehauen wurde. Das trifft auch für die öffentliche Meinung in Deutschland zu, wo heute »propalästinensisch« als »ausgewogen« empfunden wird. Jegliche Kritik an auch nur einem Fragment der palästinensischen Gesellschaft wird als »proisraelisch« - ein Begriff, der zum Schimpfwort avanciert ist - verabscheut. Aber vielleicht ist der Grund für diesen Zustand in Deutschland auch weniger in der propagandistischen Genialität des palästinensischen Volkes zu suchen, als in der Psyche des deutschen?

Jedenfalls sei an dieser Stelle festgehalten: Die *Political Correctness* hat mir das Thema dieses Buches aufgezwungen. Sie wird mich aber nicht zwingen können, das zu erzählen, was ihr passt, um gleichzeitig

unter den Teppich zu kehren, was ihr gegen den Strich geht. Wenn ich meine »Geschichten aus Palästina« erzähle, ist entscheidend, was ich gesehen, gehört, gelesen, beobachtet und erlebt habe. Gerade weil ich große Sympathie für die Menschen in der PA, in Israel und der weltweiten palästinensischen Diaspora empfinde, halte ich es für meine Pflicht, Korruption, Gewalt, Lügen und Judenhass beim Namen zu nennen.

Es widerspricht meinem Gerechtigkeitsempfinden grundlegend, wenn sich nadelstreifbekleidete Herren westliche Entwicklungsmillionen mit diplomatischem Lächeln in die Taschen stecken, während wenige Hundert Meter daneben Menschen um ihr Existenzminimum kämpfen müssen. Die protzigen Villen in Ramallah umgeben von einer total vernachlässigten Infrastruktur, die bonzigen Autos auf den zerfahrenen Straßen von Nablus oder die Luxushotels von Bethlehem direkt neben Flüchtlingslagern sprechen eine deutliche Sprache.

Ich kann nicht schweigen, wenn Frauen und Mädchen um ihr Leben fürchten müssen, sobald ein Verdacht besteht, dass sie sich »unkeusch« verhalten haben. Dass Menschen zum Tod verurteilt werden, weil sie Land an Juden verkauft haben, widerstrebt meinem persönlichen Wertempfinden ebenso, wie die Todesstrafe, die eine islamische Gesellschaft demjenigen androht, der der einzig wahren Religion den Rücken kehren will.

Die Bilder von glaubenstreuen Muslimen, die von der Fatah furchtbar gefoltert wurden, werde ich niemals aus meinem Gedächtnis löschen können. Genauso wenig die jungen Fatah-Männer im Rollstuhl, denen die Hamas nach ihrer Machtübernahme im Gazastreifen die Knie zerschossen hat.

Ich möchte meinen arabischen Freunden offen und ehrlich sagen dürfen, welche Früchte Hitlers »Mein Kampf« getragen hat und wohin es führt, wenn man den »Protokollen der Weisen von Zion« Glauben schenkt. Dabei denke ich gar nicht zuerst an die sechs Millionen ermordeten Juden, sondern an fünfzig Millionen Europäer, die im Zweiten Weltkrieg ihr Leben lassen mussten. Um das sagen zu dürfen, muss ich natürlich zuerst einmal der Tatsache ins Auge schauen, dass Hitlers Vermächtnis heute in den Buchläden und auf den Straßen der Hauptstädte Arabiens als Standardwerk offen verkauft wird. Den Verschwörungstheo-

rien der Weisen von Zion wird bis in die letzten Beduinenzelte hinein fleißig geglaubt. Hitler ist ein Held in Palästina.

Ein Buchladen in Beirut bietet Hitlers »Mein Kampf« an.

Zugegeben, ich hatte nur selten den Mut, diese Gedanken offen auszusprechen auf den Trümmerhaufen von Gaza oder hinter den Mauern Bethlehems. Aber das ändert nichts an der Tatsache: Es schadet dem palästinensischen Volk, wenn die Ursachen für alle Missstände reflexartig bei »den Juden« gesucht werden. Daran ändert nichts, wenn man »Juden« politisch korrekter mit »israelische Besatzer« ins Deutsche überträgt – oder besser noch, da unpersönlich abstrahiert und deshalb weit weniger schuldgefühlerzeugend, mit »die israelische Siedlungspolitik«.

Es gibt viele Gründe, sich für die palästinensischen Araber zu interessieren. Wer das jüdische Volk und seinen Staat verstehen will, kommt an Wesen, Denken und Handeln seiner arabischen Nachbarn nicht vorbei. Nach jahrelanger Beobachtung der Lage kann ich mich des Eindrucks nicht mehr erwehren, dass viele Lösungsvorschläge und Friedensinitiativen im Nahen Osten in den vergangenen Jahren deshalb fehlschlagen mussten, weil sie die Mentalität, Wünsche und Träume der Menschen sowie gesellschaftliche und religiöse Zwänge, denen sich Einzelne ausgesetzt sehen, außer Acht ließen. Wer einen fruchtbaren Beitrag zu einem politischen Frieden in Israel und der PA liefern möchte, muss die Palästinenser kennen.

Und schließlich noch ein Wort an die Israelfreunde, die von der Bibel her verstehen, dass das jüdische Volk von Gott auserwählt ist, und das Geschehen um den Staat Israel als Handeln des lebendigen Schöpfergottes verstehen: Wenn Gott mit seinem Volk handelt, redet und seine Verheißungen erfüllt, dann gibt es immer auch »die andere Seite«. Die Heilige Schrift berichtet erstaunlich viel und differenziert über sie. Gottes Plan mit Israel ist eingebettet in einen Heilsplan für die gesamte Völkerwelt. Abrahams Nachkommen müssen das verheißene Land verlassen, weil Gott den Amoritern noch eine Gnadenzeit gewährt (1. Mose 15,16). Die berüchtigten Ausrottungsbefehle galten keineswegs pauschal, sondern müssen unter dem Aspekt des Gerichts Gottes über Menschen verstanden werden, die eine Beziehung zum Gott Israels hatten und dessen Maßstäbe kannten. Manche wurden aufgenommen ins Volk, lebten an der Seite des Volkes – wobei die Bibel nicht verhehlt, dass es Schuld auf beiden Seiten gab.

Bis in die Zeit von Jesus hinein begegnen uns Nichtjuden im Land Israel. Geradezu hart konnte Jesus die kanaanäische Mutter einer kranken Tochter abweisen: »Ich bin nur gesandt zu den verlorenen Schafen des Hauses Israel« – und gewährte ihr dann doch ihre Bitte, weil er ihren großen Glauben sah (Matthäus 15,28). Im Falle des Römerhauptmanns aus Kapernaum stellte er gar fest: »Solchen Glauben habe ich in Israel nicht gefunden!« (Lukas 7,9).

Diese »andere Seite« gibt es auch heute. Sie ist so vielschichtig und schillernd wie zu allen Zeiten. Es gibt nicht nur Palästinenser, die Israel

bekämpfen und dabei sich selbst, das Wohl ihrer Familien und ihres Volkes opfern. Es gibt auch Nichtjuden, die ihre Zukunft mit der des jüdischen Volkes verbinden. Es gibt Palästinenser, die israelische Siedlungen auf umstrittenem Land bauen und darin wohnen. Seit der Gründung des Staates Israel gibt es Araber in der israelischen Armee. Natürlich gibt es auch nichtjüdische Menschen, die unter Israel leiden. Für Bibelleser gilt: Wer Israel verstehen will, kann die Augen vor dessen Nachbarn nicht verschließen.

Aus allen ideologischen Windrichtungen, politischen Himmelsrichtungen und religiösen Prägungen kommen wohlmeinende Zeitgenossen auf mich zu, um mir als Journalist und Christ ins Gewissen zu reden: Ich sei verpflichtet, für Frieden und Gerechtigkeit einzustehen, die Sache der Palästinenser zu verteidigen, für Verständigung und Koexistenz die Flagge hochzuhalten oder – besonders nach dem schrecklichen Völkermord der Deutschen am jüdischen Volk – das Existenzrecht Israels zu verteidigen. Die Liste der Verpflichtungen ist endlos und wird mit jeder Krisenzeit, jeder kriegerischen Auseinandersetzung und jeder spektakulären Friedensdemonstration länger.

Im Herbst 2009 hatte ich in einem Artikel an das Pogrom erinnert, das aufgehetzte Araber 80 Jahre zuvor an ihren jüdischen Nachbarn begangen hatten. Damals wurden 3 000 Jahre jüdischer Existenz in Hebron ausgelöscht. »Wie Sie diesen Artikel schreiben, fürchte ich, wird er nur Hass auf die Palästinenser hervorrufen«, schrieb mir ein besorgter Leser, und: »Ich dachte immer, Christen hätten den Auftrag, für Frieden, Menschenrechte, Völkerrecht zu arbeiten.«

Ein Jahr vorher feierte Israel den 60. Jahrestag der Gründung des jüdischen Staates. Ich hatte den Eindruck, meinen Lesern auch die Kehrseite dieser Medaille zeigen zu müssen. Deshalb zeichnete ich ein Porträt der »Nakba«, der »Katastrophe«, die sich mit der Einwanderung von Juden aus aller Welt und der Entstehung des Staates Israel für die Araber in und um Israel entfaltet hatte. Prompt machte das Gerücht, ich sei palästinensischer Propaganda anheimgefallen, die Runde. Zeitungen, in denen mein Artikel erschienen war, wurden abbestellt.

Bin ich als Journalist wirklich verpflichtet, für Frieden, Menschenrechte, Gerechtigkeit, Koexistenz, Verständigung, Völkerrecht oder wie

man »den rechten Glauben« auch sonst noch nennen mag, zu agieren? Ich glaube: Nein! Ein Journalist sollte weder Richter noch Aktivist sein. Meine Aufgabe ist es, das getreu weiterzugeben, was ich als zuverlässige Information empfangen habe. Dabei bemühe ich mich, den geschichtlichen Kontext und Kausalzusammenhänge nicht aus dem Auge zu verlieren. Aber ich weiß auch um meine Grenzen. Als Berichterstatter vor Ort habe ich nur selten den Luxus des Akademikers, der monate- und jahrelang in Bibliotheken wühlen darf, um ja keinen möglichen Blickwinkel zu missen.

Mit der vorliegenden Sammlung von Eindrücken und Artikeln erhebe ich in keiner Weise den Anspruch, *alles* zu wissen, *alles* zu zeigen oder in jeder Hinsicht *die* Wahrheit zu sagen. Vielleicht irre ich mich ja an manchen Stellen? Vielleicht habe ich aber auch nur die berühmt-widersprüchliche »andere Seite der Medaille« gesehen, wenn ich anderen Berichten widerspreche. Ganz gewiss ist die Lage im Heiligen Land nicht so eindimensional und einfach begreifbar, wie sich das der Leser in Europa wünscht. In jedem Falle möchte ich Denkanstöße vermitteln, die dabei helfen mögen, die Situation im Nahen Osten besser zu verstehen.

Im August 2003 besuchte ich einen Kollegen in seinem Büro in Ramallah. Er hatte seine Journalistenlaufbahn eine Zeit lang auf Eis gelegt, um Sprecher des palästinensischen Innenministers Muhammad Dahlan zu sein. Bei der üblichen Tasse starkem arabischen Kaffee sinnierten wir über die verfahrene politische Lage und ihre Ursachen. Ganz unvermittelt erklärte dieser christliche Palästinenser, arabische Journalist und politische Aktivist, was mir bis heute wie ein widerspenstiger Fels im Strom der Stereotypen des Nahostkonflikts erscheint: »Wir sind zum Opfer unserer eigenen Propaganda geworden. Unser Problem ist: Wir haben angefangen, die Lügen zu glauben, die wir selbst in die Welt gesetzt haben.« Diese Aussage begleitet mich seitdem – und ich wünsche mir, dass dieses Buch ein Gesprächsbeitrag ist, der uns davor bewahrt, zum Opfer unserer eigenen Propaganda zu werden – ganz unabhängig davon, welcher Weltanschauung, Ideologie oder religiösen Überzeugung wir uns verbunden fühlen.

Übrigens: Propaganda beginnt mit der Wahl und Verwendung von Begriffen!

Genese eines Begriffs

Die Bezeichnungen »Palästinenser« und »Palästina« gehen uns heute so selbstverständlich von den Lippen, als habe es dieses Land und seine ebenso bezeichneten Bewohner schon immer gegeben. Wenigen ist bewusst, dass der Begriff »Palästina« eine sehr interessante Entwicklung durchgemacht hat.

Nach heutiger Quellenlage taucht der Name »Palästina« erstmals im 12. Jahrhundert vor unserer Zeitrechnung auf. Der ägyptische Pharao Ramses III. rühmt an einer Tempelwand in Madinat Habu seinen Sieg über die syrischen Nachbarn. Unter den überwältigten Feinden erwähnt er »Philistäa«. Da sonst ausschließlich »die Philister« erwähnt werden, könnte es sich bei diesem mit weitem Abstand ältesten Zeugnis des Namens »Palästina« allerdings auch um einen Abschreibfehler handeln.[1]

Im 5. Jahrhundert v. Chr. verwendet der griechische Reisende und Geschichtsschreiber Herodot von Halikarnassos den Begriff *Palaistine* (II,104,3 u.ö.), häufiger noch die Bezeichnung *Syrie he Palaistine* (I,105,1 u.ö.), wodurch zum Ausdruck kommt, dass er das Küstengebiet »bis nach Ägypten« (VII,89,2) als einen Teil Syriens betrachtet. Als Bewohner des Landes nennt er dann aber nicht etwa »Philister« oder »Palästinenser«, sondern - beispielsweise in II,104,15 - »Phönizier sowohl als auch Syrer in Palästina«.

Bis zum 2. Jahrhundert n. Chr. verwenden antike politische Autoren für das Gebiet ausschließlich den amtlich anerkannten Staats- oder Provinznamen »Judäa« oder betrachten die Küstenebene als Teil Phöniziens. Der jüdisch-hellenistische Philosoph Philon von Alexandrien bemerkt, dass »Judäa« das alte »Kanaan« sei, welches nun »Palästina« oder »palästinisches Syrien« genannt werde (De Abrahamo 133; Vita Mosis 1,163).[2]

---

1 Othmar Keel, Max Küchler, Christoph Uehlinger, Orte und Landschaften der Bibel. Ein Handbuch und Studien-Reiseführer zum Heiligen Land, Band 1: Geographisch-geschichtliche Landeskunde (Zürich, Einsiedeln, Köln: Benziger Verlag; Göttingen: Vandenhoeck & Ruprecht, 1984), 277-278.

2 Keel/Küchler/Uehlinger, Orte und Landschaften, 279.

Nach dem zweiten jüdischen Aufstand unter Schimon Bar Kochba 135 n. Chr. sucht der römische Kaiser Hadrian den Widerstandswillen des jüdischen Volkes und dessen Verbindung zu seinem Land zu brechen.[3] Deshalb benennt er die Provinz Judäa um in »Syria Palaestina«.[4] Das biblische Sichem wird zu »Neapolis« - da Araber kein »P« aussprechen können, reden sie bis heute von »Nablus«. Das jüdische Jerusalem wird zu einer römischen Militärkolonie unter dem Namen »Aelia Capitolina« umfunktioniert, woran später der arabische Name »Ilia« erinnert. Juden wird der Zugang unter Androhung der Todesstrafe verboten. Seit dieser Zeit trägt der Begriff »Palästina« das Stigma, jeden jüdischen Anspruch auf »Eretz Jisrael« auslöschen zu wollen - was wohl ein Grund dafür ist, dass der Name *pelastinei* (= *Palaistine*) in der rabbinischen Literatur nur äußerst selten vorkommt.[5] 333 n. Chr. stellt der Pilger von Bordeaux fest: »Einst bewohnten die Hebräer Judäa, das bei uns Palästina genannt wird« (Praeparatio Evangelica 10,5).[6]

Reiseführer aus der zweiten Hälfte des 19. und der ersten Hälfte des 20. Jahrhunderts nennen das Gebiet zwischen Ägypten und dem Zweistromland »Palästina«. »Palästina« war in dieser Zeit ein rein geografischer Begriff - vergleichbar den Begriffen »Schwarzwald«, »Erzgebirge«, »Alpen« oder »norddeutsche Tiefebene« - eigentlich ein Teil Südsyriens.

Gelehrte im 19. Jahrhundert, wie etwa der deutsche Theologieprofessor Gustav Hermann Dalman, bezeichneten sich als »Palästinaforscher«. Dalman schrieb Bücher über »Arbeit und Sitte in Palästina«[7] oder den

---

3 Geschichte des jüdischen Volkes, Informationen zur politischen Bildung 140, Neudruck 1985, 14. Ebenso Lance Lambert, The Uniqueness of Israel (Eastbourne: Kingsway Publications, 1980, reprint 1991), 88. Ludwig Schneider, »Hanan Ashrawis Christsein«, NAI 173 (Januar 1993): 15.

4 Keel/Küchler/Uehlinger, Orte und Landschaften, 280.

5 H.L. Strack und P. Billerbeck, Das Evangelium nach Matthäus erläutert aus Talmud und Midrasch, Kommentar zum Neuen Testament aus Talmud und Midrasch Band 1 (München: C.H. Beck'sche Verlagsbuchhandlung, 9. Auflage 1986), 91.

6 Keel/Küchler/Uehlinger, Orte und Landschaften, 282.

7 Band I-VII, Berlin 1928-1942 (Nachdruck 1987), Band VIII (Fragment aus dem Nachlass), Berlin 2001, das Hauptwerk von Dalmans landeskundlichen Forschungen.

»Palästinensischen Diwan. Als Beitrag zur Volkskunde Palästinas«[8], war Professor für »Palästinawissenschaft« in Greifswald und Herausgeber der Zeitschrift »Palästina-Jahrbuch«. Aus dieser Zeit stammen die Bezeichnungen der Landkarten in den alten Lutherbibeln, die von »Palästina zur Zeit des Alten Testaments«, »Palästina zur Zeit des Neuen Testaments« oder »Palästina aus der Vogelschau« reden.[9] Auf diesem Hintergrund gab die Privilegierte Württembergische Bibelanstalt in Stuttgart 1913 eine »Palästina-Bilder-Bibel« heraus. Noch die 30-bändige hebräisch-englische Ausgabe des Babylonischen Talmuds, die zwischen 1960 und 1990 in der Soncino Press in London erschien, gibt den hebräischen Begriff »Eretz Israel« nicht etwa mit »Land of Israel« wieder, sondern konsequent mit »Palestine«.

Interessanterweise taucht aber der Begriff »Palästinenser« in seiner heutigen Bedeutung für ein Volk, das in »Palästina« lebt, in den Reiseführern jener Zeit nirgends auf. »Ein Araber, der im geographischen Raum von Palästina lebte; bezeichnete sich als Muslim, Araber, Ottomane oder Einwohner seiner Heimatstadt oder des Dorfes, aus dem er stammte.«[10] Die Araber - so Jesaias Press in seinem »Neuen Palästina-Handbuch« von 1934 - »die ursprünglich von der Halbinsel Arabien stammen, machen ungefähr drei Viertel der Bevölkerung aus und teilen sich in Madain (Städter), Fallachin (Fellachen, Bauern) und Beduinen (Wüstenbewohner, Nomaden).«[11]

---

8 Gesammelt und mit Übersetzungen und Melodien herausgegeben, Leipzig 1901. (Sammlung volkstümlicher Lieder aus Palästina und Syrien).

9 So etwa in der mir vorliegenden »Die Bibel oder die ganze Heilige Schrift des Alten und Neuen Testaments nach der deutschen Übersetzung D. Martin Luthers«, neu durchgesehen nach dem Deutschen Evangelischen Kirchenausschuß genehmigten Text. Mit Bildern von Rudolf Schäfer. Herausgegeben von der Sächsischen Bibelgesellschaft und der Privileg. Württembergischen Bibelanstalt. Stuttgart: Privileg. Württembergische Bibelanstalt, 1937.

10 Yehoshafat Harkabi, Das Palästinensische Manifest und seine Bedeutung, übersetzt von Frank S. Rödiger (Stuttgart: Seewald, 1980), 37-38.

11 Jesaias Press, Neues Palästina-Handbuch. Führer durch Palästina. Unter Mitarbeit von Hugo Herrmann (Wien: Fiba-Verlag, März 1934), 75.

»Die nomadisierenden Beduinen« - für die Palästinaforscher des frühen 20. Jahrhunderts zweifellos am interessantesten - »haben die arabische Eigenart am reinsten bewahrt. Sie nennen sich selbst *el-Arab,* d.h. Araber.«[12] »Äußerlich Mohammedaner, haben sie vom Islam nur eine unvollkommene Vorstellung und sind meist nicht fanatisch. Sie sind unwissend, verschlagen, habgierig, diebisch, und man sei daher vor ihnen auf der Hut«, charakterisiert sie der Reiseführer »Palästina und Syrien« von Meyers Reisebüchern im Jahr 1913, um dann zu bemerken: »untereinander leben sie in beständiger Fehde, was ein Glück für die Regierung ist.«[13]

»Die arabischen Dorfbewohner werden Fellachen genannt (von dem semitischen Worte falach = Boden bearbeiten)«, schreibt der jüdische Reiseführer Sev Vilnay. »Die Fellachen sind keine reinen Araber. Sie haben sich seit Generationen mit den Resten verschiedener Volksgruppen, die in Palästina ansässig waren, darunter mit jüdischen Elementen vermischt.« Und über die dritte Gruppe der arabischen Bewohner Palästinas lehrt er: »Die städtischen Araber (*Madanije*) sind ebenfalls keine reinen Araber. In den grossen Städten wohnen einige angesehene Familiengeschlechter, die sich für die Nachkommen jener Araber halten, die das Land erobert haben.«[14]

Genau hinschauen muss man in den Reisebeschreibungen von vor einem Jahrhundert, wenn man jene finden will, die man heute gemeinhin als »Palästinenser« bezeichnen würde. Ansonsten nennen die Touristenführer von damals als Bevölkerung Palästinas die Juden, eingeteilt in Sephardim, »die ein verdorbenes Spanisch« reden, und »die aus dem östlichen Europa [...] Deutschland und Holland stammenden Aschkenazim, die das bekannte Judendeutsch reden«[15], ferner Drusen, Samaritaner,

---

12 Sev Vilnay, Steimatzky's Palästina-Führer. Unter Mitwirkung von Dr. A. Bonne (Jerusalem: Steimatzky Publishing Comp. Ltd., 1935), L.

13 Palästina und Syrien, Meyers Reisebücher (Leipzig und Wien: Bibliographisches Institut, 5. Auflage, Februar 1913), 37.

14 Vilnay, Steimatzky's Palästina-Führer, LI.

15 Palästina und Syrien, Meyers Reisebücher, 37.

Nosairier[16], die schiitischen Metawile, »die in mehreren Dörfern Obergaliläas wohnen«,[17] Ismailier und Christen.

»Die Syrer sind Nachkommen der ältesten Bewohner des Landes«, schreibt Jesaias Press, »sie sind, besonders in Südpalästina, meist so stark arabisiert, daß eine scharfe Grenze zwischen ihnen und den Arabern kaum möglich ist. Sie wohnen in Jerusalem, Bethlehem, Beit Dschallah, Ramallah und den Nachbardörfern, in Ludd und Gaza. Besonders zahlreich sind sie in Galiläa.«[18] Ferner ist von Türken, Turkmenen, Kurden, Tscherkessen, die »ihre Sprache, ihre alten Sitten und sogar ihre kaukasische Tracht behalten« haben,[19] die Rede, sowie von Berbern, Marokkanern, Algeriern, Tunesiern, »Nubiern und Negern«[20] aus Afrika. Andere Zeitzeugen schreiben von persischen Sektierern, Armeniern, ägyptischen Kopten, Abessiniern, Griechen und Italienern, »welche die orientalischen Sitten angenommen haben«, sowie von Briten, Amerikanern und vor allem Deutschen - »meist Schwaben«! - die im Heiligen Land lebten.

Den Begriff »die palästinensischen Araber« fand ich dann ausgerechnet bei dem jüdischen Autor Sev Vilnay, dessen Nachfahren bis heute Gesellschaft und Politik des Staates Israel maßgeblich beeinflussen. Vilnay weiß, dass dieselben »während der dreizehn Jahrhunderte ihres palästinensischen Wohnsitzes weder politisch organisiert [waren], noch hatten sie besondere, von denen der Araber der angrenzenden Länder unterschiedene Aspirationen. Erst seit der britischen Okkupation kamen auch in Palästina nationale Strömungen auf und die Araber des Landes begannen sich zu organisieren und innerhalb der muselmanischen Welt eine besondere Einheit darzustellen. Die Mohammedaner und Christen des Landes vereinigten sich zur Konstituierung einer Arabischen Exekutive mit dem Zweck der Vertretung der politischen Interessen der Araber im Lande.«[21]

---

16 Auch Nussaire oder Nussairäer.

17 Jesaias Press, Neues Palästina-Handbuch, 82.

18 Ebenda, 80.

19 Ebenda, 82.

20 Ebenda, 82-83.

21 Vilnay, Steimatzky's Palästina-Führer, LI.

Am 24. Juli 1922 hatte der Völkerbund das »Gebiet von Palästina, das vordem zum türkischen Kaiserreich gehörte« zum britischen Mandatsgebiet erklärt.[22] Mit Rückbezug auf die sogenannte »Balfour Erklärung« vom 2. November 1917[23] wurde als Ziel des Mandats die »Errichtung einer nationalen Heimstätte für das jüdische Volk in Palästina« gesetzt. Dabei sollte »klar verstanden« werden, »dass nichts unternommen werden sollte, das die zivilen und religiösen Rechte der existierenden nichtjüdischen Gemeinschaften in Palästina« beeinträchtigen könnte.

Artikel 9 betont, dass »der persönliche Status der verschiedenen Völker und Gemeinschaften und ihre religiösen Interessen umfassend garantiert« werden sollten. »Besonders die Kontrolle und Verwaltung der *Waqfs* soll in Übereinstimmung mit dem religiösen Gesetz und den Anordnungen ihrer Gründer ausgeübt werden.« Als *Waqf* werden religiöse Stiftungen der islamischen Glaubensgemeinschaft bezeichnet, in diesem Zusammenhang eindeutig die Ländereien und vor allem Heilige Stätten, die Muslimen gehören. Das islamische Recht, die Scharia, bezeichnet alles Land, das jemals unter islamische Herrschaft geraten ist, als *Waqf*.

Artikel 15 erklärt: »Keinerlei Diskrimination soll zwischen den Einwohnern Palästinas geschehen aufgrund ihrer Rasse, Religion oder Sprache. Keine Person soll aus Palästina ausgeschlossen werden allein aufgrund ihrer religiösen Überzeugungen.« Außerdem hat »jede Gemeinschaft« das Recht auf »eigene Schulen, um ihre eigenen Mitglieder in ihrer eigenen Sprache« ausbilden zu können. Artikel 22: »Englisch, Arabisch und Hebräisch sind die offiziellen Sprachen Palästinas. Jede Verlautbarung oder Inschrift auf Arabisch auf Briefmarken oder Geld in Palästina soll auf Hebräisch wiederholt werden, und jede Verlautbarung oder Inschrift auf Hebräisch soll auf Arabisch wiederholt werden.«

Ursprünglich umfasste das Mandatsgebiet »Palästina« nicht nur den heutigen Staat Israel und die PA, sondern auch das gesamte Staatsgebiet

---

22 Der Originaltext findet sich zum Beispiel unter http://www.mideastweb.org/mandate.htm oder auf der Webseite des israelischen Außenministeriums http://www.mfa.gov.il/MFA/Peace%20Process/Guide%20to%20the%20Peace%20Process/The%20Mandate%20for%20Palestine

23 http://www.mfa.gov.il/MFA/Peace%20Process/Guide%20to%20the%20Peace%20Process/The%20Balfour%20Declaration

des haschemitischen Königreichs Jordanien. So spricht die Mandatserklärung vom 24. Juli 1922 noch von dem Gebiet »zwischen dem Jordan und der Ostgrenze Palästinas« - behandelt dieses aber offensichtlich schon getrennt von der »Westbank« oder dem »Westjordanland« zwischen Jordan und dem Mittelmeer. Wenn die PLO also »Palästina« als das Gebiet beschreibt, das der Völkerbund nach dem Ersten Weltkrieg den Briten als Mandat anvertraut hat, umfasst das auch »Transjordanien«, die »Ostbank« oder eben das heutige Jordanien.[24]

Während der Debatte in der UNO-Vollversammlung um den Teilungsplan von 1947 verwies der syrische Delegierte darauf, dass Palästina eigentlich eine syrische Provinz sei. Es gibt geografische, historische, rassische und religiöse Verbindungen. Ohne Balfour-Erklärung und Palästina-Mandat gäbe es keinen Unterschied zwischen Palästinensern und Syrern.[25] In der Zeit des Britischen Mandats bis 1948 wurde als »Palästinenser« jede Person mit palästinensischer Staatsbürgerschaft bezeichnet, ganz unabhängig von ihrer ethnischen oder religiösen Zugehörigkeit. Erst die Identifikation der Juden in Palästina als »Israelis« ließ das Adjektiv »palästinensisch« unbenutzt und erlaubte so den palästinensischen Arabern, es für sich ausschließlich zu beanspruchen.[26]

Während des israelischen Unabhängigkeitskrieges - von den »Palästinensern« heute als »Nakba«, »Katastrophe«, bezeichnet - gab es »Araber«, die den jüdischen Staat bekämpften. Niemand sprach damals von »Paläs-

---

24 Yechiel M. Leiter, »Reflections From The Heartland: The Future of the Jewish Communities in YESHA (Judea, Samaria & Gaza) In the Aftermath of the Labor Victory - Commentary and Plan of Action«, edited by the Israel Community Development Foundation, 70 West 36th Str. Suite 503, New York, N.Y. 10018, 11.

25 Joshua Teitelbaum, »Israel as the Nation-State of the Jewish People: From the San Remo Conference (1920) to the Netanyahu-Abbas Talks«, No. 579, Jerusalem Center for Public Affairs, September-October 2010: http://www.jcpa.org/JCPA/Templates/ShowPage.asp?DRIT=2&DBID=1&LNGID=1&TMID=111&FID=582&PID=2225&IID=4724&TTL=Israel_as_the_Nation_State_of_the_Jewish_People:_From_the_San_Remo_Conference_(1920)_to_the mit Verweis auf Alexander Yakobson and Amnon Rubinstein, Israel and the Family of Nations: The Jewish Nation-State and Human Rights (New York: Routledge, 2009), 38.

26 Harkabi, Das Palästinensische Manifest, 38.

tinensern«. In den 1950er-Jahren waren es »Fidaijun«, die aus dem ägyptisch besetzten Gazastreifen und von der jordanisch besetzten Westbank aus nach Israel einfielen. Von »Palästinensern« ist in den mir bekannten zeitgenössischen Dokumenten keine Rede. Wenn Autoren im letzten Jahrzehnt des 20. Jahrhunderts im Rückblick von »Palästinensern« schreiben, muss das als Anachronismus bezeichnet werden.

Die Palästinensische Befreiungsorganisation (PLO) wurde 1964 auf Betreiben des ägyptischen Präsidenten Gamal Abdel Nasser gegründet. Ihr erster Generalsekretär war Ahmad Schuqairi, 1907 im Südlibanon als Sohn eines arabischen Vaters und einer türkischen Mutter geboren. Ab 1957 war Schuqairi Staatsminister in Saudi-Arabien und repräsentierte dieses Land auch bei den Vereinten Nationen. Erst nachdem Jasser Arafat im Februar 1969 die Leitung der Organisation übernahm, wurde die Vorstellung eines »palästinensischen Volkes« geprägt.[27]

Mit diesen Feststellungen will ich niemanden ärgern. Soweit ich es sehe, handelt es sich dabei um schlichte historische Tatsachen. Ich bin gerne bereit, mit einer neuen Quellenlage meine Aussagen zu korrigieren. Die UNRWA jedenfalls verwendete 1948 den Terminus »arabische Flüchtlinge« und nicht »Palästinenser«.[28] Tatsache ist zudem, dass vor 1967, solange das Westjordanland und Ostjerusalem jordanisch besetzt und der Gazastreifen von Ägypten verwaltet wurden, niemand einen Palästinenserstaat forderte, weil die Existenz einer »palästinensischen Nation« der Welt völlig unbekannt war.[29]

Als »ethnische Größe«, als »Volk«, taucht der Begriff »Palästinenser« im deutschen Sprachraum und damit in Europa überhaupt erstmals in den letzten Wochen des Jahres 1974 auf. Nach Arafats berühmter Rede vor der UNO-Vollversammlung am 13. November 1974 nahm der damalige deutsche UNO-Botschafter Rüdiger Freiherr von Wechmar Bezug auf die

27 Ebenda, 9 Fußnote 2.

28 Kamillo Landmann und Ernst-Eberhard Geipel, Die Geschichte des vierzigjährigen Krieges in Nahost (Frankfurt/Main: H.-A.Herchen Verlag, 2. Auflage 1992), 21.

29 Landmann/Geipel, Die Geschichte des vierzigjährigen Krieges in Nahost, 54.

Forderung nach einem Selbstbestimmungsrecht für das palästinensische Volk.[30]

Trotzdem beantwortete Jasser Arafat fast zeitgleich mit seinem Auftritt vor der UNO die Frage »Was ist Palästina? Wem gehört es?«: »Die Grenzen interessieren uns nicht. Palästina ist nur ein winziger Tropfen im großen arabischen Ozean. Unsere Nation ist die arabische Nation, die vom Atlantik bis zum Roten Meer und weiter reicht.«[31] Noch im November 1992 erklärte der syrische Präsident Hafez Al-Assad in einem Interview mit dem US-amerikanischen TIME Magazine: »Wir Araber haben denselben Ursprung. Unsere Sprache, unsere Geschichte, unsere Hoffnungen sind eins. Wenn der Präsident von Syrien einen Fehler macht, werden ihn die arabischen Bürger von Algerien oder Marokko genauso zur Rechenschaft ziehen, wie syrische Staatsbürger.«[32]

---

30 Quelle für diese Aussage sind Recherchen meines Kollegen Hartmut Petersohn im Auswärtigen Amt und im Berliner Orient-Institut, deren Ergebnisse er mir in E-Mails vom 21. und 28. Mai 2010 mitgeteilt hat.

31 Report Tulsa World, 19. November 1974, so zitiert bei Landmann/Geipel, Die Geschichte des vierzigjährigen Krieges in Nahost, 62.

32 »Signals From Two Old Foes«, TIME 48 (November 30, 1992): 33.

Bis heute wird der Begriff Palästinenser den Geruch der Propaganda nur schwer los. So bezeichnen sich Araber, die rein technisch »Palästinenser« sind, weil sie seit den Osloer Verträgen von 1993 keine andere Staatsbürgerschaft besitzen und ihre historischen Wurzeln in »Palästina« haben, nur sehr ungern als »Palästinenser«, wenn sie persönlich eine gute Beziehung mit dem jüdischen Staat haben. Ich denke da an Beduinen, die jahrzehntelang in der israelischen Armee gedient haben, obwohl sie aus den Gebieten stammen, die Israel 1967 besetzt hat. Nichtjüdische israelische Politiker, wie etwa der Druse Ajoub Qara, würden sich nie als »Palästinenser« bezeichnen. Andererseits betonen Araber, die zwar die israelische Staatsbürgerschaft besitzen, sich aber mit der Existenz eines jüdischen Staates nicht anfreunden mögen, seit einigen Jahren ihre palästinensische Identität. Sie bezeichnen sich als »Palästinenser mit israelischer Staatsbürgerschaft« oder, um das Anliegen noch deutlicher werden zu lassen, als »Palästinenser, denen die israelische Staatsbürgerschaft aufgezwungen wurde«.

Im Januar 1994 schrieb die amerikanische Journalistin Nancy Gibbs: »Golda Meir hat einmal behauptet, so etwas wie einen Palästinenser gebe es nicht. Damals hatte sie gar nicht Unrecht. Bevor Arafat mit seiner Missionsarbeit begann, hielten sich die meisten Araber aus dem Gebiet von Palästina für Glieder der allumfassenden arabischen Nation. Es war Arafat, der den intellektuellen Schritt zur Definition der Palästinenser als ein besonderes Volk machte. Er formulierte die Sache der Palästinenser, organisierte sie, kämpfte für sie und brachte sie in die Aufmerksamkeit der Weltöffentlichkeit wie das kein Kurde oder Baske jemals geschafft hat.«[33] Zweifellos ist das Phänomen »Palästinenser« undenkbar ohne den Revolutionär mit dem schwarz-weißen Tuch und dem Stoppelbart. Dabei bleibt die berechtigte Frage offen, ob Jasser Arafat die Welle des palästinensischen Nationalbewusstseins initiiert hat oder ob er lediglich ein begabter Wellenreiter war, der vier entscheidende Jahrzehnte lang eine Bewegung anführte und prägte, deren Anfänge bereits in den 1920er-Jahren zu suchen sind.

33 Nancy Gibbs, »Yitzhak Rabin & Yasser Arafat«, TIME 1 (January 3, 1994): 34.

1. Vater einer Nation

Bereits zu Lebzeiten war er ein Mythos. Vom Meistgesuchten wurde er zum Meistbewunderten. Als Vater des palästinensischen Freiheitskampfes verherrlicht - als Mentor des modernen Terrorismus bis aufs Blut gehasst. Niemand hat mehr Waffenstillstände geschlossen - und gebrochen. Wer sonst hat so viel Mord und Totschlag befohlen, um dann einen Friedensnobelpreis zu bekommen? Ein Friedensvertrag wurde bis heute nicht unterzeichnet. Keiner stand so oft im richtigen Moment auf der falschen Seite, hat so oft aufs falsche Pferd gesetzt - und trotzdem immer wieder Oberwasser gewonnen. Wer hat mehr Attentate überlebt? Kein anderer wurde so oft tot gesagt - um dann doch Freund wie Feind durch eine politische Auferstehung zu verblüffen. Niemand stand so oft vor der Gründung eines eigenen Staates und hat dieses Ziel regelmäßig wieder vermasselt. Als gegen Ende der zweiten Novemberwoche des Jahres 2004 endgültig klar war, »Jasser Arafat ist tot!«, wurde gemunkelt, die israelische Regierung wehre sich deshalb so gegen seine Beisetzung in Jerusalem, weil dort schon einmal einer nach drei Tagen wieder auferstanden sei.

Arafats Beerdigung am 12. November 2004 in Ramallah

Die Herkunft des Jasser Arafat

Mythen sind schwer zu beschreiben. Sie wollen als Legenden erzählt werden. Bei Muhammad Abdel Rahman Abdel Rauf Arafat Al-Qudwa Al-Husseini - so der bürgerliche Name des Jasser Arafat - beginnt dies schon mit der Geburt. Am liebsten wäre er in Jerusalem geboren worden. Als Geburtsort kommt aber auch Gaza infrage. Am wahrscheinlichsten ist Kairo.[34] So jedenfalls bezeugt es eine Geburtsurkunde, die in Kairo entdeckt wurde. Ebenso war sein Geburtsjahr lange umstritten. Vermutlich wurde er irgendwann im August 1929 als Sohn eines Textil- und Gewürzhändlers geboren. In seiner Todesurkunde, die am 11. November 2004 im französischen Ville de Clamart ausgestellt wurde, steht über den »Tod Nr. 964«: »Am 11. November 2004 um 3.30 Uhr starb in Clamart (Hauts de Seines) 101, avenue Henri Barbusse: Jasser al Kodwa Arafat, geboren in Al Qods/Jerusalem, am 3. August 1929, der Präsident der Palästinensischen Autorität, wohnhaft in Ramallah (Palästina), von Vater und Mutter, deren Namen dem Deklarierenden unbekannt sind. Gatte der Suha Tawil.« Somit wäre der Freiheitskämpfer, Erzterrorist und Friedensnobelpreisträger Jasser Arafat 75 Jahre alt geworden. Bemerkenswert ist allerdings, dass die Todesurkunde selbst bei einer so hochrangigen Figur wie Jasser Arafat ihre Angaben nicht auf urkundlich belegte Quellen stützt, sondern auf einen »Deklarierenden«.

Aufgewachsen ist der Spross der altehrwürdigen Husseini-Sippe im Schatten des Felsendoms. Ein Großonkel, Hadsch Muhammad Amin Al-Husseini, war der erste, von der Kolonialmacht England eingesetzte Großmufti im Heiligen Land, ein glühender Verehrer Adolf Hitlers, der ab Ende 1941 als persönlicher Gast des Führers in Berlin lebte, das »Islamische Zentral-Institut« leitete und sich - mit reichlichen Geldmitteln versorgt - propagandistisch für die Sache seines Gönners in der islamischen Welt engagierte.[35] Jasser wird selbst zum erbitterten Feind der

---

34 Lisa Beyer, »Trying to Take Two Steps«, TIME 36 (September 6, 1993): 25.

35 Siehe dazu etwa das Kapitel »Der SS-Mufti« in Tilman Tarach, Der ewige Sündenbock. Heiliger Krieg, die »Protokolle der Weisen von Zion« und die Verlogenheit der

Juden. Er sieht sein Volk verraten, von den Westmächten, von Israel, vor allem aber auch von den eigenen arabischen Brüdern, allen voran Jordanien. Das Haschemitische Königreich hatte sich einfach Ostjerusalem und die Westbank einverleibt, statt dort für einen unabhängigen arabischen Staat zu sorgen.

Nach dem Studium der Elektrotechnik in Kairo und ein paar Berufsjahren am Persischen Golf, wendet sich der mittlerweile wohlhabende Bauingenieur[36] seiner eigentlichen Passion zu - der »Befreiung Palästinas«. In den 1950er-Jahren gründet er die »Fatah«, die sich nach dem Sechstagekrieg von 1967 zur stärksten und bestimmenden Fraktion innerhalb der Palästinensischen Befreiungsbewegung PLO mausert. In den 1970er-Jahren macht er den Begriff »Palästinenser« zum Markenzeichen seiner Bemühungen. Seine schwarz-weiße Keffiye wird zum »Palästinensertuch«, so um den Kopf geschlungen, dass die Umrisse des erträumten Palästinas sichtbar werden, »vom Mittelmeer bis zum Jordan«. Für ein jüdisches Israel ist da kein Platz.

Arafat befiehlt Flugzeugentführungen, Überfälle auf Busse und Schulen, Diplomatenmorde und die Sprengung von Infrastruktur. 1972 gibt er seinem Genossen Abu Daud die Order zum Überfall auf das Olympische Dorf in München - was ihm allerdings nie nachgewiesen werden konnte. Deshalb musste ein Vertreter der israelischen Regierung 2003 zugeben: »Rein juristisch hätten wir kein Mittel in der Hand, um Jasser Arafat vor Gericht stellen zu können.«

Der Schwarze September

Als die PLO am 2. September 1970 mit einem Anschlag auf König Hussein in Jordanien offen die Machtfrage stellt, erteilen die haschemitischen Beduinenkrieger den Fatah-Kämpfern eine blutige Lehre. Bilanz des so-

---

sogenannten Linken im Nahostkonflikt. Mit einem Geleitwort von Henryk M. Broder (Freiburg, Zürich: Edition Telok, 3., überarbeitete Auflage, Februar 2010), 37-57.

36 Nancy Gibbs, »Yitzhak Rabin & Yasser Arafat«, TIME 1 (January 3, 1994): 34.

genannten »Schwarzen Septembers« sind mindestens 10 000 Tote.[37] Geschlagen flüchten der Palästinenserführer und seine Getreuen in den Libanon, wo sie sich im Süden des Landes eine neue Machtbasis schaffen, einen Staat im Staate:[38] »Fatah-Land«. Von dort aus bekämpfen sie Israel und die mühsam zwischen maronitischen Christen, Schiiten, Sunniten und Drusen ausbalancierte Regierung in Beirut. Sechs Jahre später liegt die »Schweiz des Nahen Ostens« in Trümmern, zerstört von einem blutigen Bürgerkrieg, den Arafats Palästinenser nicht unwesentlich mit zu verantworten haben.

Legendärer Höhepunkt seiner diplomatisch-terroristischen Karriere ist 1974 der Auftritt vor der UNO-Vollversammlung in New York, »in der einen Hand eine Pistole, in der anderen den Olivenzweig!« Doch schon 1982 scheint sein Stern endgültig zu sinken. Ohne das geliebte »Palästinensertuch« verlässt er mit seinen Kämpfern Beirut auf einem Schiff in Richtung Tunis – von Israel geschlagen, dessen Scharfschützen ihn bereits im Visier haben. Kein ernst zu nehmender politischer Beobachter wäre damals die Wette eingegangen, dass Jasser Arafat kaum mehr als ein Jahrzehnt später auf dem Rasen des Weißen Hauses in Washington stehen und unter dem Beifall der ganzen Welt einen Vertrag mit dem jüdischen Erzfeind abschließen würde.

Die Abkommen von Oslo

Im ersten Golfkrieg Anfang der 1990er-Jahre solidarisiert sich Jasser Arafat offen mit Saddam Hussein. Eifrig unterstützen seine Palästinenser die Exekution prominenter Kuwaiter und die Plünderung ihres Landes. Nach der Befreiung Kuwaits werfen dessen Herrscher die Palästinenser raus. Die reichen Ölscheichs drehen den Geldhahn zu. Die PLO steht vor dem wirtschaftlichen und politischen Bankrott.

---

37 Diese Zahl wird beispielsweise in einer dpa-Meldung vom 9.9.1993 um 15.38 Uhr über Volksblatt Würzburg als Fax erhalten.

38 Der Staat Israel, Informationen zur politischen Bildung 141, Neudruck 1986, 41.

Doch die verzweifelte Suche Israels und der USA nach einem palästinensischen Gesprächspartner bewahrt ihn vor dem Versinken in der politischen Bedeutungslosigkeit. So schüttelt er schon im September 1993 die Hand des israelischen Premierministers Jitzhak Rabin. Auf dem grünen Rasen vor dem Weißen Haus in Washington sind die beiden Zeugen der Unterzeichnung einer »Prinzipienerklärung«. Alle Meinungsverschiedenheiten wollen sie künftig auf friedliche Weise lösen. Für die PLO unterzeichnet Mahmud Abbas. Dafür - und wohl als Anreiz für einen erträumten Friedensprozess - erhalten Arafat und Rabin gemeinsam mit Schimon Peres 1994 den Friedensnobelpreis.

Im Rahmen der später sogenannten »Abkommen von Oslo« kehrt Jasser Arafat mit Zigtausenden seiner Getreuen aus dem tunesischen Exil zurück. Er bekommt »Gaza und Jericho zuerst«, später weitere Städte und Gebiete im biblischen Kernland Judäa und Samaria. Im Gegenzug erkennt er Israels Existenz an - wohlgemerkt nur die unbestreitbare Existenz des Staates der Juden fast fünf Jahrzehnte nach dessen Gründung. Die Anerkennung eines Rechts des jüdischen Staates auf eine Existenz steht bis heute freilich aus. Ebenso verpflichtete sich Arafat auf einen Gewaltverzicht und eine Änderung der entsprechenden Passagen der PLO-Charta, die zur Zerstörung Israels aufrufen - was bis heute nicht geschehen ist.

Unangefochten an der Macht

Zu Lebzeiten hielt er das Heft fest und kompromisslos in der Hand. Allein Jasser Arafat kannte alle Konten des weltweiten Wirtschaftsimperiums der palästinensischen Befreiungsbewegung. Ein Geheimnis, das er vielleicht mit ins Grab genommen hat, weil fraglich bleibt, ob tatsächlich alles in dem berühmten schwarzen Notizbuch stand. Wie sehr »Abu Amar« - so nannte ihn sein Volk - noch als Greis das Sagen hatte, wurde mir persönlich vor Augen geführt, als Muhammad Dahlan die Weltpresse nach Gaza zum Gespräch geladen hatte. Das war im Oktober 1999.

Dahlan war damals der starke Mann im Gazastreifen, Chef des gefürchteten Preventive Security Service, in dessen Zentrale neben dem

Al-Quds-Krankenhaus in Gaza-Stadt er uns empfing. Auf die Frage, ob Privatwaffen jetzt endlich – wie in den Abkommen von Wye Plantation und Scharm El-Scheich vereinbart – konfisziert würden, begann er mit Bernhardineraugen zu erklären, man müsse doch die arabische Mentalität verstehen. »Ein Araber ohne Waffe ist kein Mann!«, warb er um Mitgefühl, und: »Sehen Sie, bei uns hier in Palästina ist es noch lange nicht so schlimm, wie im Jemen. Dort hat jeder seine Katjuscha-Rakete im Schrank stehen. Bei uns ist es nur die Kalaschnikow.«

Während der fotogene Warlord charmant in die Kameras der Welt lächelte, stürzte ein Adjutant Dahlans in die Pressekonferenz, in der ausgestreckten Hand ein Mobiltelefon, aus dem es schrill und ohne Punkt und Komma auf Arabisch krächzte. »Das ist der *Ra'is*«, flüsterte SAT.1-Kollegin Katrin Sandmann neben mir. *Ra'is* steht im Arabischen für »Vorsitzender«, »Präsident«. Dahlan lauschte, meinte dann mit leiser Stimme: »Naam« – »wird erledigt« – und verließ im Laufschritt ohne ein Wort der Erklärung den Raum. »Vergiss dein eigenes Programm, wenn du für Ra'is Arafat arbeiten willst!«, hatte er nur Minuten zuvor erklärt.

Erst nach geraumer Zeit erschien Raschid Abu Schbak, die Nummer Zwei nach Dahlan im Preventive Security Service. Der 45-jährige Vater von vier Kindern war bis Ende der 1980er-Jahre Anführer der gefürchteten »Schwarzen Panther«. Mindestens fünfmal war er von 1973 an in israelischer Haft und verbrachte mehr als 15 Jahre hinter Gittern. Deshalb kann er heute »Hebräisch lesen und schreiben und unterrichten«, wie er Journalisten erklärte, und »glaubt an den Frieden!« 1990 wurde er durch einen Verwaltungsirrtum der Israelis entlassen und ist untergetaucht. Nach wie vor besteht in Israel Haftbefehl gegen ihn. Abu Schbak erklärte, dass Abu Amar freies Geleit für Ghazi Dschabali, den Expolizeichef von Nablus, bei den Israelis ausgehandelt habe, damit dieser das Begräbnis seines Vaters in Nablus besuchen könne. Auch Dschabali wurde damals von Israel gesucht, weil er befohlen hatte, jüdische Siedler aus dem Hinterhalt zu beschießen. Im autonomen Gazastreifen hatte er Zuflucht gefunden. Doch offensichtlich traute Arafat den jüdischen Verhandlungspartnern nicht und wünschte, dass der sympathische Dahlan den alten Dschabali im Hubschrauber begleitete – in der Hoffnung, dass die Israelis ihn dann tatsächlich ungehindert passieren ließen. Wenn

Jasser Arafat pfiff, mussten selbst seine mächtigsten Leute springen, vollkommen ungeachtet des Images, das diese Vorgehensweise vor den Augen der Welt hinterließ.

Familienleben

»Abu Amar« - »Vater des Amar« - war der Kriegsname Arafats. Doch »Amar« wurde nie geboren. Im November 1991 heiratete der alte Kämpfer, der eigentlich - so wollte es die Legende - »mit Palästina verheiratet« hätte bleiben sollen, die junge Christin Suha Tawil. Gerüchten zufolge sollte die Heirat substantielle Gerüchte widerlegen, der Alte mit dem schütteren Bart mache sich mehr aus jungen Männern als aus dem weiblichen Geschlecht. Suha lebte Zeit ihrer Ehe millionenschwer in Paris - zuletzt mit Tochter Sahwa, die sie dem Ra'is im Juli 1995 geboren hatte. In ihrer Heimatstadt Ramallah war nach Ansicht der Mutter die Ausbildung der Tochter des Palästinenserpräsidenten nicht gewährleistet.

Die Al-Aqsa-Intifada

Im Sommer 2000 hätte Arafat in Camp David seinen Staat erhalten können. Aber 95 Prozent der Westbank, der ganze Gazastreifen und ein Mitspracherecht in Jerusalem waren ihm zu wenig. Er bestand auf das Recht auf Rückkehr von Millionen arabischer Flüchtlinge und Flüchtlingsnachkommen nach Haifa, Jaffa und andere heute israelische Ortschaften. Realpolitik schien nichts für die Legende Jasser Arafat zu sein. Doch Mythen haben die Neigung, sich selbst zu zerstören.

So versanken im Herbst 2000 die letzten Friedensillusionen im Blutbad des sogenannten zweiten Palästinenseraufstands, der *Al-Aqsa-Intifada*. Eine Welle von Selbstmordattentaten überschwemmte Israel und ertränkte den Traum von der palästinensischen Unabhängigkeit in einem Meer von Blut. Das Passahmassaker im Park Hotel von Netanja im März 2002 quittierte Israel mit der »Operation Schutzwall«. Die israelische Armee marschierte in die PA ein. Niemand protestierte dagegen, dass

Israel de facto die Selbstbestimmung der Palästinenser außer Kraft setzte - weder Amerika, noch die arabische Welt und auch nicht die Vereinten Nationen. Arafats Traum vom eigenen Staat schien endgültig gescheitert, die humanitäre Lage in den Palästinensergebieten katastrophal.

Die Popularität Jasser Arafats im palästinensischen Volk blieb indes ungebrochen. Der »kleine Mann auf der Straße« kritisierte zwar das Leben der Suha Arafat im Pariser Saus und Braus - schätzte aber das spartanische Dasein Jasser Arafats, der seine Existenz als Opfer für sein Volk und dessen Traum von der Unabhängigkeit darbrachte. Bereits Ende 2001 hatte der israelische Premierminister Ariel Scharon Arafat für irrelevant erklärt und dessen Statussymbole, drei Helikopter, zerstören lassen. Arafat war ohnehin mit jordanischen Hubschraubern unterwegs gewesen, aus Sicherheitsgründen, weil die Israelis sich wohl kaum mit dem Haschemitenherrscher von Amman anlegen würden, so Arafats Kalkulation.

Arafat wurde unter Hausarrest gestellt. Demonstrativ standen israelische Panzer vor der Mukataa, seinem Amtssitz in Ramallah. Dort, wie auch in der Geburtskirche in Bethlehem, hatten sich von den Israelis gesuchte Terroristen verschanzt. Israel stellte sich auf ein langfristiges

Katz-und-Maus-Spiel ein, so der Minister für Öffentliche Sicherheit Uzi Landau im April 2002. Er legte der Weltöffentlichkeit Beweise dafür vor, dass höchste Vertreter der PA, darunter Jasser Arafat persönlich, direkt in Terroraktivitäten gegen Israel verwickelt waren.

Arafat muss weg!

Fragt sich nur wie? – In der Hitze des Sommers 2002 denkt man in Israel laut darüber nach, den Ra'is zu beseitigen. »Arafat ist die Quelle des Problems«, meint Generalstabschef Mosche »Buggi« Yaalon undiplomatisch, und: »Solange Arafat an der Macht ist, sind Reformen unmöglich.« Das Schicksal des Palästinenserführers hängt an einem seidenen Faden.

Hungerdemonstrationen in Gaza-Stadt – nicht etwa gegen Israel, sondern gegen die Palästinenserführung –, Schießereien zwischen verschiedenen palästinensischen Fraktionen, der zunehmende Druck aus den USA, die Zustimmung der Europäer zum US-Kurs und das Schweigen der arabischen Welt machen dem alten Mann schwer zu schaffen. Selbst Bemühungen des ägyptischen Präsidenten Hosni Mubarak und seines angeblich nahezu allmächtigen Geheimdienstchefs Omar Suleiman bleiben erfolglos. Abbas Zaki, Gründungsmitglied der Fatah aus Halhul bei Hebron, erklärt in einem Interview mit dem US-Magazin Newsweek: »Wo immer Arafat auftaucht, folgen Gesetzlosigkeit, Korruption und Instabilität.« Ein Lehrer aus Bethlehem, dessen Bruder einen Monat zuvor wegen seiner terroristischen Aktivitäten ins Exil gehen musste, meint: »Vor acht Jahren kam Arafat nach Gaza und Jericho und versprach uns ein Hong Kong – hat aber ein Somalia fabriziert!«

Die irrationale Spannung zwischen Bewunderung und Verachtung, Vergötterung und Abscheu, die das palästinensische Volk seinem Ziehvater entgegenbringt, tritt offen zutage. Hussam Khader, Abgeordneter im Palästinensischen Legislativrat (PLC) und einflussreicher Fatah-Führer im Balata-Flüchtlingslager bei Nablus erklärt: »Arafat wird jede Wahl gewinnen, obwohl ihm jeder vorwirft, das Leben der Palästinenser zu ruinieren und Diebe in seine Regierung zu holen. Wir folgen unseren Scheichs wie Beduinen. Es ist nicht leicht, alte Traditionen zu verlassen.

Wir müssen warten, bis Allah diesen alten Scheich zu sich nimmt.« Der Besitzer eines Touristengeschäfts in Ostjerusalem stöhnt frustriert: »Wir sind einfach nicht demokratiefähig.«

Da versucht Jasser Arafat die Notbremse zu ziehen. Er entlässt seine Warlords, die Geheimdienstchefs Muhammad Dahlan, Dschibril Radschub und Tawfik Tirawi. Offiziell akzeptiert Radschub den Willen des Ra'is und legt sein Amt nieder. Gleichzeitig macht er aber seinem von Arafat designierten Nachfolger, dem Bürgermeister von Dschenin, Zuhair Manasra, unmissverständlich klar, er solle gefälligst die Finger von seinem Preventive Security Service lassen. Radschubs Männer geben deutlich zu verstehen, dass sie nie einem anderen die Treue schwören würden.

Der Machtkampf spielt sich nicht nur zwischen den »Alteingesessenen«, die in den besetzten Gebieten geboren und aufgewachsen sind, wie Radschub oder Dahlan, und den »Tunesiern«, Arafat-Loyalisten, die das Exil in Jordanien, Libanon und Tunesien mitgemacht haben, ab. Auch historische Differenzen machen sich als entscheidende Faktoren bemerkbar. Alte Zwistigkeiten zwischen Bani Naim, der Heimatstadt Manasras östlich von Hebron, und Dura, der Heimat Radschubs im Süden von Hebron, brechen auf. Und was personell für den starken Mann in der Westbank, Dschibril Radschub, gilt, das gilt für dessen Ziehvater noch lange. Mitte Mai 2002 bringt der es auf den Punkt und sagt über sich selbst: »Wenn irgend jemand Arafat ersetzen kann, dann nur Arafat selbst.« Die Stiefel des Vaters der Nation sind einfach zu groß, als dass sie ein Einzelner und noch dazu aufgrund eines politischen Manövers füllen könnte.

Die israelisch-amerikanischen Bemühungen, Arafat für irrelevant zu erklären, scheitern. Im Oktober 2003 kommen in Gaza drei US-Diplomaten durch eine Straßenbombe ums Leben. Arafat verhindert die Aufklärung des Anschlags, was zum endgültigen Abbruch der US-Beziehungen zur PA führt. Doch ganz offensichtlich besitzt der Präsident der PA eine Schlüsselfunktion im israelisch-palästinensischen Konflikt. »Abu Amar ist der Führer!« Das skandieren nicht nur die palästinensischen Massen, das geben alle unumwunden zu. Unangefochten kann Arafat den amerikanischen Wunschpremier Mahmud Abbas absetzen, um dafür Ahmed

Qurea als palästinensischen Regierungschef zu installieren. Milliardenreich und mythenumwoben hält er sein Volk im Bann.

Doch was soll Israel mit seinem »Feind Nummer eins« tun? Israelische und amerikanische Sicherheitsexperten sind sich einig: Eine Ausweisung Arafats würde diesem lediglich eine internationale Bühne bescheren. Soll er »zum ersten palästinensischen Astronauten« gemacht werden, wie ein israelischer Offizier vieldeutig schmunzelnd unter vier Augen andeutet? Oder will die Regierung Scharon ihn ins Exil schicken, töten, verhaften und vor Gericht stellen, sein Büro abriegeln und jeden Kontakt zur Außenwelt abschneiden? Letztlich verbirgt die israelische Regierung im Herbst 2003 die eigene Hilflosigkeit hinter einem Schwall von Drohungen, die nie umgesetzt werden.

Gleichzeitig verdichten sich die Spekulationen um den Gesundheitszustand Arafats. Bleich und erschöpft zeigt sich der PA-Präsident in der Öffentlichkeit. Seine Unterlippe zittert ungewöhnlich stark – wegen der seit Langem vermuteten parkinsonschen Erkrankung und den neurologischen Folgen eines Flugzeugabsturzes über Libyen. Er hat Konzentrationsschwierigkeiten. Das Reden bereitet ihm so große Mühe, dass sein persönlicher Berater Nabil Abu Rudeina bei Presseterminen eingreifen muss.

Herzattacke, Magenkrebs, Lebensmittelvergiftung, Erschöpfung, Leberinfektion, Magenentzündung oder einen »mysteriösen Virus« diagnostizieren die Medien auf der verzweifelten Suche nach einer Erklärung. Einen Giftanschlag des zionistischen Feindes mutmaßt man im Kreis der Arafat-Vertrauten. Ägypten, Russland und Jordanien entsenden Ärzte, die sich um den Gesundheitszustand des 74-Jährigen kümmern sollen.

Tatsache ist: Seit Ende September klagt Abu Amar über akute Unterleibs- und Kopfschmerzen, hat hohes Fieber und leidet an Erbrechen und Durchfall. Nachdem er drei Tage keinerlei Nahrung bei sich halten konnte, reist am 29. September Dr. Aschraf Al-Kurdi, der seit zwei Jahrzehnten als Arafats Leibarzt fungiert, aus Jordanien an. Der Neurochirurg wird von Neurologen, einem Internisten und einem Herzspezialisten begleitet. Nach einer ausführlichen Untersuchung erklärt Al-Kurdi der Presse, Arafat habe Gallensteine. Außerdem erhole er sich von einer schweren Magengrippe. Die Gallensteine müssten, wenn überhaupt, nicht sofort

operiert werden – und wenn, dann könne man dies in einer mobilen Klinik vor Ort tun.

In der Mukataa, dem zerbombten Bürokomplex des palästinensischen Präsidenten in Ramallah, atmet man auf. Seit fast zwei Jahren hat Arafat die Mukataa nicht verlassen. Anfangs haben ihm israelische Panzer den Ausgang verweigert. Jetzt fürchtet Arafat, dass die Israelis ihn nicht zurück lassen, wenn er einmal geht, oder auch, dass sie die von Israel gesuchten Terroristen, die sich bei ihm verbergen, gefangen nehmen.

Der Gesundheitszustand des gealterten Revolutionärs ist ein Politikum. Lange Zeit wurde er geheim gehalten, um eine Panik unter der palästinensischen Bevölkerung zu vermeiden. Politisch ist der körperlich erschöpfte Arafat kerngesund. Umfragen zeigen, dass Abu Amar alle Konkurrenten an Beliebtheit weit hinter sich lässt.

Die Spekulationen über Arafats Gesundheitszustand, die Folgen für den Friedensprozess und die Lage in der PA ziehen sich mehr als ein Jahr hin. Erst in den letzten Oktobertagen des Jahres 2004 räumen Bulldozer die Barrikaden um die Mukataa, damit ein jordanischer Hubschrauber landen kann. Von schwerer Krankheit gezeichnet zeigt sich Jasser Arafat bei seinem Abschied ein letztes Mal der Öffentlichkeit. Der Kopf ist nicht von der symbolträchtigen Keffiye bedeckt, sondern von einer russischen Pelzmütze. Über die jordanische Hauptstadt Amman fliegt Arafat nach Paris, um sich dort medizinisch behandeln zu lassen.

Am 4. November wird gemeldet, Arafats Zustand sei kritisch. Die israelischen Sicherheitskräfte werden in Alarmbereitschaft versetzt. Man befürchtet Unruhen auf dem Tempelberg und in israelischen Gefängnissen, hat Angst vor einem Zusammenbruch von Recht und Ordnung auf den palästinensischen Straßen. Im Gazastreifen liefern sich der Preventive Security Service des Raschid Abu Schbak und der militärische Nachrichtendienst von Musa Arafat, einem Neffen des Palästinenserführers, Schusswechsel. Am 11. November 2004 ist es amtlich: Jasser Arafat ist tot.

Das Begräbnis

Am 12. November 2004 bin ich schon früh auf den Beinen. Ramallah und die Mukataa, der Amtssitz des palästinensischen Präsidenten, liegen Luftlinie nur wenige Kilometer von meinem Wohnort im Norden von Jerusalem entfernt. Aber es wird ein langer Weg und eine zeitraubende Fahrt. Ganz Palästina ist auf den Beinen, will in die Mukataa. Aus der Luft ist ein knatterndes Geräusch zu hören, als mähten Rasenmäher den strahlend blauen Herbsthimmel. Israelische Drohnen beobachten jede Einzelheit aus der Luft. Die Spannung ist zum Greifen.

Mit meinem Kollegen Ulrich Sahm vom Fernsehsender n-tv habe ich eine Zusammenarbeit vereinbart: Er wird im Büro die Medien verfolgen und unsere Nachrichten so schnell wie möglich nach Deutschland liefern. Ich stürze mich ins Getümmel, bewaffnet mit meiner Kamera. Wir stehen in ständigem Telefonkontakt.

Stunden vor der erwarteten Ankunft des toten Arafat bin ich schon vor den Toren der Mukataa angelangt. Noch nie in meinem Leben habe ich so ein Gedränge erlebt. Ich sehe einen Vater, der seinen etwa siebenjährigen Sohn an der Hand hält und mühsam nach oben zieht, damit er nicht unter die Füße der Massen gerät. Später erfahre ich, dass »wir« schätzungsweise 250 000 Menschen waren.

Die Garde des Präsidenten will die Menschen nicht in die Mukataa lassen. Erst am Abend sollen sie »ihrem Ra'is« die letzte Ehre erweisen dürfen. Deshalb bleiben die Sicherheitstore des Präsidentenareals geschlossen. Doch die Massen lassen sich nicht aufhalten. »Wir wollen nicht ausgesperrt bleiben, wenn der Ra'is begraben wird«, schreit ein junger Mann im schwarzen T-Shirt. Er klettert auf die Schulter eines Freundes und zieht sich an der vier Meter hohen Mauer hoch. Oben stehen schwarz uniformierte Sicherheitsleute, einige mit dem roten Barrett der Leibwache Arafats. Sie treten dem eben noch mutigen Mann mit ihren schweren Stiefeln auf die Finger. Der lässt sich mit einem Schmerzensschrei in die Arme seiner Freunde zurückfallen.

Der Druck wird größer. Als »Nicht-Fußball-Fan« habe ich so etwas noch nie erlebt, bekomme kaum noch Luft – und bin zum ersten Mal in meinem Leben richtig dankbar für 80 kg Körpergewicht. Fett schwimmt

auch hier. Ich muss mich entschließen, ob ich die Arme unten lassen will, um mir ein wenig Raum zu verschaffen, oder ob ich sie mit der Kamera nach oben treiben lasse. Ich entscheide mich für oben und lasse die Kamera klicken. Wegen des Ramadan, des islamischen Fastenmonats, dürfen die Menschen trotz der Hitze weder essen noch trinken oder rauchen – und sind entsprechend gereizt. Über der Menschenmasse werden eine französische Trikolore und die Flagge des Irak in die Höhe gehalten. Neben den unendlich vielen palästinensischen Fahnen tauchen die Banner der libanesischen Hisbollah, der Hamas und anderer Extremistenorganisationen auf.

Ein Offizier fürchtet Tote. Durch das Megafon befiehlt er: »Um Gottes willen, öffnet die Tore.« Doch der Befehl ist überflüssig. Wenige Meter vor mir sehe ich, wie die massiven Schiebetore aus Eisen dem Druck der Masse nachgeben und sich nach innen biegen. Der Menschenstrom ergießt sich in das abgeriegelte Hauptquartier des Präsidenten. Nichts kann die Trauernden aufhalten. Sie steigen über Mauern und meterhohe Trümmerhaufen, drängen sich durch jeden Spalt. Hier wurde gekämpft – liegen hier vielleicht noch Sprengkörper, die nicht entschärft wurden? Ich verdränge den Gedanken, was passieren könnte. Mitarbeiter des Roten Halbmondes kümmern sich um Menschen, die in der Hitze kollabierten. Eine Gruppe junger Männer steigt auf das Dach eines Containers, der zum Büro umfunktioniert wurde. Das provisorische Gebäude schwankt kurz, dann bricht es in sich zusammen.

»Mit unserem Blut und unserem Leben werden wir dich erlösen, Abu Amar!«, skandiert die Menge wie in Trance. Nach Stunden des Wartens nähern sich endlich zwei ägyptische Hubschrauber der überfüllten Mukataa. Im israelischen Luftraum wurden sie noch von einem israelischen Apache-Kampfhubschrauber begleitet. »Jasser, Jasser«, schreit die Masse. Der Lärm ist ohrenbetäubend. Mein Kollege fragt übers Mobiltelefon: »Was soll ich gleich sagen? Die Kollegen von RTL und SAT 1 behaupten, es gebe keinen Raum in der Mukataa. Die Hubschrauber könnten unmöglich landen.« Ich lasse mich von drei jungen Männern hochheben, um etwas Überblick zu gewinnen. »Sag, die machen hier Platz, mit aller Gewalt!«, brülle ich ins Telefon und versinke wieder im Menschenmeer.

Die Rotoren wirbeln eine Staubwolke auf. Die Emotionen sind nicht

mehr zu halten. Neben mir leert ein Uniformierter das Magazin seines automatischen Gewehrs in die Luft. Er ist nicht der Einzige. Mir schmerzen die Ohren. Auf den Bäumen um uns herum sitzen viele Menschen. Ich weise den Schützen darauf hin. »Die kommen schon runter«, meint er lakonisch, zieht das nächste Magazin aus dem Gürtel und lässt die Sicherung seiner Kalaschnikow klicken. Einige Wochen später erzählt mir ein deutscher Polizist, dass eine AK47-Kugel auch dann noch die Schädeldecke durchschlägt, wenn sie aus der Luft zu Boden fällt. Die Hubschrauber versinken im Menschenmeer. Dass bei Arafats Beerdigung nur neun Menschen durch Schüsse verletzt wurden, erscheint mir heute noch als Wunder. Hunderte brachen sich allerdings Arme und Beine.

Der Hubschrauber mit Arafats Sarg landet.

Das Begräbnis des Ra'is versinkt im totalen Chaos. »Wie sollen wir den Israelis jetzt noch glaubhaft machen, dass wir alles unter Kontrolle haben«, äußert sich der schockierte Vermittler Saeb Erekat im Fernsehen. »Wer den Präsidenten wirklich liebt, soll zurückweichen!«, schreit ein Offizier. Niemand weicht zurück. Ein Geländewagen kommt angebraust, macht waghalsige Manöver, vor- und rückwärts mit quietschen-

den Reifen. In panischer Angst weichen die Menschen zurück. Vor dem Hubschrauber lichtet sich die Menge. Der Informationsminister und Arafatvertraute Jasser Abed Rabbo entsteigt als Erster dem Helikopter. Dann wird aus einer Luke der französische Holzsarg mit den Goldgriffen hervorgeholt, umhüllt mit einer PLO-Flagge. Augenblicklich drängen sich junge Männer vor. Uniformierte hieven den Sarg auf das Dach des Geländewagens und setzen sich drauf. Sie schießen in die Luft, schlagen auf Hände ein, die sich dem Sarg entgegenstreckten.

»Allahu Akbar«, schreit die Menge, während der Geländewagen mit dem Sarg auf dem Dach eine Ehrenrunde durch die hunderttausendköpfige Menschenmasse dreht. »Aus der Ferne sieht man nur die Wolke Schwarzpulver der schießenden Leibwächter Arafats«, höre ich durchs Telefon meinen Kollegen Sahm, der mir Richtungsanweisungen zu geben versucht. Dank der TV-Kameras auf den umliegenden Dächern hat er in seinem Büro in Jerusalem den besseren Überblick. Ich schlucke die von Staub und Schweiß und Schießpulver geschwängerte Luft und huste heftig.

»Irgendwie muss ich zum Grab kommen«, schießt es mir durch den Kopf. Ein bulliger Leibwächter Arafats drängt mich grob zur Seite. Keine Chance. Doch dann öffnet sich plötzlich ein Gang. Uri Avnery, Israels Friedensaktivist Nummer eins, wird an mir vorbeigeschoben. Ich hebe selbstbewusst die Kamera und reihe mich ein. Der Präsidentengardist, der mich vorher noch in die andere Richtung gedrückt hat, gibt mir einen Stoß und schiebt mich hinter Arafatbewunderer Avnery her. Ich komme bis ans Grab. Hysterisch schreien die Weggefährten und geistigen Söhne des Revolutionärs. Unaufhörlich knattern die Maschinengewehre.

»Ich stehe unter Schock. Das hätte ich nicht erwartet. Ehrt ihn doch, respektiert ihn doch, hatte ich den Menschen zugerufen. Dann beschloss ich, Arafat so schnell wie möglich unter die Erde zu bringen, damit es kein Unglück gibt«, sagte am Abend Minister Saeb Erekat. »Heute wollte ich nur eine Leiche und einen Sarg sehen, keine weiteren Toten.« Ehe das Chaos zum Blutbad wird, senkt sich Arafat in seinem Holzsarg in das Erdloch unter den Bäumen in einer Ecke der Mukataa. Arafats Aufbahrung, die Ehrerweisung der Honoratioren, die feierlichen Totengebete, selbst die Umbettung in einen steinernen Sarkophag, wurden in Panik

abgesagt. Arafat wurde so schnell verscharrt, dass kaum jemand es bemerkte.

Arafats Kämpfer an seinem offenen Grab

Der Tag hatte in Kairo begonnen. Im Trauerzelt aus bunt bedruckten Tüchern empfing Präsident Mubarak fast alle Herrscher der arabischen Welt. Nur Libyens Muammar Ghaddafi fehlte. Zwischen Mahmud Abbas, Ahmed Qurea, dem Arafat-Cousin Nasser Al-Qidwa und dem frisch vereidigten Interimspräsidenten Rauwhi Fattuh, stand auch Arafats Erzrivale Faruq Qaddumi. Durch die Verträge von Oslo war Arafat für ihn zum »Verräter« geworden. Westliche Außenminister, darunter Joschka Fischer, waren im Trauerzelt nicht zu sehen.

Auf einer blank geputzten Lafette, von Pferden gezogen, wurde Arafats Sarg dann zum Flughafen gebracht. Von den Medien kaum beachtet, brach ein Pferd zusammen, das den Sarg zog. Für Muslime ein Omen des Unglücks. Die ägyptische Ehrenkompanie marschierte im Stechschritt. Am Roten Teppich verabschiedeten sich nun auch Suha und Sahwa von Jasser. Suha war dringend abgeraten worden, zum Begräbnis ihres Gatten nach Ramallah mitzufliegen. Tatsächlich hatte ich zeitgleich in der

wartenden Menge in der Mukataa zwei- oder dreimal gewagt, Leute auf Suha Arafat anzusprechen - es dann aber lieber gelassen. So tief die Trauer um und Bewunderung für Abu Amar war, so heftig und hemmungslos war die Wut auf die »Hure aus Paris«, die sich »nur an den Ra'is gehängt hatte, um das Vermögen des palästinensischen Volkes zu verprassen«.

Resümee

Über den Mann mit dem Stoppelbart, der Revolutionärsuniform und dem schwarz-weißen Kopftuch, über seine zitternden Lippen, sein aufgedunsenes Gesicht oder sein unverständliches Englisch haben sich viele vor dem Fernsehbildschirm lustig gemacht. Allein in der direkten Begegnung verstand es kaum jemand, sich dem Charme und Charisma des alten Freiheitskämpfers zu entziehen. Selbst aus der Isolierung seiner zerbombten Mukataa heraus hielt er in den vergangenen Jahren die Fäden der palästinensischen Politik fest in Händen.

Man bemühte sich, das Gespräch mit dem Friedensnobelpreisträger nicht abzubrechen - und fand dabei immer neue Beweise dafür, dass Jasser Arafat Terror gegen Israel nicht nur stillschweigend akzeptierte, sondern aktiv vorantrieb. Man versuchte, ihn für irrelevant zu erklären - konnte aber nicht umhin, ihn als den mächtigsten Mann im unübersichtlichen palästinensischen Politdschungel anzuerkennen. Der israelische Kabinettsbeschluss, das Friedenshindernis Arafat zu beseitigen, wurde in Israel kaum kritisiert - allein, das »Wie?« der praktischen Umsetzung des erklärten Regierungswillens vermochte niemand zu beantworten.

In einem Punkt hinterlässt der eher klein geratene Mann ein überragendes Vermächtnis: Wie kein anderer verstand er es, Niederlagen in Siege umzumünzen. Kein Staatsmann ohne Staat wurde so lange und anhaltend von aller Welt umworben und gemieden, verflucht und bewundert, gefürchtet und verehrt, wie Jasser Arafat. Der Mann ist tot. Der Mythos lebt weiter.

2. Flüchtlingsschicksale

Jasser Arafat hat sich immer als Stimme der palästinensischen Flüchtlinge verstanden. Die Identität und das Selbstverständnis der Palästinenser sind ohne ihr Flüchtlingsdasein undenkbar. Abu Amar verkörperte wie kein anderer das Flüchtlingsschicksal seines Volkes durch seinen eigenen Lebensweg und seinen Lebensstil bis zu seinem Tod.

Der Friedensrichter aus Subarin

Gedankenverloren lässt Mustafa Abu Awad die islamische Gebetsperlenkette durch die Finger gleiten. Gemeinhin wird er »Abu Mazen«, »Vater des Mazen«, genannt – genau wie Arafats Nachfolger als Präsident, Mahmud Abbas.

Doch Mustafa Abu Awad alias Abu Mazen ist »nur« Vorsitzender eines Komitees für Versöhnung in Tulkarem. Wenn eine Frau ihrem Mann davonläuft, wird er um Hilfe gebeten. Abu Mazen sorgt dann dafür, dass sich die Eheleute wieder versöhnen.

Manchmal geht es bei den Entscheidungen des Mustafa Abu Awad um Leben und Tod, etwa bei Blutrache. Als bei einem Autounfall ein junger Mann getötet wurde, nahm Abu Mazen den verantwortlichen Autofahrer bei sich zu Hause in Schutzhaft auf.

Bei der geschädigten Familie erreichte er einen Aufschub der Blutrache. Dann begannen Verhandlungen. Der Schuldige kam erst frei, als seine Sippe an die Familie des Getöteten eine Summe von 10 000 Jordanischen Dinaren – umgerechnet etwa 9 200 Euro – gezahlt hatte.

Bei wichtigen Geschäften bezahlen palästinensische Araber nach wie vor mit der Währung des haschemitischen Königreichs, und nicht mit israelischen Schekeln, amerikanischen Dollars oder europäischen Euros.

Doch Mustafa Abu Awad steht der Sinn weder nach Ausgleich noch nach Geschäft. »Die ganze Welt anerkennt das Recht der Palästinenser, in ihr Land zurückzukehren. Wo aber bleiben Gerechtigkeit und Gleichberechtigung?!«, klagt der Mann, der unter seinen Landsleuten für Verständigung und Versöhnung sorgt. Die Unabhängigkeitsfeiern des Staates Israel kennt er aus dem Fernsehen - und er bekommt sie zu spüren, weil die Autonomiegebiete während solcher Festtage abgeriegelt werden. »Die Juden feiern auf Land, das sie geraubt haben. Wir Palästinenser gedenken der Katastrophe - arabisch ›An-Nakba‹ -, bei der viele von uns ums Leben kamen, und durch die wir zu Heimatlosen wurden.«

Im Alter von zwölf Jahren musste Mustafa aus seiner Heimat Subarin, einem kleinen Dorf in der Nähe von Haifa, fliehen. Heute liegen dort auf den südlichen Ausläufern des Karmel-Gebirges nur noch die israelischen Ortschaften Amikam und Givat Nili, unweit der bekannteren Ortschaften Zichron Jaakov und Benjamina. »Im Februar 1948 kamen die jüdischen Organisationen Stern und Haganah ins Dorf«, erzählt er: »Sie haben einige von uns getötet, andere verhaftet, die meisten vertrieben.« Laut UNO haben im darauffolgenden Jahr 726 000 palästinensische Araber ihre Heimat verlassen. Die PLO spricht von 914 000 gewaltsam Vertriebenen.[39]

Auf die Frage, welche Gräueltaten der Juden er selbst miterlebt habe, weiß Mustafa Abu Awad keine Antwort. Auch offizielle Angaben beschränken sich auf die Anzahl von Flüchtlingen und zerstörten Dörfern, Zahlenangaben von arabischen Todesopfern aus dem Unabhängigkeitskrieg Israels sind eher selten. Erst auf Drängen fallen dem alten Mann die Namen von Leuten aus Subarin ein, die damals ums Leben kamen: Fuad Fares, Abdul Rahim Irhaiem, Abdul Wahab Abu Hassan, Fatima Abu Lubda, Dschamil Hweidi - »ach ja, und mein Großvater Mustafa Hassan Abu Awad wurde auch in dieser Zeit ermordet«, fällt ihm dann

39 Zur Problematik genauer Zahlenangaben im Blick auf die palästinensischen Flüchtlinge siehe Landmann/Geipel, Die Geschichte des vierzigjährigen Krieges in Nahost, 38.

ein. »Die Juden haben alle Männer zusammengetrieben. Wir haben keinen Widerstand geleistet, denn wir hatten keine Munition. Aber andere Dörfer in der Gegend haben noch bis Dezember gekämpft.«

Von Subarin aus irrte die Großfamilie Abu Awad ab dem Frühsommer 1948 einige Monate lang in der Gegend von Dschenin umher. »Rumana«, »Yamun«, »Al-Araka« sind Ortschaftsnamen, die Mustafa aus seiner Teenagerzeit einfallen: »In manchen Dörfern mussten wir mehrfach umziehen. Es war nicht leicht, für die Kamele eine Unterkunft zu finden.«

Existenzgrundlage Kamel

Wenn Mustafa an die Kamele seines Vaters denkt, kommt er ins Schwärmen: »Mit einem Kamel kann man überall hinreisen, durch ganz Palästina, nach Jordanien, bis nach Damaskus und Ägypten. Was heute das Auto ist, war damals das Kamel: Taxi, Lastwagen. Wir haben zwischen Haifa und den umliegenden Dörfern Melonen transportiert«, erinnert er sich, »und wurden dafür mit Melonen bezahlt. Pro Transport bekamen wir vier Melonen. So war das immer: Man wurde mit einem Teil der Ladung entschädigt.«

Vor einem halben Jahrhundert war das Kamel für die palästinensischen Araber die Quelle des Familieneinkommens. Nicht nur zum Reisen oder Lastentransport wurde das genügsame Tier eingesetzt, sondern auch in der Landwirtschaft. »Zwei Kamele garantierten den Lebensunterhalt für 15 Personen«, erinnert sich Mustafa Abu Awad. Wolle und Fleisch der Kamele werden verwertet, aber – das weiß Mustafa ganz genau: »Auch die Milch ist sehr nützlich. Sie vermehrt das Blut und die sexuelle Leistungsfähigkeit.« Eine Braut wird bei der Hochzeit aufs Kamel gesetzt.

Vom Schnee in den Sonnenschein

Den Winter 1950 wird Mustafa Abu Awad nie vergessen: »Es war sehr schlechtes Wetter mit furchtbar viel Eis und Schnee. Es war so kalt wie

seit Menschengedenken nicht mehr. Bis heute sagen die Leute: ›Der ist im Jahr des Eises geboren!‹« Andere nannten ihre Töchter, die in diesem Winter geboren wurden, *Theldsch,* was übersetzt »Eis« oder »Schnee« bedeutet. Allerdings ist das kein Kosename, wie etwa der Name »Schneewittchen« für die Deutschen, bei denen die Vorstellung einer verschneiten Landschaft immer eine romantisch-heimelige Atmosphäre mit sich trägt - vor allem, wenn sie sich in Staub und Hitze des Orients herumschlagen. »*Theldsch* ist ein Fluch«, betont Mustafa, »denn Eis und Schnee machen das Leben unmöglich - oder zumindest unerträglich schwer.«

Abu Mazen und seine Familie fanden schließlich eine vorläufige Unterkunft im Flüchtlingslager »Dschansur«, das die Vereinten Nationen in Dschenin aufgebaut hatten - »ganz in der Nähe, wo die irakischen Soldaten begraben sind. Dort wurden wir von der UN versorgt.« Mit 18 heiratete er ein Mädchen aus seinem Heimatdorf. »Ich musste 50 Dinare für sie bezahlen. Vielleicht war sie so billig, weil auch sie ein Flüchtlingskind war. Normalerweise hätte sie 100 Dinare gekostet. - Für 100 Dinare bekam man damals vier Kamele.«

1957 schloss er sich der jordanischen Armee an - »nicht, um für mein Land zu kämpfen, sondern um zu überleben und etwas zu verdienen. Genau so, wie das heute auch viele arbeitslose junge Männer tun.« Mustafa erinnert sich an seinen ersten Sold in der Armee des jungen Haschemitenherrschers Hussein: »Ich verdiente fünf Jordanische Dinar im Monat und blieb 17 Jahre bei der Armee.«

Letztendlich hat Mustafa Abu Awad dann aber mit seiner Familie eine Bleibe im Flüchtlingslager Nur Asch-Schams am Ostrand der palästinensischen Autonomiestadt Tulkarem gefunden. *Nur Asch-Schams* heißt übersetzt »Licht der Sonne« - »Sonnenschein«. Dort hat er jahrzehntelang für die UNRWA gearbeitet - die »United Nations Relief and Works Agency«, eine Flüchtlingsorganisation der Vereinten Nationen, die sich ausschließlich um palästinensische Flüchtlinge kümmert.

Nach Angaben der Vereinten Nationen sind weltweit mehr als 42 Millionen Menschen auf der Flucht vor Verfolgung, gewaltsamen Konflikten, Krieg und Menschenrechtsverletzungen.[40] Die Palästinenser sind die

---

40 UNHCR Press Release vom 16. Juni 2009, http://www.unhcr.org/4a2fd52412d.html

einzige Gruppe, die mit der UNRWA ein eigenes Flüchtlingshilfswerk hat. Damit bestätigt und zementiert die UNO die Einzigartigkeit des palästinensischen Flüchtlingsproblems, anstatt wie sonst üblich auf die Integration dieser Menschen hinzuarbeiten.

Die Erinnerung wachhalten

Heute hat Mustafa Abu Awad drei Söhne, drei Töchter und eine ganze Reihe von Enkeln. In dem bescheidenen Haus zeigt der 72-jährige Richter bereitwillig den Schlüssel von seinem alten Haus in Subarin, die Schere, mit der einst die Wolle der Kamele geschoren wurde, seine Geburtsurkunde, ausgestellt von der britischen Mandatsverwaltung Palästina in arabischer, englischer und hebräischer Sprache, Steuerbescheinigungen und andere vergilbte Dokumente.

Alle diese Dinge sollen das Recht auf die alte Heimat beweisen, die er vor mehr als einem halben Jahrhundert verlassen musste. Die Enkel Salaam, Salma und Nura zeigen das Festgewand des Urgroßvaters, der aus Subarin vertrieben wurde. An der Wand hängen die Bilder derer, die hervorragend die Rechte der palästinensischen Flüchtlinge in der Weltöffentlichkeit zur Geltung gebracht haben: Jasser Arafat und Saddam Hussein.

Nachdem der obligatorische süße Kaffee aus kleinen Tassen geschlürft wurde, setzt sich Faisal Dawas Mahmud Abu Awad in Pose.

Mustafas Sohn beweist durch einen Ausweis, dass er der Vorsitzende der palästinensischen Poetenvereinigung in Tulkarem ist. Mit theatralischer Vollkommenheit trägt er ein Gedicht vor, das unter der Überschrift »An-Nakba« die palästinensische Nationalkatastrophe aus Sicht der Familie Abu Awad aus dem Dorfe Subarin beschreibt. Schwermütig bewegend trägt die orientalische Melodie die Worte hinaus in die engen beton- und hohlblockzermauerten Wände des staubigen Flüchtlingslagers Nur Asch-Schams. Der aromatische Duft von Kardamon und Kaffeesatz hängt in der Luft.

Im virtuellen Gespräch mit seinem Großvater besingt Faisal die gute alte Zeit, die arabeske Idylle, in der es keinen Streit, keinen Hunger und

kein Leid gegeben haben soll. Dann fragt der Enkel, der im Flüchtlingslager »Sonnenschein« aufwachsen musste, den alten Großvater: Warum bist du geflohen? Waren es wirklich so viele jüdische Angreifer? – Die Antwort des alten Heimatlosen ist historisch erstaunlich exakt:[41] Es waren die Gerüchte, die Angst vor Massakern, »dass etwas Schlimmeres passieren« könne, was »unseren Frauen angetan werden« könnte, und dass »unserer Religion Schaden entstehen« könnte, die sie zum Verlassen der Heimat veranlasste – und das Versprechen der arabischen Nachbarstaaten: »In zwei oder drei Wochen werdet ihr zurückkehren und alles wird, wie es war.«

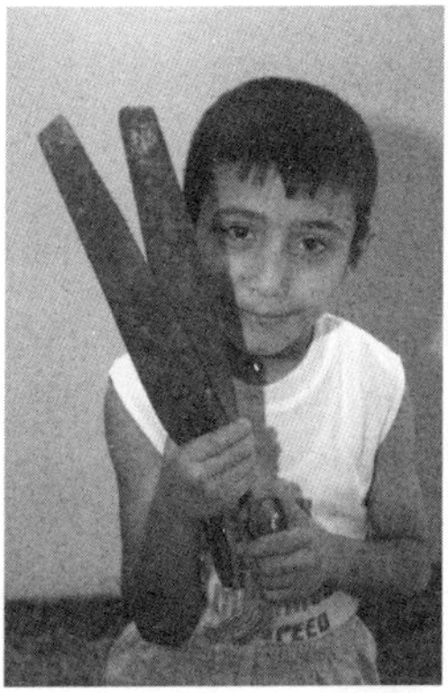

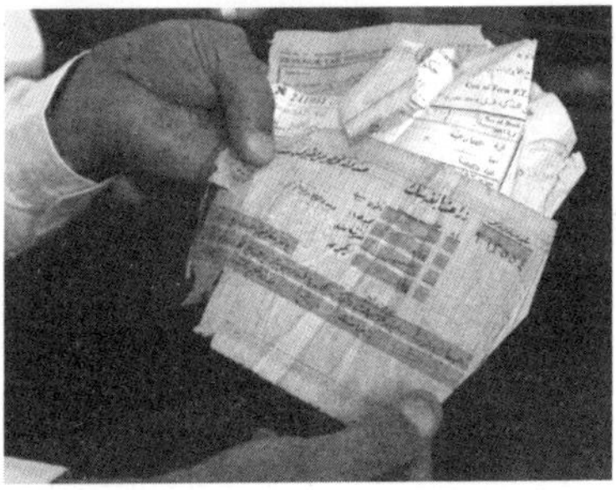

Der Enkel mit der Kamelschere – der Großvater mit dem Schlüssel – und seine Geburtsurkunde

41 Zu den Ursachen der Flucht der Araber Palästinas im Jahr 1948 siehe zum Beispiel Der Staat Israel, Informationen zur politischen Bildung 141, Neudruck 1986, 35.

Mit offenen Augen träumt der Dichter von der guten alten Zeit, die geprägt ist vom Geschmack des wilden Oregano, dem Gegacker der Hühner, dem Gemurmel der Koran-Schüler, dem Gebetsruf des Muezzin und einer Unzahl weiterer romantischer Bilder: Die Frauen gehen zum Brunnen; holen den Weizen von der Tenne, während »der Hirte mit seinen starken Muskeln, der sich vor keinem Wolf fürchtet«, vorbeischlendert ... Der Bilderreichtum arabischer Volkspoesie scheint unerschöpflich.

Man spürt den Worten des Faisal Abu Awad ab: Das palästinensische Flüchtlingsdasein ist Fluch und Adel zugleich. Vorrecht und Stigma sind zwei Seiten ein und derselben Münze. Er ist stolz darauf, gedemütigt worden zu sein. Ohne die verhassten Zionisten, ohne den Mythos von Vertreibung, blutigen Massakern und endloser Besatzung hätten diese Menschen ein Problem, ihre Identität und vielleicht sogar ihre Daseinsberechtigung zu erklären.

Der Geistliche aus Deheische

Scheich Abdel Madschid Atta ist international der Muslimbruderschaft verbunden und leitet die Hamas-Bewegung im Deheische-Flüchtlingslager südlich von Bethlehem. »Im Zweiten Weltkrieg haben wir die Deutschen unterstützt«, begrüßt er mich, »und jetzt müssen wir den Preis dafür bezahlen!« Dann beginnt er »im Namen Allahs, des Allerbarmers«.

Abdel Madschid Atta stammt ursprünglich aus Ras Abu Amar. Vor der Staatsgründung Israels lag das Dorf fünfzehn Kilometer westlich von Bethlehem zwischen Malcha und Beit Kerem nahe der Bahnlinie. »Ras Abu Amar war von der traditionellen Landwirtschaft geprägt. Es gab zwölf oder fünfzehn Wasserquellen, Gemüse, Obst.« Scheich Atta erinnert sich, dass damals das Land noch nicht in Dunam[42] berechnet wurde, sondern nach der Anzahl der Ölbäume und Wasserquellen. »Wenn meine

---

42 Ein Dunam sind etwa 1 000 Quadratmeter, zehn Dunam sind also ein Hektar. Vergleiche für eine ausführlichere Erklärung in deutscher Sprache http://de.wikipedia.org/wiki/Dunam

Eltern von der alten Zeit erzählten, fühlte ich ihr Glück.« Als sie 1946 heirateten, »bekam meine Mutter ein Stück Land als Brautpreis«. 1948 mussten sie die Heimat verlassen. »Sie wollten nicht gehen«, erzählt Atta, was ihm von seinen Eltern erzählt wurde, »aber das war eine Vorsichtsmaßnahme gegenüber den Juden.«

»Die Juden, die ursprünglich in Palästina wohnten, hatten ein gutes Leben«, beginnt er »die andere Seite« ins Blickfeld zu ziehen. »Es waren nur einige Tausend und wir hatten gute Beziehungen. Die Juden waren Feiglinge – bis die Briten anfingen, sie militärisch auszubilden und das Land für die Einwanderung zu öffnen.«

So die Begründung des Hamas-Scheichs dafür, dass »plötzlich jeder mit jedem Probleme« bekam.

»Als Jitzhak Schamir und Menachem Begin dann das King David Hotel in Jerusalem sprengten, eilte mein Vater dorthin, um zu helfen und rief: ›O heilige Jungfrau, sei uns gnädig!‹« – wie der Vater des Hamas-Scheichs zur »heiligen Jungfrau« kam, bleibt schleierhaft. Jedenfalls hielten »die Briten daran fest, Juden auszubilden. Als sie gingen, hinterließen sie alle Militärlager und Munition den Juden«, gibt Atta die Familientradition weiter.

»Es gab viele Massaker, wie das von Deir Yassin. Wir erfuhren, wie die Juden uns massakrierten, die Frauen vergewaltigten. Es herrschte große Angst.«

Die Flucht vor der Ungewissheit

»Weil wir keine Munition hatten, baten wir die Jordanier um Hilfe«, setzt der Hamas-Scheich aus der Geburtsstadt von Jesus seinen Bericht fort. »Die sagten uns, wir sollten uns keine Sorgen machen, sieben arabische Armeen seien auf dem Weg, um uns zu helfen.«

»Wir werden die verbrecherischen Zionistenbanden ins Meer werfen, sodass in Palästina kein einziger Jude mehr übrig bleiben wird«, verkündete 1948 der Rektor der islamischen Al-Azhar-Universität in Kairo: »Damit unsere siegreichen Armeen ihre heilige Mission erfüllen können, ohne dass dabei arabische Brüder geopfert werden, müssen diese vorläu-

fig das Land verlassen, damit unsere Truppen ihr Vernichtungswerk unbekümmert verrichten können.«[43]

»Die Jordanier befahlen uns, Ras Abu Amar zu evakuieren«, bestätigt Abdel Madschid Atta diese Entwicklung aus Sicht seiner eigenen Familie. »Mein Vater war auf dem Feld, als Wache, weil gerade Erntezeit war. Meine Mutter und Großmutter waren in einer der Plantagen. Als mein Vater zurückkam, war das Dorf leer. Auf der Plantage fand er seine Frau, seine Mutter und die kleine Tochter. Sie wollten nicht gehen. Aber dann kam ein Onkel und überzeugte sie, alles zu verlassen. Er hatte von schweren Kämpfen gehört. So blieb ihnen nichts. Sie lebten in Zelten in den unwirtlichen Bergen um Bethlehem.«

»Als sie nach Ras Abu Amar zurückkehrten, um ein paar Dinge zu holen, waren dort Juden. Die drohten, jeden zu töten, der sich ihnen näherte«, schildert Atta das Schicksal seiner Eltern. »Mein Vater wurde in die Brust geschossen. In der einen Hand trug er seine Habseligkeiten, mit der anderen presste er gegen die Wunde. Dann wurde er schwach und warf alles weg.«

»Mit dem Winter wurden die Lebensbedingungen sehr schwierig. Meine Familie musste sich einen einzigen Wohnraum mit einer einheimischen Familie teilen. Als dann die UNRWA eingerichtet wurde, war meinen Eltern klar, dass sie für lange Zeit nicht mehr zurückkehren würden, obwohl die UNO-Resolution 194 ein Recht auf Rückkehr garantiert« - so die Interpretation der Palästinenser. Es »folgten Jahre des Leidens, des Hungers und der Frustration.«

Das Heimatdorf der Familie Atta und 500 weitere arabische Dörfer wurden zerstört. Scheich Abdel Madschid beschreibt die Verzweiflung seines Volkes, das »von den Amerikanern Mehl geschenkt bekam, während diese gleichzeitig Israel dankten und die Einwanderung der Juden förderten«. - »Die Welt spottet über das palästinensische Volk und unterstützt Israel«, resümiert Atta.

---

43 So zitiert bei Landmann/Geipel, Die Geschichte des vierzigjährigen Krieges in Nahost, 27.

Das Flüchtlingselend wird zementiert

Dann zeigt mir der Scheich Bilder vom Deheische-Flüchtlingslager in den frühen 1950er-Jahren: weiße Zelte, von kleinen Steinmauern umgeben, drum herum weite Flächen, auf denen vereinzelt Ölbäume stehen. »In einer dieser Hütten wurde ich geboren«, zeigt Abdel Madschid Atta auf eine der vergilbten Schwarz-Weiß-Fotografien und erinnert - bewusst oder unbewusst - an ein anderes Kind, das in dieser Gegend zweitausend Jahre vor ihm heimatlos und als unerwünschter Gast geboren worden war: »Meine Mutter machte eine Krippe aus Schlamm ...«

»Die Welt baute uns kleine Hütten. Aber wir weigerten uns, in diese Hütten zu ziehen, weil sie einen Dauerzustand, ein Ja zum Flüchtlingsdasein impliziert hätten«, greift er die Situation in den ersten Jahren nach dem Unabhängigkeitskrieg Israels auf. »Aber die Wetterbedingungen waren hart und die Welt war gleichgültig. Deshalb zogen wir dann doch ein.«

Auf meine Frage, warum man denn die Flüchtlinge, die gerade einmal zwanzig Kilometer weit geflohen waren, nicht spätestens in den 1950er-Jahren so ansiedelte, dass sie ein menschenwürdiges Leben führen konnten - Land hätte ausreichend zur Verfügung gestanden - antwortet der Hamas-Führer des Deheische-Flüchtlingslagers auffallend strukturiert. Vom kleinen Finger her zählt er an seiner Hand:

- »Erstens waren wir der festen Überzeugung, dass wir unter allen Umständen in unsere Heimat zurückkehren würden. Das lernten wir täglich in der Schule!
- Zweitens hatten sich die arabischen Regime gegen uns verschworen. Sie gaben uns weder Waffen noch erlaubten sie uns irgendeine Organisation.
- Drittens hätte das nur den Israelis zum Erfolg verholfen. Die bemühen sich doch bis heute um unsere Integration.«

Kurz fasst Scheich Abdel Madschid Atta die Gründe für die Zementierung des Flüchtlingselends zusammen: »Eine humanitäre Lösung der Flüchtlingsfrage hätte unseren Zwecken nicht gedient!«

Damit bringt der Hamas-Scheich auf den Punkt, was vielen Beobachtern seit Langem klar ist: Die palästinensische Flüchtlingsfrage ist eine

politische Frage.[44] Bereits im April 1957 meinte der irakische Außenminister: »Der Irak allein wäre fähig, alle arabischen Flüchtlinge zu absorbieren.« Somit ist klar: »Die Weigerung der arabischen Staaten, die Palästinaflüchtlinge einzugliedern, war und ist weniger ein wirtschaftlicher als ein politischer Faktor.«[45]

Das Recht auf Rückkehr

Die UNO-Resolution 194[46] wurde am 11. Dezember 1948 von der Generalversammlung der Vereinten Nationen verabschiedet. 35 UNO-Mitgliedsstaaten stimmten dafür, 15 dagegen, 8 enthielten sich der Stimme. Im ersten von drei Absätzen fordert die Resolution eine Internationalisierung des Großraums Jerusalems unter Kontrolle der UNO. Der zweite Absatz spricht von einer Rückkehr der Flüchtlinge, »die bereit sind, mit ihren Nachbarn in Frieden zusammenzuleben«, zum »frühstmöglichen Zeitpunkt« oder ersatzweise einer Entschädigung für verlorenes Eigentum. Die Resolution stellt also Bedingungen für die Flüchtlinge und legt kein Datum fest. Die Werte, die den Arabern im Unabhängigkeitskrieg Israels verloren gingen, werden von der PA auf etwa 25 Milliarden US-Dollar geschätzt.

---

44 Kamillo Landmann und Ernst-Eberhard Geipel verweisen darauf, dass das Schicksal der palästinensischen Araber in dieser Hinsicht einzigartig ist: »Im Jahrhundert der Flüchtlinge gibt es unzählige Beispiele dafür, wie es gelang, Millionen von Vertriebenen in einer fremden Umgebung in die Gesellschaft einzugliedern. Der einzige Fall, wo dies nicht möglich war, ist die unterlassene Unterbringung der palästinensischen Araber. Die Ursache dafür ist aber nicht darin zu suchen, dass dies nicht durchführbar war, sondern dass eine Integration von arabischer Seite mit Gewalt verhindert wurde. Das ›palästinensische Flüchtlingselend‹ wurde von den arabischen Staaten mit allen Mitteln gepflegt und künstlich am Leben erhalten, um damit den arabischen Anspruch auf ganz Palästina zu dokumentieren. [Die Geschichte des vierzigjährigen Krieges in Nahost, 34.]

45 Der Staat Israel, Informationen zur politischen Bildung 141, Neudruck 1986, 48.

46 http://unispal.un.org/UNISPAL.NSF/0/C758572B78D1CD0085256BCF0077E51A

1993 verschoben die Abkommen von Oslo die Flüchtlingsfrage auf Endstatusverhandlungen. Im April 1999 forderten die UN-Menschenrechtskommission in Genf und EU-Vertreter die Implementierung der Resolution 194. Israel verwies darauf, dass Resolutionen der Generalversammlung nur Empfehlungen sind und keinerlei bindenden Charakter haben. Zudem habe die Arabische Liga 1948 gegen die Resolution 194 gestimmt, weil diese auch ein Ende des Konflikts fordert.[47]

»Das Rückkehrrecht der Palästinenser ist nicht verhandelbar!« Der Jerusalemer Großmufti Scheich Ekrima Said Sabri ist in der Flüchtlingsfrage, mit Verweis auf die Scharia, das islamische Recht, kompromisslos: »Recht ist, was der Heilige Koran und die Traditionen des Propheten festlegen!« Dr. Sabri zufolge ist die Rückkehr eine Verpflichtung, »die kein Flüchtling noch irgendjemand anderer jemals aufzuheben vermag«. Die Pflicht auf Rückkehr verjährt nie. »Niemand hat das Recht, Entschädigung für das Eigentum oder das Land anzunehmen. Das würde als Verkauf gelten«, rief Scheich Sabri am 21. Juni 2002 in seiner Freitagspredigt in der Al-Aqsa-Moschee Tausenden von Gläubigen zu. »Der Verkauf von Land an Nichtmuslime ist unter der Scharia nicht gestattet.« So gilt bis heute in der PA ein von Jordanien übernommenes Gesetz, das Landverkauf an Nichtmuslime mit der Todesstrafe belegt.

Die Predigt Sabris wurde um die Mittagszeit von der offiziellen palästinensischen Radiostation »Stimme Palästinas« live ins ganze Land übertragen. Söhne erben den Flüchtlingsstatus ihrer Väter, sodass es laut Sabri heute »mehr als 5,5 Millionen« palästinensische Flüchtlinge weltweit gibt, die nie »aussterben« werden. Die genaue Anzahl ist eine Frage der Definition, betont der Professor für politische Soziologie an der Universität Genf, Riccardo Bocco. Legt man die Flüchtlingsdefinition der UNRWA zugrunde, sind etwas weniger als die Hälfte der weltweit 10,5 Millionen Palästinenser Flüchtlinge. Folgt man einer politischen Definition, wären es wohl eher zwei Drittel.[48]

---

47 Janine Zacharia, »Shaath: Israel accepted responsibility for refugee problem«, Jerusalem Post vom 22. Juni 2001.

48 Riccardo Bocco, »UNRWA and the Palestinian Refugees: A History within History«, Refugee Survey Quarterly, Vol. 28, Nos 2 & 3 * UNHCR [2010], 238, im Internet unter http://www.unrwa.org/userfiles/201006109359.pdf

»Verschwörungen sind im Gange«, verriet Sabri seinen Zuhörern, »die darauf abzielen, die Palästinafrage aus der Welt zu schaffen.« – »Oh Muslime!« wandte sich der oberste Prediger Palästinas dann an seine Glaubensbrüder in aller Welt: »Wir müssen festhalten, dass das Land Palästina eine islamische Stiftung ist. Ein Flüchtling, der nicht zurückkehrt, hat keinerlei Anrecht auf Kompensation. Sein Eigentum gehört allen Muslimen. Es gibt keine Lösung des Problems, außer einer Rückkehr der Flüchtlinge in ihre Häuser und auf ihr Land.«

Millionen von Muslimen betrachteten den von Jasser Arafat 1994 eingesetzten »Großmufti von Jerusalem und dem Heiligen Land« als entscheidende geistliche Autorität. 2006 setzte der palästinensische Präsident Mahmud Abbas den für seine extremen Äußerungen bekannten Scheich zwar ab. Begründung: Er sei zu politisch. Aber vielen Muslimen bleibt er eine geistliche Autorität, nicht zuletzt, weil sie seine Ansichten teilen.

Eine Alternative zur Rückkehr in Form materieller Entschädigung ist für sie undenkbar. Sabris Nachfolger im Amt des Großmufti, Scheich Muhammad Ahmed Hussein, gilt zwar als »politisch gemäßigt«, hat aber gleich zu Beginn seiner Amtszeit Selbstmordattentate als legitimes Mittel im Kampf gegen Israel bezeichnet und sich nie von Sabris Äußerungen zur Land- und Flüchtlingsfrage distanziert.

Auch Scheich Abdel Madschid Atta im Deheische-Flüchtlingslager weiß: »Dies ist heiliges Land. So steht es in den heiligen Büchern. Niemals könnten wir dieses Land vergessen! Niemals werden wir einen Besatzer akzeptieren, auch wenn das ein Araber wäre! Wie sollen wir dann die Juden akzeptieren, die doch die ganze Welt verdorben haben?!« Der gestrenge Korangelehrte erhebt sich und verlässt würdigen Schrittes den Raum. Bei theologischen Fragen traut er unserem Übersetzer nicht, der Christ ist und der kommunistischen Volksfront zur Befreiung Palästinas (PFLP) nahesteht. Kurz darauf kehrt er zurück und hält einen Koran in den Händen, eine Übersetzung ins Deutsche und Englische. Eigentlich darf der Koran nicht übersetzt werden. Jede Übersetzung ist eine Herabsetzung und Verderbnis des ursprünglichen Wortes Allahs. Aber um mir, der ich kein Hocharabisch verstehe, etwas zu erklären, sind Übersetzungen brauchbare Krücken.

3. Die Kehrseite der Medaille

Mit den Verschwörungen hatte sich der Jerusalemer Exgroßmufti auf Überlegungen in Diplomatenkreisen bezogen, einen israelischen Rückzug auf die Waffenstillstandslinien von vor 1967 an einen Verzicht der Palästinenser auf das Rückkehrrecht zu koppeln. Nach palästinensischer Vorstellung sieht das »Recht auf Rückkehr« eine Rückkehr von Exilpalästinensern aus aller Welt nicht nur in die PA oder einen künftigen Palästinenserstaat vor, sondern fordert deren Einbürgerung in den jüdischen Staat Israel. Aus israelischer Sicht wäre das demografischer Selbstmord. Fast 1,5 Millionen von insgesamt sieben Millionen Israelis sind heute schon Nichtjuden, die meisten arabische Muslime, also »Palästinenser mit israelischer Staatsbürgerschaft«.

Kein nennenswerter israelischer Politiker kann sich eine Rückkehr palästinensischer Flüchtlinge auf das Staatsgebiet Israels vorstellen.[49] Selbst der Osloarchitekt und Friedensaktivist Jossi Beilin bezeichnet das als rote Linie.

»Das Flüchtlingsproblem wurde durch enorme Fehler der Palästinenser verursacht«, so Beilin, »die den UNO-Teilungsplan für Palästina[50] nicht akzeptierten«, sondern in mehreren erklärten Vernichtungskriegen den Judenstaat von der Landkarte löschen wollten.

»Das Flüchtlingsproblem muss außerhalb der Grenzen des Staates Israel gelöst werden«, fasste Israels Premierminister Benjamin Netanjahu am 14. Juni 2009 an der Bar-Ilan-Universität in Ramat Gan somit einen parteiübergreifenden Konsens seines Volkes zusammen. Ein Recht auf Rückkehr palästinensischer Flüchtlinge in den Staat Israel ist aus israelischer Sicht unter keinen Umständen akzeptabel. Trotzdem ist nach Vorstellung Netanjahus eine Lösung des arabischen Flüchtlings-

49 Vergleiche dazu auch Yoash Tsiddon-Chatto, Israeli Facts. The Right Against Wrong (Jerusalem: Selbstverlag, 3. Auflage 1992), 40.

50 http://www.un.org/depts/german/gv-early/ar181-ii.pdf

problems möglich. Als Beleg dafür führte er an, dass »das kleine Israel erfolgreich *Hunderttausende* jüdischer Flüchtlinge aus arabischen Ländern integriert« habe.

Vielleicht zufällig, aber in jedem Falle symptomatisch schrieb das israelische Außenministerium in seiner offiziellen englischen Übersetzung der Netanjahu-Rede von »*Zehntausenden* jüdischen Flüchtlingen aus arabischen Ländern«. Die israelische Botschaft in Berlin erwähnte in ihrer Zusammenfassung der Rede des Regierungschefs die jüdische Flüchtlingsfrage überhaupt nicht mehr - obwohl die demografische Frage heute möglicherweise *die* entscheidende existentielle Bedrohung des jüdischen Staates Israel darstellt. »Die vergessenen Flüchtlinge des Nahostkonflikts« - so ihre Selbstbezeichnung - beklagen, dass selbst der jüdische Staat ihr Anliegen nicht angemessen vertritt.

Der Auspufffabrikant aus Aleppo

Bis hoch unter das Wellblechdach liegen Auspuffrohre für alle nur denkbaren Automarken und Modelle gestapelt. In der düsteren Werkstatt im Jerusalemer Industriegebiet Talpiot hängt die typische Geruchsmischung in der Luft, aus Motorenöl und Männerschweiß, von Lötarbeiten und starkem arabischem Kaffee mit Kardamon. Ganz hinten in einem Kabuff, das er stolz »Büro« nennt, sitzt Schaike Amiga.

An den Wänden hängen vergilbte Urkunden, dazwischen Bilder von Jitzhak Schamir, Menachem Begin und Ariel Scharon. Ein alter Computer versinkt unter Bergen von Papier. Seine Tastatur ist eingewickelt in eine Plastikfolie, damit sie den Gebrauch durch verschmierte Arbeiterhände überlebt.

Kennengelernt habe ich den israelischen Auspufffabrikanten vor vielen Jahren. Mein palästinensischer Automechaniker aus Beit Sahur, einem christlichen Dorf in der Nähe von Bethlehem, hatte mich an ihn verwiesen. »Das ist ein guter Freund, absolut zuverlässig und seine Auspuffrohre haben Originalqualität«, hatte mir der Araber auf den traditionellen Hirtenfeldern verkündet. Während wir nun im Bürokabuff arabischen Kaffee schlürfen, schaut einer der palästinensischen Arbeiter

zur Tür herein. »Der kommt aus Umm Tuba«, meint Schaike, »im täglichen Leben sehen wir die großen Spannungen, den Hass, die Eifersucht, nicht. Selbst während des Krieges, hat er hier gearbeitet.« Amiga erzählt, wie er auch in der Zeit des israelischen Gazafeldzugs zum Jahreswechsel 2008/2009 mit seinen palästinensischen Freunden in Gaza den Kontakt nicht hat abbrechen lassen.

Schaike Amigas Familie stammt aus »Halab«, wie die nordsyrische Stadt Aleppo auf Arabisch heißt. Sein Vater Eduard war 1935 mit seiner Familie ins britische Mandatsgebiet Palästina geflohen. In vielen arabischen Städten des Nahen Ostens tobten damals Pogrome gegen die Juden. Orientalisch anschaulich erzählt Schaike, wie die Herrscher der Bevölkerung immer wieder einen »Bonus« gaben: »Drei Tage habt ihr Zeit. Da könnt ihr mit den Juden machen, was ihr wollt!« Die Familientradition der Amigas weiß von grausamen Ereignissen: »Die Araber haben unsere Frauen vergewaltigt, unseren Besitz gestohlen und unsere Häuser angezündet. Sie waren furchtbar grausam und haben ohne Ende gemordet. Meine Mutter erzählte mir von elfjährigen Mädchen, die schwanger wurden.«

Das Ende der guten alten Zeit

Mit einem Anflug von Träumerei erinnert er sich an die goldenen Zeiten in der alten Heimat. »Mein Vater hat in Syrien dreizehn Geschäfte zurückgelassen. Er hat mit Stoffen, Schmuck, Gold und Edelsteinen gehandelt. Die Juden in Aleppo waren sehr reich.« Mit einem Ruck erhebt sich der kräftige Mann hinter seinem Schreibtisch, durchquert mit energischen Schritten das schmuddelige Büro und zeigt stolz auf die verblichene Kopie eines Schwarz-Weiß-Fotos an der Wand: »Das ist meine Familie. Die Engländer hatten meinen Großvater und seine erwachsenen Söhne an der Grenze festgenommen und in das berüchtigte Gefängnis in Akko verschleppt. Die Frauen und Kinder ließen sie einfach in Zelten an der Grenze zurück, dort wo die Brücke Bnot Jaakov über den Jordan führt. Zwanzig Tage lebten sie wie Tiere, ohne Essen, ohne Kleidung, ohne Versorgung.«

»So wurde mein Vater in kurzer Zeit vom Millionär zum Bettler«, fährt Schaike Amiga mit der Familienchronik fort: »Hier im Land Israel hat er sich als Tagelöhner und Lastenträger durchgeschlagen. Er hat beim Straßenbau und beim Trockenlegen von Sümpfen geholfen.« Der Großvater mütterlicherseits, Maatuk Nakasch, wurde von Arabern ermordet. »Meine Mutter weiß nicht einmal, wo er begraben liegt. Die Großmutter starb an einem Herzanfall infolge der Aufregung. So kam meine Mutter mit ihren drei kleinen Schwestern nach einem Pogrom im Jahre 1947 zu Fuß aus Syrien hier im Land an.«

Der Aristokrat aus Bagdad

Schlomo Hillel wurde am 23. April 1923 in Bagdad geboren.

»Zuhause sprachen wir das jüdische Arabisch, das in etwa dem Jiddischen aus Osteuropa entspricht«, erzählt der gebrechliche Mann, der mit seiner Frau Temima in einem modernen Hochhaus in Raanana wohnt. Temima stammt aus Wien und hat den Holocaust überlebt. »In der Schule habe ich Arabisch lesen und schreiben gelernt.« Voller Energie berichtet der langjährige Knessetabgeordnete und ehemalige Botschafter, Polizei- und Innenminister Israels, wie er im Alter von elf Jahren nach Palästina eingewandert ist.

Am 29. November 1947, als die UNO-Vollversammlung die Gründung eines jüdischen Staates in Palästina entschied, war er im Auftrag des jüdischen Geheimdienstes in Beirut. »Es gab Demonstrationen gegen den UNO-Beschluss und ich fragte mich, was wohl am sichersten sei in dieser Situation«, erinnert sich Hillel: »Da habe ich mich am Abend den Demonstrationen angeschlossen und laut gegen den Staat Israel und ›Tod den Juden!‹ mitgeschrien.« »Alle waren davon überzeugt: Innerhalb von zwei Wochen werden wir sie hinauswerfen!«, beschreibt der ehemalige Agent die Stimmung auf den Straßen in den arabischen Städten: »›Bald wird mein Pferd in Tel Aviv Kaffee trinken‹, war damals in Damaskus ein geflügeltes Wort.«

Schlomo Hillel ist stolz auf seinen Familiennamen. Er geht zurück auf den berühmten Rabbi Hillel den Älteren, einen Zeitgenossen von Jesus. Seit der Zerstörung des ersten Tempels im 6. Jahrhundert v. Chr. wohnten Juden im Zweistromland – »lange vor den Muslimen!« Das ist dem alten Herrn wichtig, der die Atmosphäre eines verflossenen orientalischen Bürgertums mit aristokratischem Anspruch verströmt. In den 1920er-Jahren waren fast vierzig Prozent der Einwohner Bagdads Juden. Zwischen 1946 und 1952 war Hillel im Auftrag des israelischen Geheimdienstes verantwortlich für die Organisation der Flucht der irakischen Juden nach Israel.

Er nimmt kein Blatt vor den Mund: »Es gab Vertreibungen von palästinensischen Arabern durch jüdische Israelis – aber es gab auch Vertreibungen von arabischen Juden aus den arabischen Ländern. De facto hat hier ein Bevölkerungsaustausch stattgefunden.« Offizielle UNO-Schätzungen gehen in den späten 1940er- und Anfang der 1950er-Jahre nicht nur von einer dreiviertel Million arabischer Flüchtlinge infolge des Nah-

ostkonflikts aus, sondern auch von 856 000 Juden, die ihre Heimat in arabischen Ländern verloren. Die Verfolgung und Vertreibung der Juden aus arabischen Ländern hatte schon lange vor der Errichtung des jüdischen Staates begonnen und hatte nichts mit der Gründung des Staates Israel zu tun.[51]

Zwischen den Mühlsteinen

Bei einem Glas Zitronenlimonade versinkt Schlomo Hillel in vergangenen Zeiten: »König Faisal von Irak – der ursprünglich aus Saudi-Arabien stammte und von der britischen Kolonialmacht installiert worden war – starb 1933. Sein Sohn und Nachfolger, König Ghazi, war ein extremistischer arabischer Nationalist. Er unterstützte die intensive Aktivität der Nazis im Nahen Osten. Die Feindschaft Deutschlands gegen die Kolonialmacht England und der deutsche Antisemitismus kamen den Arabern entgegen.« Eine der ersten Amtshandlungen Ghazis war die Sanktionierung des Massakers an assyrischen Christen im August 1933. Mehr als 3 000 Assyrer wurden ermordet. Hillel war selbst Augenzeuge: »Die Siegesparade zog vor unserem Haus in Bagdad vorbei. Mein Vater Aaron sagte: ›Wenn sie das den Christen antun, haben wir Juden hier keine Zukunft.‹« Deshalb wanderte die Familie Hillel nach Palästina aus.

Der Nazibewunderer und Playboy Ghazi kam 1939 durch einen Autounfall ums Leben. Sein minderjähriger Sohn Faisal II. folgte auf den Thron. Die Regierungsgeschäfte führten konservative, probritische Regenten. 1941 kam es zu einem prodeutschen Militärputsch gegen Faisal und bald darauf, in den ersten Junitagen, genau zur Zeit des Schawuot-Festes, zu einem Pogrom in Bagdad. Hillel schreibt in seinem auch auf Deutsch erschienenen Buch »Operation Babylon«:[52] »180 Juden wurden niedergemetzelt und unzählige Häuser, Geschäfte und Synagogen zerstört. Juden wurden buchstäblich von der Straße, aus Bussen und Wagen

---

51 Vergleiche hierzu etwa Martin Gilbert, The Jews of Arab Lands. Their history in maps (Oxford: Merton College, March 1976): Karte 14.

52 Neuhausen: Hänssler, 1992, 21.

herausgezerrt, zu Tode geschlagen und erstochen. Ein hysterischer Pöbel stürmte die Häuser und massakrierte die Einwohner. Nicht einmal Kinder wurden verschont; schwangere Frauen wurden brutal aufgeschlitzt und wie Vieh zum Verbluten liegen gelassen.« Fast Tausend jüdische Einwohner von Bagdad wurden verletzt. Dieses *Farhud* genannte Pogrom war der Wendepunkt unter der jüdischen Bevölkerung und der Beginn des zionistischen Untergrunds im Irak.

Ein todeswürdiges Verbrechen

Der Konflikt um die Errichtung des jüdischen Staates verschärfte dann natürlich die Spannungen zwischen Juden und Muslimen im Nahen Osten. Ende 1947 gab es in Bagdad Demonstrationen gegen die Juden. »Die Behörden«, so Hillel, »dirigierten ganz bewusst den Zorn der Öffentlichkeit über alle möglichen Missstände gegen die Juden. Es entstand eine Atmosphäre der Furcht. Die ›Farhud‹ war das Schreckgespenst in den Hinterköpfen. Immer mehr Leute lernten, mit Waffen umzugehen. Und dann baten plötzlich die führenden Rabbiner, die uns Zionisten eigentlich gar nicht leiden konnten: ›Bitte, helft uns!‹«

Im Mai 1948 zog die irakische Armee aus, um gegen den neu gegründeten Staat Israel zu kämpfen. »Wer einen Brief aus Palästina bekam, wurde verdächtigt. Eine Welle der Verfolgungen begann, mit Verhören und Verhaftungen. ›Zionismus‹ wurde per Gesetz zum todeswürdigen Verbrechen. Schafek Abbas aus Basra, einer der reichsten Juden im Irak, der viele arabische Freunde und Geschäftspartner hatte und das Symbol für Assimilation schlechthin war, wurde verhaftet und zum Tode verurteilt. All die Juden, die vorher nichts mit dem Zionismus zu tun haben wollten, sondern nur ihre Geschäfte sahen, suchten einen Ausweg. Sie lebten in Furcht vor der Regierung, in Furcht vor der Straße«, beschreibt Hillel den Beginn der Massenflucht und des Endes von 2 500 Jahren babylonischem Judentum. Im März 1951 wurde alles jüdische Vermögen eingefroren.

In dieser chaotischen Zeit gab es einige Bombenanschläge, unter anderem auf die Masuda Schemtov Synagoge in Bagdad. Dabei kamen drei

irakische Juden ums Leben. Bald tauchten Gerüchte auf, der Mossad habe die Bombenanschläge verübt, um die Juden im Irak zur Auswanderung nach Israel zu bewegen. Diese Gerüchte fanden weitere Nahrung, als israelische Agenten 1954 Bombenanschläge in Kairo verübten. Fast ein halbes Jahrhundert nach den Vorfällen veröffentlichte der ehemalige Mossad-Agent Mordechai Ben-Porat einen ausführlichen Untersuchungsbericht und Zeugenaussagen vor einem Untersuchungsausschuss des Mossad.[53] Demzufolge wurden die Bombenanschläge im Irak nicht von Juden oder Israelis verübt. Doch selbst wenn israelische Agenten für diese Anschläge verantwortlich gewesen wären, hätte das nichts am Gesamtbild der Situation der Juden in den arabischen Ländern verändert.

Die Stimme der Vergessenen

Mordechai Ben-Porat war in jener Zeit einer der engsten Mitarbeiter des gleichaltrigen Schlomo Hillel. 1945 war er zu Fuß aus Bagdad nach Palästina gewandert – wenige Jahre später aber schon wieder als Beduine verkleidet im Auftrag des Mossad in seiner alten Heimat unterwegs. Ben-Porat organisierte die Flucht der irakischen Juden über Teheran, Paris, Marseilles und schließlich durch geheime Direktflüge nach Israel. Mehr als 120 400 Juden kamen mit der »Operation Esra und Nehemia« aus dem Zweistromland nach Israel. Heute vertritt der vornehme ältere Herr das Erbe des babylonischen Judentums. Auch er war Knessetmitglied und Kabinettsminister in der israelischen Regierung. Zwischen 1955 und 1969 verwandelte er als Bürgermeister ein großes jüdisches Flüchtlingslager in die israelische Kleinstadt Or Jehuda. In seinem bescheidenen Büro im »Zentrum des Erbes des Judentums aus Babel« überreicht er mir seine Visitenkarte. Darauf steht in hebräischen Schriftzeichen seine Büroadresse: »Mordechai Ben-Porat, Mordechai Ben-Porat-Boulevard 83, Or Jehuda«.

---

53 Mordechai Ben-Porat, To Bagdad and Back. The Miraculous 2000 Year Homecoming of the Iraqi Jews. The Full Report of the Inquiry Commission on the Bombing of Bagdad. Jerusalem, New York: Gefen Publishing House, 1998/5758.

1975 hat Ben-Porat die »Weltorganisation von Juden aus arabischen Ländern« mitbegründet, um die Interessen dieser Flüchtlinge zu vertreten und Wiedergutmachungsansprüche zu registrieren. Er betont, dass das Vermögen, das Juden in arabischen Ländern zurücklassen mussten, mindestens fünfmal so groß ist wie das Vermögen, das palästinensische Flüchtlinge in Israel zurückließen. Nachweislich umfasste der jüdische Landbesitz in arabischen Ländern ungefähr 100 000 Quadratkilometer. Der gesamte Staat Israel hat eine Fläche von 20 770 Quadratkilometern. Somit hätte das jüdische Volk mehr als viermal soviel Land allein in der arabischen Welt verloren, als es heute mit dem modernen Staat Israel besitzt.

Ungefähr fünfzig Prozent der heutigen israelischen Bevölkerung sind »Mizrachi-Juden«, die aus arabischen Ländern stammen. »Wir sind das Gesicht Israels«, sagen sie von sich selbst und verweisen darauf, dass die Vereinten Nationen 687 Resolutionen zum arabisch-israelischen Konflikt verabschiedet haben. In 101 Resolutionen gehe es um die Flüchtlingsfrage – aber nur um die palästinensische. Keine einzige der UNO-Resolutionen habe sich jemals um die jüdischen Flüchtlinge aus arabischen Ländern bemüht, obwohl der Resolutionstext 194 interessanterweise offenlässt, ob es sich bei den Flüchtlingen mit Rückkehr- oder Reparationsrechten nur um arabische Flüchtlinge aus Palästina oder auch um jüdische Flüchtlinge aus arabischen Ländern handelt. Auch in der entscheidenden Resolution 242 von 1967 ist nur die Rede von einer »Lösung des Flüchtlingsproblems«, ohne festzustellen, wer damit gemeint ist. Im Sommer 2000 in Camp David griff US-Präsident Bill Clinton diese Sachlage auf und schlug vor, eine internationale Stiftung solle alle Flüchtlinge des Nahostkonflikts, Juden und Araber, entschädigen. Mordechai Ben-Porat ist stolz auf diese diplomatische Errungenschaft.

In Jerusalem erinnert sich der Auspufffabrikant Schaike Amiga daran, wie er als 13- oder 14-Jähriger seinen Großvater Schaya einmal fragte: »Saba, warum hast du es nicht wie die Familie Safra gemacht? Die sind nach Südamerika geflohen und haben ihren ganzen Reichtum mitgenommen?!« Da antwortete der Großvater: »Jeschajahu, siehst du dort das Krankenhaus, das Schaarei-Zedek-Krankenhaus? Das haben Juden gebaut! Siehst du dort die Talmudschule Porat Yosef? Die gehört uns.

Niemand verfolgt uns hier. Wir feiern den Sabbat und unsere Feste. Niemand stört uns. Siehst du dort die Schule, in die all die jüdischen Jungen und Mädchen gehen? Niemand verprügelt sie auf dem Schulweg! Niemand schreit ihnen ›verrückter Jude‹ nach! Und sieh dort die Synagoge Magen David?« »Mein Großvater sah mich voller Stolz an«, erinnert sich der Auspufffabrikant aus Talpiot, »Was ist Geld?! Die Safras sind reich. Aber wir haben einen Staat für das jüdische Volk. Das ist viel besser!«

Juden unter arabischer Herrschaft

Immer wieder wird der Mythos vom »friedlichen Nebeneinander von Juden und Muslimen« in der arabischen Welt beschworen, wie es vor der Gründung des zionistischen Staates existiert haben soll. Doch dem widerspricht eine ganze Reihe von historischen Fakten. So durften Juden in islamischen Staaten zwar theoretisch nicht zwangsbekehrt werden. Aber sie galten als *Dhimmis*, als »Schutzbefohlene« oder Menschen zweiter Klasse. Juden durften keine Pferde reiten, damit ein jüdischer Kopf nicht über dem eines Muslims steht. Im Jemen mussten jüdische Häuser niedriger sein, als die benachbarten muslimischen Häuser. Der Bau von neuen Synagogen war verboten und Juden mussten sich ihr Bleiberecht durch eine jährliche Steuer erkaufen. Um öffentlich erkenntlich zu sein, mussten arabische Juden eine spezielle Kleidung tragen. Der gelbe Stern war keine Erfindung der deutschen Nationalsozialisten. Schon im 8. Jahrhundert mussten Juden und Christen in islamischen Ländern einen gelben Fleck tragen, um sich von ihren muslimischen Mitbürgern zu unterscheiden.[54]

Nicht in allen islamischen Ländern wurde das Dhimmi-Gesetz gleichermaßen streng angewandt, aber Sätze wie »Juden sind die Hunde der Araber« oder »Tötet die Juden« begleiten jüdische Menschen, die in arabischen Ländern aufgewachsen sind, bis heute. Der Historiker Martin Gilbert schreibt: »Trotz Jahrzehnten von Wohlstand, Einfluss, Handel und Toleranz, lebten Juden in der arabischen und islamischen Welt unter

54 Gilbert, The Jews of Arab Lands, Map 2.

der ständigen Gefahr von antijüdischer Diskriminierung, Gewalt und Verfolgung. Zwischen Spanien und Saudi-Arabien waren sie auf Ghettos beschränkt, Strafsteuern unterworfen, mussten spezielle Kleidung tragen und andere Demütigungen ertragen und sahen sich immer wieder Plünderungen und Mord ausgesetzt.«[55]

Nahtlos fügt sich das Schicksal der jüdischen Bevölkerung in Palästina in die endlose Reihe von Diskriminierung und Pogromen ein, die Juden in der arabisch-muslimischen Welt erfahren haben. Hier seien nur einige Beispiele genannt: Um 1080 wurde nach fast 1000 Jahren durchgehender Besiedlung die blühende jüdische Gemeinde aus Rafah, das heute an der Grenze zwischen dem Gazastreifen und Ägypten liegt, vertrieben. 1834 kam es, ausgelöst durch den osmanisch-ägyptischen Krieg, im galiläischen Safed zu einem Pogrom. Im August 1929 wurde in Hebron die 3000 Jahre alte jüdische Gemeinde durch ein Massaker ausgelöscht. Mehr als 60 Juden wurden von ihren aufgehetzten arabischen Nachbarn ermordet. Kaum zwei Jahre später kehrten 31 jüdische Familien nach Hebron zurück, die dann allerdings Mitte der 1930er-Jahre endgültig von der britischen Mandatsmacht vertrieben wurden. Großmufti Hadsch Muhammad Amin Al-Husseini, der oben schon einmal erwähnte Großonkel von Jasser Arafat, und Jerusalems Bürgermeister Ragheb Bey Naschaschibi hatten mit Hilfe deutscher Nazis den Hass gegen die Juden geschürt und landesweite Unruhen ausgelöst. Jüdischer Besitz wurde mit Hakenkreuzen markiert und jüdische Frauen monatelang – offiziell wegen »illegaler Einwanderung« – im Gefängnis in Bethlehem festgehalten.

55 Ebenda, Map 4.

4. Sabra und Schatila

Das Flüchtlingslager Sabra in Beirut hat keine Straßenbeleuchtung. Hier und da verbreitet ein Kerosinofen ein wenig Licht oder ein kleines Feuer, um das dicht gedrängt verschlafene Männer sitzen, gelangweilt an einer Zigarette ziehen und den Sonnenaufgang erwarten. Ansonsten ist es stockfinster.

Aus dem Dunkel des frühen Morgens tritt ein drahtiger junger Mann. Die Kalaschnikow hängt lässig von seiner Schulter. Er fragt nach unserem Wohin. »Zu Abu Mudschahid«, lautet die Antwort, worauf er unsere Frage nach dem Weg eifrig und freundlich beantwortet. Meine Neugierde, zu welcher Partei oder Miliz er denn gehöre, weist er kurz und kalt zurück: »Zum Dschihad.« Die Nachfrage, ob sein »Dschihad« der »Palästinensische Islamische Dschihad« sei, ob er zur »Fatah«, »PFLP«, »DFLP«, »Hamas« oder irgendeiner anderen der bekannten palästinensischen Widerstandsorganisationen gehöre, will er nicht beantworten. »Ich gehöre zum Dschihad«, wiederholt er seine Aussage. Die Kalaschnikow und die

fremde, eisige Finsternis der Dezembernacht halten mich davon ab, weiter nachzufragen.

In die palästinensischen Flüchtlingslager des Libanon traut sich nicht einmal die libanesische Armee. Sie kontrolliert lediglich die Zufahrten mit martialisch aufgestellten Schützenpanzern und schweren Maschinengewehren, die natürlich nicht fotografiert werden dürfen. Der offizielle Sicherheitsapparat des Zedernstaates zeigt Präsenz, will offensichtlich unter Beweis stellen, dass er die Lage im Griff hat. Aber in den Lagern herrschen die Milizen, der »Dschihad«, die Kalaschnikow.

Mein Begleiter, Chauffeur und Übersetzer heißt Fadi Scavo. Sein Name verrät die gemischte Abstammung. Der Vater war italienischer Katholik. Die Mutter ist libanesische Schiitin. Er ist für alle Fälle gerüstet, zieht ein kleines Fläschchen Weihwasser aus der Innentasche seines abgewetzten Mantels und hält es mir als Beweis unter die Nase: »Ich bin Muslim, fühle mich aber auch in der Kirche zu Hause.« Als Ingenieur und Geschäftsmann hat er sehr gute Beziehungen zur schiitischen Hisbollah, die wenige Hundert Meter entfernt vom Flüchtlingslager Sabra die Südbeiruter Stadtteile Haret Hreik und Dahia beherrscht.

Obwohl Fadi im Süden der libanesischen Hauptstadt aufgewachsen ist, war er noch nie in einem palästinensischen Flüchtlingslager, fühlt sich offensichtlich unsicher, ist schockiert über den Dreck, den Gestank, die Slum-Atmosphäre. »Das ist nicht Libanon … das ist nicht mein Libanon …«, stammelt er vor sich hin, während er mühsam das Auto wendet: »Du darfst nicht schreiben, wie es hier aussieht!« Scavo, der Anfang dreißig ist und einige Jahre in Abu Dhabi gearbeitet hat, sieht seine Zukunft in Italien. Mein Argument, dass Sabra und Schatila Pflichtprogramm für jeden westlichen Journalisten sei, der den Nahen Osten und besonders die Palästinenser verstehen will, kann er nachvollziehen. Deshalb hält er tapfer durch.

Das Massaker

Zur Erinnerung: Im Juni 1982 hatte die israelische Armee den Südlibanon erobert, um dem Raketenbeschuss auf Nordisrael durch die PLO

Einhalt zu gebieten. Kurz darauf war sie bis Beirut vorgedrungen. Offizielles Ziel: Die Zerschlagung der PLO. Am 18. September 1982 ermordeten christliche Falange-Milizen mehrere Hundert Palästinenser in den Flüchtlingslagern von Sabra und Schatila. Die Weltöffentlichkeit machte Israel verantwortlich. Verteidigungsminister Ariel Scharon wurde zum Rücktritt gezwungen. Das amerikanische TIME Magazine hatte berichtet, Scharon habe den Racheplan mit der Familie Dschumajel abgestimmt. Für diese falsche Behauptung wurde die Wochenzeitung später von einem US-amerikanischen Gericht zu einer Schadensersatzzahlung von 50 Millionen US-Dollar an Scharon verurteilt.[56]

Schon bald war klar, dass das Massaker von Sabra und Schatila ein Racheakt des christlichen Clans der Dschumajel war, für den grausamen und systematischen Völkermord der Palästinenser an christlichen Libanesen und vor allem für die Ermordung des libanesischen Präsidenten Baschir Dschumajel. Trotzdem betitelte etwa der SPIEGEL noch am 13. September 1993 ein Bild von ermordeten Palästinensern mit: »Kriegsverbrechen unter Israels Augen«. Neben »Deir Yassin«, einem Vorort von Jerusalem, wo am 9. April 1948 in Kämpfen zwischen den jüdischen Untergrundorganisationen »Irgun« und »Lechi« mit irakischen Soldaten 250 arabische Zivilisten ermordet wurden,[57] ist »Sabra und Schatila« im Bewusstsein des westlichen Zeitungslesers *der* Begriff *par excellence* für die Massaker des übermächtigen Israel an hilflosen palästinensischen Flüchtlingen.

Wie sehen Sabra und Schatila ein Vierteljahrhundert nach dem legendären Massaker aus?

Abu Mudschahid wurde in dem kleinen Dorf Alma, drei Kilometer südlich der libanesischen Grenze, unweit der heute israelischen Stadt Safed geboren. Einen Monat nach seiner Geburt, am 30. Oktober 1948, musste seine Familie fliehen. Alma wurde von der israelischen Armee dem Erdboden gleichgemacht. Bürgerlich heißt Abu Mudschahid eigentlich Mahmud Abbas – wie Arafats Nachfolger im Amt des palästinensi-

56 Der Staat Israel, Informationen zur politischen Bildung 141, Neudruck 1986, 42. NAI 65 (16.09.1984); 3 (17.01.1985); 91 (10.11.1985).

57 Der Staat Israel. Informationen zur politischen Bildung 141. Neudruck 1986, 48.

schen Präsidenten. Aber an diesen Namensvetter, der zufällig auch noch aus derselben Gegend im Norden von Galiläa stammt, will Abu Mudschahid nicht erinnert werden. Zu tief sind die ideologischen Gräben.

Zuerst kam die Familie von Abu Mudschahid nach Bint Adsch-Dschbeil, wohnte praktisch auf Sichtweite zur alten Heimat. Doch die Israelis verlangten von den Libanesen, die palästinensischen Flüchtlinge mindestens zwanzig Kilometer von der Grenze zu entfernen. So begann die Wanderschaft des damals Sechsjährigen: Adnun im Norden des Libanon und die Hauptstadt Beirut wurden seine Wohnorte, später viele der im Zedernstaat befindlichen Flüchtlingslager: Raschidije, Nabatije, Tel Az-Zaatar, Burdsch Al-Baradschne, Schatila, wo er den größten Teil seiner Jugend verbrachte. 1967 schließt er sich dem aktiven Widerstand an. Als Mitglied der PFLP bekämpft Abu Mudschahid den verhassten Judenstaat.

Die Volksfront

Wenig mehr als einen Monat nach meinem Besuch bei Abu Mudschahid in Beirut starb in der jordanischen Hauptstadt Amman am 26. Januar 2008 der Kinderarzt George Habasch. »Al-Hakim«,[58] »der Weise«, wurde der 81-jährige Marxist genannt. Er galt als Pate des kompromisslosen palästinensischen Freiheitskampfes. Im Dezember 1967 hatte er die PFLP gegründet, die »Popular Front for the Liberation of Palestine«, die »Volksfront zur Befreiung Palästinas«, nachdem er in Jordanien ursprünglich eine panarabische Zielrichtung verfolgt hatte. Wegen eines Umsturzversuchs gegen die Haschemitenmonarchie, musste er 1957 nach Damaskus fliehen, wo er mehrfach aus politischen Gründen inhaftiert war. Dort wandelte sich Habasch dann vom Panarabisten zum Marxisten-Leninisten. Der Sechstagekrieg hatte eine Desillusionierung im Blick auf sein Idol, den ägyptischen Präsidenten Gamal Abdel Nasser, bewirkt.

1969 definierte sich die PFLP neu als marxistisch-leninistische Bewegung und ist seither ihren kommunistischen Idealen treu geblieben. In

58 Michael S. Serrill, »A Diplomatic Nightmare«, TIME 6 (February 10, 1992): 21.

den 1960er- und 1970er-Jahren wurde sie durch spektakuläre Terroroperationen bekannt. 1968 entführte sie ein EL AL-Flugzeug auf dem Wege von Rom nach Tel Aviv. Fünf Wochen lang wurden 21 Israelis und elf Besatzungsmitglieder in Algier als Geiseln festgehalten. Am 6. September 1970 entführten PFLP-Mitglieder drei Passagierflugzeuge der Gesellschaften PAN AM, TWA und Swissair nach Jordanien. Die Entführung eines weiteren Passagierflugzeugs der EL AL wurde durch ein gewagtes Flugmanöver des Piloten verhindert. Israelische Sicherheitsbeamten konnten die Terroristin Laila Khaled an Bord überwältigen. Eine Woche später wurden die drei Flugzeuge auf einem Flughafen nahe Amman vor laufender Fernsehkamera gesprengt. Die Passagiere waren vorher evakuiert worden.[59] Die Aktion war ein Auslöser für den Schwarzen September, dem Tausende von Palästinensern und letztlich der Libanon zum Opfer fielen.

1971 ermordeten PFLP-Terroristen den jordanischen Premierminister Wasfi Al-Tal. Einer der Mörder trank vor laufender TV-Kamera vom Blut des ermordeten Politikers. Ein Anschlag auf den jordanischen Botschafter, Said Al-Rifai, im selben Jahr misslang. Doch ein Jahr später war die PFLP maßgeblich an einem Massaker auf dem israelischen Flughafen Lod beteiligt, bei dem 25 Menschen ums Leben kamen.[60] Am 5. September 1972 kamen bei dem Anschlag auf die Olympischen Sommerspiele in München elf israelische Sportler und ein deutscher Polizist ums Leben. 1973 ermordeten PFLP-Aktivisten in der saudi-arabischen Botschaft in Khartum den amerikanischen Botschafter Cleo Noel und einen belgischen Diplomaten.

Die PFLP stellte innerhalb der PLO immer die zweitgrößte Fraktion nach der Fatah. Unter Führung des griechisch-orthodoxen Christen George Habasch erlangte sie Berühmtheit als radikalste und militanteste Palästinenserorganisation.[61] Nach den Abkommen von Oslo führte Habasch den Teil der PLO an, die jedes Abkommen mit Israel ablehnte.

---

59 Ebenda.

60 Ebenda.

61 Ebenda.

Dafür verbündete sich die marxistisch-leninistische Gruppierung mit radikalen Islamisten wie der Hamas oder dem Islamischen Dschihad. Gemeinsam mit diesen Organisationen gelangen der PFLP in der Folgezeit Anschläge, die viele Tote und Verletzte unter der israelischen Bevölkerung forderten.

Im Mai 2000 gab George Habasch die Führung der PFLP an seinen Weggefährten Mustafa Ali Qassam Sabiri alias Abu Ali Mustafa ab. Abu Ali Mustafa war am 30. September 1999 als Vizechef der PFLP mit Erlaubnis des israelischen Premierministers Ehud Barak in die PA umgezogen, »um sich dort dem Kampf gegen Israel anzuschließen«. Israelische Sicherheitskreise behaupteten damals, er sei nie direkt an Terroraktivitäten gegen israelische Bürger beteiligt gewesen. Als ein Jahr später die Al-Aqsa-Intifada ausbrach, verkündete Habaschs Nachfolger die Fortsetzung des bewaffneten Kampfes und ordnete militärische Aktionen gegen Israel an. Interessanterweise blieben die Terroranschläge der PFLP unter Führung von Abu Ali Mustafa, meist Bombenanschläge, wenig effektiv und wurden oft von israelischen Sicherheitskräften vorzeitig aufgedeckt. Die Sprengung eines Wolkenkratzers in Tel Aviv, ein Selbstmordanschlag auf den Jerusalemer Busbahnhof oder die Ermordung Ehud Olmerts, als der noch Bürgermeister von Jerusalem war, blieben Wunschträume.

Am 27. August 2001 wurde Abu Ali Mustafa von zwei israelischen Raketen in seinem Büro in Ramallah getötet. Sein Nachfolger wurde Ahmed Saadat, dem Israel die Ermordung seines Tourismusministers Rechavam »Ghandi« Zeevi zur Last legt. Dieser Anschlag am 17. Oktober 2001 im Jerusalemer Hyatt-Hotel ist die wohl spektakulärste Operation der PFLP in jüngster Zeit und löste einen »Vernichtungsfeldzug« der Israelis gegen die PFLP aus. Saadat flüchtete in die Mukataa Arafats. Israel rechtfertigte ab März 2002 die Belagerung von Arafats Hauptquartier damit, dass Arafat den Zeevi-Mördern Unterschlupf biete. Erst nachdem Arafat den PFLP-Aktivisten einen Schauprozess gemacht hatte und sie unter britischer und amerikanischer Aufsicht ins Gefängnis von Jericho gebracht hatte, endete offiziell die Belagerung der Mukataa. Am 29. August 2002 titelte die englischsprachige Jerusalem Post: »PFLP ausgelöscht«. Als im März 2006 die westlichen Gefängnisaufseher in Jericho

die Flucht ergriffen, stürmten israelische Truppen das Gefängnis und verhafteten den PFLP-Generalsekretär.

In den christlichen Hochburgen Ramallah und Bethlehem hat die PFLP bis heute Tausende von Anhängern. Sie bietet palästinensischen Christen eine radikale Alternative zu den Islamisten. Bei den Wahlen zum Palästinensischen Legislativrat (PLC), dem Parlament der Palästinenser, im Januar 2006 erhielt die »Liste des Märtyrers Abu Ali Mustafa« immerhin noch 4,2 Prozent der Stimmen. Als im Mai 2005 in Bethlehem erstmals Bürgermeisterwahlen abgehalten wurden, gewann der 70-jährige Arzt Victor Batarseh - mit Hilfe von »unabhängigen« Abgeordneten, die tatsächlich der islamistischen Hamas angehörten. Batarsehs Vorgänger, Hanna Nasser, war noch von der PA ernannt worden. Jasser Arafat hatte einst bestimmt, der Bürgermeister von Bethlehem müsse immer ein Christ sein. Batarseh gehört zur Gemeinde der Katharinenkirche innerhalb des Geburtskirchenkomplexes.

Dr. Batarseh macht kein Hehl daraus, dass er zur PFLP gehört, die eine totale Auslöschung der »zionistischen Größe« Israel durch den bewaffneten Kampf fordert. Die Flugzeugentführung 1976 in das ugandische Entebbe sieht er als gerechtfertigt, weil sonst die palästinensische Sache in Vergessenheit geraten wäre. Der Mord am israelischen Tourismusministers Zeevi war seiner Ansicht nach eine gerechte Rache für den Tod des Abu Ali Mustafa. Und zur grundsätzlichen Ablehnung seiner Partei der Abkommen von Oslo meint Batarseh: »Wir haben recht behalten: Der Friedensprozess hat uns überhaupt nichts gebracht!«

Der Sozialarbeiter

Abu Mudschahid hat den aktiven Kampf gegen Israel aufgegeben. Als Sozialarbeiter investiert er in die Zukunft seines Volkes, die palästinensische Jugend. In Kooperation mit der südschwedischen Universität Göteborg hat er seit 1996 ein Jugendzentrum im Beiruter Flüchtlingslager Sabra aufgebaut. Das Gebäude wurde mit Spenden aus Schweden und der UNICEF errichtet, ist aber, wie alle Gebäude in den Flüchtlingslagern, illegal, also ohne Baugenehmigung. Ein Palästinenser darf im

Libanon grundsätzlich kein Land erwerben. Doch all diesen Widrigkeiten zum Trotz soll durch Unterricht, eine Bibliothek, Workshops, Sommerlager oder die Teilnahme am Beirut-Marathon den jungen Leuten eine Zukunftsperspektive eröffnet werden.

Während mir Abu Mudschahid all das erzählt, sitzen die Jugendlichen auf dem Sofa in seinem Büro. Jungs und kopftuchtragende Mädchen halten Händchen, kuscheln sich aneinander. Ich bemerke, dass sich die Jugendlichen wie im Westen benehmen. »Ja, das bereitet uns mehr Probleme als alles andere«, gibt Abu Mudschahid zu, »obwohl viele dieser Kinder schon in frühester Jugend Gewalt erlebt haben, mit dem Gesetz in Konflikt gekommen sind, ausgebeutet und missbraucht wurden.« – »Doch eigentlich sollten wir schon längst auf dem Weg sein«, ein Ruck geht durch den Mann mit den grauen Haaren: »Los geht's!«, fordert er seine Schützlinge auf: »Es ist Eid Al-Adha. Da besuchen wir Palästinenser die Gräber unserer Toten.«

Das Opferfest

Zwei Jahre vor meinem Besuch in den Flüchtlingslagern von Sabra und Schatila hatte mir der Hamas-Führer Abdel Rahman Sidan aus Deir Al-Gussun bei Tulkarem das Opferfest *Eid Al-Adha* erklärt. Auf der Fahrt durch die palästinensischen Dörfer sah ich am frühen Morgen, wie auf der Straße vor den Häusern Schafe und Ziegen geschlachtet wurden. »Neben dem Eid Al-Fitr, mit dem der Fastenmonat Ramadan abgeschlossen wird, ist das Schlachtfest Eid Al-Adha das größte Fest des Islam«, erklärte mir Sidan, der jahrelang als Ingenieur in den USA und in Kuwait gearbeitet hatte. Seit seiner Rückkehr in die Heimat hat der Vater von fünf Kindern bereits vier Jahre in israelischen Gefängnissen verbracht. Er leitete den militärischen Arm der Hamas in der nördlichen Westbank.

Die islamische Tradition erzählt, dass Ibrahim (Abraham) seinen Sohn Ismail auf Anweisung Allahs als Opfer darbringen wollte. Kurz bevor Ibrahim seinem Sohn das Leben nehmen konnte, erschien der Engel Gabriel und bot ihm ein Lamm als Ersatz für Ismael an. Ibrahims Akt der Hingabe und Unterwerfung gilt heute als Vorbild für jeden Muslim.

Sidan erklärt: »Wenn Ibrahim seinen Sohn geschlachtet hätte, wäre ich jetzt nicht mehr am Leben. Dann hätte auch mein Vater mich schlachten müssen!« Somit hat die Hingabe Ismails und Ibrahims und das von Gabriel als Ersatz dargebotene Opferlamm das Leben eines jeden Erstgeborenen gerettet. Durch das Darbringen von etwas Lebendigem soll der Muslim den Wert der Selbstverleugnung begreifen. Darüber hinaus lehnen muslimische Theologen aber jegliche Bedeutung des Opfers ab, insbesondere im Blick auf eine Versöhnung zwischen Allah und den Menschen.

Kinder in Sabra an Eid Al-Adha

Eid Al-Adha ist Teil der traditionellen Pilgerfahrt nach Mekka, des *Hadsch*. Jeder Muslim sollte einmal im Leben den Hadsch durchführen. Der Hadsch findet im letzten Monat des islamischen Kalenders statt, im Monat *Dhul Hidschah*. Nach dem Besuch der Kaaba in Mekka, dem zentralen Heiligtum des Islam, ziehen am 9. Dhul Hidschah Hunderttausende von Muslimen zum heiligen Berg Arafat, um dort zu beten. Der 9. Dhul Hidschah ist zudem der Tag, an dem sich Adam und Eva kennenlernten, zweihundert Jahre nachdem sie aus dem Paradies vertrieben

worden waren – so die islamische Überlieferung. Deshalb fasten Muslime, die sich nicht auf dem Hadsch befinden, an diesem Tag. Am 10. Dhul Hidschah beginnt dann Eid Al-Adha. Nach der Rückkehr vom Berg Arafat schlachten die Mekka-Pilger ein Lamm.

In der Heimat beginnt der Tag mit einer Gebetszeit in der Moschee. Dann wird ein Schaf geschlachtet, dessen Fleisch in der Familie und unter den Armen verteilt wird. Abdel Rahman Sidan betont: »Eid Al-Adha hat eine große Bedeutung für unsere Gesellschaft. Wir lernen, wie wichtig es ist, den Armen zu geben.« Allseits herrscht eine gute Atmosphäre. Das Opferfest ist eine Zeit der Freude. Die Leute ziehen ihre besten Kleider an, die sie oft für diesen Anlass neu gekauft haben. Die Kinder bekommen Geschenke, neues Spielzeug, in Palästina oft Spielzeuggewehre. »Am Eid Al-Adha wirst du niemanden zu Hause antreffen«, fährt Sidan fort, »die Leute treffen sich zu Picknicks, besuchen Verwandte und Freunde.« Sein Handy klingelt. »Das ist mein Onkel aus den Vereinigten Arabischen Emiraten. Seit heute morgen habe ich schon viele SMS verschickt.«

Märtyrerfriedhöfe

Doch zurück in den Süden der libanesischen Hauptstadt Beirut. Abu Mudschahid und ein Dutzend seiner Schützlinge sind schon lange vor Sonnenaufgang auf den Beinen. Vor den lebenden Verwandten besuchen sie die Toten. »Hier in Sabra und Schatila hat das eine besondere Bedeutung, weil praktisch jeder Märtyrer in der Familie hat«, erklärt der ehemalige PFLP-Kämpfer. »Es gibt drei Friedhöfe: Den für das Sabra-und-Schatila-Massaker, den zweiten für die Lagerkriege von 1985 bis 1987 und den dritten für den Widerstand im Libanon.« Mit den palästinensischen Jugendlichen und ihrem Sozialarbeiter hasten wir durch die engen, finsteren Gassen des Elendsviertels mit seinen einschussvernarbten Mauern. Über den Gräbern beten sie Al-Fatiha, »die Eröffnung«, die erste Sure des Korans. Doch Abu Mudschahid hält nichts von Religion: »Ich glaube nichts! Isa (Jesus), Musa (Mose), Muhammad – auf den Müll mit ihnen. Schluss damit! Wir haben genug gelitten!« Hauptzweck der

Übung am frühen Morgen des höchsten muslimischen Festes ist für diesen überzeugten Marxisten die Weitergabe der Tradition des Widerstands an die junge Generation.

Ein Schwall von Geschichten, Anekdoten und historischen Fakten ergießt sich über die Jugendlichen, während wir von Friedhof zu Friedhof, von Grab zu Grab pilgern. Immer mehr Menschen kommen von allen Seiten, während sich die Wintersonne vom Dunst befreit. Die Gräber der PFLP-Märtyrer sind Abu Mudschahid besonders wichtig. Drei Japaner liegen hier begraben, die 1972 auf dem Ben-Gurion-Flughafen zu Märtyrern wurden - nachdem sie 26 Israelis ermordet hatten. Das PFLP-Politbüromitglied Ghassan Kanafani fiel mit seiner Nichte am 8. Juli 1972 einem Bombenanschlag des israelischen Auslandsgeheimdienstes Mossad zum Opfer. Daneben liegen drei PLO-Kämpfer, die am 10. April 1973 von einem Kommando unter Führung von Ehud Barak, der selbst als Frau verkleidet war, in der Bardani Straße in Beirut umgebracht wurden. Oder Madschid Abu Scharab, den der Mossad in seinem Zimmer in Italien ermordete.

Abu Mudschahid kennt Namen und Daten der Märtyrer seines Volkes. Zudem ist ihm wichtig: »Dies ist der einzige Friedhof im Libanon, auf dem so viele verschiedene Religionszugehörige und Nationalitäten begraben liegen: Libanesen, Syrer, Ägypter, Japaner, Amerikaner - wie etwa Patrick Ariguello, der 1970 ein Flugzeug entführte. Was alle verbindet, ist der Widerstand, die Revolution, die palästinensische Befreiungsbewegung. Deshalb heißt er schlicht ›der Märtyrerfriedhof‹.«

Der Kampf gegen den zionistischen Feind Israel hat zweifellos mythologische Züge - tritt aber angesichts der Opferzahlen weit in den Schatten der innerarabischen Auseinandersetzungen, deren Opfer hier ebenfalls bestattet sind. Abu Mudschahid erwähnt die Machtkämpfe um den libanesischen Präsidenten Camille Nimr Chamoun aus dem Jahr 1958, das Massaker der christlichen Falangen und Syrer, das allein am 12. August 1976 im Lager Tel Az-Zaatar 3 000 bis 3 500 Tote gefordert hat. Mehrfach kommt der PFLP-Aktivist auf die Lagerkriege in der zweiten Hälfte der 1980er-Jahre zu sprechen. Damals bombardierte die schiitische Amal-Miliz des Nabi Beri - heute Präsident des libanesischen Parlaments - die Flüchtlingslager. Später zeigt er mir ein Bild, das an deut-

sche Städte nach dem Zweiten Weltkrieg erinnert. »95 Prozent aller Bauten waren zerstört. 50 000 Menschen mögen hier begraben liegen, oder mehr.«

Abu Mudschahed mit einem Bild des bombardierten Flüchtlingslagers

Noch einmal: Das Massaker

Es fällt auf, dass der palästinensische Sozialarbeiter nur auf Nachfrage von Israel erzählt. Nach einer möglichst unauffälligen Suche finde ich schließlich ein Plakat im verkommenen Treppengang des Jugendzentrums. Auf einem Leichenberg, der verblüffend an Auschwitz erinnert, steht der ehemalige israelische Premierminister Menachem Begin, ein automatisches Gewehr in der Hand. Darüber steht in englischer Sprache: »Sagt nicht, Ihr hättet nichts gewusst!« Darunter: »Wider das Vergessen … September 1982. Sabra und Schatila-Massaker: 3 270 Opfer.« Und dann am unteren Rand des vergilbten Plakats: »30 000 tote palästinensische und libanesische Zivilisten; 40 000 Verletzte; 800 000 heimatlos; 10 000

Gefangene in Konzentrationslagern; Hunderte von Dörfern und Städten dem Erdboden gleichgemacht. Das ist der Preis für Israels Invasion im Libanon. Das ist Völkermord!« - Und damit jeder die Konsequenz der Botschaft versteht: »Werdet jetzt aktiv! Boykottiert israelische Produkte; boykottiert den Tourismus nach Israel; anerkennt und unterstützt die PLO!« Herausgeber: »P.L.O. Büro, Stockholm, Schweden«. Wohlgemerkt: Was meine Leser in Europa so gerne hören wollen, finde ich erst nach längerem Suchen - um der *Political Correctness* willen sei es hier jedoch ausführlich wiedergegeben. Nur: Abu Mudschahid und seinen Jugendlichen lag anderes auf dem Herzen!

Bruderhass

Obwohl der Schiit Fadi Scavo neben uns sitzt und die Hisbollah spürbar die entscheidende Macht im Staate Libanon ist, nimmt der PFLP-Veteran Abu Mudschahid beim anschließenden gemeinsamen Frühstück kein Blatt vor den Mund. Er ist überzeugt: »Meine Geschichte, meine Vergangenheit schützen mich!« Nur wenige Hundert Meter von Sabra und Schatila entfernt liegt Dahia, das Schaltzentrum der schiitischen Hisbollah. »Dahia soll sich zur Hölle scheren«, schimpft Abu Mudschahid. »Die Schiiten sind Abtrünnige, Gottlose, Ungläubige! Nach den Problemen, die wir mit der Amal und Nabi Beri hatten, gibt es für mich keinen Unterschied zwischen ihm und Scharon. Das sind alles Killer, die unser Blut an den Händen haben. Schweden ist mir näher, als die gegenüberliegende Straßenseite. Die Syrer sind unsere Freunde! Aber was für Freunde sind das?! Sie kamen mit den Falangen und ihren Panzern nach Tel Az-Zaatar und haben dort unser Fleisch und Blut niedergewalzt!«

Später bemüht sich Fadi Scavo, mir einen Überblick über die kriegerischen Wirren der vergangenen Jahrzehnte im Libanon zu verschaffen: »Da gab es Krieg zwischen der Hisbollah und der Amal-Miliz - wobei die Hisbollah eigentlich aus der Amal hervorgegangen ist und beide schiitisch sind. Dann gab es den Krieg zwischen der Amal und den Palästinensern, den Abu Mudschahid mehrfach erwähnt hat. Die reguläre libanesische Armee hatte mehrfach Auseinandersetzungen mit der Hisbollah

und der Amal. Als der christliche General Michel Aoun, der heute mit der Hisbollah paktiert, Generalstabschef des Libanon war, war er im Kriegszustand mit den Syrern. Damals spaltete sich die Armee in zwei Lager unter Aoun und Samir Farid Geagea. Dann gab es Kämpfe zwischen den Anhängern des Drusen Walid Dschumblat und den christlichen Falange-Milizen, die für das Massaker 1982 verantwortlich sind.« Auf Israel kommt auch er erst auf Nachfrage zu sprechen. Aber: »Die kamen ja nur, um die Palästinenser fertigzumachen, weil die vom Libanon aus Israel bombardiert haben.«

Irgendwann meint Fadi: »Yea, that's all ...« – erwähnt dann aber in den darauffolgenden Tagen noch Kämpfe zwischen Palästinensern und libanesischen Christen, etwa das Massaker, das Palästinenser an Christen im Januar 1976 in Damour anrichteten. Oder Auseinandersetzungen zwischen Christen und Drusen in den Schuf-Bergen. Und: »Viele Drusen wurden von der libanesischen Armee getötet. Aber wer küsst den Armeechef Geagea heute?! Walid Dschumblat, der Drusenführer! – So machen wir das im Libanon«, der Italo-Libanese lacht: »Heute bringen wir einander um, morgen sind wir die besten Freunde.«

Nahr Al-Bared

Für Abu Mudschahid ist das Morgen mit der Umarmung und dem Kuss für den schlimmsten Feind noch weit entfernt. Ihn beschäftigt, dass die libanesische Armee nur wenige Wochen zuvor das Flüchtlingslager Nahr Al-Bared nahe der nordlibanesischen Stadt Tripoli bombardiert hat. Der alte Kämpfer hat Angst: »Einmal waren es 15 palästinensische Flüchtlingslager im Libanon, heute sind es noch zwölf, vielleicht sind es bald nur noch elf – nach Nahr Al-Bared?« 35 000 Menschen lebten dort. In den vergangenen Jahren hatten sich sogenannte ›Al-Qaida nahestehende Kräfte‹ breitgemacht. Um die mysteriöse Miliz »Fatah Al-Islam« auszulöschen, sind libanesische Militärs gar nicht erst in die engen Gassen des Lagers eingedrungen, um sich, wie das Israelis in ähnlichen Situationen getan haben, auf einen Nahkampf einzulassen. Aus der Ferne haben sie schwere Artillerie eingesetzt.

Abu Mudschahid erklärt auf meine Nachfrage: »Wenn du dorthin willst, brauchst du eine Genehmigung. Aber die bekommst du nicht. Man will dort keine Journalisten.« Wie viele Tote es bei den wochenlangen Kämpfen gegeben hat, werden wir wohl nie erfahren. Immerhin gelang es den Islamisten, mehr als hundert libanesische Soldaten zu töten. Ganz offensichtlich haben meine Gesprächspartner in Sabra Angst, weiter über Nahr Al-Bared zu reden. »Es hat geheimnisvoll angefangen«, munkelt Fadi »und es hat mysteriös aufgehört. Niemand weiß, wie.« Abu Mudschahid weiß nur: »Es ist nicht leicht. Niemand will die Palästinenser, nicht im Süden, nicht im Norden, nicht im Osten und nicht im Westen.«

Was also bleibt den Flüchtlingskindern aus Sabra und Schatila – und aus all den anderen Flüchtlingslagern im Libanon?

Fadi Scavo, der Schiit mit dem christlichen Vater, ist sicher: »Diese Leute werden nie mehr nach Palästina zurückkehren.« Die jungen Männer suchen nach Bildungsmöglichkeiten und Berufschancen im Ausland. Für die Mädchen ist die Heirat mit einem Libanesen die einzig reelle Hoffnung. Abu Mudschahid will durch seine Arbeit die Integration vorantreiben. Aber die Zeit arbeitet gegen ihn. »Nach all den Katastrophen, die Schatila erlebt hat, sind die Leute von hier geflohen, einige nach Saida, andere ins Ausland. Dafür sind andere Menschen gekommen: Syrer, Kurden, Libanesen, Ägypter, Irakis, Zigeuner, Leute aus Sri Lanka und viele andere … weil sie nach einer günstigen Unterkunft im ansonsten teuren Beirut gesucht haben.«

Doch wer hört auf Abu Mudschahid, den »Vater des Kämpfers«, wenn der beschwört: »Schatila gehört niemandem, nicht den Syrern und auch nicht den Libanesen, niemandem, außer den Palästinensern!« Seine Hoffnung ist, dass die Kinder von heute vergessen können, was geschehen ist, und morgen miteinander ein neues Kapitel aufschlagen können. Auf die Rückfrage, wie das geschehen soll, wenn er durch seine Arbeit doch vor allem in alten Wunden kratzt, weiß er auch keine Antwort. Frustriert meint er: »Der Kopf der Palästinenser ist krank! Der arabische Kopf ist krank!«

5. Der lange Weg zum Friedensprozess

Im Rückblick ist der 5. Juni 1967 ein entscheidender Wendepunkt in den israelisch-arabischen Beziehungen. Am frühen Morgen dieses Tages begann Israels Präventivschlag gegen Ägypten und Syrien und damit der sogenannte »Sechstagekrieg«, in den bald auch Jordanien eingriff. Aus dem kleinen David Israel, der einer übermächtigen arabischen Nation in 23 Staaten gegenüberstand, wurde die Besatzungsmacht, der Unterdrücker des palästinensischen Volkes.

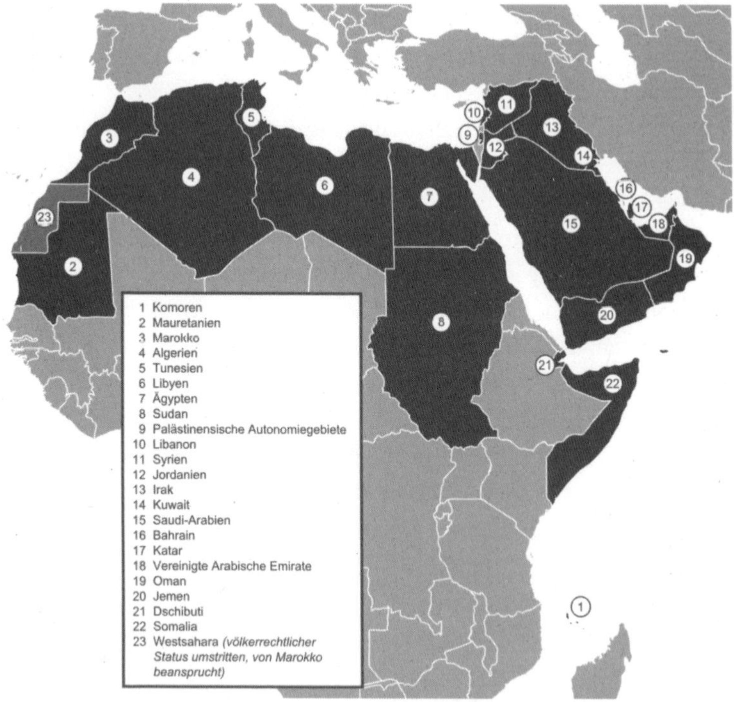

Quelle: http://upload.wikimedia.org/wikipedia/commons/b/bd/Arabische_Liga.png; © Lencer

Durch die »drei kategorischen Nein« –

- zu einer Anerkennung Israels,
- zu Verhandlungen und
- zu einem Frieden mit dem jüdischen Staat –

schickte die Arabische Liga auf ihrem vierten Gipfel in Khartum am 1. September 1967 Israelis und palästinensische Araber auf einen langen und steinigen Weg.

Diese drei kategorischen Nein wiesen das israelische Angebot »Land für Frieden« zurück und stellten die Weichen für das, was heute von vielen als das Grundübel im Nahostkonflikt gesehen wird: Die Besatzung.

Was von Israelis als Befreiung der alten Davidsstadt Jerusalem und des biblischen Kernlandes Israels gefeiert wird, ist für palästinensische Araber der Beginn einer Fremdherrschaft, obgleich das Land zuvor von Jordaniern, Briten, Türken, Ägyptern, Kreuzfahrern, Persern, Römern und vielen anderen besetzt war. Wo die einen feiern, trauern die anderen – so zumindest will es die »politisch korrekte« Version. Und da sich die kritischen Stimmen zu dem »überragenden Sieg« von 1967 und seinen Langzeitfolgen auch auf israelischer Seite mehren, wagt heute kaum noch jemand zu widersprechen.

Doch ein Gang durch die Altstadt von Jerusalem stellt so manches lieb gewordene Klischee infrage. Khairi Filat bemüht sich, seine Wasserpfeife in Gang zu halten. Er sitzt in einem schummrigen Caféhaus unweit der Grabeskirche, in das sich kaum Touristen verirren. Der Muslim stammt ursprünglich aus Baka, heute Westjerusalem. Seine Familie floh 1948 in den Ostteil der Stadt. Als der Sechstagekrieg ausbrach, war Filat 25 Jahre alt und arbeitete als Angestellter der Post in der Salah-Ad-Din-Straße. »Wir schauten aus dem Fenster und stellten fest: Die Armee der Juden ist da«, erzählt er seine erste Erinnerung vom Kriegsbeginn. »Dann sahen wir Fallschirmspringer über dem Rockefeller-Museum. Wir waren ungefähr 100 bis 150 Mitarbeiter im Postamt. Einige von uns gingen auf die Straße, um zu sehen, was passiert. Andere wollten in die Altstadt fliehen. Man sah Kugeln einschlagen, später lagen zwei tot am Boden.«

Khairi Filat ist stolz auf seinen amerikanischen Pass, hat George Bush gewählt, in der Hoffnung, er werde proarabisch werden, und ist über-

haupt nur zu Besuch in seiner alten Heimat. Er erinnert sich, wie der Direktor des Postamts mit einem weißen Tuch in der Hand Kontakt mit den israelischen Soldaten aufgenommen hat. »Er konnte Hebräisch, weil er schon vor 1948 im Postamt gearbeitet hatte. Damals waren noch viele Juden in die Salah-Ad-Din-Straße gekommen.«

Alle Postangestellten, die sich ausweisen konnten, durften nach Hause fahren. Fast fünf Meilen waren es von der größten Geschäftsstraße Ostjerusalems bis nach Beit Hanina, wo Filat wohnte. »Auf dem Weg sahen wir ausgebrannte jordanische Jeeps. Die waren mit Napalm bombardiert worden. Alles war schwarz und verbrannt. Wir sahen viele tote jordanische Soldaten, bestimmt mehr als 50 Leichen.«

Sein Glaubensgenosse Issam Al-Imam verkauft unmittelbar neben dem Damaskustor billige Plastikschuhe. Die Familie Al-Imam stammt aus Hebron, aber Issam ist in Jerusalem aufgewachsen. Anfang Juni 1967 war er 16 Jahre alt und besuchte eine Schule im muslimischen Viertel Jerusalems. »Wir hörten die ganze Zeit Schießereien«, erinnert er sich, »aber das hat nichts gebracht. Überhaupt gab es gar keinen richtigen Krieg.« – Vielen Arabern ist suspekt, dass der Krieg so schnell vorüber war. Sie vermuten eine Verschwörung, dass das jordanische Königshaus von Anfang an ein geheimer Verbündeter des »zionistischen Regimes« war.

»Die jordanischen und irakischen Soldaten auf der Stadtmauer flohen sehr schnell.« Al-Imams Nachbar, Raymond Hemo, war damals 13 Jahre alt und wohnte in einem Haus nur 20 Meter von der Altstadtmauer entfernt, im Christenviertel. »An den Helmen konnte man die Iraker erkennen«, erklärt er, »das waren alte englische Helme.« Hemo ist überzeugt, dass die Araber schon einige Zeit vorher wussten, dass ein Krieg ausbrechen würde. Deshalb waren auch die Iraker gekommen. Er ist stolz darauf, zu den assyrischen Christen zu gehören. Sein Vater spricht noch Aramäisch, »die Originalsprache von Jesus«.

Am Damaskustor bietet Hemo den vorbeiströmenden Touristen aus aller Welt arabischen Kaffee, süßen Tee mit Nanaminze und Wasserpfeifen an. »Hier kann man die ganze Welt sehen«, erklärt er stolz, während zwei Polen an ihren Wasserpfeifen saugen und mit ihren Digitalkameras vor dem Gesicht die vorübergehenden Menschen fixieren. Mit einem Sei-

tenblick auf seinen muslimischen Nachbarn meint er: »Glaub dem nichts. Die lügen alle. Nur ich sage die Wahrheit. Ich bin Christ.«

»›Krieg! Krieg! Krieg!‹, schrieen plötzlich alle am Vormittag des 5. Juni, und dann bin ich nach Hause gerannt«, berichtet Hemo. »Nach der Flucht der Iraker und Jordanier versuchten sich die Einheimischen zur Wehr zu setzen. Aber die konnten mit ihren alten Gewehren und der schlechten Munition nichts ausrichten. Wir hatten Angst«, erinnert sich der Palästinenser, dessen Großvater aus Syrien eingewandert ist. Seine Frau ist koptische Christin und stammt aus Ägypten. »Von den Juden wussten wir nur, dass sie wie Affen sind – das hat man uns in der Schule erzählt: die Israelis haben Schwänze wie Affen. Vier oder fünf Tage lang haben wir uns im Keller versteckt.«

Als dann die Israelis kamen, um die Häuser nach Waffen und Soldaten zu durchsuchen, waren sie ganz freundlich. »Absolutely«, versichert Raymond Hemo und gebraucht das englische Wort, das in fast jedem seiner Sätze vorkommt: »Sie haben den Leuten Geleetuben verteilt. Gelee, das man aufs Brot streichen kann, wie Butter. Marmelade in Zahnpastatuben – absolutely! Aber das alte Schrotgewehr, das mein Vater unter den Weinranken versteckt hatte, haben sie nicht gefunden. Absolutely.« – »Ja, zu uns Kindern waren die israelischen Soldaten nett«, fügt Nachbar Issam Al-Imam hinzu, »aber zu den Erwachsenen waren sie nicht so nett. Und für die Männer zwischen 25 und 30 war es richtig schwierig.«

»Überhaupt keine Angst« hatte Toros Seron Tahmasian. Der Armenier ist 1932 im Libanon geboren, 1938 nach Palästina eingewandert und hat bei Kriegsausbruch im Juni 1967 im Armenierviertel gewohnt. Seelenruhig sitzt er auf den schmutzigen Treppenstufen am Rande der engen Gasse und kümmert sich überhaupt nicht darum, dass ein paar Jungs mit einem voll beladenen Handkarren gefährlich nahekommen. »Wir haben während des Krieges wie Könige gelebt, wir hatten alles«, erzählt er mit einem verschmitzten Lächeln. »Weißt du, mein Onkelsohn ist ein sehr reicher Mann, er ist Millionär, hat sechs oder sieben Millionen Dollar. Aber davon will ich überhaupt nichts.« Der alte Mann strahlt Zufriedenheit aus.

»Wir hatten Wächter und Waffen im Armenierviertel und deshalb weder vor Juden noch vor Arabern Angst«, fährt Tahmasian fort. »Als die

Israelis am Vormittag des 5. Juni kamen, habe ich gerade ein Haus gestrichen. Ich war Maler. Sie haben an die Tür geklopft. Unser Bischof, der jetzt seit zwei Jahren tot ist, hat aufgemacht und versucht, mit den Soldaten Hebräisch, Arabisch oder Englisch zu sprechen. Aber das verstanden sie nicht. Er fragte sie: ›Welche Sprachen könnt ihr?‹ Sie sagten: ›Französisch, Russisch.‹ Er sagte: ›Ich spreche auch Französisch. Woher kommt ihr?‹ Sie sagten: ›Wir kommen aus dem Ausland und helfen den israelischen Soldaten.‹ Sie waren gekommen, um Israel zu helfen.«

Auf die Frage, was sich denn nach der israelischen Eroberung verändert habe, weiß keiner so recht zu antworten. Der assyrische Christ Raymond Hemo, der als einziger die Wahrheit sagt, meint aggressiv: »Sir, Sie stellen nicht die richtigen Fragen!« Der 73-jährige Sari Rabadi, Vorsitzender der Vereinigung palästinensisch-arabischer Tourguides in Jerusalem, steht auf dem Platz vor der Grabeskirche und gibt sich wortkarg. Doch dann erzählt er bereitwillig: »Am Anfang war alles sehr einfach. Es kamen bald wieder Touristen und es gab Arbeit. Erst mit der Intifada 1987 wurde alles schwierig. Davor gab es keine Straßensperren. Solange alles unter israelischer Besatzung war, konnte man einfach nach Gaza oder in die Westbank gehen. Heute wird das Leben immer schwieriger. Alles bricht in sich zusammen.«

Der ehemalige Postmitarbeiter Filat arbeitete noch als Lehrer, bevor er sein Land am 25. August 1968 in Richtung USA verließ, wo bereits zwei seiner Brüder lebten. »Alles Gerede von einem Palästinenserstaat ist Lüge«, weiß er und erwartet erst dann Frieden, wenn die Jordanier wieder zurückkommen. Aber warum sollte das Westjordanland an die Jordanier zurückgegeben werden? »Die Israelis wollen uns nicht. Weißt du, man erzählt sich, dass ein israelischer Premierminister gesagt hat: Ich hoffe, eines Morgens aufzuwachen, um festzustellen, dass Gaza im Meer liegt.«

Camp David

Nach der verheerenden Niederlage im Sechstagekrieg stellte der Jom-Kippur-Krieg die Ehre der Araber wieder her. So die offizielle ägyptische Position. »Im Juni 1967 haben uns die Juden geschlagen«, erklärte mir ein Händler im berühmten Khan El-Chalili, dem Bazar der ägyptischen Hauptstadt Kairo, »aber im Oktober 1973 haben wir sie zum Frieden gezwungen!« Bis heute wird der Oktobersieg am Nil pompös gefeiert. Erst dieser Triumph ermöglichte dem ägyptischen Präsidenten Anwar As-Sadat im November 1977 den Besuch in Jerusalem und die historische Rede vor der Knesset – auch wenn der couragierte arabische Politiker und Hitler-Verehrer dafür mit seinem Leben bezahlte.

Im September 1978 schlossen Israel und Ägypten im amerikanischen Camp David einen Friedensvertrag. Bestandteil dieses Abkommens war eine Autonomie für die Palästinenser – weshalb Israels erster rechtsgerichteter Premierminister Menachem Begin nicht nur israelische Siedlungen auf der Sinaihalbinsel räumte, sondern auch in den besetzten Gebieten einseitig einen Siedlungsstopp verhängte. Das war Anfang der 1980er-Jahre. Trotzdem verweigerten die Palästinenser Verhandlungen. Warum? – Ein Journalist erinnert sich an die Worte eines Palästinensers: »Wir dachten damals noch, wir könnten Israel zerstören!«

Der Ausbruch der Ersten Intifada im Dezember 1987 war der Anfang vom Ende der ungehinderten Reisefreiheit für Israelis in Judäa und Samaria und für Palästinenser in Israel. Bis 1993 wurden schätzungsweise 1 100 Palästinenser von israelischen Sicherheitskräften getötet, 164 Israelis fielen palästinensischer Gewalt zum Opfer. Außerdem wurden ungefähr 1 000 Palästinenser von ihren eigenen Landsleuten ermordet, aufgrund des Verdachts, mit Israel kollaboriert zu haben.[62]

Um die Anerkennung der Palästinensischen Befreiungsbewegung PLO durch die USA zu erreichen, akzeptierte PLO-Chef Jasser Arafat im Dezember 1988 grundsätzlich das Ziel eines palästinensischen Staates im Westjordanland und dem Gazastreifen und erklärte einen Gewaltverzicht gegenüber Israel. Im August 1990 erlebte die PLO dann aber einen

62 http://en.wikipedia.org/wiki/First_Intifada

Tiefpunkt ihrer Geschichte: Gemeinsam mit dem libyschen Diktator Muammar Ghaddafi unterstützte Arafat die Invasion des Irak in Kuwait. In der Folge wurde die PLO zum Paria in der arabischen Welt und geriet finanziell an den Abgrund.

Madrid und Oslo

Wenig mehr als ein Jahr nach dem ersten Golfkrieg, im Oktober 1991, nahmen alle am Nahostkonflikt beteiligten Parteien an einer Friedenskonferenz in Madrid teil, auch Syrien und der Libanon. Offiziell war die PLO nicht beteiligt. Aber zur jordanischen Delegation gehörten Palästinenser, darunter Vertreter Arafats. Bis November wurden bilaterale Gespräche in Washington fortgesetzt.

Im September 1993 kam es nach 18 Monaten geheimer Verhandlungen zu einem Briefwechsel zwischen Jasser Arafat und dem israelischen Premierminister Jitzhak Rabin. Schriftlich versprach der PLO-Chef einen Gewaltverzicht, die Streichung antiisraelischer Paragrafen aus der PLO-Charta und die Anerkennung Israels. Im Gegenzug erkannte Israel die PLO als alleinige Vertreterin des palästinensischen Volkes an. Vier Tage nach diesem Briefwechsel, am 13. September 1993, unterzeichneten palästinensische und israelische Vertreter unter der Schirmherrschaft von US-Präsident Bill Clinton vor dem Weißen Haus eine Prinzipienerklärung, die als Verträge von Oslo bekannt wurden.

Die Welt bejubelte das Ende des Jahrhundertkonflikts. Im Frühjahr des darauffolgenden Jahres wurden in Paris die Wirtschaftsbeziehungen zwischen Israel und den Palästinensern vertraglich festgelegt. Im Juli zog Arafat in Gaza ein.

Im September 1995 einigten sich israelische und palästinensische Unterhändler in Taba auf der ägyptischen Sinaihalbinsel über das Interimsabkommen »Oslo II«. Vier Tage später wurde es von Rabin und Arafat in Washington unter Beisein von Clinton und Vertretern Russlands, Ägyptens, Jordaniens, Norwegens und der EU unterzeichnet. Oslo II stützte sich auf die UNO-Resolutionen 242 und 338 als rechtliche Grundlage, sowie die Madrider Nahostkonferenz. Bedeutendster Schritt des Ver-

tragswerkes war die Einrichtung einer »Palästinensischen Autonomiebehörde« (PA).

Zeitgleich überzog eine Welle von Selbstmordattentaten Israel, gefolgt von entsprechenden Gegenmaßnahmen der israelischen Armee in den Palästinensergebieten. Trotzdem gingen die Verhandlungen weiter. Doch der Widerstand gegen die Osloer Verträge wuchs auf beiden Seiten. Am 4. November ermordete der jüdische Rechtsextremist Jigal Amir in Tel Aviv den israelischen Regierungschef Jitzhak Rabin.

Anfang 1996 wählten die Palästinenser ihr Parlament, den Palästinensischen Legislativrat (PLC) und Jasser Arafat zum PA-Vorsitzenden. Auch die Araber Ostjerusalems beteiligten sich an diesen Wahlen, was entscheidend war für deren Legitimität.

Ein Jahr später vermittelte der jordanische König Hussein zwischen Israels Premier Benjamin Netanjahu und PLO-Chef Arafat. Die beiden einigten sich auf das »Hebron-Protokoll«: Hebron wurde geteilt und Israel zog sich aus 80 Prozent der Patriarchenstadt zurück.

Im Oktober 1998 handelten Arafat, Netanjahu und Clinton im amerikanischen Wye Plantation das sogenannte »Wye River Memorandum« aus, das einen weiteren Rückzug Israels aus dem Westjordanland vorsah. Am 17. November des Jahres stimmte die Knesset, das israelische Parlament, mit 75 gegen 19 Stimmen für dieses Abkommen.

Wye Plantation

Kern des Abkommens von Wye war eine Umsetzung in einzelnen Schritten. Der jeweils nächste Schritt sollte erst dann vollzogen werden, wenn beide Seiten mit der Umsetzung des vorangegangenen Schrittes zufrieden waren. Vorwürfen von beiden Seiten, die jeweils andere Seite sei ihren vertraglichen Verpflichtungen nicht nachgekommen, sollte so Rechnung getragen werden. Die Palästinenser sollten in jeder Phase den ersten Schritt tun. Israel verpflichtete sich zur Übergabe von 13 Prozent von Judäa und Samaria an die PA in drei Rückzugsphasen. Außerdem sollten weitere 14,2 Prozent der umstrittenen Gebiete, die bislang ausschließlich unter israelischer Kontrolle gewesen waren, gemeinsamer Kon-

trolle unterstellt werden. Nicht schriftlich festgelegt war die Freilassung von palästinensischen Gefangenen aus israelischen Gefängnissen. Beide Seiten waren sich aber einig, dass von 750 Gefangenen die Rede gewesen war. Die Palästinenser erwarteten allerdings die Freilassung von »Sicherheitsgefangenen«, während Israel auf keinen Fall Leute entlassen wollte, die israelisches »Blut an Händen« hatten.

Die Palästinenser verpflichteten sich zur Erstellung eines Planes zur Terrorbekämpfung, zur Annullierung der Passagen in der PLO-Charta, welche die Vernichtung Israels forderten – wozu sie sich eigentlich schon in den Abkommen von Oslo verpflichtet hatten –, zur Reduzierung der illegalen Waffen in den PA-Gebieten und zur Reduzierung der auf 40 000 bis 50 000 Mann geschätzten PA-Polizei auf die in den Abkommen von Oslo erlaubten 30 000 Polizisten. Außerdem sollten 34 mutmaßliche Terroristen an Israel ausgeliefert werden. Später wurde diese Verpflichtung so umformuliert, dass die PA diese Aktivisten in drei Phasen verhaften und in ihren eigenen Gefängnissen unterbringen sollte. Weiter wurde in Wye vereinbart: israelische Truppenumgruppierungen, eine Sicherheitskooperation, wirtschaftliche Zusammenarbeit, Vorgehen gegen antiisraelische Hetze in der PA, Verbindungsstraßen zwischen den PA-Gebieten, die Eröffnung eines PA-Hafens und -Flughafens, humanitäre Projekte, juristische Fragen und der Beginn der Endstatusverhandlungen.

Die erste Phase des Abkommens von Wye wurde unter Netanjahu umgesetzt. Die Palästinenser erarbeiteten einen Plan zur Terrorbekämpfung, verschiedene Komitees nahmen ihre Arbeit auf, das PLO-Exekutivkomitee bestätigte die Annullierung der israelfeindlichen Passagen in der PLO-Charta, der Flughafen in Gaza wurde eröffnet, ein paar mutmaßliche Terroristen im Gazastreifen verhaftet, die israelische Armee zog sich aus zwei Prozent der Gebiete zurück, weitere 7,1 Prozent wurden gemeinsamer Kontrolle unterstellt und Israel entließ 250 palästinensische Gefangene, von denen allerdings zum Ärger der Palästinenser mehr als die Hälfte gewöhnliche Kriminelle waren.

Zu Beginn der zweiten Phase stellte die PA ein Programm zur Konfiszierung illegaler Waffen auf, der Palästinensische Nationalrat bestätigte die Annulierung der PLO-Charta-Passagen, und die PA begann mit der Überprüfung ihrer Polizeikräfte. Kurz vor dem nächsten Truppenrück-

zug aus weiteren fünf Prozent der Gebiete behauptete Israel jedoch, die PA habe ihre Verpflichtungen nicht vertragsgemäß erfüllt. Besonders beim Einzug der illegalen Waffen und der Reduzierung der Polizeikräfte waren die Israelis unzufrieden. Außerdem habe die PA zwar Terroraktivitäten islamischer Fundamentalisten bekämpft, nicht aber, wie vereinbart, deren Infrastruktur.

Auf den Internetseiten der PA und ihrer Vertretungen im Ausland steht bis heute die alte, unveränderte PLO-Charta. Nicht erkennbar ist, was da gestrichen oder umformuliert worden sein soll.

Die Palästinenser konterten, Israel suche nur einen Vorwand, sich nicht aus weiteren Gebieten zurückziehen zu müssen. So verzögerte sich die Umsetzung des Abkommens. Wenige Wochen später wurden in Israel Neuwahlen angesetzt. Alle Bemühungen von Netanjahus Mitte-rechts-Regierung, das Abkommen von Wye noch vor den Wahlen umzusetzen, scheiterten. Nachfolger Netanjahus wurde im Mai 1999 der angeblich »gemäßigte« Ehud Barak von der sozialistischen Arbeitspartei.

Zum Greifen nahe

Im April 1999 lebten 97 Prozent der Palästinenser im Westjordanland unter der Palästinensischen Selbstverwaltung. Jasser Arafat erwog die Ausrufung eines unabhängigen Staates. Netanjahu drohte im Falle einer einseitigen Unabhängigkeitserklärung mit der Annexion aller Gebiete, die noch unter israelischer Kontrolle waren. Die palästinensische Führung spürte die Spannung zwischen der Erwartungshaltung der eigenen Bevölkerung einerseits und der seltenen Übereinstimmung der arabischen Welt mit Amerika und der EU andererseits, die einen Aufschub der palästinensischen Unabhängigkeitserklärung forderten.

Tatsächlich ließen alle bis dato verabschiedeten Vertragstexte offen, ob der politische Prozess zwischen Israel und der PA als Endstatus letztendlich einen unabhängigen Palästinenserstaat vorsieht. Selbst die UNO-Resolutionen 242 und 338, die Rechtsgrundlage des Oslo-Prozesses, sprachen nur sehr verschwommen von einem Ende des Kriegszustandes und einem Recht aller Staaten im Nahen Osten, innerhalb sicherer und

anerkannter Grenzen zu leben – aber nicht von einem palästinensischen Staat, der neu zu gründen wäre.

Palästinenserpräsident Arafat gab sich alle Mühe, die vielen Gegner der Abkommen zu beruhigen: »Wir müssen unseren Staat gar nicht erst bestätigen, denn wir funktionieren bereits als Staat.« Ursprünglich sahen die Abkommen von Oslo den 4. Mai 1999, fünf Jahre nach dem ersten israelischen Abzug aus Jericho und Gaza, als Zieldatum für einen Endstatus vor – »nicht als Verfallsdatum«, wie die Palästinenser betonten.

Scharm El-Scheich

Fünf Monate später, im September 1999, einigten sich der neue israelische Regierungschef Ehud Barak und Jasser Arafat auf das sogenannte »Scharm El-Scheich Memorandum über den Zeitrahmen für die Umsetzung ausstehender Verpflichtungen unterzeichneter Abkommen und der Wiederaufnahme von Endstatusverhandlungen«. US-Außenministerin Madeleine Albright, Ägyptens Präsident Hosni Mubarak und Jordaniens König Abdallah II. waren Zeugen des Abkommens, das Wye Plantation konkretisieren, verbessern und umsetzen sollte.

350 Palästinenser sollten von Israel freigelassen werden. Die israelische Armee sollte sich aus weiteren 11 Prozent der umstrittenen Gebiete zurückziehen, sodass 41 Prozent der Westbank unter palästinensischer Selbstverwaltung stehen würden. Bis zum 13. September 2000 sollten Endstatusverhandlungen über Jerusalem, die endgültigen Grenzen, die Flüchtlings- und Siedlungsfrage abgeschlossen sein. Die beiden palästinensischen Diplomaten Nabil Schaath und Saeb Erekat freuten sich besonders darüber, dass dieses Memorandum im Gegensatz zu allen seinen Vorgängerabkommen nicht »zweideutig« sei.

Rückzug aus dem Südlibanon

In diese Stimmungslage hinein beschloss Ehud Barak im Mai 2000 den Rückzug aus der Sicherheitszone im Süden des Libanon. Hals über Kopf

verließ Israels Armee den Zedernstaat. Was in der westlichen Welt als Geste des Friedens verstanden wurde, begriff der Orient ganz anders: Israel lässt treue Verbündete einfach fallen, wenn das seinen Interessen dienlich zu sein scheint. Libanesische Christen und Schiiten, die fast zwei Jahrzehnte an der Seite des jüdischen Staates gekämpft, ihr Leben und die Existenz ihrer Familien riskiert und alles auf eine Karte gesetzt hatten, waren zutiefst enttäuscht.

Vielen Christen und Muslimen im ganzen Nahen Osten war klar, was ein Restaurantbesitzer in Bethlehem auf den Punkt brachte: »Es lohnt sich nicht, Freund der Juden zu sein!« Und noch ein Zweites lehrte die israelische Flucht aus dem Südlibanon: Der Hisbollah-Terror war erfolgreich. Erstmals war die – bis dahin unschlagbare! – Armee der Juden geschlagen worden. »Jetzt werden wir die Palästinensergebiete libanonisieren«, folgerte ein anderer Gesprächspartner in Bethlehem, »und die Juden vertreiben, so wie die Hisbollah sie aus dem Libanon hinausgebombt hat.« So wurde der Rückzug Israels aus seinem nördlichen Nachbarland zur Triebkraft und zu einem der Hauptauslöser für die Al-Aqsa-Intifada.

Ein dauerhafter Friedensprozess

Mitte des Jahres 2000 wollte Jasser Arafat noch einmal ein unabhängiges Palästina ausrufen. Er meinte, dazu auch ohne Zustimmung Israels das Recht zu haben, wenn die für die Endstatusverhandlungen gesetzte Frist mit dem 13. September 2000 ohne greifbares Ergebnis abliefe. Tausende von Fatah-Anhängern jubelten dem gealterten Freiheitskämpfer in Nablus Ende Juni zu. Die Stimmung war geladen. Zu groß waren die Erwartungen 1993 in Oslo gewesen. Zu groß waren die Enttäuschungen nun, nach fast einem Jahrzehnt zäher Verhandlungen. »Einen dauerhaften Frieden haben wir erhofft«, meinte der palästinensische Unterhändler Hassan Asfur zynisch vor Journalisten in Ramallah, »einen dauerhaften Friedensprozess haben wir bekommen!«

Asfur war Minister der PA für Nicht-Regierungs-Organisationen (NGO). Gereizt erklärte er: »Unser Zugeständnis war die Anerkennung

des Staates Israel. Es ist nicht fair, von den Palästinensern weitere Zugeständnisse zu fordern.« Den Fragen nach Verhandlungsspielräumen wich er hartnäckig aus. PA-Vertreter forderten einen vollkommenen Rückzug Israels auf die Grenzen von vor 1967. Dabei beriefen sie sich auf die UNO-Resolutionen 242 und 338. Dass sie nicht auf einer Umsetzung der UNO-Resolution 181 bestanden, bezeichnete Asfur nun als »historisches Zugeständnis«.

Hanna Nasser, Präsident der Bir Zeit Universität nördlich von Ramallah, war wegen seiner politischen Aktivitäten 1974 von den Israelis deportiert worden. Damals hätten sich Kollegen an israelischen Universitäten für ihn eingesetzt. »Vor Oslo gab es eine Kooperation zwischen Israelis und Palästinensern«, erinnerte sich der Leiter des palästinensischen »Think Tanks«, »heute nicht mehr!« Einem Dialog mit Israel stand er ablehnend gegenüber: »Niemals in der Geschichte haben sich die Unterdrückten zu einem Dialog mit ihren Besatzern bereit gefunden.« Erst nach einem Abkommen könne man »über den Abbau der Feindseligkeiten nachdenken«.

Arafat forderte von Israel die gesamte Altstadt Jerusalems. Beim jüdischen Viertel, so deutete er an, sei er zu Kompromissen bereit. Sollten seine Forderungen nicht erfüllt werden, drohte der PA-Vorsitzende mit einer Neuauflage des Palästinenseraufstandes, der Intifada. Nur dass den Aufständischen diesmal nicht nur Steine, sondern moderne Feuerwaffen zur Verfügung stünden. Die einzige unabhängige palästinensische Tageszeitung, Al-Quds, verkündete am 26. Juni 2000 auf ihrer Titelseite, Arafat werde lieber den Rest seiner Tage in Tunis oder Kairo verbringen, als ein Abkommen unterschreiben, das weder das Rückkehrrecht noch das Recht der Palästinenser auf Jerusalem als Hauptstadt verwirklichte. Die »rote Linie« der PA sei ein vollkommener Rückzug Israels aus allen Gebieten, die 1967 erobert wurden. »Eines unserer Kinder wird die Flagge Palästinas über den Mauern Jerusalems, seinen Kirchen und Moscheen wehen lassen. Wem das nicht gefällt«, so Arafat, »der soll gehen und das Tote Meer austrinken!«

Doch die »roten Linien« der Regierung des Sozialdemokraten Ehud Barak waren mit diesen Forderungen unvereinbar. »Jerusalem wird immer die unteilbare Hauptstadt des Staates Israel bleiben«, so Barak, für

den ein Rückzug auf die Waffenstillstandslinien von vor 1967 ebenso unmöglich ist, wie eine Rückkehr palästinensischer Flüchtlinge auf israelisches Staatsgebiet. Die überwiegende Mehrheit der im Juni 2000 180 000 jüdischen Siedler in Judäa, Samaria und dem Gazastreifen, wollte er in »Siedlungsblöcken« belassen. Auf seiner einzigen Pressekonferenz vor der internationalen Presse rechtfertigte Premierminister Barak am 30. Januar 2001 den Anspruch seines Landes auf die Siedlungsblöcke mit dem Argument, die Araber hätten Kriege gegen Israel angezettelt und verloren. Deshalb müssten sie - wie Deutschland nach dem Zweiten Weltkrieg - mit dem Verlust von Territorien bestraft werden. Außerdem gestand er den Palästinensern nur eine bedingte Souveränität zu. Eine weitere Armee westlich des Jordans war für den israelischen Regierungschef undenkbar. Amerikaner und Israelis drängten nun auf eine Gesprächsrunde auf höchster Ebene. Beide Verhandlungspartner seien sich über die Position der anderen Seite im Klaren. »Die Stunde der Wahrheit ist da«, schätzte ein hochrangiger Berater Baraks, »jetzt müssen beide Seiten schmerzhafte Entscheidungen treffen!« PA-Chefunterhändler Saeb Erekat konterte: »Im gegenwärtigen Klima kann ein Gipfel nur scheitern.«

Noch einmal Camp David

Allen Unkenrufen zum Trotz trafen sich Jasser Arafat, Ehud Barak und Bill Clinton ein paar Wochen später dann doch im US-amerikanischen Camp David. Der Verhandlungsprozess sollte einen entscheidenden und endgültigen Schritt vorangetrieben werden. Im Rückblick sind sich die Teilnehmer beider Verhandlungsteams einig: Die Parameter für ein Abkommen waren allen Beteiligten klar. Nabil Schaath meinte noch am 26. September 2000, Camp David sei kein Fehlschlag gewesen. »Aber«, auch das machte der Außenminister Arafats klar, »über die Souveränität des Haram Asch-Scharif gibt es nichts zu diskutieren.« Weder Palästinenser noch Israelis waren in dieser Frage zu Kompromissen bereit. Der Tempelberg in Jerusalem war der Hauptgrund für das Scheitern des Gipfels von Camp David.

6. Al-Quds - »die Heilige«

Fünftausend Jahre alt sind die ältesten archäologischen Funde, die auf eine menschliche Besiedlung der Stadt hindeuten, die als Urusalim, Salem, Jebus, Jeruschalajim, Jeruschlem, Zion, Ariel, Hierosolyma, Aelia Capitolina, Iliya oder auch Bayt Al-Maqdis in die Annalen der Geschichte eingegangen ist. Im Arabischen heißt Jerusalem schlicht *Al-Quds*, »die Heilige«.

Während die EU erwartet, dass sich Israel zur Verwirklichung der Zweistaatenlösung auf die sogenannten »Grenzen von 1967« zurückzieht, betrachtet sie für die Zukunft Jerusalems die UNO-Resolution 181,[63] den sogenannten Teilungsplan vom 29. November 1947, als Rechtsgrundlage. Diese Resolution verlangt eine Internationalisierung Jerusalems als »corpus separatum«. Damit weigert sich die EU nicht nur, das vereinigte Jerusalem als Hauptstadt Israels anzuerkennen, sondern auch den Anspruch des jüdischen Staates auf Westjerusalem. Mittlerweile unterstützt kein einziger Staat der Welt mehr Israels Anspruch auf Jerusalem als Hauptstadt. Gleichzeitig befürworten immer mehr Länder den palästinensischen Anspruch auf Ostjerusalem.

Im Vatikan träumt man indessen von einer »universalen Stadt des Friedens und der Aufklärung«. Das Zentralkomitee des Weltkirchenrates stellte 1974 fest, dass Jerusalem die Stadt der drei großen monotheistischen Religionen, Judentum, Christentum und Islam sei. Auf seiner 5. Vollversammlung ein Jahr später in Nairobi forderte der Rat, dass sie allen drei Religionen offenstehen müsse. So beansprucht die ganze Welt ein Mitspracherecht, wenn es um Status und Zukunft Jerusalems geht.

63 http://www.un.org/depts/german/gv-early/ar181-ii.pdf

Obdachlos

Kopfschüttelnd stehen die norwegischen Friedensaktivisten vor dem Zelt im Ostjerusalemer *Wadi Al-Dschoz,* dem »Tal der Nüsse«. Nasser Al-Ghawi sitzt mit seiner Frau und vier schulpflichtigen Kindern auf der Straße. Während Europa im Schnee versinkt, merkt man wenigstens im Nahen Osten noch etwas von der Erderwärmung und genießt im Januar Sommerwetter - zum Glück für diese palästinensische Flüchtlingsfamilie. Die Mutter malt mit der kleinen Sarah arabische Buchstaben auf ein Stück Zeitungspapier, das der warme Wüstenwind herangeweht hat. »Das muss man mit eigenen Augen gesehen haben«, stammelt ein skandinavischer Blondschopf erschüttert, »furchtbar, was Israel diesen Menschen antut!« Die Solidaritätsreisegruppe von Gewerkschaftlern aus Norwegen lässt sich von der PA durch das besetzte Palästina führen. Nachdem sie alles mit eigenen Augen betrachtet haben und ihre Meinung bestätigt sehen, eilen die Skandinavier zum Bus zurück und zum nächsten Termin.

Nasser Al-Ghawi fängt an zu erzählen, wie er am 2. August 2009 durch einen israelischen Gerichtsbeschluss aus dem Haus geworfen wurde: »Aber meine Seele ist noch immer drinnen!« Der gläubige Muslim mit

dem schwarzen Bart und den rehbraunen Augen schlägt sich an die Brust. Seine Eltern sind 1948 aus dem Dorf Sarafan bei der israelischen Siedlung Nes Ziona nach Jordanien geflohen. Nahe der Grenze zu Israel ließ sich die Familie in Ostjerusalem nieder. Die mächtige Husseini-Sippe erlaubte ihnen, das Land zu bebauen, bevor in den 1950er-Jahren die Vereinten Nationen das Flüchtlingslager Scheich Dscharrah einrichteten. Das Land dafür bekamen sie vom Staat Jordanien, der nicht notwendig fand, nachzuprüfen, wer eigentlich Eigentümer war. »Ich musste drei Jahre lang Miete bezahlen«, erzählt Ghawi, »danach gehörte das Haus mir.«

2002 entschied das Oberste Gericht Israels, dass die Familie Ghawi das Haus zu räumen habe. Sie konnte nicht beweisen, dass Grund und Boden ihnen tatsächlich gehörte, während der jüdische »Sephardische Rat« ein Papier von vor 120 Jahren vorlegte, das bewies, dass sie 18 Dunam des Landes gekauft hätten, so erzählt Nasser Al-Ghawi. Er selbst beauftragte daraufhin einen Rechtsanwalt, in alten Archiven am Bosporus den wahren Eigentümer des Grundstücks herauszufinden. Zu spät – so berichtet Ghawi den Entscheid der israelischen Richter - fand sein Rechtsanwalt heraus, dass das Land um die Jahrhundertwende der Familie Hidschazi gehört hatte. Der 92-jährige Suleiman Darwisch Al-Hidschazi lebt noch in Beit Hanina, einem arabischen Stadtteil in Nordjerusalem. Auf den Namen seines Großvaters war der Grund und Boden in osmanischer Zeit eingetragen gewesen. Den Dokumenten zufolge hatte die Hidschazi-Familie das Land von der Familie Al-Bandak gekauft.

Al-Ghawi wird unterbrochen. Ein großer amerikanischer GMC-Bus fährt vorbei. Auf dem Dach sind überdimensionale Lautsprecher angebracht. Ohrenbetäubend bedröhnen sie die Umgebung mit chassidischer Musik. »Die brauchen das«, lacht Nasser und winkt ab, als der Wagen sich entfernt und man die eigenen Worte wieder verstehen kann. Ganz in der Nähe liegt das Grab von *Schimon HaZadik*, »Simon dem Gerechten«, der in hellenistischer Zeit vierzig Jahre lang Hohepriester gewesen war. Nach jüdischer Tradition soll er Alexander den Großen bei dessen Besuch in Jerusalem durch den Tempel geführt haben. 1891 ließen sich hier orientalische Juden nieder und gründeten den Komplex »Schimon HaZadik«. 1933 fand in der kleinen Synagoge die Bar Mitzva des einflussreichen

geistlichen Mentors der orthodox-sefardischen Schass-Partei, Rabbi Ovadia Yosef, statt. Yosef gehört heute zu den einflussreichsten Persönlichkeiten im Staat Israel. Durch die arabischen Aufstände in den 1920er- und 1930er-Jahren wurden die Juden vertrieben.

Die modern-orthodoxen jüdischen Siedler, die jetzt in das Haus der Familie Ghawi eingezogen sind, zeigen sich wenig gesprächsbereit. Das Dach ziert ein überdimensionaler Chanukkaleuchter. Am Chanukkafest, das auf die Monate November oder Dezember fällt, feiert das jüdische Volk die Reinigung des Tempels im 2. Jahrhundert vor der Zeitrechnung, nachdem er von den griechischen Heiden entweiht worden war. Die Frage, mit welchem Recht sie das Haus bewohnen, beantwortet der junge Hausvater lakonisch: »Wir bezahlen Miete.« Mehr will oder kann er nicht erklären. Auf das Drängen, dass man ohne seine Auskunft nur die eine Seite darstellen könne, lässt er sich meine Handynummer geben und verspricht, dass einer, der sich auskennt, anrufen und die Lage erklären werde. Bis zum heutigen Tag hat niemand angerufen.

Zum Abschied schüttle ich Nasser Al-Ghawi die Hand. »Du schläfst wirklich auch in der Nacht hier?«, frage ich mehr nebenbei. »Klar doch«, meint Nasser, »solange das Wetter so schön ist.« – »Und die Kinder?«, lasse ich nicht locker. »Die sind nachts mit meiner Frau in einer Wohnung, die wir ganz in der Nähe gemietet haben. Die müssen doch morgen wieder in die Schule.«

Das Shepherd Hotel

Wenige Hundert Meter vom ehemaligen Haus und Demonstrationszelt der Al-Ghawis entfernt liegt ein anderer prominenter Brennpunkt des Siedlungsstreits um Jerusalem: das »Shepherd Hotel«. Vor einem Viertel Jahrhundert hat es der amerikanisch-jüdische Millionär Irving Moskowitz erworben und von 1988 bis 1994 an die israelische Polizei verpachtet. Danach stand es leer. 1987 war das Hotel geschlossen worden, nachdem es in den zwei davor liegenden Jahrzehnten an die christlich-arabische Familie Maroun verpachtet gewesen war. International in die Schlagzeilen war das historische Kalksteingebäude aus den 1930er-Jah-

ren geraten, nachdem Moskowitz die Genehmigung zum Bau von zwanzig neuen Appartements bekommen hatte. Die amerikanische Regierung ist empört über die israelische Regierung, über die Stadtverwaltung Jerusalems und über den reichen amerikanischen Juden Moskowitz, der jegliche Friedenspläne durch seine Finanzspritzen für nationalreligiöse Siedler vereitelt.

Karm El-Mufti nennt der Volksmund das Gelände, auf dem das Shepherd Hotel steht: »Weinberg des Mufti«. Tatsache ist aber, so erklärt einer der Nachbarn, »dass Großmufti Hadsch Amin Al-Husseini - der Hitlerverehrer und Förderer der Endlösung der Judenfrage in der islamischen Welt - hier nie gewohnt hat. Der hat immer gegenüber dem St. Josef-Krankenhaus residiert.« Samir bittet darum, seinen richtigen Namen nicht zu veröffentlichen und will auch nicht fotografiert werden. Vor wem der ostjerusalemer Palästinenser Angst hat, will er nicht so recht erklären. Dass er selbst mit den jüdischen Siedlern zusammenarbeitet, sei kein Grund: »Dadurch verdiene ich doch nur meinen Lebensunterhalt!«

»Die rechtliche Lage um das Shepherd Hotel ist kompliziert«, weiß Samir. Eigentlich soll das Land dem Husseini-Clan gehören. Aber die Jordanier hätten behauptet, das Land gehöre Juden, ohne Beweise vorzulegen. Mit dieser Begründung hätten sie das Land zu Staatsland erklärt. Nach dem Sechstagekrieg von 1967 stellten die Israelis das Land unter die Obhut des Apotropos, des staatlichen Treuhänders von verwaistem Gut. »Aber«, so Samir, »wenn die Stadtverwaltung von Jerusalem wirklich Gleichberechtigung suchen würde, dann hätte sie auch Arabern die Baugenehmigung erteilen können. Immerhin leben die Erben des Großmuftis in Saudi-Arabien. Ihr Problem ist nur, dass sie nicht hierher kommen dürfen. Wenn sie nach Israel einreisten, würden sie bei ihrer Rückkehr nach Saudi-Arabien verhaftet.«

Das eigentliche Problem sind aber die Jordanier. »Wenn die kooperieren würden, ließe sich einiges regeln«, meint Samir. »Aber so kann nicht einmal der Waqf - die islamische Behörde, die den Tempelberg verwaltet - helfen, weil der vollkommen von Jordanien abhängig ist.« Dass bei Jerusalemer Landstreitigkeiten oft innerarabische Beziehungen das Hauptproblem sind, bestätigt ein Verwandter von Scheich Abdel Kader

Abdin, dem letzten Großmufti, der von König Hussein von Jordanien eingesetzt wurde. Im Bazar der Altstadt verkauft er gehäkelte Jarmulken und siebenarmige Leuchter an Touristen und sympathisiert gleichzeitig fröhlich mit der radikal-islamischen Hamas. »Erst wenn die wahrhaft Gottesfürchtigen an die Macht kommen, wird wirklich Frieden werden«, ist er überzeugt, und: »Der jordanische König ist schlimmer als die Zionisten. Das ist ein Engländer!«

Samir zieht an einer Zigarette und starrt in die Luft. Die rechtliche Lage ist verfahren. »Das ist wie mit einer Hand«, meint der Palästinenser und streckt die eigene aus: »Ich sage nicht, dass alle Finger gleich lang sind. Der eine ist kurz, der andere lang, der eine dick, der andere dünn. Beide, Juden und Araber, setzen sich in den alten Häusern fest und sind dann nur schwer wieder rauszubringen.« Der Blick vom Shepherd Hotel auf den Skopusberg und den rechts daneben liegenden Ölberg ist fantastisch. Das alte Gebäude hat alles, was ein romantisches Luxushotel im orientalischen Kolonialstil bieten sollte, nicht zuletzt den obligatorischen Zitrusgarten – wenn es nur kein so prominenter Zankapfel wäre. Ein Freund von Samir schlendert vorbei, erfährt, dass deutsche Journalisten zugange sind, und meint: »Warum habt Ihr die Juden nicht umgebracht? Dann hätten sie uns hier nicht zur Sau gemacht!« – »So hat jeder seine eigene Meinung«, kommentiert Samir und lässt den Rauch aus seiner Lunge in die laue Januarluft strömen.

Die Siedler aus Gilo

Doch die großen Spieler auf der politischen Weltbühne interessieren diese komplizierten lokalen Einzelheiten kaum, wenn es um eine Lösung des Nahostkonflikts geht. Nicht Einzelgrundstücke oder Häuser mit verworrener Geschichte stehen zur Debatte, sondern ganze Stadtteile des modernen Jerusalems, die jenseits der Waffenstillstandslinien von 1967 liegen: Pisgat Zeev, Neve Jaakov, Har Homa, Ost-Talpiot, Ramot, Ramat Schlomo, Ramat Eschkol, Gilo – sind ein paar Namen von »Siedlungen«. Nahezu 200 000 jüdische Jerusalemer leben dort und müssten umgesiedelt werden, wollte Israel den Forderungen der internationalen Gemein-

schaft nach einem Rückzug auf »die Grenzen von 1967« gerecht werden. Manche dieser Siedlungen haben Wurzeln, die weit in das vergangene Jahrhundert zurückreichen. So wurde Neve Jaakov bereits 1924 zum ersten Mal von Juden gegründet.

Gideon Nachum sitzt in Gilo vor einem *Makolet* - auf Deutsch würde man »Tante-Emma-Laden« sagen. Vor ihm auf dem Tisch steht eine Flasche israelischen Makkabi-Biers, daneben eine Schachtel russischer Zigaretten. »Wir sind keine Siedlung«, donnert er, nachdem er gehört hat, um was es gehen soll, »ihr irrt! Vom Meer bis an den Jordan ist alles das Land Israel! Sogar der Libanon und Syrien und der Sinai gehören dazu. So hat Gott dem Volk Israel das Land verheißen. Sieh mal dort, Rachels Grab - da geht es um ›Rachel Imenu‹, um ›unsere Mutter Rahel‹. Und in Hebron liegt ›Avraham Avinu‹, ›Abraham unser Vater‹ begraben. Das ganze Gebiet hier war von Juden bewohnt!« Sein Bruder Arie nickt zustimmend: »Immerhin wurde unser Vater auch Anfang der 1950er-Jahre aus einem arabischen Land vertrieben, aus Bagdad!« Ursprünglich stammt die Familie Nachum aus Kurdistan.

Die nackten Unterarme von Gideon Nachum weisen die typischen blauroten Narben auf, von Metallsplittern, die ein Chirurg nicht mehr entfernen konnte. Am 12. April 2002 war Nachum einer von 104 Verletzten bei einem Selbstmordattentat der Al-Aqsa-Märtyrer-Brigaden im Jerusalemer Machaneh-Jehuda-Markt. Sieben Menschen kamen damals ums Leben. Das war bereits der zweite arabische Selbstmordanschlag, den er überlebt hat. 1983 war er in das spektakuläre Attentat auf das Quartier des israelischen Geheimdienstes im libanesischen Tyrus verwickelt. Damals waren 60 Menschen ums Leben gekommen, 30 wurden verletzt. Wie hat er damals überlebt? »Frag nicht mich«, antwortet Gideon, »frag Gott. Ich bin fünf Meter hoch durch die Luft geflogen.«

»Das Bier trinke ich bereits am helllichten Tag, um den Albträumen zu entfliehen«, erklärt Gideon Nachum und beschreibt seinen Tagesablauf: Meist wacht er schon um 3.00 Uhr nachts auf und hat Angst davor, wieder einzuschlafen, weil dann die schrecklichen Bilder kommen, Nacht für Nacht. Erst wenn es draußen hell wird, findet er Ruhe und döst vor sich hin, bis zum Mittag. Am frühen Nachmittag geht er dann zum Makolet, kauft Bier und Zigaretten. »Ohne das könnte ich nicht leben!«, meint der

ehemalige Taxifahrer. Er ist durch seine Depressionen arbeitsunfähig: »Das ist die einzige Medizin, die hilft.«

Vielleicht ist das Gespräch vor dem Makolet in Gilo das, was einem deutschen Stammtisch am nächsten kommt. Gideon und Arie philosophieren, wie man das eben in dieser Atmosphäre tut – und offenbaren dabei so manches von der Psyche des sprichwörtlichen einfachen Mannes auf der Straße. »Ich habe viele arabische Freunde«, erzählt Gideon, »aber ihre Führer und die Extremisten machen alles kaputt.« Deshalb glaubt er: »Wenn die Araber stärker sind als wir, dann ist es aus. Dann bringen sie uns um.« Trotzdem: »Juden können mit Arabern leben, wenn die Menschen gut sind.«

Ist also Frieden möglich? – Arie meint: »Ja, aber nicht in unserer Generation.« Gideon wirft ein: »Netanjahu ist ein guter Regierungschef, obwohl er rechts ist.« Das Journalistenhandy meldet eine SMS: »Vier Granaten sind vom Gazastreifen aus auf den Negevkibbuz Netiv HaAsarah gefallen.« Gideon hebt sein Bier – er ist auf ein dänisches Tuborg umgestiegen: »Auf den Frieden! – Aber auf einen echten Frieden, keinen falschen!« Dann schweigt er, bevor er mit leiser Stimme weiterdenkt: »Warum sollen eigentlich nur wir Siedler sein?

Auch die Leute aus Katamon sind Siedler! Dort haben Araber vor 1948 gewohnt. Und auch die Leute im Negev sind Siedler. Warum sonst werden sie vom Gazastreifen aus ständig beschossen – obwohl wir uns von dort zurückgezogen haben?!« Gideon weist auf den Jerusalemer Stadtteil, der in Sichtweite von Gilo im Tal liegt. Und überhaupt: »Es sind die echten Siedler in Hebron oder in Samaria, denen wir die Existenz des Staates Israel verdanken.«

Teilbar ...?

Die Zweistaatenlösung wurde in Oslo zwar nicht ausdrücklich erwähnt, hat sich aber seither in den Köpfen der Menschen festgesetzt. Sie setzt die Teilung der Stadt Jerusalem implizit voraus – auch wenn die Propagandisten beider Seiten nicht müde werden zu betonen, Jerusalem sei als jeweils ihre Hauptstadt unteilbar. Dabei stellen immer mehr Israelis

fest, dass sich das Bemühen, den jüdischen Anspruch auf Jerusalem territorial zu zementieren, als Bumerang erwiesen hat.

Dr. Mosche Amirav war Regierungsberater in Sachen Jerusalem und in dieser Funktion auch in Camp David 2000 dabei: »Infolge des Sechstagekrieges von 1967 hat Israel nicht nur die Altstadt und Ostjerusalem annektiert, sondern auch 28 umliegende Dörfer mit in das Stadtgebiet einbezogen. Durch den Sonderstatus, den Jerusalemer Palästinenser genießen, wurde Jerusalem zu einem Anziehungspunkt für Araber aus Judäa und Samaria«, beschreibt Amirav die demografische Entwicklung. »Die Mauer hat dazu geführt, dass 40 000 Palästinenser auf deren Westseite umgezogen sind. Sie wollen ihren Sonderstatus unter israelischer Herrschaft sichern. Gleichzeitig führte der Bau eines Siedlungsrings im Osten um Jerusalem dazu, dass 120 000 Juden die Enge der verarmten Stadt verließen. So haben wir heute schon – angesichts der Araber und der ultraorthodoxen Juden, die den Staat Israel als Gotteslästerung ablehnen – eine antizionistische Mehrheit in Zion«, alarmiert Amirav.

Die arabische Bevölkerung Jerusalems wächst durch Geburtenrate und Zuzug dreimal so schnell wie die jüdische Bevölkerung. Wenn diese Trends anhalten, erwartet der führende Demograf der Hebräischen Universität, Professor Sergio Della Pergola, für das dritte Jahrzehnt des 21. Jahrhunderts etwa genauso viele arabische wie jüdische Einwohner in der Hauptstadt des jüdischen Staates. Wenn die arabischen Bürger Jerusalems die Kommunalwahlen nicht boykottieren würden, könnten sie heute schon den Bürgermeister bestimmen. Der ehemalige ultraorthodoxe Bürgermeister Jerusalems, Uri Lupolianski, äußerte 2007 die Befürchtung, die Hamas werde innerhalb von zwölf Jahren die Herrschaft in Jerusalem übernehmen.

Gleichzeitig mühen sich Juden wie Araber, Israelis und Palästinenser, ihre Ansprüche auf »die Heilige« in Beton zu gießen. Illegale Bautätigkeiten mit politischer Zielsetzung haben Jerusalem nach Ansicht von Amirav zu einem »städtebaulichen Wilden Westen« gemacht. »Die jüdischen Stadtteile sind illegal nach internationalem Recht«, resümiert er, »und im Ostteil der Stadt wurden allein in den 1980er- und 1990er-Jahren mehr als 20 000 arabische Häuser gebaut. Die sind nach israelischem Recht illegal.« Israel wirft der PA im Großraum Al-Quds eine »strategi-

sche Bautätigkeit« vor. Seit 1997 seien Tausende neuer Wohnungen gebaut worden, von denen viele leer stehen. Die Palästinenser erklären, diese Wohnungen seien nötig für mehr als 100 000 Flüchtlinge, deren Rückkehr man in naher Zukunft erwarte.

Als Israels Premier Barak im April 2000 erklärte, das vereinigte Jerusalem müsse unter israelischer Herrschaft bleiben, stellte er im selben Atemzug klar, Israel habe nicht die Absicht, die palästinensische Bevölkerung zu annektieren. Der sozialistische Regierungschef bestätigte damit Gerüchte, denen zufolge arabische Vororte Jerusalems, wie Ar-Ram, Dhiat Al-Barid, Beit Hanina, Schuafat, Al-Azarije, Abu Dis, Azam, Dschabel Mukaber, Beit Safafa oder Al-Waladsche der PA angegliedert werden sollten, obwohl sie nach israelischem Recht israelisches Staatsgebiet und Stadtgebiet der Hauptstadt Jerusalem sind. Tatsächlich stehen sie großteils bereits seit Ende des vergangenen Jahrtausends unter palästinensischer Zivilverwaltung.

»Wir haben immer in Richtung Jerusalem gebetet«, begründete Barak seine Jerusalempolitik, »nie haben sich unsere Gebete auf Al-Azarije oder Abu Dis gerichtet!« Und: »Die Annexion von 50 000 bis 70 000 Palästinensern dient weder Sicherheits- noch anderen nationalen Interessen Israels.«

Auch nach Vorstellung des damaligen Justizministers Jossi Beilin sollte der Stadtkern Jerusalems bei Israel verbleiben. Beilin hatte mit seinem Verhandlungspartner Abu Mazen die »Abu Dis-Lösung« ins Gespräch gebracht. Sie sieht eine palästinensische Hauptstadt Jerusalem in den weitgehend jenseits der Mauer gelegenen arabischen Stadtteilen vor.

Somit ist in Israel zwar nicht die Einheit Jerusalems, wohl aber dessen Größe umstritten. Der Chefredakteur der palästinensischen Tageszeitung Al-Quds, Maher Al-Scheich, beanstandet, dass die Israelis gar nicht über Jerusalem verhandeln würden, wenn die Stadt nicht zuvor bis an die Stadtgrenzen von Jericho und Tel Aviv ausgedehnt wurde.

… oder schon geteilt?

Aber muss Al-Quds überhaupt geteilt werden? Allen Beteuerungen zum Trotz, Jerusalem sei vereint, ist die Stadt doch schon längst geteilt. Unbetoniert und ohne Stacheldraht zieht sich eine unsichtbare Mauer durch Al-Quds. Jeder Jerusalemer weiß das, sieht, erlebt und spürt es, wenn er durch die Straßen seiner Heimatstadt geht. Dass mehr als 200 000 jüdische Jerusalemer jenseits der »grünen Linie« auf Gebiet leben, das vor 1967 zu Jordanien gehörte, ändert an dieser Tatsache nichts. Die meisten wohnen in rein jüdischen Stadtteilen. Die ungefähr 2 000 Juden, die in vorwiegend arabischen Stadtteilen eine Bleibe gefunden haben – wie etwa die oben erwähnte Siedlerfamilie von Schimon HaZadik, haben die Tatsache, dass sie »auf der anderen Seite« wohnen, unübersehbar vor Augen, sobald sie die eigenen vier Wände verlassen.

Als im Sommer 2000, vor Ausbruch der Al-Aqsa-Intifada und dem Zusammenbruch aller Verhandlungen, noch über die Zukunft der Stadt diskutiert wurde, war die Teilung eigentlich schon perfekt. Einziger Streitpunkt war die Altstadt – ein Quadratkilometer Fläche von 126 Quadratkilometern Stadtgebiet. Und selbst dieser Quadratkilometer ist klar eingeteilt in ein muslimisches, ein christliches, ein armenisches und ein jüdisches Viertel. Greifbare Barrieren sind gar nicht nötig. Wenn Jerusalems legendärer Altbürgermeister Teddy Kollek meinte, man könne keine Ruhe bekommen, solange die Palästinenser Jerusalems nicht ihren Teil der Stadt selbst verwalten, forderte er damit lediglich, einer seit Langem bestehenden Situation politisch Rechnung zu tragen. »36 Jahre nach der Befreiung Jerusalems«, kommentierte der Nachrichtensprecher des ersten israelischen Fernsehens den Jerusalemtag am 29. Mai 2003, »ist die Stadt noch immer geteilt« – und das, obwohl sie nach Aussage des Psalmisten doch »fest in sich zusammengefügt« sein sollte (Psalm 122,3; Gerloff).

Fremdlinge im eigenen Land

»Was die Israelis als Vereinigung bezeichnen, ist für mich die Besatzung der Stadt«, beklagt der ehemalige palästinensische Staatsminister Siad Abu Sayyad 40 Jahre nach dem Sechstagekrieg: »Weil die Israelis zwar unseren Besitz annektiert haben, nicht aber uns. So wurden wir von einem Tag auf den anderen zu Touristen im eigenen Land.« Die Zeit der jordanischen Besatzung verteidigt er vehement als »Paradies«, obwohl er gleichzeitig zugibt, »dass die Palästinenser ständig verdächtigt wurden, der jordanischen Herrschaft gegenüber nicht loyal zu sein«.

»Jeder soll in Jerusalem seine eigenen Heiligen Stätten verwalten und dort beten«, fordert der profilierte Rechtsanwalt und Journalist und verschweigt, dass genau das den Juden vor 1967 verwehrt war – allen internationalen Absprachen zum Trotz. Aber vielleicht ist das ja auch kein Widerspruch, denn selbst aus Sicht dieses als gemäßigt geltenden Palästinenserführers ist die von den Arabern *Hait Al-Buraq* genannte Klagemauer ein Teil des Haram Asch-Scharif und damit muslimische Heilige Stätte. Einer jüdischen Präsenz auf dem Tempelberg droht er mit einem »sehr gewalttätigen Konflikt« und bestätigt damit: Es geht gar nicht um Jerusalem, nicht einmal um die Altstadt, sondern einzig um das Herz der Stadt, den Tempelberg.

Arafats Großmufti

Gleich zu Beginn der Begegnung betont Scheich Ekrima Said Sabri: »Nicht ›Tempelberg‹, sondern ›Haram Asch-Scharif‹!« – »Das edle Heiligtum!« So nennen Muslime das Areal. Von Präsident Arafat zum Großmufti von Jerusalem berufen ist Scheich Sabri das Oberhaupt aller Muslime in Palästina, inklusive des jüdischen Staates Israel. Das Bewusstsein, dass Millionen Menschen auf sein Wort hören, durchdringt sein Auftreten. Würdevoll betritt er den Empfangsraum seines Amtssitzes am Eingang des Haram Asch-Scharif.

Der Herr mit dem typischen graubraunen Umhang verbreitet mit seinen strengen, ja bitter wirkenden Gesichtszügen und der dicken Brille

eine ernste, fast beklemmende Atmosphäre. Der weiße Turban, der um einen roten osmanischen Fez auf seinem Kopf gewunden ist, weist ihn als islamischen Gelehrten aus. Ekrima Sabri scheut steile politische Aussagen nicht, auch wenn die seine Würde zuweilen infrage zu stellen scheinen. So hatte er in seiner Predigt am 11. Juli 1997 vor Hunderttausenden von Muslimen ausgerufen: »Oh Allah, zerstöre Amerika, denn es wird von zionistischen Juden beherrscht!«, und prophezeit: »Allah wird das Weiße Haus schwarz anmalen!«

Besonders engagiert äußert er sich, wenn es um »Al-Quds, die Mutter aller Städte« geht. Eine Klärung von Besitzansprüchen aufgrund von historischen Fakten, Entwicklungen oder Gegebenheiten interessiert ihn nicht. Palästina ist *Waqf,* »unveräußerliches islamisches Stiftungsgut«. Sabri kennt weder Kompromisse noch das Anerkennen jüdischer Wurzeln. Er wettert gegen »die krebsartige Judaisierung Jerusalems« und gegen »Israels Versuche, Jerusalem aus Palästina herauszuschneiden«. Über die Unversehrtheit des Haram Asch-Scharif wachen er und seine Behörde mit Argusaugen.

Beten verboten

Bibeln oder Gebetbücher im Gepäck nicht muslimischer Besucher werden am Eingang konfisziert. Als sich eine jüdische Witwe im Dezember 1999 auf dem Tempelberg auf eine Bank setzte und die Augen schloss, wurde sie verhaftet. Die Studentin der Hebräischen Universität hatte Vorlesungen über den Zweiten Tempel besucht und wollte den Ort, an dem er gestanden hatte, mit eigenen Augen sehen. Die Mitarbeiter des Waqf erklärten der 49-Jährigen bei ihrer Festnahme, dass »das Schließen der Augen ein Akt des Gebetes« sei. Beten ist Nichtmuslimen an dieser Stätte strengstens untersagt. Der direkten Frage: »Warum dürfen Juden und Christen auf dem Tempelberg eigentlich nicht beten?«, weicht Sabri geschickt aus: »Christen haben doch ihre Kirchen im ganzen Land, die alle auf Waqf-Land gebaut sind.« Eine großzügige Handbewegung unterstreicht die Toleranz, die in dieser Aussage liegt. »Sie haben nie darum gebeten, auf dem Haram Asch-Scharif beten zu dürfen.«

»Und überhaupt«, fährt Sabri fort, »gibt es nicht den geringsten Beweis dafür, dass hier jemals ein jüdischer Tempel gestanden hat!« Der islamische Gelehrte referiert diese Ansicht mit einer Ruhe, die jeden Zweifel an der Richtigkeit der Aussage ausschließt. Ein »Kurzer Reiseführer für den Haram Asch-Scharif«, der 1930 vom Obersten Muslimrat, der höchsten islamischen Behörde im britischen Mandat, herausgegeben wurde, konstatiert zwar: »Dass hier der salomonische Tempel gestanden hat, steht außer Frage.« Aber das muss aus muslimischer Sicht kein Widerspruch sein. Denn Salomo war nach islamischer Lehre genauso Muslim wie sein Vater David, oder die Propheten Moses und Jesus. Christen und Juden mögen den palästinensischen Großmufti der Lüge oder Geschichtsfälschung bezichtigen, wenn er die Existenz eines jüdischen Tempels auf dem Tempelberg bestreitet. Gleichermaßen wirft der Islam Juden und Christen vor, das ursprüngliche Wort Gottes verfälscht zu haben.

Das Huldator

Einige Jahre vor der Audienz bei Großmufti Sabri hatte ich eine Führung von Adnan Al-Husseini, dem Generaldirektor des Waqf, durch die Al-Aqsa-Moschee miterlebt. Als »Gruppe von Studenten« durften wir die Kellergewölbe des altehrwürdigen Bauwerks besichtigen, die normalerweise Besuchergruppen vorenthalten werden. Fotografieren war selbstverständlich streng verboten. Auf der Innenseite des Huldatores, das an der Südseite der Umfassungsmauer aus dem ersten Jahrhundert vor der Zeitrechnung – teilweise aber gut erkennbar ist, ist das einzige Deckengewölbe herodianischer Architektur erhalten. Bis zur Zerstörung des zweiten Tempels war hier der Haupteingang zum Tempelbezirk, der von König Herodes dem Großen 20 Jahre v. Chr. großzügig renoviert und erweitert worden war. »Durch dieses Tor und unter dieser Decke ist Jesus vom Teich Siloah in den Tempel hinaufgestiegen«, geht es mir durch den Kopf – während Husseini vollmundig erklärt: »Betrachten Sie diese vollendete islamische Baukunst!« Hinter mir höre ich einen »deutschen Studenten« glucksen. Erschrocken wende ich mich um, sehe ihm tief und ernst in die Augen. Bei der Deutung ihrer Geschichte verstehen die Ver-

treter des Waqf keinen Spaß. Deshalb sollte jeder, der etwas sehen und lernen will, den Mund halten.

Südmauer der Al-Aqsa-Moschee: ein Teil des Sturzes des Hulda-Tores ist erkennbar.

Akut einsturzgefährdet!

Doch diverse Gebetsversuche von Juden oder Christen waren Mitte des ersten Jahrzehnts des 21. Jahrhunderts genauso wenig Hauptstreitpunkt wie akademisch-religiöse Auseinandersetzungen über das angemessene Geschichtsverständnis. Es waren die Bautätigkeiten des Waqf, durch die – so befürchtete Israel – bewusst alle Überreste jüdischer Präsenz auf dem Tempelberg beseitigt werden sollten.

Ende der 1990er-Jahre hatte der Waqf begonnen, die sogenannten »Pferdeställe Salomos« in der Südostecke des Areals zur Al-Marwani-Moschee umzubauen, um Platz für weitere 7 000 Beter zu schaffen. In der ersten Augusthälfte 1999 versuchte die islamische Bewegung an der Südmauer des Tempelbergs, direkt unter der Al-Aqsa-Moschee, einen Durchgang zu schaffen. Auf Anordnung des israelischen Ministerprä-

sidenten Ehud Barak wurde die Öffnung neben dem Hulda-Tor wieder verschlossen. Ende November wurde bekannt, dass der Waqf einen zusätzlichen zwölf Meter breiten und zehn Meter tiefen Eingang zu den »Ställen Salomos« innerhalb des Tempelbergs aushob.

Der israelische Generalstaatsanwalt Eljakim Rubenstein klagte, die Überreste der Geschichte des jüdischen Volkes würden mit Füßen getreten. Der Chef der israelischen Altertumsbehörde, Amir Drori, sprach von einem »archäologischen Verbrechen«. Doch den Bautätigkeiten ohne Baugenehmigung auf dem Haram Asch-Scharif vermochte anscheinend niemand Einhalt zu gebieten. Der Waqf sieht sich einzig dem jordanischen Königshaus verantwortlich, dessen Mitglieder ihre Abstammung direkt auf den Propheten Muhammad zurückführen.

So wurden die Bauarbeiten in dem Jahrtausende alten Gemäuer fortgesetzt. In den folgenden Jahren entstand an der Südmauer des Haram Asch-Scharif eine große Beule. Deutlich sichtbar wölbte sich die Mauer nach außen. Im Februar 2004 erschütterte ein Erdbeben das Land. An der Westmauer beim Mughrabi-Tor rutschte eine Stützmauer aus der

Mamelukkenzeit ab. Heftige Schneefälle hatten zur Destabilisierung der antiken Baustruktur beigetragen. Die Risse in den Wänden und Decken der von den Kreuzfahrern auf alten Fundamenten erbauten »Pferdeställe Salomos« weiteten sich ständig aus.

»Die Südostecke des Tempelberges kann jeden Augenblick zusammenbrechen«, warnte die Altertumsbehörde des Staates Israel. Doch die Muslime verbitten sich grundsätzlich jede Einmischung israelischer Behörden in die Bauarbeiten auf dem Haram Asch-Scharif. Deshalb bemühten sich jordanische Ingenieure mit Unterstützung aus den USA, Ägypten und weiteren »nicht näher benannten arabischen Staaten«, um eine Stabilisierung der weltberühmten Mauer.

Gleichzeitig warf die islamische Bewegung der israelischen Regierung vor, unter dem Vorwand der Einsturzgefahr die Religionsfreiheit einschränken zu wollen.

Der Waqf sprach von einer Provokation, die nur darauf abziele, den jüdischen Anspruch auf den Tempelberg zu untermauern. Und der oberste Richter des islamischen Gerichtshofes in Jerusalem, Scheich Taisier Tamimi, bezeichnete »die Einschränkung der Zahl der Beter« gar als »Kriegserklärung der Juden an Allah«.

Kultur-Intifada

Sensationell sieht es nicht aus, wie Dutzende junger Leute am Fuße des Jerusalemer Skopusberges eimerweise Dreck einweichen, um ihn dann über Sieben auszuwaschen. Doch die Volontäre von Professor Gabriel Barkay befreien archäologische Schätze aus mehr als drei Jahrtausenden von den Staubverkrustungen, die sie so lange gefangen hielten. Außerdem enthüllt die »Drecksarbeit« des jüdischen Archäologieprofessors einen Skandal: Die Vernichtung eines Weltkulturerbes sollte eigentlich einen internationalen Aufschrei wert sein. Aber die Welt schweigt.

»Parallel zur bewaffneten Intifada gibt es eine kulturelle Intifada der Palästinenser«, erklärt Gabi Barkay. »Das haben wir beim Brand des Josefsgrabes in Nablus gesehen und bei der Vandalisierung antiker Synagogen in den umstrittenen Gebieten.« »Die Palästinenser leugnen nicht nur den Holocaust, sondern auch die historische Verbindung des jüdischen Volkes zum Tempelberg – und bemühen sich, alle Beweise für einen jüdischen Tempel zu vernichten.«

Aus seiner »Schatzkiste«, die er nicht aus der Hand gibt, holt Barkay vorsichtig die wertvollsten Fundstücke. Sie umfassen praktisch die gesamte Menschheitsgeschichte. Neben eine babylonische Pfeilspitze aus der Zeit, als Nebukadnezar den ersten Tempel zerstörte, legt er Pfeilspitzen der Hellenen, Perser und Kreuzfahrer. Dann kommen eine Tonscherbe mit den althebräischen Buchstaben *Hei* und *Ain* und ein Elfenbeinkamm zum Vorschein, der mit den Reinigungsriten im Tempel in Verbindung gebracht wird. »Wenn wir den richtig untersuchen, finden wir noch die Läusenissen daran«, meint Barkay schmunzelnd und kommt richtig ins Schwärmen: »Diese kleine Tonscherbe mit dem runden Loch stammt von einer Opferschale im Tempel.« Um einen profanen Gebrauch nach einer Opferung unmöglich zu machen, wurden Opfergefäße im zweiten Tempel nach dem Gebrauch durchlöchert.

Die erste Münze, die Barkays Mitarbeiter gefunden haben, stammt aus der Zeit des jüdischen Aufstands gegen die Römer und trägt die Inschrift »Cherut Zion«, »Freiheit Zions«. Auf einer Münze aus der Zeit des Johannes Hyrkanus, des Enkels des Hohenpriesters Mattathias aus Modein, der den Makkabäeraufstand gegen die Hellenisten initiierte, steht:

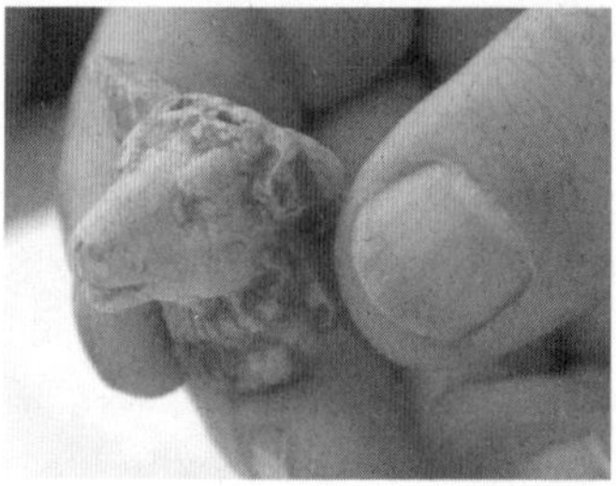

Professor Barkay zeigt das Freimaurer-Bronzekreuzchen, den Widderkopf, den Elfenbeinkamm aus dem Tempel und Pfeilspitzen.

»Jochanan, der Hohepriester und Freund der Juden«. »Und diese Münze ist von Johannes Hyrkanus' Sohn des Alexander Jannai.« Professor Barkay lässt die kleine verwitterte Kostbarkeit zurück in einen winzigen Umschlag gleiten.

Barkay zeigt dann einen kunstvoll und realitätsnah gestalteten Kopf eines Ziegenbocks aus Ton – die Hörner waren ursprünglich wohl aus Holz, sind im Laufe der Zeit aber abgefallen oder verfault.

Die Archäologen rätseln, ob der Ziegenbock aus dem römischen Pankultus stammt. Der Überrest einer Astartefigur aus der Zeit des salomonischen Tempels zeigt, so Barkay, »dass die alttestamentlichen Propheten wirklich etwas hatten, wogegen sie vorgehen mussten.«

Kostbarkeiten ohne Ende gleiten durch die Hände des Professors. Intuitiv ordnet »das wandelnde Lexikon«, wie ihn seine Mitarbeiter bewundernd betiteln, die Fundstücke in die lange Geschichte des Tempelbergs ein.

Sein Schatz an Erzählungen scheint unermesslich. Öllampen mit christlichen Inschriften, eine Goldmünze von Napoleon I. aus dem Jahre 1858, Bronzeschmuck mit Einlegearbeiten oder einen arabischen Silberring legt er auf den Tisch, aber auch einen verwitterten Siegelabdruck aus dem 3. Jahrhundert v. Chr., auf dem neben einem fünfzackigen Stern die Inschrift »Yeruschalem«, der aramäische Name für »Jerusalem«, zu erkennen ist.

Ein Medaillon hat im 16. oder 17. Jahrhundert vermutlich Christen als Amulett gedient und zeigt – die Wissenschaftler sind sich noch nicht hundertprozentig sicher – entweder den Heiligen Christophorus oder Johannes den Täufer. Auf einem kleinen Bronzekreuz aus dem 19. Jahrhundert, das Freimaurern zugerechnet wird, die sich in der Tradition der Erbauer des salomonischen Tempels sehen, ist der Heilige Gral zu erkennen.

Erst 15 bis 20 Prozent des Materials, das sie sichern konnten, haben Gabi Barkay und seine Freiwilligen gesichtet. »Es waren ein paar wenige Tage im November 1999«, erzählt Barkay, da wurden diese Schätze mit Bulldozern »brutal und illegal« ausgegraben und circa 300 Lastwagenladungen weggeschafft. Ehud Barak hatte der muslimischen Verwaltung, dem *Waqf*, die Genehmigung erteilt, einen Notausgang für die neue Al-

Marwani-Moschee in der Südostecke des Areals auszugraben – »ohne zuvor Ingenieure oder Archäologen zu konsultieren!«

Ursprünglich wollte der Waqf auch die großen Bruchstücke, Säulen, Skulpturen und Kapitelle »entsorgen«. Doch dann hat das Oberste Gericht Israels vor ein paar Wochen die Entfernung der archäologischen Schätze vom Haram Asch-Scharif verboten. Erstaunlich ist, dass sich die Muslime an das israelische Verbot halten.

Bislang hatten offizielle Vertreter des Staates Israel immer den Eindruck erweckt, als könnten sie auf dem drittheiligsten Ort des Islam und dem heiligsten Ort des Judentums keinen Stein umdrehen, ohne einen dritten Weltkrieg auszulösen. Die Genehmigung Baraks im Jahre 1999 und das neue Verbot des Obersten Gerichtshofes Israels legen allerdings nahe, dass der Staat Israel eine wesentliche Mitverantwortung an der Vernichtung unschätzbarer Werte trägt. »Anstatt uns zu helfen, legt uns die israelische Altertumsbehörde Steine in den Weg«, beklagt der Archäologieprofessor, der an der religiösen Bar-Ilan-Universität in Ramat Gan lehrt. Immerhin enthüllt dieses Kapitel die Unfähigkeit der israelischen Regierung. »Die staatliche israelische Altertumsbehörde wird ihrem gesetzlichen Auftrag nicht gerecht!«

Verschiedene Arten von Souveränität

»Und Schuld an alledem ist«, laut Gabriel Barkay, »die Administration von William Jefferson Clinton, der eine geteilte Souveränität für den Tempelberg vorgeschlagen hat: Alles, was auf dem Tempelberg über der Erdoberfläche liegt, sollte unter islamischer Souveränität stehen, alles unter der Erdoberfläche sollte unter jüdischer Souveränität stehen.« Daraufhin fing der Waqf an zu graben, um so viel wie möglich über die Erdoberfläche und somit unter islamische Souveränität zu bringen. Dabei wurden auch eine Reihe von Gebäudestrukturen aus islamischer und Kreuzfahrerzeit zerstört.

Tatsächlich ist es möglich, die von Barkay angeprangerte »Kultur-Intifada« als eine Frucht der »grenzenlosen diplomatischen Kreativität«, die Arafats Außenminister Nabil Schaath so sehr gepriesen hatte, zu sehen.

Spekulationen über eine Aufteilung des Herzstücks der Stadt Jerusalem in verschiedene Zonen waren im Sommer 2000 in Camp David im Umlauf gewesen. Das Wort »Souveränität«, Oberhoheit, entpuppte sich als entscheidendes Schlüsselwort.

Man verhandelte über israelische oder palästinensische, jüdische oder islamische Souveränität. Journalisten und Diplomaten, Politiker und Zeitungsleser machten sich darüber Gedanken, was es mit »funktionaler«, »symbolischer«, »praktischer«, »gemeinsamer«, »zeitweilig ausgesetzter«, »vollkommener«, »absoluter«, »passiver« oder »aktiver« Souveränität wohl auf sich haben könnte. Israels damaliger Justizminister und Friedensarchitekt Jossi Beilin charakterisierte das diplomatische Pingpong um den Tempelberg schließlich als »Suche nach einem Adjektiv«. Die Idee einer »göttlichen Souveränität« erweckte den Verdacht, die Diplomaten versuchten, das Schlamassel den Theologen zuzuschieben.

Der überwiegenden Mehrheit der Israelis schien jede Lösung recht, solange der »Status quo« gewahrt bliebe. Von palästinensischer Seite dagegen war zu hören: »Wir akzeptieren weder eine göttliche oder islamische, noch eine internationale Souveränität.« Die PA und ihre geistliche Führung, allen voran Scheich Ekrima Sabri, lehnten jede Lösung ab, die ihnen weniger als die uneingeschränkte Oberhoheit über Ostjerusalem versprach.

Am Vormittag des 28. September 2000, einem Donnerstag, erschien der israelische Oppositionsführer Ariel Scharon mit einer Gruppe von Knessetabgeordneten auf dem Tempelberg. Scharon und seine Gesinnungsgenossen wollten die Souveränität des jüdischen Staates Israel über Jerusalems heiligste Stätte demonstrieren. Diese Visite der Radikalen war nicht nur von der sozialdemokratischen Regierung Israels abgesegnet, sondern offiziell auch von den entscheidenden palästinensischen Sicherheitschefs als unbedenklich befunden worden. Am nächsten Tag, einem Freitag, hetzte der Imam in der Al-Aqsa-Moschee gegen diese Provokation Scharons. Das Ergebnis waren mehr als 30 Verletzte. Die darauf folgende Al-Aqsa-Intifada forderte Tausende Tote und Zehntausende Verletzte auf beiden Seiten.

Obwohl Camp David 2000 an Verhandlungen über den Tempelberg scheiterte, zeigten Scharons Besuch und die Behauptung, er habe die

Al-Aqsa-Intifada ausgelöst, vor allem: Der Haram Asch-Scharif steht schon heute nur unter einer »theoretischen« Souveränität Israels. Das Sagen haben die Muslime, ohne deren Duldung kein Jude den Platz betreten darf, obgleich es sogar eine ständige israelische Polizeipräsenz mit einer eigenen Polizeistation auf dem Tempelberg gibt. Tatsache ist, das Herz Jerusalems ist nach wie vor »von den Heiden zertreten« (vergleiche Lukas 21,24).

Die Bedeutung Jerusalems ...

Im Alten Testament wird Jerusalem 667 Mal namentlich erwähnt, im Neuen 144 Mal. Die »Stadt des großen Königs«, wie Jesus von Nazareth sie bezeichnete, ist im heiligen Buch von Juden und Christen ein zentrales Thema. Der »Gottesdienst« gehört denen, »die Israeliten sind«, hatte einst der Apostel Paulus an die Gemeinde in Rom geschrieben (Römer 9,4). Und dieser Gottesdienst sollte an einem ganz bestimmten Ort stattfinden, den »der Herr, euer Gott, erwählen wird«. Das hatte Mose die Israeliten schon vor dem Einzug in das Gelobte Land wissen lassen (5. Mose 12,4ff).

Erst Jahrhunderte später erkannte König David, wo dieser Ort liegen sollte: In Jerusalem, oberhalb der Davidsstadt, wenige Meter innerhalb des Stammesgebietes Benjamin.[64] Sein Nachfolger Salomo baute dann den ersten Tempel,[65] der im 6. Jahrhundert v. Chr. von den Babyloniern zerstört wurde. Kaum hundert Jahre später wurde ein zweiter Tempel gebaut. In den Jahrzehnten vor Christi Geburt wurde dieser von Herodes dem Großen zu einem der sieben Weltwunder ausgebaut, im Jahre 70 n. Chr. von den Römern dann vollkommen zerstört.

Der römische Kaiser Hadrian baute im 2. Jahrhundert unserer Zeitrechnung im Rahmen seiner Entjudaisierung Jerusalems einen Jupitertempel auf dem Tempelberg. In der zweiten Hälfte des 4. Jahrhunderts suchte Kaiser Julian »der Abtrünnige« zu beweisen, dass der Herrschafts-

64 2. Samuel 24; 1. Chronik 21.

65 1. Könige 6; 2. Chronik 3.

anspruch des Christentums unbegründet sei. Deshalb ermutigte er die Juden in seinem Reich zur Rückkehr in das Land Israel und zum Aufbau des Tempels. Das Experiment schlug fehl. Im Jahre 614 erteilte der persische Herrscher Khursau II. noch einmal eine Genehmigung zum Wiederaufbau des Tempels, die aber bald wieder zurückgenommen wurde.

Es gibt kaum ein Gebet des jüdischen Volkes, ganz gewiss aber keinen Tageslauf eines orthodoxen Juden, in dem die Sehnsucht nach Jerusalem nicht beschworen wird. Vor jeder Mahlzeit erinnern gläubige Juden daran, wie sie »an den Flüssen von Babel saßen und weinten, wenn sie an Zion gedachten« (Psalm 137). Und nach dem Essen bitten sie: »Baue Jerusalem, die heilige Stadt, schnell, in unseren Tagen!«[66] Kein Wunder also, dass Juden und Christen die Stadt seit Jahrtausenden besingen, von ihr träumen, sie idealisieren und um sie kämpfen. – Warum aber ist Al-Quds für die mehrheitlich muslimischen Palästinenser eine »Zeitbombe«[67], der »Schlüssel zu Krieg und Frieden«[68] oder »das größte Hindernis auf dem Weg zum Frieden«[69]? Welche Bedeutung hat die Stadt Jerusalem …

… für den Islam?

»Dort unten … sehen Sie die beiden Löcher am Eck der Mauer? Die sind miteinander verbunden. Dort unten hat der Prophet Muhammad sein Wunderpferd Al-Buraq angebunden, bevor er in den Himmel aufgefahren ist.« Der jüdische Reiseführer Amir Cheschin aus Maale Adumim, der größten Siedlung im israelisch besetzten Judäa, erklärt, warum der Haram Asch-Scharif, das edle Heiligtum, für Muslime so wichtig ist.

66 [Hebr.] Sidur Tephilah (Yerushalayim: Hotzaat Koren, 1993), 346+349.

67 So der ehemalige palästinensische Jerusalem-Minister Faisal Husseini im September 2000.

68 Jasser Arafat am 28. August 2000 vor dem Jerusalem Komitee der Islamischen Konferenz im marokkanischen Agadir.

69 König Abdallah II. von Jordanien im April 2000.

Der Koran erzählt in Sure 17 unter der Überschrift »die Nachtfahrt«, wie Allah »seinen Diener des Nachts entführte von der heiligen Moschee zur fernsten Moschee, deren Umgebung wir gesegnet haben« (Sure 17,1). Die »heilige Moschee« ist die Kaaba in Mekka. Neben der ebenfalls saudiarabischen Stadt Medina ist Mekka die heiligste Pilgerstätte des Islam. Dort hat sich das Leben seines Gründers konzentriert. Die »fernste [Moschee]« - arabisch *Al-Aqsa* - bezeichnet nach islamischer Tradition das Gebäude am Südrand des Jerusalemer Tempelbergs. Im Gegensatz zu vielen traditionellen Moscheen des Orients gleicht es bis heute verdächtig einer byzantinischen Basilika. Ob mit *Al-Aqsa* ursprünglich tatsächlich die heilige Stadt der Bibel gemeint war, bleibt umstritten.

Am 17. Rabi Al-Awal im Jahr vor der Flucht Muhammads von Mekka nach Medina - der *Hidschra,* mit der die islamische Zeitrechnung beginnt - soll der Gründer des Islam von Mekka nach Jerusalem geritten sein - eine Entfernung von immerhin 1 240 Kilometern. Schon damals, als Muhammad seinen Landsleuten von dieser Nachtreise erzählte, kam das den Zuhörern unglaubwürdig vor. »Dies ist nun wirklich unmöglich!«, meinten sie, »Die Karawane braucht einen Monat von Mekka nach Syrien und wieder einen Monat für den Rückweg. Wie will dieser Muhammad beides in einer Nacht tun?!«[70]

Doch Al-Buraq war ein Wundertier. Die islamische Überlieferung weiß: »An den Schenkeln hatte es zwei Flügel, mit denen es seine Hinterbeine vorantrieb.« So konnte das weiße Reittier, »halb Maultier, halb

70 Ibn Ishaq, Das Leben des Propheten, aus dem Arabischen übertragen und bearbeitet von Gernot Rotter (Kandern: Spohr, 1999), 82.

Esel«, seinen Huf bei jedem Schritt so weit setzen, wie sein Blick reichte.[71] An der Westmauer des Haram Asch-Scharif hat Muhammad dann, wie gesagt, seinen strahlend weißen Maultier-Esel Al-Buraq festgebunden - weshalb die »Klagemauer« bis heute von Muslimen »Al-Buraq« genannt wird.

Begleitet von Dschibril, der traditionell mit dem Engel Gabriel der Bibel identifiziert wird, wurde Muhammad in Jerusalem von seinen Prophetenvorgängern Abraham, Moses und Jesus - arabisch Ibrahim, Musa und Isa - empfangen. Als Vorbeter soll er sie an traditionsreicher Stätte im Gebet angeleitet haben.

Eher peinlich für den heutigen Konflikt um Jerusalem ist die Tatsache, dass die 17. Sure nicht nur die Bezeichnung »Die Nachtfahrt« trägt, sondern in manchen Koranausgaben unter der Überschrift »Die Kinder Israel« steht. In den Versen 103 und 104 erzählt der Koran, wie der Pharao die Kinder Israel »aus dem Land verscheuchen« wollte. »Da ließen wir ihn und alle, die mit ihm waren, ertrinken«, fährt der heilige islamische Text fort: »Und nachdem er nicht mehr da war, sagten wir zu den Kindern

71 Ebenda, 81.

Israels: ›Nehmt nun im Land Wohnung! Wenn dann das Versprechen mit dem Jenseits in Erfüllung geht, bringen wir euch alle miteinander herbei.‹ »Islamische Zionisten« - wenig populär aber nichts desto trotz existent - berufen sich auf diesen Text, um zu beweisen, dass auch der Koran das Recht der Juden auf das Land Israel bestätigt.

»Historisch gesehen, war Muhammad gar nie in Jerusalem«, meint Amir Cheschin. Auch die spätere Frau des Propheten, Aischa, wusste vor Jahrhunderten: »Der Körper des Propheten wurde in jener Nacht nicht vermisst, sondern Allah ließ nur seinen Geist die Nachtreise machen.«[72] Erst sechs Jahre nach dem Tode Muhammads - im Jahre 638 n. Chr. - wurde die Stadt unter dem Kalifen Omar Ibn Al-Khattab von den Muslimen erobert. Der Felsendom, die »Bedeckung des Felsens«, wurde noch einmal 54 Jahre später von dem in Damaskus residierenden Omajaden-Kalifen Abd Al-Malik gebaut.

»Aber das ist alles gar nicht so wichtig«, beschwichtigt Cheschin, dessen Familienname in Israel vor allem deshalb ein Begriff ist, weil sein Bruder - wie vorher schon der Vater - Richter am Obersten Gericht des

72 Ebenda, 83.

Staates Israel war. »Entscheidend ist heute, dass eine Milliarde Muslime fest davon überzeugt sind, dass Muhammad hier war, von hier zum Himmel aufgefahren ist und dort den Koran empfangen hat.« Vollkommen ernst erzählt der israelische Reiseleiter das alles einer Gruppe ausländischer Journalisten, die sich vor allem darüber freut, das Innere der heiligen islamischen Gebäude auf dem Haram Asch-Scharif betreten und fotografieren zu dürfen.

Die Südwestecke der Tempelumfassungsmauer stammt aus der Zeit des Königs Herodes und wurde im ersten Jahrhundert v. Chr. gebaut. Die Öse in der Umfassungsmauer, an der Muhammad Al-Buraq angebunden haben soll, war zur Zeit der Eroberung des Heiligen Landes durch den Islam bereits meterdick vom Schutt des jüdischen Tempels bedeckt und wurde erst bei Ausgrabungen 1968 entdeckt. Aber das war ein Tempel, den es nach amtlicher Auffassung der islamischen Verwaltung des Haram Asch-Scharif niemals gegeben hat. Insofern sind all die historisch-archäologischen Einwände vollkommen nebensächlich.

Dass der jüdische Siedler und Juristenbruder aus Maale Adumim mit seiner Darstellung nicht nur das Geschichtsverständnis des Islam auf den Arm nimmt, sondern auch die eigene demokratische Überzeugung, bleibt unausgesprochen – ihm selbst ist das vielleicht gar nicht bewusst. Immerhin betont nicht nur die humanistisch geprägte westliche Welt, dass »Stimmenmehrheit« »des Rechtes Probe« sei – was der schwäbische Dichter Friedrich Schiller einmal angezweifelt hat. Auch die überwiegende Mehrheit der orthodox-jüdischen Rechtsgelehrten vertritt heute die Ansicht, dass man sich einem Mehrheitsentscheid zu beugen habe – und begründet das mit einem Zitat aus 2. Mose 23,2: »Du sollst der Menge nachgeben.« (Gerloff) Dass der biblische Textzusammenhang sagt »Du sollst der Menge nicht auf dem Weg zum Bösen folgen und nicht so antworten vor Gericht, dass du der Menge nachgibst und vom Rechten abweichst«, ist orthodoxen Juden heute offensichtlich so gleichgültig wie der Mehrheit, die in Europa und Amerika das Sagen hat.

Es ist politisch gewiss nicht korrekt, das Diktat der demokratischen Mehrheit infrage zu stellen. Aber muss man sich vom Strom der Zeit wirklich mitreißen lassen, wenn eine Milliarde Menschen Mythen mit Gewalt Geltung verschafft – und die überwältigende Masse des Rests der

Menschheit feige dazu schweigt? - Nun ja, »wer rechtgeleitet ist, der ist nur rechtgeleitet zu seinem eigenen Besten, und wer irregeht, der geht irre allein zu seinem eigenen Schaden« meint Allah in der Nachtfahrt-Kinder-Israel-Sure 17, Vers 15. Und vielleicht hat der Koran da gar nicht so unrecht?!

Vom Quellenbefund und der historischen Entwicklung her ist es jedenfalls überhaupt nicht erstaunlich, wenn Muhammad seinen Anhängern eine neue Gebetsrichtung vorschreibt. Er macht die Gebetsrichtung zum Merkmal des rechten Glaubens. Allah, der Gott des Islam, achte auf die Gebetsrichtung der Menschen, weiß der Beduinenfürst, und unterscheide daran die Rechtgläubigen von den Frevlern. Im ausdrücklichen Gegensatz zu Juden und Christen ist Muslimen also geboten, sich von Jerusalem abzuwenden und in Richtung Mekka zu beten (Sure 2,142-145). Namentlich wird Jerusalem im Koran kein einziges Mal erwähnt.

Erstaunlich ist dagegen vielmehr, mit welchem Nachdruck die Palästinenser und mit ihnen eine überwältigende Mehrheit der islamischen Welt um Jerusalem eifert. Unwiderstehlich hetzt der Ruf »Die Al-Aqsa ist in Gefahr!« die muslimische Bevölkerung des Landes gegen ihre jüdischen Mitbürger auf, in blutige Auseinandersetzungen und selbst in den Tod. Die schiitische Hisbollah-Miliz kämpft offiziell für die Freiheit des Südlibanon von israelischer Besatzung - erklärt darüber hinaus aber gänzlich unverhohlen, dass ein jüdischer Staat Israel keinerlei Existenzrecht besitze und das eigentliche Ziel ihres Kampfes die Befreiung Jerusalems sei.

Ein Rückblick in die Geschichte vergrößert das Erstaunen: Solange die Stadt ganz oder teilweise in muslimischer Hand war, mit einigen Unterbrechungen von 638 bis 1967, war sie kein einziges Mal Hauptstadt eines islamischen Staates oder auch nur einer muslimischen Provinz. Im 12. Jahrhundert machten die Kreuzfahrer sie fast neun Jahrzehnte lang zur Hauptstadt ihres »Königreichs Jerusalem«. Abgesehen von dieser einen Ausnahme war Jerusalem ausschließlich Hauptstadt eines israelitischen oder jüdischen Staates.

Das ist besonders bemerkenswert, weil am 2. Juni 1964 die »Palestine Liberation Organization« (PLO) im Hotel Intercontinental auf dem Ölberg in Jerusalem gegründet wurde. Damals stand das Herz Jerusalems,

die Altstadt mit allen Heiligen Stätten, nicht unter israelischer, sondern unter arabischer Herrschaft. Die Heilige Stadt war mit der gesamten Westbank jordanisch besetzt, beziehungsweise annektiert. Trotzdem dachte niemand daran, Al-Quds zur Hauptstadt eines Palästinenserstaates zu machen. Im Grundlagendokument der PLO, der »palästinensischen National-Charta«, wird Jerusalem kein einziges Mal erwähnt.

Warum also ist Jerusalem den Muslimen so wichtig, dass viele bereit sind, ihr Leben dafür zu geben? Warum rief Jasser Arafat bis zu seinem Lebensende immer wieder zum »Dschihad um Jerusalem« auf und hämmerte seinen Mitmuslimen ein: »Unser Kampf geht in erster Linie um Jerusalem!«? Wie kam er dazu, im Widerspruch zum Koran und zur islamischen Tradition, Al-Quds »den heiligsten Schrein des Islam und aller Muslime« zu nennen?[73]

In den neunzehn Jahren jordanischer Herrschaft über Jerusalem pilgerte kein einziges Mitglied der saudischen Herrscherfamilie in die Heilige Stadt – obwohl sie nicht selten ihren Sommerurlaub im nahe gelegenen Jericho verbrachten. Jahrhundertelang lag der Ort, den die Bibel als »Fußschemel« Gottes bezeichnet, im Dornröschenschlaf, bis im Juni 1967 der hebräische Ruf durch die Medien in alle Welt getragen wurde: »Der Tempelberg ist in unserer Hand!« Erst infolge des »Jerusalem-Gesetzes« vom 30. Juli 1980, in dem das israelische Parlament »das vereinte Jerusalem in seiner Gesamtheit als Hauptstadt Israels« bestätigte, erklärte Kronprinz Fahd von Saudi-Arabien den Heiligen Krieg zum Schutz »der Heiligen«. Könnte es sein, dass der Eifer des Islam weniger der Stadt selbst und ihrem heiligen Zentrum gilt, als vielmehr der Tatsache, dass das jüdische Volk durch seine Gegenwart und seinen Staat einen ernsthaften Anspruch auf den Platz anzumelden wagt?!

73 Jerusalem Post LXII Nr. 18665 (May 18, 1994).

7. Die Al-Aqsa-Intifada

Faisal Al-Husseini hat zur Pressekonferenz ins Orienthaus geladen. Gemeinsam mit Journalisten aus aller Welt folge ich der Einladung am Nachmittag des 2. Oktober 2000. Der Raum im Erdgeschoss des historischen Gebäudes in Ostjerusalem ist brechend voll. Husseini, seines Zeichens »Jerusalem-Minister« der PA, erklärt vor dem Bild seines Vetters Arafat: »Der Staat Israel hat kein Recht, seine Herrschaft in dieser Gegend fortzusetzen.« Die Präsenz israelischer Truppen auf dem Haram Asch-Scharif sei »eine tägliche Provokation«.

Das Orienthaus …

Das typische Haus mit dem schönen Holzgiebel war 1897 von Ismail Al-Husseini gebaut worden. Bis heute gehören weite Teile des Landes um das Anwesen in der Nähe des American Colony Hotels den Husseinis, der größten und renommiertesten unter den alten arabischen Familien Jerusalems. Bald schon wurde das Privathaus in ein Hotel umgewandelt, später von den Vereinten Nationen und 1983 von der Arab Studies Society gemietet. Diese Gesellschaft richtete unter der Leitung ihres Gründers, Faisal Husseini, in dem Gebäude ein Archiv ein, um die Geschichte der Araber Palästinas zu dokumentieren. In der zweiten Hälfte der 1990er-Jahre wurde das Orienthaus zum nationalen Symbol palästinensischer Ambitionen auf »die Heilige«.

… und seine Seele

Schlau hatte sich Faisal Husseini mit einem Beraterstab umgeben, in dem alle Strömungen der palästinensischen Gesellschaft vertreten waren. Nicht nur linke Extremisten, auch islamische Fundamentalisten vertrauten dem Mann, dessen legendärer Vater, Abdel Kader Al-Husseini, im

April 1948 im Kampf um die Festung Castel vor den Toren Jerusalems gefallen war. Als Vaterfigur wusste Husseini nicht nur Rat in politischen Fragen. Einfache Leute wandten sich mit persönlichen Problemen an ihn und er half. Ende Mai 2001 erlag Faisal Abdel Kader Al-Husseini während eines Besuches in Kuwait überraschend einem Herzinfarkt, als er sich um eine Verbesserung der kuwaitisch-palästinensischen Beziehungen bemühte. Damit verlor die palästinensische Befreiungsbewegung ein Idol, Jasser Arafat seinen ernsthaftesten Konkurrenten und das Orienthaus seine Seele.

Schon 1991 hatte der in Bagdad geborene Husseini den Familiensitz zum Hauptquartier der palästinensischen Delegation bei den Madrider Friedensgesprächen gemacht. Der außenpolitische Leiter des Hauses, Scharif Al-Husseini, eroberte dem Orienthaus einen festen Platz auf der internationalen politischen Bühne. Diplomaten und Staatsoberhäupter aus aller Welt besuchten in Westjerusalem die Führung Israels und danach in Ostjerusalem das Orienthaus – zum Leidwesen der Israelis, für die diese Praxis zu den großen Demütigungen ihrer Geschichte gehört. Aller Welt wurde so vor Augen geführt, dass der Anspruch auf ein ungeteiltes Jerusalem als Hauptstadt Israels lediglich eine hohle Propagandaformel geblieben war. Für die Palästinenser waren die Diplomatenbesuche in den Jahren um die Jahrtausendwende ein Riesenerfolg.

Chalil Tufakji, Leiter der geografischen Abteilung des Orienthauses, kümmerte sich um Landfragen, nicht nur in den besetzten Gebieten, sondern vor allem auch in Jerusalem. »Wenn die Israelis ihre Ansprüche auf Land in Ostjerusalem geltend machen«, fragte Faisal Husseini, »sollten wir dann nicht auch unsere Ansprüche auf arabisches Land in Westjerusalem zu Gehör bringen dürfen?«

Vom Orienthaus aus wurden palästinensische Entschädigungsansprüche geltend gemacht, aber auch die Rückkehr von Flüchtlingen in Gebiete vorbereitet, die seit Jahrzehnten jüdisch besiedelt waren. Bei vielen Grundstücken Westjerusalems hatte die PA die heutigen Bewohner israelischer Häuser im Computer erfasst, gleichzeitig aber auch die arabischen Eigentümer dieser Grundstücke von vor 1948. Unermüdlich verteilte Nabi Aweida, der Presseoffizier des Orienthauses, Landkarten, auf denen der Traum eines künftigen Palästinenserstaates dargestellt war:

vom Mittelmeer bis zum Jordan! Alle »israelischen Siedlungen«, die seit 1948 in diesem Gebiet errichtet worden waren, erschienen in der Karte nicht mehr.

Jahrelang hatte David Bedein, Leiter der Israel Resource News Agency,[74] die Aktivitäten im Orienthaus verfolgt. Der orthodoxe Jude und Journalist beobachtete, wie sich dort Vertreter der Tansim, der Fatah-Falken, der Hamas, des Islamischen Dschihad und anderer radikaler Palästinenserorganisationen, die sich aktiv am Krieg gegen Israel beteiligten, trafen. Manchmal hätten sie ihre Waffen offen zur Schau getragen. Diese Gruppierungen beteiligten sich daran, so Bedein, palästinensisches Recht in Ostjerusalem durchzusetzen. Dazu gehörten auch Entführungen von Arabern in die PA-Haftanstalten in Ramallah.

Das Bild eines erschossenen Jungen ...

Doch zurück zur Pressekonferenz im Oktober 2000: Während Husseini seine Ausführungen in arabischer Sprache macht, werden Bilder von den letzten Minuten des Muhammad Ad-Dura herumgereicht. Vor laufender Fernsehkamera war der 12-Jährige wenige Stunden zuvor im Gazastreifen in den Armen seines verzweifelten Vaters Dschamal erschossen worden – so wird uns atemlos berichtet. »Kein Kind sollte so sterben!«, erscheint in großen Lettern an der Wand. Am Abend des Tages notiere ich: »Während die Israelis untersuchen, ob es wirklich einer ihrer Soldaten war, der den hilflosen Jungen erschossen hat, nutzt die palästinensische Führung die Tragödie medienwirksam aus.«

Die israelische Armee war sich schon wenige Tage später sicher, ihre Leute vor Ort hätten den Jungen gar nicht erschießen können. Eine Obduktion wurde aus religiösen Gründen abgelehnt, der Ort des Geschehens aus militärischen Gründen dem Erdboden gleichgemacht. So wurden objektive Ermittlungen von palästinensischer Seite unmöglich gemacht. Erst Jahre später stellten deutsche Experten fest, dass das Kind,

74 http://www.israelbehindthenews.com

das einen Tag später beerdigt wurde, mit Sicherheit nicht mit dem Jungen in den Filmaufnahmen identisch war.[75]

Viele Fragen bleiben offen, unter anderen die, ob Muhammad Ad-Dura vielleicht sogar noch lebt. Geprägt hat aber alle, die auf der Pressekonferenz im Orienthaus waren, der erste Eindruck. Das Bild des sterbenden Buben in den Armen seines verängstigten Vaters wird zum Symbol eines neuen Palästinenseraufstands – verewigt in Straßennamen und auf Briefmarken der arabischen Welt. Osama Bin Laden rechtfertigte die Anschläge vom 11. September 2001 mit Verweis auf den Tod des Muhammad Ad-Dura. Und Ende Januar 2002 wurde mit derselben Begründung dem amerikanisch-jüdischen Journalisten Daniel Pearl vor laufender Kamera in Pakistan die Kehle durchschnitten.

… und ein Besuch an Heiliger Stätte

»An keiner unserer Heiligen Stätten ist der Jude Ariel Scharon willkommen!«, erklärt der griechisch-orthodoxe Archimandrit Atallah Hanna empathisch als selbsternannter Sprecher von Patriarch Theodoros I. Um die ganze Bandbreite der palästinensischen Gesellschaft zu präsentieren, hat Husseini auch palästinensische Christen auf seine Pressekonferenz geladen. Die Al-Aqsa-Intifada ist noch keine fünf Tage alt, trägt noch nicht einmal ihren Namen, da fordert der aus Galiläa gebürtige Araber mit dem schwarzen Bart und den wallenden schwarzen Gewändern »im Namen aller Kirchen im Heiligen Land, dass die Welt und die arabischen Länder eingreifen.«

In »Solidarität mit unseren muslimischen Brüdern und Schwestern« verkündet Atallah: »Jerusalem und die Heiligen Stätten sind bedroht!« Aus seinen politischen Zielen macht er keinen Hehl: »Wir erwarten die Befreiung unseres Landes« und »freuen uns auf die Errichtung eines

75 Zuletzt stellte Philippe Karsenty die Ergebnisse seiner jahrelangen Recherchen auf einer Pressekonferenz vor unter dem Titel »The al-Dura Affair: Lessons for Israel, the West and the Media« im Begin Heritage Center, 6 S.A. Nachon St, Jerusalem, am 22. Dezember 2008.

Palästinenserstaates mit Jerusalem als Hauptstadt«. Den Anspruch Atallah Hannas bestätigt der anglikanische Pfarrer Dr. Naim Ateek von der St. Georges-Cathedral im Osten Jerusalems. Der Direktor des Sabeel-Zentrums für ökumenische Befreiungstheologie erklärt, die griechisch-orthodoxe Kirche sei »die ursprüngliche Kirche des Landes« und habe damit ein historisches Recht, im Namen aller einheimischen Kirchen zu sprechen.

Dem allem pflichtet Scheich Muhammad Yassin bei. Die letzten Tage hätten bewiesen, dass »einzig das palästinensische Volk in der Lage ist, die religiöse Freiheit und den freien Zugang aller Religionen zu garantieren«, weiß der islamische Würdenträger und Direktor der Al-Aqsa-Moschee. Die palästinensische Oberhoheit über den Haram Asch-Scharif sei rechtmäßig und: »Das palästinensische Volk kann seine Rechte und Souveränität niemals aufgeben!«

So wurde die Interpretation des Besuchs von Israels Oppositionsführer Ariel Scharon am Vormittag des 28. September 2000 auf dem Tempelberg in Jerusalem als offizieller Auslöser des zweiten Palästinenseraufstandes zementiert. Bis heute halten viele Kommentatoren an dieser Deutung der Ereignisse fest, obwohl von Anfang an manches dagegen sprach. So war schon am Tag vor Scharons Tempelbergvisite ein israelischer Soldat an der Netzarim-Kreuzung einer Straßenbombe zum Opfer gefallen. Es war vorher also keineswegs ruhig gewesen. Trotzdem hatten weder die Regierung Barak noch Arafats Sicherheitschef Dschibril Radschub Bedenken, die Machtdemonstration des Oppositionsführers an sensibler Stätte zu genehmigen. Will man keiner Seite bösen Willen unterstellen, bleibt nur der Schluss, dass weder israelische noch palästinensische Sicherheitsexperten den provokativen Charakter des Besuchs vorausgesehen haben.

Die israelische Polizei ließ Journalisten nicht auf den Platz zwischen Felsendom und Al-Aqsa-Moschee, wo Scharon und seine Gesinnungsgenossen Israels Souveränität über das wohl umstrittenste Fleckchen Erde demonstrierten. Wir mussten am Fuß des Aufgangs zum Mughrabi-Tor auf dem Platz vor der Klagemauer warten, hörten dann irgendwann Schreie und Schüsse und begegneten schließlich der kleinen Gruppe israelischer Parlamentarier mit Ariel Scharon an der Spitze, die unter mas-

sivem Polizeischutz aus der Kampfzone geleitet wurde. So kann ich nur aus zweiter, aber durchaus verlässlicher Augenzeugenquelle bestätigen, dass sich die jüdischen Politiker gesittet vor der drittheiligsten Stätte des Islam benommen und die Moscheen überhaupt nicht betreten haben.

Äußerst aufgeregt, ja geradezu unflätig benahm sich dagegen an jenem Donnerstagvormittag ein anderer Knessetabgeordneter - und das habe ich mit eigenen Augen gesehen: Der Muslim und ehemalige Arafatberater Dr. Achmed Tibi tobte an der heiligsten Stätte des Judentums. Dass donnerstags traditionell jüdische Jungen mit ihren Familien an der Klagemauer Bar-Mitzva feiern und der Platz deshalb von Feiernden und Betern überfüllt war, schien ihm völlig gleichgültig. Ungehindert entlud der palästinensische Knessetabgeordnete mit israelischer Staatsbürgerschaft seine Schimpftiraden gegen den damals noch bestgehassten Politiker Israels, Ariel Scharon. Dass die gewaltsame Konfrontation mit Israel auf Seiten der Palästinenser von langer Hand vorbereitet war, wurde erst sehr viel später klar.

Bombenstimmung in Beit Dschallah

»Barak ist der Hitler des Jahres 2000! Das soll die ganze Welt wissen!« Verzweifelt machte der Familienvater seinem Herzen Luft. »Das darfst du so nicht sagen«, suchte ihn ein Freund zu beschwichtigen. Doch die Atmosphäre war zum Schneiden. In der Nacht vom 22. auf den 23. Oktober 2000 war das Haus der Familie Nazal in der palästinensischen Autonomiestadt Beit Dschallah zu einem der ersten Ziele israelischer Panzerraketen geworden. Die Bilder vom zerstörten Schlafzimmer des 4-jährigen Milad und den schockierten Familienmitgliedern gingen um die Welt.

Seit Anfang Oktober war in Südjerusalem der Stadtteil Gilo immer wieder vom benachbarten Beit Dschallah aus beschossen worden. Gewehrkugeln schlugen durch die Fenster mit Blick über das Tal auf die benachbarte Palästinenserstadt. Immer wieder wurden die Bewohner der Stadtrandwohnungen evakuiert, bis Sandsäcke und meterhohe Betonblöcke provisorischen Schutz boten.

»In Berlin hat man die Mauer eingerissen«, kommentierte ein Überlebender des Holocaust zynisch auf Deutsch, »hier baut man sie wieder auf.« Die israelische Armee stationierte Panzer auf den Hängen gegenüber von Beit Dschallah, unterhalb von Gilo – und schoss zurück. Erst mit Maschinengewehrfeuer, dann mit Raketen, mit Warnschüssen zwischen die Häuser, schließlich unter Einsatz von Kampfhubschraubern mit gezielten Schüssen in die Häuser, aus deren Umfeld geschossen wurde. Mehrere Gebäude wurden abbruchreif geschossen.

Während in der Ersten Intifada Ende der 1980er-Jahre noch Steine das Kampfmittel der Wahl waren, wurde im zweiten Palästinenseraufstand, der bald den Namen »Al-Aqsa-Intifada« erhielt, scharf geschossen. Mitte der 1990er-Jahre überschwemmte eine Welle von Selbstmordanschlägen Israel und überschattete das Bemühen, im Rahmen der Abkommen von Oslo und ihrer Folgeverträge eine friedliche Lösung des Nahostkonflikts zu erreichen. Wie angekündigt ertränkten die Hamas, der Islamische Dschihad aber auch Gruppen, die zur PLO gehörten, die von ihnen so empfundene Anbiederung von Oslo in einem Meer von Blut. Dass der Friedensprozess nicht dem Willen des Volkes entsprungen war, sondern durch den PLO-Bankrott infolge des Golfkriegs erzwungen wurde, rächte sich nun bitter.

Tagelang pendle ich zwischen Gilo und Beit Dschallah; spreche mit den Betroffenen auf beiden Seiten; bin gelähmt vom Leid und Schrecken; kann kaum schreiben. Die Hilflosigkeit, wie ich der Situation in meiner Berichterstattung gerecht werden kann, verfolgt mich bis in den Schlaf. Dankbar bin ich meinen Kollegen in Wetzlar, die aus meinem Erzählen am Telefon Berichte verfassen und an die Redaktionen durchgeben. So eine Kriegssituation will auch psychisch verarbeitet sein.

Als ich wieder einmal in Beit Dschallah bei palästinensischen Christen sitze, meint ein Freund: »Wir sollten alle Juden umbringen!« Der Mann ist Mitarbeiter der PA, hat vor ein paar Jahren – so bekennt er selbst – »sein Leben Jesus übergeben« und ist mir als evangelikaler Christ bekannt. »Die Tränen der Israelis werden sich in Blut verwandeln!«, faucht er zwischen den Zähnen hervor, bevor seine Frau einwirft: »Die brauchen das, was ihr vor 60 Jahren in Deutschland hattet!«

Irgendwie kann ich den Leuten ihre Wut nicht verdenken. Nacht für Nacht dröhnen die israelischen Hubschrauber über den Häusern. Maschinengewehrsalven und Explosionen machen jeden Schlaf unmöglich. Tage- und wochenlang können sie ihre Häuser nicht verlassen. Aber dann geht mir – während wir den süßen, heißen Tee schlürfen – durch den Kopf, dass ich hier, unter Christen, doch vielleicht etwas sagen müsste. Auf meine Bemerkung, dass ich im Falle einer Hitler-Herrschaft der Einzige mit wahren Zukunftsaussichten wäre, weil ich der Einzige mit »rein arischer Abstammung« im Raum sei, erwidert die Frau trocken: »Ich habe ja nicht gesagt, dass *wir* Hitler brauchen. Ich habe gesagt: *die* dort drüben brauchen ihn!« – Es ist zwecklos, in dieser Atmosphäre rationale Gespräche führen zu wollen.

Der lateinische Patriarch und katholische Erzbischof Michel Sabbah fordert die Israelis bei einem Besuch in Beit Dschallah auf, den Beschuss christlicher arabischer Dörfer einzustellen und alles besetzte Land an die Palästinenser zurückzugeben. Der Bürgermeister der Stadt, Radschi Zeidan, bezichtigte Israel, unschuldige Einwohner, die sich nicht an der Gewalt beteiligt hatten, zu Opfern zu machen. Die Christen erklären sich mit ihren muslimischen Mitbürgern im palästinensischen Nationalkampf solidarisch. Trotzdem sollen Muslime im Fernsehen die Zurückhaltung der Christen im Aufstand gegen Israel angeprangert haben: »Ihr

kämpft nicht! Nur unsere Leute sterben!« Deshalb beteiligen sich manche Christen an den Demonstrationen, die teilweise gewaltsam enden.

Viele der großteils christlichen Einwohner von Beit Dschallah sind jedoch gegen die Aktivitäten der als »Tansim« bekannt gewordenen bewaffneten Fatah-Kämpfer in ihrer Ortschaft. »Wenn sie Helden spielen wollen, sollen sie das von den Gärten und Feldern aus tun, aber nicht zwischen unseren Häusern«, meint ein Anwohner vor der Kulisse eines zerbombten Hauses. Damit nehmen diese christlichen Palästinenser in Kauf, von PLO-Aktivisten als Israelfreunde abgestempelt zu werden. In einem Fall soll ein Tansim-Kämpfer Christen in Beit Dschallah sogar bedroht und auf ihr Haus geschossen haben. Der für den Bereich zuständige israelische Kommandeur, Generalmajor Giora Eiland, sieht eine gezielte Taktik: »Die Tansim benutzen christliche Gebäude in Beit Dschallah als Deckung für ihre Angriffe. Sie hoffen darauf, dass unsere Reaktion der Kirche Schaden zufügen wird, um so die christliche Welt gegen Israel aufzubringen.«

Die Opfer eines bewaffneten Konflikts in Deckung zu interviewen ist eine Sache. Ich suche diejenigen, die schießen. – »Wir sehen ganz genau, was dort drüben vor sich geht«, erklärt ein israelischer Offizier, der in Gilo stationiert ist. »Unsere elektronischen Nachtsichtgeräte machen es möglich, zu erkennen, ob ein Mensch Waffen trägt.« Um besser sehen und um die Mündungsfeuer der palästinensischen Schnellfeuerwaffen ausmachen zu können, schalten die Israelis immer wieder die gesamte Stromversorgung für Beit Dschallah aus. Trotzdem schießen die israelischen Soldaten nicht gezielt auf Menschen. Sie wissen, dass jeder tote Palästinenser militärisch keinen Unterschied macht, propagandistisch aber großen Schaden für den Judenstaat anrichtet.

Einige Wochen später lerne ich Salah At-Taamri kennen. Er stellt sich als Brigadegeneral der Fatah vor und erzählt stolz von seinen verwandtschaftlichen Beziehungen ins jordanische Königshaus. Später erfahre ich, dass er eine von König Hussein »abgelegte« Königin geheiratet hat. Der Beduinenscheich befehligt die Tansim in der Gegend um Bethlehem und bietet mir an, eine Nacht mit seinen Leuten unterwegs zu sein. So könne ich selbst miterleben, wie sie auf Gilo schießen und die zionistischen Aggressoren in Schach halten. Ich lehne ab – und denke mir, dass

die Israelis ja vielleicht auch aus Versehen einmal einen Menschen treffen könnten, der sich nachts mit Bewaffneten in Beit Dschallah und Bethlehem herumtreibt. Der Nachrichtenwert dieser Erfahrung ist mir nicht so viel wert, dass ich dafür mein Leben aufs Spiel setzen möchte.

Am zweiten Donnerstag im November schießt ein israelischer Apache-Kampfhubschrauber zwei lasergesteuerte Hellfire-Raketen auf den Jeep des Tansim-Führers Hussein Abayat. Außer dem muslimischen Milizenführer kommen noch zwei palästinensische Mütter von sieben und drei Kindern ums Leben. Abayat, der aus dem östlich von Bethlehem gelegenen Taamra – dem ursprünglichen Heimatdorf der Sippe des Salah At-Taamri – stammt, wird von den Israelis für den Beschuss von Gilo und den Tod mehrerer Israelis verantwortlich gemacht. Hussein Abayat ist der erste einer ganzen Reihe von militanten Palästinensern, die in den darauffolgenden Jahren gezielt getötet werden.

Die Propaganda …

»Ich bin vollkommen im Schock!« Als Häufchen Elend sitzt Bassem Abu Sumaya im dunklen Anzug vor der Ruine seines Funkhauses auf einem Schemel und raucht eine Zigarette nach der anderen.

Dem Generaldirektor der *Saut Filastin*, der »Stimme Palästinas«, wie die offizielle Radiostation der PA heißt, fehlen die Worte. Seine Mitarbeiter wühlen durch den vollkommen ausgebrannten und teilweise eingestürzten fünfstöckigen Neubau, um Brauchbares zu bergen. Aber die israelischen Soldaten, die am frühen Morgen des 19. Januar 2002 alle im Gebäude befindlichen Personen evakuierten, um dann einen Sprengsatz zu legen, haben ganze Arbeit geleistet. Das Prestigeobjekt der »Palestinian Broadcasting Corporation« (PBC) ist vollkommen zerstört.

Abu Sumaya will nicht erklären, warum die israelische Armee die »Stimme Palästinas« zerstört hat. Mit großzügiger Finanzhilfe aus dem Westen war die Radio- und Fernsehstation ausgebaut worden. Ihr Chef setzt auf die Macht der Bilder: Arme, ohnmächtige, unschuldige Palästinenser wurden von der übermächtigen israelischen Besatzungsarmee in Grund und Boden gebombt. Stereotyp wiederholt er: »I'm totally

shocked!« Unausgesprochen aber unüberhörbar steht im Raum: Die Besatzer haben den Unterdrückten die letzte Möglichkeit genommen, ihr Leid in die Welt hinauszuschreien.

Bassem Abu Sumaya und dahinter Nur Abu Ghaz
vor dem ausgebrannten Rundfunkgebäude

Die Palästinenserin Nur Abu Ghaz hat das Oberkommando. Kurz und scharf erteilt sie den hochgewachsenen Kämpfern der »Force 17« ihre Befehle, vertreibt unwirsch ein paar herumstreunende Kinder, den Finger stets am Abzug der AK-47. Die jung wirkende Frau ist keine Unbekannte. 1994 wurde ihr Mann, Ende 2001 ihr Sohn im Einsatz für die »Force 17«, die Leibwache des Präsidenten, von israelischen Sicherheitskräften getötet. Jetzt hat sie nur noch einen Sohn, dem sie dasselbe Schicksal ersparen will. Eine typische palästinensische Familie auf dem Weg zur Volkslegende.

Ein schwer bewaffneter »Force 17«-Kämpfer geleitet mich durch die ausgebrannten Räume der Saut Filastin, Stockwerk für Stockwerk. Aus

den Trümmern zieht er ein angekohltes Bild, schüttelt den Staub ab, stellt es zwischen die schwarzen Balken und deutet mir an, ich solle fotografieren.

Wortlos gibt der palästinensische Elitesoldat die Antwort, die mir Bassem Abu Sumaya verweigert hat: Auf dem Hintergrund des typischen Palästinensertuches sind die Umrisse des Staates Israel in den Farben der palästinensischen Flagge zu erkennen. Für einen Judenstaat mit den Farben Blau und Weiß ist kein Platz.

Eine Kindersendung des palästinensischen Fernsehens erzählt, wie ein »Erdbeben« die Häuser der Palästinenser in »Kafr Kassem, Jerusalem, Haifa und Jaffa« zerstört hat. »Weißt du, was 1948 passiert ist?«, fragt ein Mädchen mit trauriger Stimme. »Sie haben alles weggenommen! Sie haben das Zimmer leer geräumt, das Haus zerstört, den Wald angezündet und dann haben sie die Namen verändert«, erklärt die junge Fernsehmoderatorin, um festzuhalten: »Dies ist mein Land, mein wunderschönes Land und der Name meines Landes ist Palästina!« – Palästina erstreckt sich von Metullah an der libanesischen Grenze bis nach Eilat am Roten

Meer. Und auch sieben Jahre nach den Abkommen von Oslo sind Juden in den Medien und Schulbüchern der PA Feinde: »Verräter, Plünderer, unmenschliche Aggressoren«.

... ein Stimmungsumschwung ...

»Die Al-Aqsa-Intifada wurde nicht durch den Besuch Scharons auf dem Tempelberg ausgelöst!« Davon ist Itamar Marcus, Leiter des Instituts »Palestinian Media Watch« (PMW),[76] ein Jahr nach Ausbruch der Unruhen überzeugt. Durch »das Fenster der palästinensischen Medien« studiert PMW die palästinensische Gesellschaft. »Man muss die Atmosphäre verstehen«, betont Marcus. Lückenlos werden die Sendungen der palästinensischen Radio- und Fernsehanstalten sowie Printmedien gesammelt, katalogisiert und analysiert. Ein Team von sechs Übersetzern, Universitätsabsolventen und ehemaligen Nachrichtendienstoffizieren der israelischen Armee überträgt die Texte aus dem Arabischen. Dabei werden jedes Mal zwei Übersetzungen angefertigt und miteinander verglichen, um Fehler auszuschließen. In den letzten Jahren vor Beginn der Zweiten Intifada meinte der orthodox-jüdische Medienbeobachter, eine Entwicklung in den offiziellen Medien der PA feststellen zu können, die mit ideologischer Hetze begann und in die Anstiftung zum Mord mündete.

1993 war die palästinensische Bevölkerung in den von Israel besetzten Gebieten zu einem Friedensschluss à la Oslo bereit, meinen Analytiker im Rückblick. Erst der massive Zustrom Tausender von PLO-Kämpfern aus Tunis hätte die Stimmung gewandelt. Diese sogenannten »Tunesier« hatten Arafat auf dem Weg von Jordanien (bis 1970) über den Libanon (1970er-Jahre) nach Tunis (1980er-Jahre) begleitet, hatten in diesen Jahren keinerlei Kontakt mit Israelis, sprechen kein Hebräisch und hätten eine »1947er-Ideologie« mit in die besetzten Gebiete gebracht.

Spätestens seit 1996 beobachteten Marcus und seine Mitarbeiter, dass die palästinensischen Medien betonten: »Alle Optionen sind offen!« Syste-

76 www.pmw.org.il

matisch wurden Juden als Gefahr dargestellt, Israel für alle Gebrechen der palästinensischen Gesellschaft verantwortlich gemacht, Zionismus mit Nazismus gleichgesetzt. Ab Sommer 2000 registrierte das PMW eine drastische Zunahme von Gewalt- und Intifadaszenen im palästinensischen Fernsehen. Während die Welt in Camp David vom Frieden sprach, wurde das Land Palästina von der »Stimme Palästinas« als unteilbar dargestellt und so jeder Kompromiss kategorisch ausgeschlossen.

Mit Ausbruch der Unruhen Ende September 2000 dokumentierte Marcus eine Verherrlichung des Todes in den öffentlichen Medien der PA. Kindern wurde suggeriert, der Tod im Kampf gegen den »rassistischen Judenstaat« sei erstrebenswert. »Werft das Spielzeug weg und hebt Steine auf«, ist der Grundtenor eines 15-minütigen Dokumentarvideos mit dem Titel »The Anatomy of Child Self-Sacrifice« (Anatomie des Selbst-Opfers von Kindern).

… und die Frucht der Propaganda

Radio Saut Filastin war bekannt für seine militaristischen Töne, die Botschaft des Hasses und der Kompromisslosigkeit. Die Aufforderung, »die Tore Jerusalems niederzureißen« und »nach Galiläa zurückzukehren« wurde im Fernsehen der »Stimme Palästinas« durch Bilder von israelischen Flaggen mit Hakenkreuz unterstrichen. Arabische Terroristen, deren erklärtes Ziel war, möglichst viel Blut israelischer Zivilisten zu vergießen, waren für die »Stimme Palästinas« »heilige Märtyrer«, führende Vertreter Israels dagegen »Terroristen«. Immer wieder forderte Saut Filastin die Ermordung jüdischer Siedler, die Großmufti Scheich Ekrima Sabri als »Nachkommen von Affen und Schweinen« bezeichnete. Der Wahlsieg des Sozialisten Ehud Barak 1999 über den »Rechtsnationalisten« Benjamin Netanjahu wurde von der Welt als Morgengrauen des Friedens gefeiert. In palästinensischen Medien war zeitgleich ein Anstieg der Hetze gegen Israel zu verzeichnen. Während die Welt von einem Frieden in Nahost träumte, wetterte Saut Filastin über den »Naziterroristen« Barak.

Fast schon lächerlich muten Falschmeldungen an, mit denen die offizielle PA-Station die Sache der Palästinenser während der Al-Aqsa-Intifada voranzutreiben suchte. So sollte die zehn Monate alte Schalhevet Paz im Frühjahr 2001 in Hebron nicht etwa von einem palästinensischen Heckenschützen erschossen, sondern von ihrer eigenen Mutter ermordet worden sein. Den Terroranschlag auf Amerika am 11. September 2001 erklärte die »Voice of Palestine« (VOP) zur Machenschaft des Mossad. Und am 7. Dezember 2001 verbreiteten palästinensische Journalisten die Schreckensnachricht, mehr als eine halbe Million afghanischer Juden seien auf dem Weg nach Israel. Weil westliche Journalisten unter einem Äquidistanzsyndrom leiden und deshalb grundsätzlich beide Parteien eines Konflikts gleichermaßen zu Wort kommen lassen wollen, fanden derartige VOP-Meldungen weltweit Verbreitung.

Im Oktober 2000 bombardierte die israelische Luftwaffe erstmals den Sender der »Stimme Palästinas«. Zwei israelische Soldaten hatten sich nach Ramallah verirrt und waren vor laufenden Fernsehkameras vom palästinensischen Mob grausam gelyncht worden. Der liberale, aus Dänemark stammende Rabbi Michael Melchior machte die VOP-Hetze direkt für den Lynchmord an den beiden Israelis verantwortlich. VOP erklärte später, Israel habe die beiden jungen Männer absichtlich, gewissermaßen als Selbstmordaktion, in die palästinensische Autonomiestadt gesandt, um durch ihren Tod ein besseres Image in der Welt zu erlangen.

Anfang Dezember 2001 bombardierte die israelische Luftwaffe wieder den Hauptsender der VOP als Reaktion auf mörderische Terroranschläge. Ein Armeesprecher erklärte: »Wenn die Palästinenser ihre Hetze nicht einstellen, werden wir das für sie tun!« Doch erst nachdem die Al-Aqsa-Märtyrerbrigaden – der militärische Arm von Jasser Arafats Fatah – die Bat-Mitzva-Feier der zwölfjährigen Nina Kardaschow in Hadera mit Handgranaten sprengten (sechs Israelis kamen ums Leben, 33 wurden verletzt), ordnete die israelische Regierung die völlige Zerstörung der PA-Rundfunkstation an. Auf die Frage, ob dieser verheerendste Schlag gegen die Saut Filastin dem Sender den Garaus gemacht hat, lächelt Bassem Abu Sumayer spöttisch: »Wir senden weiter!« Von welchen Stationen aus, wird nicht verraten.

8. Suizid als Strategie

Der Einsturz der Zwillingstürme von New York und die Zerstörung des Pentagon am 11. September 2001 wurden in der PA mit Freudenschüssen begrüßt. »Das ist wie im Traum«, jubelte der 24-jährige Mustafa, »niemals hätte ich geglaubt, dass die USA für ihre Unterstützung Israels bezahlen müssten.« In Bethlehem, Ramallah, Tulkarem und Nablus, im Südlibanon und im Irak tanzten Palästinenser auf den Straßen. »*Allahu Akbar* – Allah ist größer!« und: »Wir sind so froh, dass Amerika geschlagen wurde!«, war unter wehenden palästinensischen Flaggen zu hören. In der Sultan-Suleiman-Straße in Ostjerusalem wurden Bonbons verteilt, mancherorts die Bilder des Meisterterroristen Osama Bin Laden offen zur Schau gestellt.

»Ich habe mich dagegen ausgesprochen«, betonte Dr. Hanan Aschrawi. Die Anglistikprofessorin saß am Kopf eines langen Mahagonitisches in ihrem Büro in Ar-Ram, zwischen Jerusalem und Ramallah gelegen, und zog die vor ihr sitzenden ausländischen Journalisten zur Rechenschaft: »Kinder, die Kerzen anzünden, zeigen Sie nicht! Die Medien haben kein Interesse, uns Palästinensern eine Stimme zu geben!« Zwei Tage nach »9/11« verurteilte Aschrawi den »Anschlag auf Amerika« als Kommissarin für Information und Öffentlichkeitsarbeit der Liga arabischer Staaten im Namen aller arabischen Völker als »unmoralisch und böse«. Und: »Wir Palästinenser identifizieren uns mit den Opfern!«

Aschrawi leugnete nicht, dass die palästinensische Bevölkerung die Anschläge bejubelt hatte. Sie begrüßte auch nicht, dass Journalisten unter Druck gesetzt worden waren, die Bilder nicht zu veröffentlichen. »Aber«, appellierte die im Westen ausgebildete Palästinensersprecherin, die sich als Menschenrechtlerin einen Namen gemacht hatte: »Sie müssen doch verstehen: wir leben in Krisenzeiten. Täglich werden hier Frauen und Kinder ermordet. Manche Familien haben nichts zu essen. Kollektiv werden wir als Volk traumatisiert. Ich kann nachts nicht schlafen. In meiner Verwandtschaft gibt es Kinder, die trauen sich nicht allein auf

die Toilette. Sie haben Albträume. Niemand weiß, wann ein israelischer Scharfschütze schießt oder wo die nächste Bombe fällt.«

Arafats Vorzeigechristin erinnerte ihre fleißig mitschreibenden Zuhörer daran: »Nicht wir bombardieren oder versklaven die Israelis!« Sondern: »Israel macht die Palästinenser systematisch zu Opfern!« Im Blick auf die Megaanschläge in Amerika wollte sie klargestellt wissen: »Sobald die Leute hier verstanden hatten, was in den USA wirklich passiert war, wie viele unschuldige Menschen ums Leben gekommen waren, war das palästinensische Volk als Ganzes schockiert.«

Den Israelis warf Hanan Aschrawi vor, die Weltöffentlichkeit zu manipulieren und die Anschläge auf das World Trade Center zu ihren Gunsten auszunutzen. Außerdem hätten sie einen innerpalästinensischen Dialog zur Aussöhnung der zutiefst zerstrittenen Fraktionen verhindert. George Bush riet sie, seine Politik zu überdenken und zu erkennen, »wie viele Menschen der US-Politik zum Opfer gefallen« seien. Gleichzeitig erinnerte die Sprecherin der Arabischen Liga daran, dass Bin Laden und die Taliban ihren Kampf mit US-Unterstützung gegen die sowjetische Besatzung begonnen hätten. Ihrer Ansicht nach hatten die Amerikaner in Afghanistan eine Situation des Extremismus und der Instabilität geschaffen. Jetzt forderte die eloquente Professorin Dialogbereitschaft, ein Ende der Kollektivstrafen und eine Chance für »die andere Seite«, »ihre eigene Vorgehensweise zu überdenken«.

Das Journalistengespräch wurde von Aschrawis Mobiltelefon unterbrochen. Mit leuchtenden Augen verkündete sie nach dem Telefonat: »Das Büro des Präsidenten hat mir eben mitgeteilt, dass wir Araber uns der westlichen Koalition zur Bekämpfung des Terrors anschließen werden.« Offensichtlich hatte Arafat aus der unglücklichen Parteinahme im Golfkrieg von 1991 gelernt.

In der arabischen Welt war das Echo geteilt. Aber der PA-Chef stimmte in den Mehrheitschor der arabischen Staatschefs mit ein, die den Anschlag verurteilten. »Völlig schockiert« über die Selbstmordanschläge in den USA präsentierte er sich ausländischen TV-Kameras – während zeitgleich die Tageszeitung Al-Hayat Al-Dschadida, offizielles Sprachrohr der PA, die »Märtyrer« als »Salz der Erde, Motoren der Geschichte« und »die Ehrenhaftesten unter uns« bejubelte. »Die libanesischen Märtyrer«, die

1982 »den US-Marines eine Lektion erteilt« hatten, wurden als Vorbilder genannt, neben den »Märtyrern«, die Israel seit Mitte der 1990er-Jahre vor immer neue Herausforderungen gestellt hatten.

Die freundliche Märtyrerin

Fröhlich, immer freundlich, stets hilfsbereit, voller Freude am Leben – so beschrieben Familienangehörige, Freunde, Nachbarn und Arbeitskollegen die junge Frau. In einem tristen und deprimierenden Umfeld voller Not, Hass, Straßensperren und Gewalt, war Wafa Idris ein »Lichtstrahl der Hoffnung«. Als Sanitäterin beim Palästinensischen Roten Halbmond (PRCS) wurde sie selbst drei Mal von Gummigeschossen der Israelis getroffen.

Am 27. Januar 2002, einem Sonntag, explodierte um 12.30 Uhr eine Zehn-Kilogramm-Bombe, die Idris in einer Tasche trug. Mitten auf der belebten Jaffastraße in der Innenstadt von Jerusalem wurde die hübsche Palästinenserin zerfetzt. Den 81-jährigen Pinchas Tokatli riss die 27-Jährige mit sich in den Tod. In fünfter Generation hatte Tokatli in Jerusalem gelebt.

Er starb nicht weit von der Stelle entfernt, an der ihn in den 1940er-Jahren britische Soldaten brutal zusammengeschlagen und seine Sehfähigkeit bleibend geschädigt hatten. Pinchas Tokatli hinterließ seine Frau Hannah, vier Kinder und 13 Enkel. Durch den Bombenanschlag wurden außerdem mehr als 150 Juden und Araber, Israelis und Amerikaner, teilweise so schwer verletzt, dass sie ein Leben lang an den Folgen leiden werden.

Umm Chalil

Ein paar Tage nach dem Anschlag besuche ich die Familie Idris im El-Amari-Flüchtlingslager vor den Toren von Ramallah. Bereitwillig erzählt Amneh Idris, Wafas Mutter, über die Tochter. »Umm Chalil« – »Mutter des Chalil« – wird sie nach ihrem ältesten Sohn genannt. »Wenn ich gewusst

hätte, was Wafa vorhat«, gibt sie vor laufenden TV-Kameras zu Protokoll, »hätte ich sie daran gehindert.«

Wisam Idris meint, seit Ausbruch der Al-Aqsa-Intifada eine Veränderung bei ihrer Schwägerin festgestellt zu haben. »Wenn sie nach Hause kam, erzählte sie Geschichten von Verletzten, die sie behandelt hat.« Und dann habe sie vor Kurzem einmal gesagt: »Wenn ich sterben muss, möchte ich als Märtyrerin sterben!«

Auf der Straße vor dem Haus steht Chalil Idris, Wafas ältester Bruder. Unter dem Parka hält er ein automatisches M-16-Sturmgewehr. Sein fünfjähriger Sohn streichelt die Waffe voller Bewunderung. Alle drei Brüder Wafas gehören zur Fatah. Chalil engagiert sich zudem bei den *Tansim*, einer radikalen Miliz, die von Israel für eine ganze Reihe von Anschlägen verantwortlich gemacht wird. Auch er erzählt von seiner fröhlichen Schwester, die sich liebevoll um Kranke und Verletzte gekümmert hat. »Aber die Besatzung verpflichtet uns, irrational zu handeln«, fährt Chalil fort, der selbst neun Jahre in israelischen Gefängnissen verbracht hat, und: »Vielleicht eröffnet sich jetzt ein neuer Weg für Frauen, aktiv am Kampf teilzunehmen?«

Ein Arbeitsunfall?

Gerüchte, Wafa Idris habe Kontakte zu radikalen Organisationen wie dem Islamischen Dschihad oder der Hamas gepflegt, bestätigen sich nicht. Ihre Freundin Dschihad Habub, selbst streng muslimisch gekleidet, weiß um Konflikte mit Strenggläubigen. »Wafa war sehr auf ihr Äußeres bedacht, und eher liberal. Sie ist nie in die Moschee gegangen. Die Leute vom Dschihad und von der Hamas haben sie gehasst, weil Wafa sich modern gekleidet hat.«

Was aber hat Wafa Idris dazu bewogen, den Bombenanschlag auszuführen? – »Vielleicht waren es persönliche Probleme?«, spekuliert Dalal Dscharrar, eine Kollegin vom PRCS.

Wafa hatte Streit mit ihrem Mann. Weil sie keine Kinder bekommen konnte, wollte er noch eine weitere Frau heiraten. Wafa hatte deshalb die Scheidung eingereicht. Aber irgendwie will Dalal nicht glauben, dass das

die lebenslustige Frau in den Selbstmord getrieben haben könnte: »Wafa hat nie an den Tod gedacht!«

Könnte es sein, dass sie die Bombe in Jerusalem nur legen wollte, ohne sich dabei selbst zu opfern? War der erste Selbstmordanschlag einer Frau in der Geschichte des palästinensischen Widerstands gegen Israel ein Arbeitsunfall?

Legendenbildung

Weniger als 24 Stunden vor dem Anschlag in der Jaffastraße hatte Jasser Arafat seine Landsleute zu »mehr Martyrium« und zum Dschihad – zum »heiligen Krieg« – um Jerusalem aufgerufen. »Wir werden nach Al-Quds marschieren, Millionen von Märtyrern!« hatte der Friedensnobelpreisträger vor seinem Hauptquartier in Ramallah der aufgewiegelten Menge zugeschrieen, um seine feurige Rede in den frommen Wunsch einmünden zu lassen: »Oh Allah, Herr des Universums, lass mich bitte einer der

Märtyrer sein!« Das Szenario wurde vom arabischen Fernsehsender Al-Dschasira in alle Welt übertragen.

Von ihren Landsleuten wird Wafa Idris als Märtyrerin gefeiert. Überall tauchten schon kurz nach ihrem Tod die Poster auf, die Wafa mit Palästinensertuch vor dem Haram Asch-Scharif zeigen. »Sie starb mit einem Geheimnis«, fasst PRCS-Kollegin Dscharrar zusammen. Vielleicht ist es gerade das, was dieser - möglicherweise unfreiwilligen, aber immerhin ersten - Selbstmordattentäterin im Legendenschatz ihres Volkes einen besonderen Platz einräumen wird?

Wafa Idris »Märtyreraktion« ließ aber noch ein weiteres Dauerthema im palästinensisch-israelischen Krieg neu aufflammen: Den Missbrauch von Rettungsfahrzeugen für militärische Einsätze. Muhammad Hababa, Aktivist der radikalen *Tansim* aus Beit Iksa und Krankenwagenfahrer, soll die Sanitäterin in einem Krankenwagen von Ramallah nach Jerusalem gebracht haben. Zwei Monate später kam der palästinensische Arzt Dr. Chalil Suleiman in Dschenin ums Leben, sein Fahrer und ein PRCS-Sanitäter wurden schwer verletzt. Ihr Rettungsfahrzeug hatte an einer Straßensperre der Aufforderung von Soldaten, anzuhalten, nicht Folge geleistet. Als diese das Feuer eröffneten, explodierte das Fahrzeug. Offensichtlich hatte der Krankenwagen eine große Menge Sprengstoff geladen.

Im Kreuzfeuer

»Wahllos schießen israelische Soldaten auf Krankenhäuser, Krankenwagen, Ärzte, Sanitäter, Journalisten, Schulen, Universitäten, Fabriken, Frauen, Kinder, Flüchtlinge und Heilige Stätten!« Palästinenservertretern mangelt es nicht an Worten, wenn es darum geht, Israel der Kriegsverbrechen zu bezichtigen.

Ein besonders schwerwiegender Vorwurf ist, dass Rettungsfahrzeuge beschossen werden.

Noch Jahre nachdem das Thema kein Thema mehr ist, steht ein verrostetes Krankenwagenwrack auf dem Parkplatz gegenüber des Krankenhauses von Dschenin. Eine Straße weiter, vor dem Flüchtlingslager,

steht ein monumentales Eisenpferd, zusammengeschweißt aus Alteisen. Am Hals steht in roter Schrift auf weißem Grund: »Ambulance«.

Zahllose Augenzeugenberichte sparen nicht mit grausamen Details. An den Straßensperren der Besatzungsmacht müssen Dialyse-, Herz- und Krebspatienten stundenlang leiden. Kinder werden vor den Augen junger israelischer Wehrpflichtiger geboren. Krankenwagen dürfen selbst mit lebensgefährlich Verletzten nicht passieren. Alte Menschen sterben an Straßensperren oder zu Hause, weil sie sich nicht auf die Straße trauen. Die Rote Halbmond PRCS führt genau Buch. Bis April 2002 wurden zwei PRCS-Mitarbeiter getötet, 129 verletzt, 71 Mal wurden Krankenwagen angegriffen und beschädigt.

Israels Armee gesteht, Krankenwagen aufzuhalten und zu untersuchen. Manchmal seien die Soldaten an den Straßensperren nervös und wollten Risiken vermeiden. Zweifelsfrei wurden auch eindeutig gekennzeichnete Fahrzeuge beschossen. Die Armee rechtfertigt sich, die Rettungsfahrzeuge seien für den Transport von Kriegsmaterial missbraucht worden. Palästinensische Sanitäter hätten sich aktiv an Kämpfen beteiligt und mehrfach seien israelische Sicherheitskräfte direkt aus Krankenwagen heraus angegriffen worden. Israelische Soldaten erzählen: »Wenn Rettungsfahrzeuge Verletzte aus den Kampfgebieten evakuieren, bringen sie gleichzeitig Kämpfer an die Front.« Wiederholt wurden laut Armee gesuchte Terroristen als Ärzte und Sanitäter verkleidet verhaftet. Ende März 2002 nahmen israelische Geheimagenten an der Ar-Ram-Kreuzung südlich von Ramallah den Fahrer eines Krankenwagens und einen Selbstmordattentäter fest. Im Wagen wurde der Sprengstoffgürtel gefunden und vor den Augen von Journalisten entschärft.

Dr. Hussam K. Scharkawi hat Wafa Idris persönlich gut gekannt. Er ist im PRCS-Hauptquartier in Ramallah für alle Rettungskräfte verantwortlich und weist alle Beschuldigungen als »frei erfunden« zurück: »Das würde ja direkt unserem humanitären Auftrag widersprechen!« Anstatt sich an Kämpfen zu beteiligen, hätte der PRCS auch israelische Soldaten und Zivilisten behandelt. Der explodierte Krankenwagen in Dschenin sei von den Israelis mit Raketen beschossen worden. Die beschlagnahmten Waffen und Sprengstoffgürtel hat, laut Scharkawi, der Schabak – Israels Inlandsgeheimdienst – in die Krankenwagen geschmuggelt.

Wer hat recht? – Beide Seiten untermauern ihre Behauptungen mit Bild- und Filmmaterial. Auf der einen Seite die kalt berechnenden Augen der hochprofessionellen israelischen Militärs, die zweifelsfrei Ausrüstungsgegenstände für Terroristen aus einem Rettungsfahrzeug heraus präsentieren. Auf der anderen Seite die treuherzigen Augen der Palästinenser, die sich selbst nicht nur als Opfer dieses furchtbaren Konflikts verstehen, sondern auch darzustellen wissen. Die Diskussion um die palästinensischen Rettungsfahrzeuge ist eines der besten Beispiele dafür, wenn aus Journalistenperspektive Aussage gegen Aussage steht.

Vielleicht hilft bei der Wahrheitsfindung die Frage weiter, welchen Nutzen Israel daraus ziehen könnte, den Missbrauch palästinensischer Krankenwagen frei zu erfinden? – Israelische Soldaten beschweren sich, wie beschämend es für sie sei, Krankenwagen und Patienten untersuchen zu müssen. Wenn die Waffentransporte in Krankenwagen wirklich ein PR-Trick Israels wären, wäre zumindest festzuhalten, dass die israelischen Propagandisten schmählichst versagt haben. In den Augen der Welt steht Israels Armee unverändert als »unmenschliche und brutale Besatzungsmacht« da.

Der Sohn aus gutem Hause

Eigentlich war die Aktion ein Fehlschlag. Alaa Natsche wollte Anfang April 2003 möglichst viele Juden in der nahe gelegenen Siedlung Kirjat Arba töten. Doch dann wurden nur zwei Israelis verletzt und Alaa verlor in einem heftigen Schusswechsel selbst das Leben. Im Gegensatz zur spektakulären Aktion von Wafa Idris machte Alaa Natsches Märtyreroperation keine Schlagzeilen.

Doch ich will wissen, was junge Palästinenser dazu treibt, in einem sinnlosen Kampf ihr Leben zu opfern – und was die Eltern dieser Aktivisten bewegt. Deshalb mache ich mich einen Monat später auf den Weg nach »Al-Chalil«, in die Stadt »des Freundes« Gottes, wie Hebron nach dem Erzvater Abraham im Arabischen genannt wird.

Alle Zufahrtsstraßen zur Stadt sind von der israelischen Armee abgeriegelt – als Kollektivstrafe für eine ganze Bevölkerung, beklagen die einen. Um der Geißel des Suizidterrors endlich Herr zu werden, rechtfertigt sich Israel. Ein langjähriger Freund führt mich auf Schleichwegen durch die Weinberge, die schon hier waren, als Josua und Kaleb diese Gegend erkundeten (vergleiche 4. Mose 13+14).

Dschaudi Natsche, Alaas Vater, besitzt ein Lebensmittelgeschäft an der Hauptstraße. Neben den Qawasmes, Abu Sneinehs, Amros, Tamimis, Herbawis und Eawaeris gehören die Natsches zu den großen, einflussreichen und vermögenden Clans in Hebron. Dschaudi ist stolz auf seine Herkunft, seinen Status, seinen Besitz und seinen Sohn. Immer wieder fordert er mich auf: »Take a picture!« – »Soll ich trauern?«, beantwortet er meine Frage nach seinen Gefühlen mit einer Gegenfrage: »Unser Sohn ist doch nicht als Dieb oder Spion, sondern auf einem guten Weg getötet worden!« Natürlich fühlt die Mutter den Schmerz, aber: »Allah gibt und Allah nimmt!«

Im bescheiden, aber gediegen ausgestatteten Salon der Familie Natsche wird uns der traditionelle süße Schwarztee mit Salbei serviert. Eigentlich war Alaa Natsche ein ganz normaler Hebroner Junge. Am 2. Februar 1983 wurde er als dritter von fünf Brüdern geboren. Drei der insgesamt zehn Kinder von Dschaudi Natsche starben früh. Nach dem Schulabschluss arbeitete Alaa im Geschäft seines Vaters. Sein Hobby war Fußball und dann engagierte er sich noch in einer Jugendgruppe. Während Dschaudi erzählt, gesellt sich sein Bruder Dschawad zu uns. Dschawad Natsche spricht fließend Deutsch, hat einen Bosch-Kundendienst für Autoelektrik direkt neben dem Lebensmittelladen Dschaudis und reist zweimal im Jahr dienstlich nach Deutschland.

Allah lässt sein Licht leuchten

Über dem Porträt von Alaa steht auf dem Märtyrerposter: »Im Namen Allahs, des Barmherzigen, des Erbarmers« und ein Zitat aus dem Koran: »Unter den Gläubigen gibt es Männer, die wahr gemacht haben, wozu sie sich Allah gegenüber verpflichtet hatten. Die einen von ihnen haben

schon ihre Aufgabe erfüllt, die anderen haben noch abzuwarten. Und sie haben nichts verfälscht« (Sure 33,23).[77] Daneben durchbohrt das Schwert des Islam den Davidsstern. »Der Sieg wächst nur dort, wo ihn das Blut begießt!« verkündet das Plakat der »Brigaden des Märtyrers Issadin Al-Qassam«, gefolgt von der Bitte: »Allah möge den Märtyrer Alaa Dschaudi An-Natsche belohnen, der die heldenhafte Operation von Kirjat Arba am 5. April 2003 ausgeführt hat.«

Dschaudi und seine Frau wollen nichts von Alaas Plänen oder seiner Mitgliedschaft beim militärischen Arm der Hamas gewusst haben, »bis uns die Israelis das Video von den Kämpfen zeigten«. Aber der palästinensische Geschäftsmann weiß: »Alles ist vorherbestimmt. Alaa hatte die Pflicht, das Land von den Siedlern zu säubern. Und jeder Muslim glaubt,

77 Zitiert nach Rudi Paret, Der Koran (Stuttgart, Berlin, Köln, Mainz: Verlag W. Kohlhammer, 3. Auflage, 1983), 294.

dass ein Mensch, der getötet wird, ins Paradies kommt. Mein Sohn war ein ganz normaler Mensch, wie viele andere.«

Über den Hinterhof führt uns Dschaudi Natsche in das fünfstöckige Haus, das er für seine Söhne gebaut hat – für jeden ein Stockwerk als Grundlage für eine künftige Familie. Nur wenige Tage nach der Märtyreraktion Alaas waren die Soldaten gekommen und hatten dessen Wohnung, den dritten Stock, vollkommen zerstört.

Die Zerstörung der Häuser von Selbstmordattentätern soll Nachahmer abschrecken – so die Logik der Israelis. Wir stapfen durch das, was von der Wohnung übrig geblieben ist, die der wohlhabende Dschaudi für seinen 20-jährigen Sohn eingerichtet hatte.

Alaa Natsche wurde nicht vom wirtschaftlichen Elend in den Selbstmord getrieben – allen westlichen Erklärungsversuchen zum Trotz. Sein Vater zeigt auf einen Aufkleber an der zersplitterten Scheibe der Eingangstür.

»Allah lässt sein Licht leuchten im Himmel und auf Erden« hatte dort einmal in arabischen Schriftzügen gestanden. Nur das Wort »Allah« ist übrig geblieben – »das Licht«, »der Himmel« und »die Erde« sind den Juden zum Opfer gefallen, die sich nicht so einfach vertreiben lassen.

Alaas Vater Dschaudi mit dem zerfetzten Aufkleber

Lust auf Tod

Das renommierte US-amerikanische Nachrichtenmagazin TIME meinte nach dem Selbstmordattentat der Wafa Idris, der typische Selbstmordattentäter »war einmal einfach zu beschreiben: männlich, 17 bis 22 Jahre alt, unverheiratet, ungebildet, ohne Zukunft, religiös fanatisiert«. Dann musste das Blatt aber zugeben: »Der Bomber von heute passt nicht mehr in dieses Profil.«[78] Unter den palästinensischen Selbstmordattentätern

78 Amanda Ripley, »Why Suicide Bombing is Now All the Rage«, TIME (April 15, 2002): 26.

der vergangenen zwei Jahrzehnte waren hochgebildete Universitätsabsolventen, ein Vater von acht Kindern, Kinder betuchter Eltern, sozial Engagierte, eine Studentin mit ausgezeichneten Leistungen, verlobt. Je vielversprechender der Selbstmordkandidat, desto größer die Ehre für die Familie.

Aber was treibt junge Menschen in den Tod? Verzweiflung? Ehre? Eine höhere Bestimmung?

Ein Scheich, ...

Nayef Radschub war der politische Rivale und das leibhaftige Gegenteil seines Bruders Dschibril, des Chefs des allmächtigen Preventive Security Service in der Westbank. Wo General Dschibril Radschub unnahbar, von Leibwächtern umgeben, im gepanzerten Mercedes unterwegs war und in einem pompösen Büro in Beitunia bei Ramallah residierte, zeigte sich Scheich Nayef bürgernah, von Kindern umgeben, zu Fuß oder im verbeulten Subaru.

Während Dschibril die Kollaboration mit dem verhassten Besatzer Israel - inklusive Frauengeschichten - nachgesagt werden, ist Nayef der kompromisslose islamische Rechtsgelehrte, geradlinig und durchschaubar. Vater von acht Kindern.

Als sich im Januar 2006 ein Wahlsieg der Hamas abzeichnete, besuchte ich Nayef Mahmud Muhammad Radschub in seinem bescheidenen Haus in Dura, südlich von Hebron. Scheich Nayef, nach der Wahl eine Zeit lang Religionsminister in der Hamas-Regierung, machte kein Hehl daraus, dass der Kampf des palästinensischen Volkes keine nationale Frage sei, sondern ein weltweites islamisches Anliegen. Letztendlich gehe es um die Herrschaft der einzig wahren Religion.

Nayef Radschub bemühte sich auch nicht, die Todessucht seines Volkes als spontanen Ausbruch verzweifelter Extremisten ohne Zukunftsperspektive darzustellen. Die Hamas sei eine straff und diszipliniert geführte Organisation mit einer breiten Basis in der Bevölkerung, und: »Wir können die Märtyreroperationen anordnen oder einstellen, je nachdem es unserer Sache dient.«

Scheich Nayef Radschub mit seinen Kindern

… ein Aktivist, …

Yussef wohnt in Ostjerusalem und ist nur auf Umwegen zu erreichen. Er gehört nicht zur palästinensischen Prominenz wie die Radschub-Brüder,

sondern arbeitet im Untergrund. Sein eigener Cousin, der mich zu ihm geführt hatte, zeigte sich nach der Begegnung überrascht: »Ich habe gar nicht gewusst, wo mein Vetter tatsächlich steht!«

Nachdem Yussef mich selbstsicher grinsend darauf aufmerksam gemacht hat, dass ich jetzt beim Schabak, Israels Inlandsgeheimdienst, aktenkundig sei, weil er als Hamas-Aktivist unter ständiger Beobachtung stehe, erklärt der 23-Jährige mit dem schütteren Bart siegesgewiss: »Ihr müsst verstehen lernen, dass wir uns nicht in die Luft sprengen, weil wir keine Hoffnung haben. Unsere jungen Leute gehen in den Tod, weil sie Hoffnung haben, weil sie wissen, dass nach dem Tod das Eigentliche kommt.« Wenige Tage zuvor hatte mir der Hamas-Sympathisant Nasser in der Jerusalemer Altstadt an den Kopf geworfen: »Ihr Christen habt verloren, weil ihr das Leben in dieser Welt zu sehr liebt!«

Derartige Bemerkungen, meist in einem anderen Zusammenhang in das Gespräch eingeflochten, passten nicht in mein gängiges Bild über »die Palästinenser« und das Phänomen der Selbstmordattentäter. Rückfragen blieben meist, abgesehen von einem vieldeutigen Lächeln und dem Verweis darauf, dass ich das als Nichtmuslim doch nicht richtig verstehen könne, unbeantwortet. Aber ich will mehr wissen!

... und ein Koran-Forscher

Deshalb bin ich ein paar Wochen später auf dem Weg in ein kleines muslimisches Dorf in der Westbank zu einem Palästinenser, der jahrelang die Schriften und Denkweisen des Islam studiert hat, teilweise bei namhaften palästinensischen Scheichs.

An den Wänden seines spartanisch eingerichteten Büros stehen lange Reihen islamischer Bücher. Aus dem Fenster sehen wir den Anti-Terror-Zaun. Dahinter das Land, das seine Sippe verloren hat. Wie alle Palästinenser leidet er unter den entwürdigenden Kontrollen und dem Gefühl des Eingesperrtseins, weil er und seine Familie nicht in das nur wenige Kilometer entfernte Jerusalem fahren dürfen.

Doch die bedrückende Atmosphäre spielt keine Rolle, als er auf meine Fragen nach den Selbstmordmassenmördern antwortet: »Du musst die

Motivation verstehen. Du musst den Islam, wie er wirklich ist, kennenlernen.«

Das arabische Wort *Schahid* bedeutet übersetzt »Zeuge« und entspricht tatsächlich der ganzen Bedeutungsbreite unseres deutschen Wortes »Märtyrer«, das vom griechischen *martys* abgeleitet ist. Im Neuen Testament ist der *martys* ursprünglich Augen- oder Ohrenzeuge eines Geschehens, worüber er dann anderen berichtet.[79] Im Zusammenhang eines Gerichtsverfahrens hat die Aussage eines Zeugen einen rechtlich bindenden Charakter.[80]

So bezeugen die Jünger von Jesus, was sie gesehen und gehört haben, nämlich das Leben ihres Herrn (Apostelgeschichte 10,39), sein Leiden,[81] seine Kreuzigung, seinen Tod (Johannes 19,35), seine Auferstehung[82] und Himmelfahrt (Apostelgeschichte 5,32). Die damit verbundene »Predigt der Buße im Namen von Jesus zur Vergebung der Sünden« (Lukas 24,47-48; Gerloff), und »dass er von Gott bestimmt ist zum Richter der Lebenden und der Toten« (Apostelgeschichte 10,42), wird im Neuen Testament als *martyrion tou Christou,* »Zeugnis von Christus« bezeichnet.[83] »Genauso«, meint mein Gegenüber, der nicht nur Islamexperte sondern auch Bibellehrer ist, »habe ich in der vergangenen Woche meine Auslegung der Johannes-Offenbarung auf Arabisch mit der Erklärung der *Schihadat Jesua Al-Masih,* des ›Zeugnisses von Jesus Christus‹, begonnen.«

Schon früh war das Zeugnis von Jesus Christus für seine Zeugen mit Leiden verbunden:[84] Das Neue Testament berichtet von den Blutzeugen Stephanus (Apostelgeschichte 22,20) und Antipas (Offenbarung 2,13), die ihre Glaubenstreue mit dem Leben bezahlten. Das deutsche Wort

---

79 Johannes 1,32.34; 3,11.32; 19,35; Apostelgeschichte 1,22; 22,15; 26,15; Offenbarung 1,2.

80 Matthäus 18,16; 23,31; 26,65; Markus 14,55.56.59.63; Lukas 22,71; Johannes 18,23; Apostelgeschichte 7,58.

81 Lukas 24,46-48; Apostelgeschichte 26,22f; 1. Petrus 5,1.

82 Lukas 24,46-48; Apostelgeschichte 1,22; 2,32; 3,15; 4,33; 26,22f.

83 1. Korinther 1,6; vergleiche auch 1. Korinther 2,1; 1. Timotheus 2,6; 2. Timotheus 1,8; Offenbarung 1,2.9.

84 Matthäus 10,18; Markus 13,9; Lukas 21,13.

»Märtyrer« bezeichnet heute denjenigen, der um seines Glaubens willen leidet oder gar ermordet wird.

Im Islam wird allerdings nur derjenige als *Schahid* bezeichnet, der sein Leben im Kampf für die Sache Allahs verliert, also tatsächlich gewaltsam zu Tode kommt – und so auch für andere zum »Vorbild« wird, was im Arabischen ebenfalls *Schahid* bedeutet. Wer nur kämpft, dabei aber nicht ums Leben kommt, wird im Arabischen *Mudschahid* genannt. Und die schwarzbärtigen Scheichs, die nicht an Gewalt glauben, sondern von Haus zu Haus ziehen, den Koran predigen und dazu aufrufen, sich freiwillig zum Islam zu bekehren oder zu einem religiösen Leben zurückzukehren, heißen *Ridschal Ad-Daawa*, »Männer der Einladung«. »Diese Leute sind ganz anders als die *Mudschahidin*«, erklärt der Koran- und Bibelkenner und deutet damit an, dass nicht alle Muslime, die sich für die Ausbreitung ihres Glaubens einsetzen, gewaltbereit sind. Unter seinem eigentlichen Namen will er nicht bekannt werden, weshalb wir ihn hier der Einfachheit halber »Chalil« nennen.

Die frühe islamische Tradition berichtet von Amar Ibn Jasser, dem Sklaven eines reichen Mannes aus dem Stamme der Qureisch in Mekka, der zu einem Nachfolger Muhammads geworden war. Sein Herr bemühte sich, ihn von dem neuen Glauben abzubringen. Da er sich trotz grausamster Folter nicht dazu zwingen ließ, zum Götzendienst zurückzukehren, wurde Amar Ibn Jasser gemeinsam mit seiner Mutter zu einem der ersten Blutzeugen für den neuen Ein-Gott-Glauben, den Muhammad predigte.

Blutzeugen im Islam

»Doch dass der Schahid ein Märtyrer im christlichen Sinne ist, gilt nur für die Frühphase des Islam, als Muhammad noch machtlos war, in Mekka wohnte, verfolgt wurde und nur wenige Anhänger hatte«, ist Chalil wichtig. Alles änderte sich mit der Hidschra, Muhammads Flucht von Mekka nach Medina im Jahre 622 n. Chr. Mit der Hidschra beginnt die islamische Zeitrechnung und Muhammads Aufstieg zur politischen Macht. »Heute wird niemand mehr nur deshalb mit dem Tode bedroht,

weil er sich als Nachfolger des Propheten Muhammad bekennt – während Christen in der islamischen Welt nicht selten mit dem Tode bedroht werden. Wenn ein Muslim sich zum Christentum wendet, spricht er damit sein eigenes Todesurteil.«

Chalil weiß, wovon er redet. Er hat seine ganze Existenz der Aufgabe gewidmet, Muslime für den Glauben an Jesus zu gewinnen. Der Koran betont zwar: »Es sei kein Zwang in Sachen des Glaubens« (Sure 2,256). Das gilt aber nicht für Muslime, die dem Islam den Rücken kehren, um von ihrem Recht auf Glaubens- und Gewissensfreiheit Gebrauch zu machen. Und schon gar nicht für christliche Missionare, denn jemanden vom Islam abzuwerben ist das größte nur denkbare Verbrechen: »Verführung ist schlimmer als Totschlag«, steht im Koran.[85]

Dschihad – der Heilige Krieg

Islamische Gelehrte betonen, dass die *Schuhada*, das »Martyrium«, nicht ohne das Konzept des *Dschihad* zu verstehen ist. Das arabische Wort *Dschihad* wird gemeinhin mit »Heiliger Krieg« übersetzt. Dabei geht es um den Kampf für die Wahrheit aus muslimischer Sicht, der jedes Opfer an Zeit und Geld, jede Anstrengung, aber auch den bewaffneten Kampf einschließt. Muhammad hatte anfangs seine Mitmenschen friedlich zur Bekehrung aufgerufen, sich dann aber, als er mächtig genug war, nicht gescheut, »die Ungläubigen« mit dem Schwert zu bekehren.

Mit allen zur Verfügung stehenden Mitteln sollen sich Muslime dafür einsetzen, dass eines Tages der Islam die einzig herrschende Macht auf Erden ist. »Und so soll kämpfen in Allahs Weg, wer das irdische Leben verkauft für das Jenseits. Und wer da kämpft in Allahs Weg, falle er oder siege er, wahrlich, dem geben wir gewaltigen Lohn« (Sure 4,74). Der Islam ist somit immer der Gewinner, ganz unabhängig davon, ob der Muslim oder sein Feind ums Leben kommt. Wenn der Muslim getötet wird, kommt er als Schahid ins Paradies. Kommt sein Gegner ums Le-

85 Sure 2,217; vergleiche auch 4,89; 16,106-108; 48,17.

ben, ist damit ein Feind Allahs aus dem Weg geräumt. Somit ist es unmöglich, den Islam zu besiegen.

Im Namen Allahs töten

Qatilu ist in der deutschen Übersetzung von Max Henning[86] mit »kämpfen« wiedergegeben. Chalil betont, dass es eigentlich »töten« bedeutet. Diese Aussagen bildhaft als »geistlichen Kampf« auszulegen, ist laut dem Araber Chalil unmöglich: »Es geht um einen tatsächlichen und physischen Krieg.« Töten soll der Muslim um Allahs willen, auch wenn es ihm zuwider ist: »Vorgeschrieben ist euch der Kampf, doch ist er euch ein Abscheu. Aber vielleicht verabscheut ihr ein Ding, das gut für euch ist, und vielleicht liebt ihr ein Ding, das schlecht für euch ist; und Allah weiß, ihr aber wisset nicht.« (Sure 2,216).

»Wenn du dich selbst mit einer überragenden Tat umgürtest und nach dem Tode sehnst, wird dir das Leben gegeben werden«, lehrte einst der Ägypter Hassan Al-Banna, der selbst am 12. Februar 1949 erschossen wurde und als Schahid gefeiert wird. Als Gründer der Muslimbruderschaft, auf die viele der modernen radikal-islamischen Bewegungen – nicht zuletzt die Hamas und der Palästinensische Islamische Dschihad, aber auch die Al-Qaida – zurückgehen, ließ er seine Nachfolger wissen, dass der geistlich reife Muslim nicht nur beten, fasten und Almosen geben solle, sondern auch seine inneren Barrieren überwinden muss, um im Namen Allahs zu kämpfen und zu töten: »Vergebt nicht! Liebt die Feinde nicht! Hasst und tötet! Sonst werdet ihr keinen Sieg haben!« Und der Koran ist eindeutig, wer diese Feinde sind: »Wahrlich, du wirst finden, dass unter allen Menschen die Juden und die, welche Allah Götter zur Seite stellen,[87] den Gläubigen am meisten feind sind« (Sure 5,82).

---

86 Der Koran. Aus dem Arabischen übersetzt von Max Henning. Einleitung und Anmerkungen von Annemarie Schimmel (Stuttgart: Philipp Reclam jun., 1960, durchgesehene und verbesserte Ausgabe 1991).

87 Damit sind die Christen gemeint, die für die Lehre von der Dreieinigkeit eintreten.

Suizid als Weg …

Jesus hat seine Nachfolger niemals dazu aufgefordert, den Tod zu suchen. »Ganz im Gegenteil: Er ist an unserer Stelle gestorben«, setzt Chalil der islamischen Denkweise entgegen. Auch kann sich ein Christ durch das Martyrium keine besonderen Verdienste erwerben. Er ist gerettet allein aus Gnade durch den Glauben. Obwohl der Koran den Selbstmord verurteilt,[88] ermutigt der Islam seine Anhänger, das Martyrium zu suchen, denn nur »diejenigen, die auf dem Wege Allahs getötet wurden, sind nicht tot, sondern leben im Paradies«.[89] Deshalb werden in den Biografien des Propheten Muhammad auch diejenigen Märtyrer am meisten verherrlicht, die mit dem Leben bezahlten, weil sie sich mutig und selbstlos in die Schlacht stürzten. »Im Islam ist die einzige Möglichkeit zu einer Heilsgewissheit zu gelangen, im Kampf gegen die Ungläubigen getötet zu werden«, referiert Chalil. »Wer eines natürlichen Todes stirbt, kann sich als Muslim seines Heils niemals gewiss sein. Nicht einmal Muhammad war sich darüber im Klaren, ob er ins Paradies kommen würde.« Junge Muslime, die ganz sicher sein wollen, direkt ins Paradies zu kommen, haben deshalb eigentlich keine andere Möglichkeit, als ihr Leben als Märtyrer zu opfern.

… ins Paradies

Im Koran wird das Paradies als »Gärten von Eden« (Sure 19,61) beschrieben, in denen die Erlösten im Schatten auf gepolsterten Ruhebetten liegen und Granatäpfel, Trauben, Datteln und Fleisch genießen. Von »ewig jungen Knaben« werden sie aus »Strömen von Wasser, Milch, Wein und Honig« mit Getränken bedient (Sure 47,15). Der eigentliche Grund für den »Glanz der Wonne«, der auf den Gesichtern der Gläubigen im Paradies liegt (Sure 83,24), ist aber weder der Überfluss an Essen und Trinken noch die wertvollen Gewänder und der Schmuck, den sie tragen,

88 Vergleiche zum Beispiel Sure 2,195; 4,29-30.

89 Sure 3,169; vergleiche auch 2,154.

sondern die »großäugigen Huris«, die ihnen Allah »als Gattinnen« beschert.[90]

Chalil ist stolz darauf, nicht nur den Koran, sondern auch dessen Auslegungen und die islamische Tradition durchforstet zu haben, und so eine weitreichende Zusammenstellung der islamischen Vorstellungen vom Paradies vorlegen zu können.[91] »Aber die Aussagen über das Paradies sind sexuell so explizit, dass ich davor warnen muss. Diese Ausführungen sind nicht für Jugendliche geeignet«, fügt er verschämt hinzu. Die *Huris* werden als atemberaubend schöne, ewig 33-jährige Jungfrauen beschrieben, die dem Schönheitsideal des Wüstenbewohners entsprechen: helle Haut, dunkle Augen und schwarzes Haar. Obwohl sie mit 70 Gewändern bekleidet sind, ist doch nichts verhüllt. Sie sind durchscheinend bis ins Knochenmark.

Muhammad schien verstanden zu haben, was seit Urzeiten gilt: »Sex sells« – und hat deshalb auch seinen Nachfolgern versprochen, dass sie im Paradies mit »ewiger Erektion« gesegnet würden. Auf meine Rückfrage, ob dies nicht doch sehr einseitig übertrieben sei, beteuert Chalil: »Ich habe nur Zitate der Hadithe gesammelt« – von islamischen Gelehrten autorisierte Sammlungen von Taten und Aussprüchen aus dem Leben Muhammads. »Keiner von ihnen wird das abstreiten. Es ist alles schwarz auf weiß festgehalten.«

»Übrigens«, konstatiert er, »gibt es im Englischen mehr als 70 Koranübersetzungen. Vier davon habe ich hier liegen«, weist er auf seinen Schreibtisch. »Aber ich kenne keine einzige Übersetzung des Koran, die dem Urtext wirklich treu ist.« Chalil träumt davon, eine wirklich urtextgetreue Übersetzung des heiligen Buches des Islam herausbringen zu können und macht westlichen Islamwissenschaftlern den Vorwurf, dass sie liberal und tolerant sein wollten: »Deshalb scheuen sie sich, das Böse und Perverse im Islam offenzulegen.«

Aber gibt es dann in der islamischen Tradition keine Entsprechung für die christliche Vorstellung einer ewigen und ungebrochenen Gemein-

---

90 Sure 44,54; 52,20; 55,72; 56,22.

91 Auf Arabisch ist sie im Internet unter www.geocities.com/christianityandislam einsehbar.

schaft mit dem Schöpfer?[92] - Chalil bestätigt, dass unter christlichem Einfluss diskutiert wird, ob Muslime Allah im Paradies sehen werden. »Aber darüber herrscht bislang keine Einigkeit. Den ursprünglichen Quellen zufolge ist jeder so sehr mit seinen *Huris* beschäftigt, dass er keine Zeit für Allah hat.«

Und was haben Frauen im Paradies des Islam zu erwarten? - »Sie können eine der *Huris* werden, oder eine Aufseherin der *Huris*«, erklärt Chalil und fügt hinzu: »Im Koran steht nichts davon, dass man im Paradies den Herrn preisen oder ungebrochene Gemeinschaft mit ihm haben wird. Geh und lies, was Muslime über das Paradies schreiben. Sie leugnen das auch nicht«, mit Verweis auf die Scheichs, bei denen er studiert hat. »Vielmehr erzählen sie von einer riesigen Perle, in der viele Betten stehen. Und in jedem Bett wartet eine ›Huriya‹ auf dich, die nach jedem Orgasmus wieder zur Jungfrau wird.«

Den Einwand, diese Beschreibungen und die ihnen zugrunde liegenden Aussagen Muhammads könnten doch auch bildhaft gemeint sein, wischt Chalil vom Tisch: »Einfache Muslime verstehen das wörtlich.« Die Ansicht mancher Theologen, der Prophet Muhammad habe dadurch seine Nachfolger nur zum Streben nach dem Jenseits anreizen wollen, ist für ihn nicht haltbar - und wohl auch wenig relevant für diejenigen, die sich aufgrund dieser Utopien in die Luft sprengen.

Puzzlespiel

Manchmal ist Journalismus wie Puzzlespielen. Vor mir liegt ein Haufen zusammenhangloser Teilchen. Mühsam versuche ich, ein Teil ans andere zu fügen, um schließlich ein zusammenhängendes Bild erkennen zu können. Wenn man dabei eine Vorlage und die Sicherheit hat, dass alle Teile auf dem Tisch liegen, ist das relativ einfach. Beim Journalisten-Puzzle ist das aber nicht der Fall. Mein Gegenüber malt nicht selten ein Bild, das mehr seinen Wünschen als der Wirklichkeit entspricht. Oft werden mir

92 Vergleiche dazu beispielsweise Offenbarung 21 und 22.

entscheidende Teile vorenthalten. Wie sich so ein Puzzle zusammenfügt und im Rückblick aussehen kann, sei im Folgenden dargestellt.

Am Morgen des 8. August 2002 meldete die Deutsche Welle: »Im Westjordanland zerstörte die israelische Armee mehrere Häuser von mutmaßlichen Selbstmordattentätern.« Hintergrund der Meldung war, dass politische Gespräche über einen israelischen Truppenrückzug aus Palästinensergebiet wieder einmal am Unwillen der Israelis gescheitert waren. Der letzte Satz dieser deutschen Radiomeldung hätte eigentlich der erste Hinweis auf meine Story sein können. Aber das habe ich erst bei der rückblickenden Durchsicht meines Archivs entdeckt.

Die Zerstörung palästinensischer Häuser durch die israelische Armee hatte mich schon länger beschäftigt. Jede Woche, manchmal täglich, erreichten mich Meldungen darüber. Dutzende Menschen seien dadurch obdachlos geworden. Manchmal lautete die Begründung, für das Gebäude fehle die Baugenehmigung. Meist gehörten die Häuser aber Familien, die durch diese Maßnahmen begreifen sollten, dass es sich nicht lohnt, Terror gegen Israel in den eigenen Reihen zu dulden.

Die Beleidigung

Mit dem Ziel, einer solchen Geschichte einmal im Detail auf den Grund zu gehen, mache ich mich am frühen Morgen des 28. Oktober 2002 auf den Weg. Unmittelbar nach dem »Checkpoint 300« werde ich am Ortseingang von Bethlehem von einer Schar Taxifahrer wie von einem Rudel hungriger Wölfe umringt. Durch die Abriegelung Bethlehems und weil Touristen nur selten ein Kriegsgebiet bereisen, waren sie wochenlang ohne Einkommen.

Aufdringlich fasst mich einer der Männer am Handgelenk und erklärt, ich müsse mit ihm kommen. Andere erheben Einspruch, diskutieren laut schreiend miteinander. Ich sehe einen Fahrer, der einen ärmlichen Eindruck macht und sich bescheiden im Hintergrund hält. Wir verständigen uns durch Blicke, dass ich ihn engagieren möchte. Jetzt gilt es nur noch, den Rest des »Wolfsrudels« loszuwerden – was sich als nicht ganz einfach erweist.

Endlich habe ich mich zu meinem Zieltaxi manövriert. Da hebt der aufdringliche Wortführer die Hand, um mir einen Faustschlag zu versetzen. Dem weiche ich aus, indem ich mich auf den Beifahrersitz meines Taxis fallen lasse, meinen Rucksack vor mir her schiebe und gleichzeitig die Wagentür zwischen mich und den Angreifer ziehe. Der Schlag wird unmöglich. Langsam setzt sich mein Taxi in Bewegung. Da beugt sich der Verschmähte zu mir herunter und spuckt mir ins Gesicht. Mir stockt der Atem. Ich weiß, dass dies schlimmer ist, als hätte er mich tätlich angegriffen. Eine solche Beleidigung kann in der traditionellen arabischen Gesellschaft nur mit Blut gesühnt werden. Was soll ich tun? Ich will keine Genugtuung und fühle mich arabischen Traditionen auch nicht verpflichtet. Aber meine Arbeit erfordert, dass mich diese Menschen achten.

Während mir diese Gedanken durch den Kopf jagen, drückt Nayef Asakra, mein Taxifahrer, das Gaspedal bis zum Anschlag durch. Mit quietschenden Reifen setzt sich der alte Mercedes in Richtung Stadtzentrum in Bewegung. Was ich nicht bedacht hatte: Weil ich in seinem Taxi saß, gilt die Beleidigung ihm. Ich bin sein Gast – und die Ehre des Gastes hat bei traditionsbewussten Palästinensern einen sehr hohen Stellenwert.

In der Polizeistelle am Krippenplatz werden wir gleich zu Polizeichef Abdul Rahman, alias »Abu Mahmud«, vorgelassen. Aufgeregt erzählt Nayef, was passiert ist. Abu Mahmud ist entsetzt. »So geht man bei uns nicht ungestraft mit Ausländern um!«, ruft er aus. Während wir mit Kaffee bewirtet werden, bearbeitet der Polizeichef seine Telefone. Aus dem Nachbarzimmer höre ich einen der Männer über ein Funkgerät sprechen. Nach 20 Minuten kommt Abu Mahmud ins Zimmer und hält mir einen Zettel unter die Nase: Der Taxifahrer sei festgenommen und zu 30 Tagen Haft verurteilt.

Mir steht vor Augen, wie palästinensische Politiker bei jeder Pressekonferenz darüber klagen, dass sie nichts tun könnten, weil man doch unter Besatzung lebe. In meinem Fall erwies sich die palästinensische Polizei aber als höchst effektiv und nahm den Missetäter gar direkt an der israelischen Straßensperre unter den Augen der israelischen Besatzungssoldaten fest. Nayef und Abu Mahmud unterhalten sich angeregt. Dabei fällt das Wort *Muhabarrat* – »Geheimdienst«. Der Mann, der mich

beleidigt hat, war nicht nur Taxifahrer, sondern auch für einen der palästinensischen Nachrichtendienste tätig.

Dass das Ganze nicht nur Inszenierung für einen ausländischen Journalisten war, wird mir klar, als wir den ganzen Tag von einem Wagen mit der roten Nummer der PA verfolgt werden. Mehrfach werden wir angesprochen, von Verwandten und Freunden des aufdringlichen Taxifahrers und schließlich gar von einem Kameramann der französischen Nachrichtenagentur AFP. Die immer gleichlautende Bitte: Ich möge doch zu Abu Mahmud gehen und ein Wort für den Eingesperrten einlegen. Doch Bethlehems Polizeichef bleibt hart: »So gehen wir nicht mit Gästen um! Ahlan WaSahlan - Herzlich Willkommen!«, lacht er mit rauher Stimme hinter seinem riesigen Schreibtisch hervor, und murmelt dann noch auf Englisch vor sich hin: »I love putting the Muhabarrat into prison! - Mir macht es Spaß, den Geheimdienst ins Gefängnis zu stecken!«

Zerstörte Häuser

Auf meiner Suche nach zerstörten Häusern führt Nayef mir zunächst die Bethlehemer Polizeistation vor - beziehungsweise das, was von ihr nach einem israelischen Luftangriff noch übrig geblieben ist. »Mich interessiert aber die Geschichte einer Familie, die persönlich betroffen ist«, erkläre ich ihm, »nicht eine zerbombte Polizeistation.« Deshalb machen wir uns auf den Weg ins El-Aida-Flüchtlingslager. Dort lerne ich die Großfamilie Alan kennen.

Vor den Trümmern eines gesprengten Hauses erklärt uns Schaker Alan, wie am frühen Morgen des 8. August die Armee anrückte. »Die Soldaten kamen um 3.00 Uhr. Sie fragten Musa, wo Ali sei. Um 6.00 Uhr forderten sie alle Bewohner auf, das Anwesen innerhalb von 25 Minuten zu räumen. Wir schafften nach draußen, was möglich war. Dann sprengten sie das Haus. Amal, Alis Frau, ist seither im Gefängnis. Sie hat einen kleinen Sohn, der jetzt bei ihren Eltern in El-Abadiye ist.«

Musa Alan ist der Cousin von Schaker. Obwohl der Angriff dem Haus Musas galt, wurde auch das Haus von Jasser Alan, dicht daneben, zerstört. Schaker führt uns zu Jassers Frau Nawal, die wenige Hundert

Meter entfernt eine Mietwohnung gefunden hat. Im Gespräch mit Nawal Alan kristallisiert sich heraus, dass die Zentralfigur dieser Familientragödie der 27-jährige Sohn Musas ist, Ali Alan. Wegen seiner Aktivitäten in der ersten Intifada, so erzählt Nawal, sei er in den 1990er-Jahren bereits fünf Jahre lang in israelischer Haft gewesen. Dann habe er bei der israelischen Elektrizitätsgesellschaft gearbeitet. Irgendwann sei Ali in Nablus gewesen. Eines Tages war er in einem Auto unterwegs, das plötzlich explodierte. »Alis Freund wurde getötet, er selbst verletzt«, erzählt seine Tante Nawal. »Seitdem suchen ihn die Israelis. Vielleicht hat er Verbindungen zur Hamas.«

Musa Alan hat mit seiner Frau, neun Söhnen und sieben Töchtern in Beit Dschallah eine Bleibe gefunden. Im Gespräch mit ihm erfahre ich, dass die Familie Alan ursprünglich aus Malcha stammt, dem heutigen Jerusalemer Stadtteil Manahat. Von dort floh Musas Vater 1948 mit seiner Familie. Seitdem ist die Familie Alan auf über 200 Personen angewachsen, die zerstreut in Ramallah, Bethlehem, Beit Sahur und Jordanien leben. Musa selbst hat auch einige Zeit in der Jerusalemer Altstadt gewohnt. Aus dieser Zeit haben er und seine Kinder einen israelischen Personalausweis.

Ein mysteriöser Sohn …

Über Ali will niemand etwas wissen. »Vielleicht ist er in Nablus?«, rätselt man laut in meiner Gegenwart. Ich frage nicht weiter. Langsam wird klar, dass diese Familie ein heikles Geheimnis hat. Im Wohnzimmer hängen zehn Fotos von Musas sechzehn Kindern. Auf fünf Bildern ist Ali, meist allein, abgebildet. Stolz fällt immer wieder sein Name. Bereitwillig nimmt mich Ahmad, Musas ältester Sohn, mit in die Wohnung und zeigt mir im Kreise seiner eigenen fünf Kinder das Video von der Zerstörung des Familienhauses. Das palästinensische Fernsehen war trotz der frühen Morgenstunden rechtzeitig zur Stelle.

Von Nachbarn erfahre ich, dass Musa und seinen Söhnen Mafiaaktivitäten und Autodiebstähle nachgesagt werden. Aber die Sachlage bleibt mir zu unsicher, als dass ich darüber schreiben könnte. Nachforschungen im Internet sind schwer, weil der Familienname sehr unterschiedlich in lateinischer Schrift wiedergegeben ist, einmal als »Alan«, ein andermal als »Alaan«, »Alayan« oder auch »Alian«. Ich entscheide mich für »Alan«, weil das nach meinem Gehör der ursprünglichen Aussprache am nächsten kommt.

… als Hintermann

Am frühen Morgen des 18. März 2003 sind israelische Soldaten einer Reserveeinheit der Jerusalem-Brigade in Koordination mit dem israelischen Inlandsgeheimdienst Schabak zu einer Routineoperation unterwegs in dem kleinen arabischen Dorf Merah Revah, südlich von Bethlehem. Auf dem Dach eines Hauses fällt den Soldaten eine verdächtige Person auf. Bei der Durchsuchung des Gebäudes kommt es zu einem heftigen Schusswechsel. Der 27-jährige Obergefreite d.R. Ami Cohen aus Netanja wird aus nächster Nähe von einem Feuerstoß aus einer AK-47 getroffen. Er ist sofort tot. Der kommandierende Offizier Major Ohad erschießt den Angreifer.

Erst sieben Stunden nach dem Vorfall gelingt es den Israelis, die Identität des Palästinensers festzustellen: Es ist Ali Musa Ahmad Alan, Num-

mer eins auf der Liste der vom Schabak gesuchten palästinensischen Terroristen. Plötzlich fügen sich Einzelteile zu einem Gesamtbild, nicht zuletzt, weil vorher schweigsame »Quellen in Sicherheitskreisen« zu Pressevertretern (gleichwohl immer noch anonym) reden dürfen. Die Geheimdienstler sind überrascht, Ali Alan in Merah Revah gefunden zu haben. Der ansonsten gut informierte Schabak war davon ausgegangen, dass sich Ali irgendwo im dicht besiedelten Großraum Hebron versteckt hält. Mehrfach war der Befehlshaber des militärischen Armes der Hamas-Bewegung in Judäa im letzten Augenblick gezielten Anschlägen israelischer Spezialeinheiten entgangen.

Schon in Verhören während seiner Haft zwischen 1994 und 1998 hatte Ali Alan zugegeben, an Bombenanschlägen, der Planung von Hinterhalten und der Entführung israelischer Soldaten beteiligt gewesen zu sein. Unmittelbar nach seiner Freilassung wurde er in Nablus von dem Sprengstoffexperten Mahanad Tahar zum Spezialisten für Sprengsätze ausgebildet. Je mehr Hamas-Aktivisten militärischen Operationen zum Opfer fielen, desto weiter stieg er in den Rängen der Organisation auf, bis er es schließlich zum »Ingenieur« brachte, einem Experten für Sprengstoffgürtel.

Als die israelische Armee im Rahmen der Aktion »Schutzwall« im April 2002 den Druck auf das Hamas-Netzwerk in der nördlichen Westbank verstärkte, sah sich Ali Alan gezwungen, nach Süden zu ziehen. In Judäa baute er eine neue Einheit auf. Unter seiner Leitung gelang am 8. Juni 2002 der Selbstmordanschlag auf die Jerusalemer Buslinie 32 an der Pat-Kreuzung mit 19 Toten und 50 Verletzten. Am 21. November 2002 sprengte sich der 23-jährige Nael Abu Hilail aus Bethlehem in einem Stadtbus im Jerusalemer Stadtteil Kirjat Menachem in die Luft. Ali Alan war auch Drahtzieher dieses Anschlags mit 17 Toten und 45 Verletzten. Naels Vater, Azmi Abu Hilail, brüstete sich: »Unsere Religion lehrt, dass wir bis zum Tag der Auferstehung stolz auf ihn sein dürfen.«

Innerfamiliäre Kooperation

Ein Cousin Ali Alans gab nach seiner Verhaftung zu, Nael Abu Hilail nach Jerusalem gebracht, Sprengstoffgürtel und andere Sprengsätze vorbereitet, Selbstmordattentäter angeworben und Ali bei der Ausbildung der Terroristen unterstützt zu haben. Gleichzeitig mit diesem Cousin wurden sechs junge Leute, die sich auf Selbstmordattentate vorbereitet hatten, und weitere 15 Terroristen festgenommen.

Nach Erkenntnissen des Schabak fand Ali auch in seiner Frau Amal eine tatkräftige Hilfe. Die Mutter eines zweieinhalbjährigen Sohnes half bei der Beförderung der Selbstmordattentäter und bei der Übermittlung von Nachrichten zwischen den Mitgliedern der Terroreinheit. Ironischerweise hat Amal Alan nach dem Tod ihres Mannes Anspruch auf Entschädigung und Unterstützung durch die israelische Sozialversicherung, weil Ali einen israelischen Personalausweis besaß.

Nach dem Bombenanschlag in Kirjat Menachem erhielt Ali Alan von der Hamas-Führung in Gaza und Damaskus den Auftrag, eine ähnliche Einheit in Hebron aufzubauen. So entstand in Südjudäa eine Terrorzelle, die vollkommen unabhängig vom ursprünglichen Hamas-Netz operierte. Zu den alteingesessenen Kadern des Islamischen Dschihad entstand bald eine Konkurrenzsituation.

In den darauffolgenden Monaten veränderte sich die Sicherheitslage in Hebron spürbar. Während nach der Tötung des Hamas-Führers Dschamal Dschadallah durch die israelische Armee mehr als ein Jahr zuvor eine auffallende Ruhe im Raum Hebron eingekehrt war, kamen in den drei Monaten nach dem November 2002 bei sieben Anschlägen 25 Israelis ums Leben.

Das Konto des Ali Alan

Am 7. März 2003 organisierte Ali Alan den Doppelanschlag, dem in Kirjat Arba das Ehepaar Eli und Dina Horowitz zum Opfer fiel. Fünf weitere Menschen wurden verletzt. Eine zweite Terroreinheit wurde von der Armee entdeckt und neutralisiert. Auch der Anschlag am 5. März 2003 in

der nordisraelischen Hafenstadt Haifa geht auf das Konto Ali Alans. Er war es, der Muhammad Qawasme aus Hebron entsandte, um 17 Menschen mit sich in den Tod zu reißen, die meisten von ihnen Schulkinder und Studenten des Haifaer Technion.

Wenige Stunden nach dem Vorfall in Merah Revah töteten die israelischen Sicherheitskräfte einen weiteren, ebenfalls 27-jährigen Hamas-Aktivisten. Nasser Assida war für den Tod von 25 Israelis verantwortlich und hatte sich in der Nähe von Nablus in einer Höhle versteckt. Der Oberkommandierende des Zentralabschnitts der israelischen Armee, Brigadegeneral Gerschon Jitzhak, erklärte Journalisten, dass Zahal in neun Monaten mehr als 30 Mal versucht habe, Assida gefangen zu nehmen oder zu töten. In derselben Nacht nahmen die Sicherheitskräfte noch weitere acht gesuchte Palästinenser in Judäa, Samaria und dem Gazastreifen fest.

Juden töten lohnt sich

Warum übernehmen palästinensische Terrorgruppen öffentlich die Verantwortung für Anschläge, die sie gar nicht selbst durchgeführt hatten? Diese Frage stellte Amos Harel in einem Artikel der Tageszeitung HaAretz,[93] nachdem sich die sozialistische Fatah mehrfach zu Anschlägen bekannt hatte, die nach Geheimdiensterkenntnissen von der radikal-islamischen Hamas durchgeführt wurden. Die Antwort: Vor allem aus finanzieller Sicht lohnt es sich, Israelis anzugreifen.

Israel hatte in den ersten Jahren der Al-Aqsa-Intifada viel Aufmerksamkeit auf die antiisraelische Hetze in den palästinensischen Autonomiegebieten gerichtet. Der Fluss von Finanzen zur Unterstützung von Terrorgruppen blieb dabei erstaunlich unbeachtet. Obwohl Sicherheitsexperten lange zuvor auf die Finanzquellen von palästinensischen Terrorführern im Ausland hingewiesen und Armee und Justizministeri-

93 Amos Harel, »Israel does little to stop money flow to terror; Shin Bet sets up new unit«, HaAretz vom 30.12.2003: http://www.haaretz.com/print-edition/news/israel-does-little-to-stop-money-flow-to-terror-shin-bet-sets-up-new-unit-1.110092

um in Israel Empfehlungen zur Austrocknung dieser Quellen herausgegeben hatten, folgten einer HaAretz-Recherche zufolge wenig praktische Schritte.

Geheimdienstler behaupteten zwar, dass Zigmillionen Euro in die Palästinensergebiete flossen - ein großer Teil davon direkt in die Hände der Führer militärischer Flügel verschiedener Organisationen. Spenden für humanitäre Zwecke wurden zur Unterstützung der Familien von Selbstmordattentätern verwendet. Ein spürbarer Rückgang dieser Finanzen war auf den Sturz Saddam Husseins zurückzuführen, aber auch auf die Tatsache, dass Mahmud Abbas als Premierminister unter Jasser Arafat Bankkonten der Hamas einfrieren ließ.

Ein Teil des Geldes wurde für die Anschaffung von Autos, Waffen und Sprengstoffen verwendet. Das meiste wanderte jedoch direkt in die Taschen der Aktivisten, von denen viele auf den Namen von Freunden oder Verwandten Bankkonten eröffnet hatten. Terror gegen Israel lohnt sich, trotz des hohen persönlichen Risikos, und der Finanzstrom - nicht etwa der Mangel an Geld - sind eine Haupttriebkraft für den Erfolg der Extremisten.

Im Januar 2004 nahm eine Einheit des israelischen Inlandsgeheimdienstes Schabak ihre Arbeit auf, die besonders den Geldfluss in die Palästinensergebiete unter die Lupe nahm. Zwar hatten Palästinenser bereits seit Juli 2003 bei der Einreise aus Jordanien oder Ägypten den Zweck größerer Geldbeträge, die sie mitführten, erklären müssen, aber Initiativen in der Knesset zur Eindämmung der Terrorfinanzen waren immer an der Befürchtung gescheitert, dass dadurch das Recht auf Privatsphäre zu sehr eingeschränkt würde.

9. Die Suche nach einem Ausweg

Bereits im Oktober 2000 mühte sich ein Gipfel im ägyptischen Scharm El-Scheich auf der Sinaihalbinsel um ein Ende der Gewalt. Neben politischen Vertretern der Konfliktparteien nahmen arabische Führer, US-Präsident Bill Clinton und UNO-Generalsekretär Kofi Annan teil. Die Palästinenser erreichten die Einsetzung eines »Fact-Finding Committee«. Der türkische Expräsident Suleyman Demirel, Norwegens Außenminister Thorbjoern Jagland, EU-Spitzendiplomat Javier Solana und die beiden ehemaligen US-Senatoren Warren B. Rudman und George J. Mitchell sollten die Ursachen der Al-Aqsa-Intifada feststellen.

Im Dezember veröffentlichte Bill Clinton seinen Friedensplan, der eine Teilung Jerusalems und einen israelischen Rückzug aus etwa 95 Prozent des Westjordanlandes vorsah. Die großen Siedlungsblöcke sollten bei Israel verbleiben. Israels Premier Ehud Barak akzeptierte; Arafat lehnte ab.

Im Januar 2001 scheiterte in Taba, dem ägyptischen Urlaubsressort direkt an der Grenze zu Eilat, ein weiterer Versuch, Oslo zu retten und durch Verhandlungen abzuschließen. Unmittelbar nach seiner Wahl zum israelischen Regierungschef und über 400 palästinensischen Toten innerhalb von drei Monaten, verfügte Ariel Scharon einen einseitigen Waffenstillstand. Die Opferzahlen auf palästinensischer Seite gingen daraufhin drastisch zurück. Israel erfuhr gleichzeitig eine Welle von verheerenden Selbstmordattentaten.

Am ersten Maiwochenende veröffentlichte der libanesischstämmige US-Senator George J. Mitchell den Abschlussbericht des im Oktober 2000 beschlossenen »Fact-Finding Committee«, das mittlerweile gemeinhin »Mitchell-Komitee« genannt wurde. Darin wurden Israelis wie Palästinenser gleichermaßen für den Ausbruch der Al-Aqsa-Intifada verantwortlich gemacht. In den ersten sieben Monaten der Auseinandersetzungen waren auf beiden Seiten fast 500 Menschen getötet, mehr als 10 000 verletzt worden.

Am 1. Juni kamen bei einem Selbstmordattentat auf das Dolphinarium

in Tel Aviv 21 jugendliche Diskobesucher ums Leben. Scharon beschloss daraufhin den Einmarsch in Ramallah. Bundesaußenminister Joschka Fischer, selbst Zeuge des Anschlags, bat den israelischen Regierungschef jedoch um Aufschub der israelischen Reaktion und diktierte Arafat in Ramallah eine Entschuldigung in die Feder. Bis zum heutigen Tag ist der Anschlag auf das Dolphinarium der einzige, auf den Israel nie reagiert hat. Und das Diktat Fischers bleibt bis zum heutigen Tag die einzige förmliche Entschuldigung Arafats für einen palästinensischen Anschlag gegen Israelis.

In der zweiten Junihälfte bemühte sich CIA-Chef George Tenet um eine Feuerpause. Dazu bemerkte ein Siedler aus Hebron zynisch: »Wir machen die Pause und die machen das Feuer!« Scharon tat sich gleichzeitig schwer, den Amerikanern zu erklären, dass er zu dem Versprechen an sein Volk stehen müsse, nicht unter Feuer zu verhandeln.

Das Ende der Selbstbestimmung

Am 9. August 2001 kamen bei einem Selbstmordbombenanschlag auf die Pizzeria Sbarro im Herzen Jerusalems 15 Menschen ums Leben. Israel reagierte mit der Schließung des Orienthauses. Dabei wurden sieben Araber verhaftet, ein Schnellfeuergewehr, Sprengstoff und Unmengen von Archivmaterial sichergestellt. In Abu Dis, einem Stadtteil von Ostjerusalem, wurden neun weitere palästinensische Gebäude besetzt, darunter das offizielle Parlamentsgebäude. In Ramallah, das als »Zone A« vollkommen unter palästinensischer Kontrolle stand, bombardierte die israelische Luftwaffe das Polizeihauptquartier.

»Arafat hat sich nie an den absoluten Gewaltverzicht gehalten, zu dem er sich in Oslo verpflichtet hat!«, meinte Israels Minister für innere Sicherheit, Uzi Landau, als er die Schließung des Orienthauses erklärte. »Die 30 000 Gewehre, die er für den Kampf gegen den Terror erhalten hat, sind heute auf uns gerichtet, bedrohen Israelis und töten jüdische Babys.« Als Hauptgrund für die Schließung des Orienthauses nannte der Likud-Falke »illegale Machenschaften der PLO in Jerusalem«, denen »ein Ende bereitet« werden sollte.

Alle Anstrengungen palästinensischer Führungspersönlichkeiten, die arabischen Massen aufzuhetzen, schlugen fehl. Einzig im Bagdad des Saddam Hussein gingen Menschen auf die Straßen und ließen sich zu antiisraelischen Hasstiraden hinreißen. Vor dem Orienthaus selbst demonstrierten nur wenige, darunter viele Ausländer und israelische Friedensaktivisten. Uzi Landau stellte ironisch fest: »Offensichtlich haben die Palästinenser nicht mehr genug Leute, um ihre Interessen selbst zu Gehör zu bringen.«

Ende August schließlich marschierte die israelische Armee in Beit-Dschallah ein, um dem Beschuss Jerusalems von dort aus - zuletzt mit Mörsergranaten - endgültig Einhalt zu gebieten. Nach einer Anschlagsserie Anfang Dezember, die innerhalb von 24 Stunden 27 Tote und mehr als 200 Verletzte forderte, zerstörte die israelische Armee die drei Hubschrauber des palästinensischen Präsidenten in Gaza-Stadt, machte seinen Helipad und den Gaza International Airport in Dahaniya im Süden des Gazastreifens unbrauchbar. Durch massiven militärischen Druck wollten die Israelis offenbar ein Umdenken auf Seiten der Palästinenser erreichen.

Zu Weihnachten 2001 war Bethlehem ein großes Gefängnis. Die meisten Einwohner der ursprünglich christlichen Stadt waren seit Monaten arbeitslos und hatten kein Einkommen. In vielen Familien war die Sorge um das tägliche Brot allgegenwärtig. Die Stille der Nächte wurde regelmäßig vom Geknatter der Maschinengewehre und Kanonendonner der Panzer zerrissen. Viele Geschäfte an der Krippenstraße waren zerstört, das Paradise-Hotel ausgebrannt, die Spuren der heftigen Straßenkämpfe unübersehbar. Statt Lichtergirlanden und Weihnachtsbäumen hingen Märtyrerplakate an den Steinwänden und Metalltüren des Souk.

Aktivisten wie Hussein Abayat, Muhammad Marzuk Samour oder Dschamil Dschadallah Khalifa, die alle von den Israelis abgeschossen worden waren, präsentierten sich darauf stolz mit schweren Maschinengewehren in Rambo-Pose. »Jetzt kommt zu Weihnachten nur noch nach Bethlehem, wer wirklich beten will«, erklärte ein muslimischer Geschäftsmann.

Das Jahr 2002 gehörte zu den Tiefpunkten der israelisch-palästinensischen Beziehungen. Die ständige Furcht vor Selbstmordattentaten bestimmte das Lebensgefühl der Israelis. Gleichzeitig nahm die israelische

Armee den Palästinensern das letzte verbliebene Stück Autonomie durch den Einmarsch in die Hochburgen des Terrors. Die Flüchtlingslager Balata bei Nablus und Dschenin wurden international als Symbol israelischer Brutalität und palästinensischer Widerstandskraft bekannt.

Märtyrerposter an der Geburtskirche

Ein »Trojanisches Pferd«

Lange vor 2002 hatten arabische Führungspersönlichkeiten ganz unterschiedlicher Couleur den politischen Friedensprozess zum vorläufigen Stadium im Verhältnis zu Israel erklärt. Ein Ja zu politischen Verhandlungen bedeutet noch lange kein Ja zu einem dauerhaften Frieden. Die

Anerkennung der realen Existenz des Staates Israel beinhaltet noch lange keine Anerkennung eines Existenzrechts für einen jüdischen Staat im Nahen Osten. So zitierte ein libanesischer Delegierter auf der Weltkonferenz über Jerusalem in Amman die in Ramallah erscheinende Arafattreue palästinensische Tageszeitung Al-Hayat Al-Dschadida: »Verhandlungen werden keinen Frieden bringen, solange es eine Besatzung gibt. Damit meinen wir die Besetzung palästinensischen Bodens vom Mittelmeer bis zum Jordan, vom Golf von Akaba bis nach Galiläa und Tiberias.«

Als die israelische Armee in den Monaten nach dem August 2001 der palästinensischen Selbstbestimmung schrittweise ein gewaltsames Ende bereitete, fielen israelischen Ermittlern Dokumente in die Hände, die das wahre Gesicht des Friedensnobelpreisträgers Jasser Arafat und seiner PA offenbarten. Nicht nur in der Mukataa, Arafats Bürokomplex in Ramallah, sondern auch in anderen palästinensischen Städten beschlagnahmte die israelische Armee eine Unzahl von Briefen und Protokollen, die bewiesen, dass der PLO-Chef höchstpersönlich die Bezahlung gesuchter Terroristen und die Versorgung von Märtyrerfamilien angeordnet hatte.

Als besonders ergiebige Fundgrube erwies sich das Orienthaus in Ostjerusalem. Mehr als 100 000 Dokumente wurden in diesem inoffiziellen Außenministerium der PA konfisziert. Ein internes Memorandum an dessen Mitarbeiter bezeugte, dass die Unruhen nach Scharons Tempelbergbesuch Ende September 2000 von der PA inszeniert worden waren. Das Protokoll eines Treffens von Vertretern der Fatah, der PFLP, der Demokratischen Front zur Befreiung Palästinas (DFLP) und der Volkspartei berichtete über zurückliegende Terroranschläge und künftige Planungen.

Die PA gab sich alle Mühe, die eine Million starke arabische Bevölkerung Israels gegen das jüdische Volk aufzuhetzen und in die Reihen der palästinensischen Freiheitskämpfer zu rekrutieren. »Wir werden die Landkarte unseres Heimatlandes und unserer einen Nation mit Blut schreiben«, schrieb das Büro des Palästinenserpräsidenten an israelisch-arabische Führungspersönlichkeiten. Dr. Michael Widlanski leitete die Auswertung der Dokumente aus dem Orienthaus. »Es wurde klar, wie weitreichend Arafat alles kontrolliert hat«, resümierte der Dozent für arabische Studien an der Hebräischen Universität in Jerusalem. Viele

Dokumente trugen Unterschrift und handschriftliche Anweisungen des Ra'is (Präsidenten).

Höchstpersönlich hatte der Gründer und Chef des Orienthauses, Faisal Al-Husseini, die Finanzierung von Terroranschlägen genehmigt. Im letzten Interview vor seinem Tod bezeichnete der als gemäßigt geltende Jerusalem-Minister Arafats die Verträge von Oslo als »trojanisches Pferd im Kampf gegen die israelische Besatzung«. »Faisal ist gegangen«, klagte die palästinensische Tageszeitung Al-Hayat Al-Dschadida nach seinem Tod im Mai 2001, »aber sein Ruf, ›Verlasst den Bauch des Pferdes!‹, klingt nach« - und war wohl einer der Gründe dafür, dass der Traum von Oslo wie eine Seifenblase platzte. Offensichtlich hatte Husseini seine Meinung nie geändert: »Wir müssen anerkennen, dass zum gegenwärtigen Zeitpunkt der Slogan ›vom Meer bis zum Jordan‹ untragbar ist ... Früher oder später werden wir aber die israelische Gesellschaft zwingen, mit der größeren, arabischen Gesellschaft zu kooperieren, was letztendlich zur schrittweisen Auflösung der ›zionistischen Größe‹ Israel führen wird.«[94] Interessanterweise haben palästinensische Intifada-Künstler

94 So zitiert auf Arabisch in der jordanischen Zeitung El-Rai vom 12. November 1992.

aus Wrackteilen von zerschossenen Fahrzeugen vor dem Flüchtlingslager von Dschenin ein Pferd gebaut, das sehr an das aus dem antiken Troja erinnert.

Zwei Staaten ...

In diese Situation hinein sprach ausgerechnet der als Israelfreund verschriene George W. Bush im Juni 2002 als erster US-Präsident offiziell von einer Zweistaatenlösung. Die Abkommen von Oslo hatten lediglich eine Autonomie für die Palästinenser vorgesehen. Mit keinem Wort war ein unabhängiger Staat erwähnt. Trotzdem entwickelte sich die Stimmung dahin gehend, dass ein Jahrzehnt später praktisch jeder davon ausging, die Palästinenser hätten ein Recht auf politische Unabhängigkeit und das Ziel des politischen Prozesses sei ein unabhängiger Staat Palästina.

... eine Landkarte, ...

Am 17. September 2002 erwähnte ein Kommuniqué erstmals eine mysteriöse »Roadmap«, was übersetzt so viel wie »Straßenkarte«, »Fahrplan«, »Wegbeschreibung« oder auch »Routenplan« bedeutet. Offiziell hieß das Dokument, auf das sich Vertreter der UNO, der USA, Russlands und der EU – des sogenannten »Nahost-Quartetts« – geeinigt hatten und das kurz »Roadmap« genannt wird: »Ein ergebnisorientierter Fahrplan für eine dauerhafte Zweistaatenregelung zur Beilegung des israelisch-palästinensischen Konflikts.«

In wilden Spekulationen befürchteten Israel und seine Freunde ein Schreckgespenst. Die Palästinenser erwarteten eine gute Fee und Diplomaten aus Ost und West hofften auf ein Heinzelmännchen, das endlich Ordnung in das blutige Chaos bringen würde. Im April 2003 überreichte US-Botschafter Daniel Kurtzer die Roadmap als De-facto-Diktat des Nahostquartetts an die Konfliktparteien – die es beide akzeptierten.

Die Roadmap kehrte das Grundprinzip der Verträge von Oslo um. In

den 1990er-Jahren sollten vertrauensbildende Maßnahmen die Sicherheit Israels garantieren. Die Roadmap sah vor, dass ein Ende des Terrors Vertrauen bildete, bevor weitere politische Zugeständnisse an die Palästinenser gemacht würden. Israel verpflichtete sich, die auch nach israelischem Recht illegal errichteten Siedlungen zu räumen und akzeptierte unter Ariel Scharon – zwar zähneknirschend, aber immerhin – erstmals als Zielvorstellung die Errichtung eines unabhängigen palästinensischen Staates.

… und ein Ratschlag aus der Schweiz

Ein jüdisch-stämmiger Juraprofessor aus der Schweiz, dessen Frau aus dem Libanon stammt, das Schweizer Außenministerium und eine Schweizer Stiftung ermöglichten es, dass seit dem Laubhüttenfestwochenende im Oktober 2003 nach Madrid, Oslo, Wye Plantation, Scharm El-Scheich, Camp David und Akaba auch der Name der Schweizer Stadt Genf mit einer Nahostfriedensinitiative assoziiert wird. Drei Jahre lang hatten palästinensische und israelische Politiker, Intellektuelle, pensionierte Militärs und Aktivisten hart daran gearbeitet, bis sie die sogenannte »Genfer Initiative« vorstellen konnten. Nach den beiden Verhandlungsführern, Ex-PA-Informationsminister Jasser Abed Rabbo und dem ebenfalls ehemaligen israelischen Justizminister Jossi Beilin, wurde diese »Schweizer Initiative« auch »Beilin-Abed Rabbo-Initiative« genannt.

Auf 50 Seiten verkündete das Dokument ohne jeden offiziellen oder bindenden Charakter eine Zweistaatenlösung des israelisch-palästinensischen Konflikts auf der Rechtsgrundlage der UNO-Resolutionen 242 und 338. Jerusalem sollte als Hauptstadt beider Staaten geteilt werden, eine internationale Beobachtertruppe den freien Zugang zu den Heiligen Stätten garantieren. Grundlage für die Grenzziehung sollten die Waffenstillstandslinien von 1949 – die sogenannten »Grenzen von 1967« oder »Grüne Linie« – sein, wobei 75 Prozent der israelischen Siedlungen bestehen bleiben und nur 100 000 Siedler umgesiedelt werden sollten. Im Austausch dafür sollte Palästina israelisches Gebiet im Negev erhalten.

Die Genfer Initiative sah Palästina als »nichtmilitärischen Staat mit

starken Sicherheitskräften«, dessen Außengrenzen von einer internationalen Macht kontrolliert werden sollten. So sollte Israels Sorge vor unkontrollierten Waffenkäufen beruhigt werden. Heikle Fragen, wie etwa ein Recht palästinensischer Flüchtlinge auf Rückkehr, umschiffte die Genfer Initiative in guter Oslo-Tradition mit diplomatischen Floskeln, die jeder nach seiner eigenen Fasson interpretieren konnte. Letztendlich wurde der Ratschlag aus den Alpen von maßgeblichen Politikern beider Seiten als im besten Falle »virtuell« eingestuft und erwies sich aus orientalischer Sicht im Rückblick als Fata Morgana friedensdurstiger Idealisten – obwohl internationale Prominenz von Jimmy Carter über Michail Gorbatschow bis zu Nelson Mandela und Lech Walesa ihre Namen in die Waagschale geworfen hatten.

Über den Clinton-Plan, die Zweistaatenlösung und die Roadmap sind alle weiteren diplomatischen Vorstöße eigentlich nie hinausgekommen. Natürlich mussten westliche Diplomaten und ihre orientalischen Vasallen »den Friedensprozess« in regelmäßigen Intervallen anmahnen – das forderte schon die eigene Wählerschaft. Doch die Konferenz von Annapolis im November 2007 wurde von Israelis als »Einopolis« – frei übersetzt »Nixopolis« oder »Nichts-o-polis« – verballhornt. Palästinenser meinten, die einzige Botschaft von dort sei tatsächlich die gute arabische Aussage der Amerikaner: »Ana Bulis!« – »Ich bin die Polizei!« Nur: Vollmundige Aussprüche von Polizisten nimmt im Nahen Osten niemand wirklich ernst – es sei denn von Geheimpolizisten. Aber die sagen nicht viel, sondern handeln, und auch das meist nicht auf pompösen Konferenzen mit internationalem Publikum. Ernst genommen wurden die aufwändigen Friedensgipfel von der einfachen Bevölkerung jedenfalls nicht, weder in Israel noch in Palästina.

Einseitige Trennung

Im Dezember 2003 verkündete der israelische Regierungschef Ariel Scharon in Herzelia seinen Plan zur einseitigen Trennung von den Palästinensern. Damit verbunden war ein Rückzug aus dem Gazastreifen und dem nördlichen Teil des Westjordanlandes, der im Spätsommer 2005

durchgeführt wurde. Ein Großteil der israelischen Gesellschaft hatte das Besatzerdasein satt, wollte die Palästinenser einfach nur loswerden und sah die demografische Entwicklung zwischen Jordan und Mittelmeer als die große Bedrohung. Deshalb konnte Scharon seinen Plan durchsetzen, nicht etwa unter dem Slogan »Land für Frieden«, sondern, »um den jüdischen Charakter des Staates Israel zu bewahren«.

»Die Mauer«

Ein wichtiger Aspekt dieser einseitigen Trennung Israels von den Palästinensern, aber auch ein entscheidender Faktor im Kampf gegen den Selbstmordterror, ist der Bau einer Barriere zwischen dem Staat Israel und den umstrittenen Gebieten. Scharon hatte die physische Trennung der Bevölkerung Israels von der palästinensischen Bevölkerung bereits Anfang Juni 2002 genehmigt. Erstmals hatten übrigens Palästinenser eine derartige Maßnahme Ende der 1980er-Jahre gefordert.

Kein anderes Phänomen der israelisch-palästinensischen Auseinandersetzung hat im ersten Jahrzehnt des 21. Jahrhunderts weltweit so sehr und vor allem auch so nachhaltig die Gemüter erhitzt, wie Israels »Anti-Terror-Zaun«, dem die Arabische Liga schon bald offiziell den Titel »Apartheidmauer« verpasste. Beide Begriffe, »Zaun« und »Mauer«, sind demnach Propagandabegriffe – weshalb Journalisten, die sich noch bewusst um Neutralität oder Objektivität bemühen, mit Begriffen wie »Sperrwall« oder »Barriere« jonglieren. Emotional unreflektierte Vergleiche mit der »Berliner Mauer« oder gar dem »Warschauer Ghetto«, die von propalästinensischen Aktivisten aus dem westlichen Ausland in die Auseinandersetzung eingebracht wurden, haben tiefe und vor allem unnötige zusätzliche Gräben aufgerissen.

Militärische Gesichtspunkte

»Wir bauen entlang einer Strecke, die unter militärischen Gesichtspunkten sinnvoll ist«, erklärte der israelische Oberstleutnant Schai Brovender

im Mai 2004 seinen Auftrag in der Nähe der palästinensischen Autonomiestadt Kalkilya. Israel hatte durch mehr als zehn Jahre Verhandlungen nicht bekommen, was ihm am wichtigsten war: Ruhe und Sicherheit. Der profilierte Sprecher und Vertraute Ariel Scharons, Raanan Gissin, bezeichnete den Anti-Terror-Zaun als direkte Reaktion Israels auf die fehlende Bekämpfung der Terrororganisationen von palästinensischer Seite. »Wenn die nichts tun«, so Gissin, »dann müssen wir uns selbst gegen Selbstmordattentäter wehren.«

Als Brovender anhand einer Karte den Verlauf des Zaunes erklärte, stellten die Journalisten erstaunt fest, dass er aus der Vogelperspektive gesehen weitgehend entlang der »grünen Linie« verläuft. »Die ›Grüne Linie‹ – wie die Waffenstillstandslinie von 1949 oder die Grenze von vor 1967 in Israel genannt wird – ist eine politische Linie«, erklärte der israelische Offizier. Und zu politischen Fragen dürfe er sich als Militär nicht äußern. Aber er darf uns die Anatomie des Monstrums erklären, das auf eine Länge von 700 Kilometer geplant ist: Stacheldrahtverhau, ein Graben, der Fahrzeuge hindert, ein geeggter Streifen, der eigentliche Zaun, ein geeggter Streifen, eine Patrouillenstraße, ein dritter geeggter Streifen und noch ein letzter Stacheldrahtverhau – wenn die örtlichen Gegebenheiten keine Besonderheiten erfordern, so sieht der Antiterrorzaun aus. Auf eine Länge von 40 bis 50 Kilometern, vor allem in bewohnten Gebieten, ist »der Zaun« eine bis zu acht Meter hohe Betonmauer, die palästinensische Scharfschützen daran hindern soll, auf Israelis zu schießen.

Als Oberstleutnant Brovender seine Journalistengruppe durch das Kommando- und Kontrollzentrum (CC) führt, bekommen wir einen kleinen Eindruck von den technischen Raffinessen der Sicherheitsbarriere. Im CC sitzen wehrdienstleistende Mädchen am PC und bedienen in Vierstundenschichten rund um die Uhr auf Tastendruck modernste Kameras. So wird die gesamte Sicherheitsbarriere ständig überwacht. Sensoren melden jedes Wesen, das sich dem Zaun nähert, der acht verschiedene Alarmzeichen hat und gleich über Satellit die genauen Koordinaten der Störung in den CC durchgibt. Innerhalb weniger Sekunden kann dann per Kamera festgestellt werden, ob es ein Tier ist, das sich in seinem Weg gestört sieht, ob freche Jungs Steine werfen, Journalisten an einer

Zaunstory arbeiten und dafür den Alarm ausgelöst haben, oder ein Terrorist sich nach Israel einschleichen will. Das Livebild vom Zaun und seiner Umgebung kann per Knopfdruck von den Soldatinnen im CC in eine Kommandozentrale und von dort auf einen transportablen Computer der zuständigen Patrouille durchgestellt werden.

Nach Angaben des Sprechers der israelischen Armee hat die Sperranlage im Durchschnitt alle drei bis vier Kilometer einen Durchlass, eine Tür, ein Tor oder einen Kontrollpunkt. Diese Durchlässe gewähren bestimmten Menschen zu bestimmten Zeiten die Möglichkeit, zu ihrer Schule oder an ihren Arbeitsplatz zu gelangen. Brovender erklärt: »Ich selbst bin zum Muchtar[95] von mehr als einem Dorf gegangen und habe ihn gefragt, wann der Durchlass im Zaun geöffnet werden sollte.« Wenn irgend möglich sollen die wirtschaftlichen und gesellschaftlichen Folgen der israelischen Sicherheitsmaßnahme für die Palästinenser gemildert werden.

Mancherorts wird ein Tor nur zu bestimmten landwirtschaftlichen Saisons geöffnet. An vielen Stellen gibt es Sonderregelungen, so beispielsweise für eine Beduinenfamilie, die außerhalb des Zauns wohnt, deren Kinder aber in eine palästinensische Schule gehen. In einem Fall hat ein palästinensischer Landwirt, dessen Haus auf israelischer Seite steht, selbst einen Schlüssel für das Tor im Zaun, um dadurch zu seinem Dorf gelangen zu können. Selbstverständlich werden alle Bewegungen durch das Tor von den Mädchen im CC genau beobachtet und sollte der Schlüsselbesitzer einmal vergessen, das Tor hinter sich abzuschließen, wird er per Handy daran erinnert.

Grundanliegen »ist eine militärische Lösung, die Terroristen daran hindern soll, nach Israel zu kommen.« Der zaunbauende Oberstleutnant wird nicht müde, das zu betonen: »Dies ist die beste Möglichkeit, unsere Familien zu schützen.« Im Rückblick nach mehr als fünf Jahren Erfahrung mit Israels »Anti-Terror-Zaun« muss man Brovender recht geben: »Aus militärischer Sicht ist der Zaun effektiv.« Der israelische Medikamentencocktail gegen palästinensischen Terror – in dem der Anti-Terror-Zaun neben anderen Maßnahmen nur ein Mittel ist – ist so wirksam, dass

95 Traditioneller Dorfältester, Bürgermeister.

heute Sicherheitsexperten aus aller Welt nach Israel kommen, um vom jüdischen Staat zu lernen, wie man den »asymmetrischen Krieg« oder »Konflikt niederer Intensität«, der heute viele Staaten weltweit bewegt, effektiv führt.

Zwei Millionen Euro kostet jeder Kilometer des Anti-Terror-Zauns den Staat Israel, Personalkosten und technischen Schnickschnack inklusive. Und Israel exportiert seine Erfindung mittlerweile weltweit, weil überall Demokratien nach Mitteln suchen, Bevölkerungsströme effektiv zu kontrollieren, ohne dass es dabei zu Todesfällen kommt. Das gilt für die USA wie für die irakischen Kurden in Richtung Süden, für Indien in Richtung Nordwesten und für die EU in Richtung Osten und Südwesten – um nur einige Beispiele zu nennen.

Mittlerweile haben die Israelis auch begriffen, dass man »den Zaun« nicht aus hässlichem, grauem Beton herstellen muss, sondern mit Jerusalemstein adrett verkleiden kann. So gleicht »die Mauer« heute an vielen Stellen schon eher einem Schallschutz, wie er an deutschen Autobahnen in Nähe von Wohngebieten gang und gäbe ist.

Bürokratische Umständlichkeit, menschliche Unfreundlichkeit und Willkür mögen das Anliegen Israels vernebeln, aber es bleibt bestehen: Israel will im ureigensten Interesse die Palästinenser nicht »ersticken«, sondern den Menschenstrom zwischen Israel und den Palästinensergebieten kontrollieren, um Terroristen abfangen zu können.

Mauergegner

Israelische Zaungegner, wie etwa die Friedensbewegung Schalom Achschav, hatten gegen eine Trennung Israels von seinen palästinensischen Nachbarn grundsätzlich nichts einzuwenden. Ihr Problem waren anfangs lediglich die Zusatzkosten, die durch eine Eingliederung von Siedlungen entstanden. Siedlungsbefürworter kritisierten dagegen, dass umfangreiche Gebiete unnötig durch den Zaun ausgesperrt würden. Interessanterweise waren sich hier Gegner und Befürworter der israelischen Siedlungen einmal einig. Der gemeinsame Vorwurf: Die Regierung legt die Grenzen eines künftigen Palästinenserstaates ohne Verhand-

lungsbasis fest. Ähnlich befürchteten US-Diplomaten, dass durch Fakten das Ergebnis von Endstatusverhandlungen vorweggenommen würde.

Neben dem Landdiebstahl durch die Eingliederung von Siedlungen nach Israel und die Konfiszierung besten Ackerbodens für die Baumaßnahmen, ärgert Palästinenser und vor allem ihre Freunde weltweit die Unmenschlichkeit der Apartheidmauer, dass durch sie die palästinensische Bevölkerung gedemütigt und ghettoisiert, von der heiligen Stadt Jerusalem abgeschnitten und ein Palästinenserstaat verunmöglicht werde. Zudem verschärfe der wachsende Hass der Eingesperrten den Konflikt. Interessant ist, wenn Schweizer betonen, dass »ein kantonisierter Staat« nicht lebensfähig sei. In der Vorweihnachtszeit erregt besonders die zehn Meter hohe Betonmauer, die Israel zwischen Bethlehem und Jerusalem errichtet hat, die christlichen Gemüter.

»Aus Bethlehem erreicht uns die Klage, dass der israelische Sicherheitswall die Stadt nun völlig eingeschlossen und zu einer Insel gemacht hat … Sie schneidet Bauern den Weg zu ihrem Land ab, sie zwingt Kranke zu weiten Umwegen beim Weg in ein Krankenhaus und erschwert den Zugang nach Bethlehem für Einheimische und für Besucher«, empörte sich der württembergische Oberkirchenrat Heiner Küenzlen in einer Stellungnahme seiner Landeskirche zum Weihnachtsfest 2005 und dachte wohl nicht einmal an die Möglichkeit, dass palästinensische Propaganda nicht immer deckungsgleich mit der Realität vor Ort sein könnte.

Zeitgleich mit der Klage des württembergischen Oberkirchenrates verschickte ein palästinensischer Christ aus Bethlehem einen Vorweihnachtsbericht an seine Spender in Amerika und Europa. Darin berichtete er über Reisen, die er und seine Familie im zurückliegenden Jahr unternommen hätten, nach Beirut und Damaskus, ins israelische Tiberias am See Genezareth und ins arabische Nazareth in Galiläa, nach Amerika, Spanien und Thailand. Und er war kein Einzelfall: Viele palästinensische Händler reisten ihren Kunden auf die Weihnachtsmärkte Deutschlands nach.

»Fast täglich müssen wir am Grenzübergang zwischen Bethlehem und Jerusalem die Kontrollen über uns ergehen lassen«, beklagte der palästinensische Baptistenpastor ein Vorrecht, das kein normaler Israeli genießt. Wenn nämlich jüdische Israelis Bethlehem besuchen wollen, von

wo sie nach alttestamentlicher Tradition ihren Messias und Erlöser erwarten, können sie das nur tun, indem sie gegen die Gesetze ihres eigenen Staates verstoßen. Der Besuch der PA ist Israelis nach israelischem Gesetz verboten, weil die Regierung Entführungen und Lynchmorde fürchtet. Eine Reise zu ihren Jahrtausende alten Wurzeln nach Damaskus oder Bagdad gehört zu den Träumen, die reiselustige Israelis kaum in Worte zu fassen wagen. Tatsache ist, dass Palästinenser - und vor allem Christen! - weltweit entscheidend mehr Reisefreiheit genießen als jeder Durchschnittsisraeli.

Humanitäre und vor allem wirtschaftliche Folgen des Mauerbaus zwischen Israelis und Palästinensern waren anfangs kaum umstritten. Oberstleutnant Schai Brovender betonte, dass »16 Prozent des Budgets für die Erleichterung der humanitären Lage der Palästinenser verwendet« würden. »Aber natürlich ist es nicht immer möglich, alle wirtschaftlichen Folgen für die Palästinenser durch den Zaun zu vermeiden - und manchmal sind wir daran auch gar nicht interessiert«, fügte er mit einem Schmunzeln gleich hinzu: Autoversicherungen gaben bereits kurz nach Fertigstellung des Zauns an, dass in den betroffenen Gebieten die Autodiebstähle um 55 bis 60 Prozent zurückgegangen seien. Ähnliches galt für den Schmuggel von Waffen. In beiden »Wirtschaftsbereichen« hatte die israelisch-palästinensische Zusammenarbeit hervorragend funktioniert, bis der Trennungswall dem Treiben ein Ende setzte.

Im Rückblick nach einem halben Jahrzehnt »Apartheidmauer« muss man sich allerdings fragen, ob das Trennungsmonstrum nicht gar einer der Hauptgründe für den Wirtschaftsaufschwung im Westjordanland ist, den der palästinensische Premierminister Salam Fayyad für das Jahr 2009 auf 11 Prozent bezifferte. Wie ist das möglich? - Weil die Apartheidmauer effektiv den militärischen Befreiungskampf extremistischer Palästinenser gegen Israel unterbindet, nimmt sie israelischen Politikern und Sicherheitsexperten den Hauptvorwand, einen wirtschaftlichen Austausch zwischen Israelis und Palästinensern zu behindern. Für das Jahr 2010 galt zwar, dass die politischen Gespräche praktisch nicht existent waren - andererseits aber die israelisch-palästinensische Kooperation auf allen anderen Gebieten, einschließlich des interkulturellen und interreligiösen Austauschs, sowie der sicherheitstechnischen Zusammenar-

beit so gut wie noch nie zuvor war. Und das war eindeutig eine Frucht der Mauer.

Gezielte Tötungen

Aber es war nicht die Mauer allein, die bis zum Ende des Jahrzehnts allem Versagen diplomatischer Bemühungen zum Trotz dazu führte, dass der palästinensische Terror gegen Israel fast vollständig aufhörte. Neben der Abriegelung der Palästinensergebiete von den israelischen Siedlungsgebieten und Ausgangssperren in den Palästinensergebieten, verschaffte sich die Armee nach dem Passah-Massaker vom März 2002 in Netanja gewaltsam Zugang zu allen Autonomiegebieten und übte so massiven Druck auf die Widerstandsgruppen aus. Damit wurde die im Rahmen der Oslo-Folgeabkommen vereinbarte Unterteilung der PA in die viel erklärten Zonen

- »A« (ganz unter PA-Kontrolle),
- »B« (unter palästinensischer Zivil- und israelischer Sicherheitskontrolle) und
- »C« (ganz unter israelischer Kontrolle)

de facto hinfällig. Wo es nicht möglich war, palästinensische Aktivisten dingfest zu machen, setzte die israelische Armee schließlich ein Mittel ein, das bis heute weltweit heiß umstritten ist, aber etwa von den Amerikanern in Somalia, dem Jemen, Afghanistan oder Pakistan ebenfalls praktiziert wird: Die gezielte Liquidierung einzelner Menschen.

Unter dem Damoklesschwert

Nach fast zwei Stunden geben wir auf. In der Luft über dem Flüchtlingslager im Süden von Gaza-Stadt hören wir das rasenmähergleiche Brummen der unbemannten israelischen Beobachtungsflugzeuge. Wieder einmal ist ein Gesprächstermin mit Scheich Ahmed Yassin, dem geistigen Vater der Hamas-Bewegung, geplatzt. Zu groß sei die Gefahr, dass unser Besuch seinen Aufenthaltsort verrät, meint Saad, ein Journalistenkolle-

ge vom Radio der Hamas. Spürbar hängt das Damoklesschwert der israelischen Luftwaffe über jedem führenden Hamas-Mitglied.

Das war im Januar 2004. Am 22. März desselben Jahres wird der gebrechlich wirkende Scheich, dessen Wort den Tod von Hunderten von Menschen entschieden hat, von israelischen Raketen aus dem Rollstuhl geschossen. Drei Wochen später ereilt seinen Nachfolger, den Kinderarzt Dr. Abdel Asis Rantisi, dasselbe Schicksal. Auf den Straßen von Gaza toben die Massen. Die Hamas-Führung gelobt blutige Rache. Israelische Sicherheitskräfte verstärken ihre Vorkehrungen. Weltweit geißeln Diplomaten, Politiker und Friedensaktivisten diese außergerichtlichen Exekutionen als illegal, abscheulich, unrechtmäßig, ungerechtfertigt und kontraproduktiv. Amerika schweigt.

Gibt es Grenzen der Selbstverteidigung?

Nach rechtsstaatlichen Maßstäben ist es grundsätzlich nicht gutzuheißen, wenn Menschen ohne ordentliches Gerichtsverfahren getötet werden. Darüber lässt sich nicht diskutieren. Auch dem schlimmsten Verbrecher muss eine faire Verteidigung gewährleistet werden. Doch der »asymmetrische Krieg«, in den sich Israel und die westliche Welt seit fast zwei Jahrzehnten verwickelt sehen, stellt Sicherheitsexperten und Politiker vor neue Herausforderungen.

Israel beruft sich auf Artikel 51 der UN-Charta und betont, dass nach internationalem Recht kein Staat dazu verpflichtet sei, bewaffnete Angriffe passiv hinzunehmen. Die gezielte Tötung von »tickenden Bomben« halten israelische Rechtsexperten für erlaubt, wenn keine andere Möglichkeit besteht, blutige Anschläge auf die eigene Zivilbevölkerung zu verhindern. Obwohl die Praxis auch innerhalb der israelischen Gesellschaft heftig diskutiert wird, befürworteten doch 85 Prozent der Israelis den Abschuss Rantisis.

Weder Bestrafung, noch Vergeltung, noch Racheakt sollen die gezielten Tötungen sein. Israel will sie als Präventivmaßnahmen zur Verhinderung weiterer Anschläge auf israelische Zivilisten verstanden wissen. Zu den Vorgaben der Militärs gehören, dass immer zuerst alle anderen

Möglichkeiten, einen Anschlag zu verhindern, ausgeschlossen werden müssen, und dass unschuldige Palästinenser soweit irgend möglich geschützt werden. Die Festnahme der Hamas-Führer, die von Israel abgeschossen wurden, und der dazu nötige Einmarsch in den Gazastreifen hätte mit Sicherheit bei Weitem mehr Menschenleben auf beiden Seiten gefordert.

Dass bei der Tötung des militärischen Chefs der Hamas, Salah Schehadeh, im Juli 2003 vierzehn weitere Palästinenser ums Leben kamen, wird von israelischen Militärexperten als Fehler gewertet, der auf nachrichtendienstliches Versagen zurückzuführen ist.

Allerdings wird es auch künftig einem Terroristen aus israelischer Sicht keine Immunität verleihen, wenn er sich hinter der Zivilbevölkerung versteckt.

Doch die Frage bleibt - ist einer Demokratie, die sich an westlichen Maßstäben messen lassen will, bei der Selbstverteidigung wirklich alles erlaubt?

Ein »asymmetrischer Krieg« …

Zwei Monate nach dem Tod Rantisis und Yassins erläuterte Amos Jadlin seine Gedanken über den Krieg gegen den Terror als ethisches Dilemma. Der israelische Generalmajor schien sich nach einem Krieg alten Schlages zurückzusehnen. Damals waren die Fronten klar. Es war eindeutig, wer Feind und wer Freund war, wer sich als Soldat am Konflikt beteiligte und wer unbeteiligt zwischen die Fronten geraten war. Damals gab es klare Regeln, ein Kriegsrecht, einen Ehrenkodex, an den sich die kämpfenden Parteien hätten halten sollen. Der Luftwaffengeneral wusste, wovon er redete. Im Juni 1981 hatte er selbst am israelischen Angriff auf den irakischen Atomreaktor Osirak teilgenommen.

Im modernen Krieg gegen den Terror ist das alles anders. General Jadlin ließ seine Zuhörerschaft als Leiter der Militärakademien des Staates Israel kompetent am Verwirrspiel um den Anti-Terror-Krieg teilhaben: »Es gibt allein 137 unterschiedliche Definitionen dafür, was ›Terror‹ ist.« Bei dem Krieg, der heute die Welt bewegt, müssen grundlegende Fragen

neu gestellt werden: Wer ist der Feind? Wo liegen Fronten und Grenzen? Wie wird ein Sieg definiert?

Der Krieg gegen den Terror ist ein asymmetrischer, ein ungleicher Krieg, dem herkömmliches Kriegsrecht nicht mehr gerecht wird. Die Ungleichheit dieses Krieges wird nicht nur an den unterschiedlichen militärischen Möglichkeiten der Parteien deutlich, sondern vor allem auch an ihren vollkommen unterschiedlichen Wertvorstellungen. »Die andere Seite hat ganz andere Kampfregeln, eine völlig andere Ethik und Moral«, stellte Jadlin fest. »Zivilisten nehmen Zivilisten ins Visier und verbergen sich dabei hinter Zivilisten.« Gemessen an herkömmlichem Kriegsrecht, das zwischen uniformierten Soldaten und Zivilisten zwingend unterscheidet, hat es der Krieg gegen den Terror mit illegalen Kombattanten zu tun, für die keine Regeln gelten.

… und ein ethisches Dilemma

Das bedeutet für den Generalmajor, der einen »Think Tank« – eine »Ideen-Schmiede« – im Auftrag des Generalstabes der israelischen Armee leitete, allerdings nicht, dass sich auch seine Armee an keinerlei Regeln zu halten hätte. »Wir sind uns selbst schuldig, über die ethischen Dimensionen unserer Kampfweise nachzudenken«, erklärte Jadlin, »sonst kann ich morgens nicht mehr in den Spiegel sehen.« Ausdrücklich wünschte er sich Anregungen von seiner Zuhörerschaft aus Journalisten, Akademikern und Diplomaten.

Jadlins Team soll vier Jahre Kampferfahrung zusammenfassen und ethische Richtlinien für Entscheidungsträger entwickeln. Dabei ist die grundlegende Aufgabe des Staates gegenüber seinen Bürgern festzuhalten: sie zu verteidigen und zu schützen. Klar ist auch: »Die Aufgabe der israelischen Armee ist nicht, zu bestrafen, sondern Terroranschläge zu verhindern.« Das »tragische Dilemma« der israelischen Sicherheitskräfte im Kampf gegen den Terror ist: »Was immer wir tun, immer kommen unschuldige Menschen zu Schaden und sterben.« Daraus ergibt sich die Notwendigkeit, eindeutige Prioritäten in der Vorgehensweise der Soldaten festzulegen.

Problemlos definiert Jadlin den Schutz der israelischen Zivilbevölkerung als höchste Priorität. »Terroristen« stehen ganz unten auf der Liste: »Was mit ihnen passiert, ist uns letztlich egal, solange wir ihre Absichten vereiteln können.« Schwierig wird es, wenn sich die Interessen der eigenen Soldaten mit dem Schutz von Zivilisten der anderen Seite beißen. »Wie erkläre ich einer israelischen Mutter, dass ihr Sohn von einem palästinensischen Scharfschützen erschossen wurde, weil er eine alte Palästinenserin mit Wasser versorgte?«, fragt der kriegserfahrene Militär im Blick auf einen konkreten Fall und stellt fest: »Eine ganze Reihe von Terroristen sind uns entkommen, weil wir uns aufgrund unserer ethischen Maßstäbe nicht in der Lage sahen, sie unschädlich zu machen.«

Nach herkömmlichem Kriegsrecht ist jedes Mitglied der gegnerischen Armee ein legitimes Ziel, auch wenn es sich um den Armeekoch handelt, der keinerlei Gefahr darstellt. Im Kampf gegen den Terror sieht sich Israel allerdings keiner regulären Armee gegenüber. »Alle Terroristen, die in den vergangenen Jahren in Israel Anschläge ausgeführt haben, waren nach der Definition des bislang gültigen internationalen Rechts Zivilisten. Das bedeutet aber noch lange nicht, dass wir alle Zivilisten der anderen Seite als legitimes Ziel definieren können.«

Jadlin sieht in jeder »tickenden Bombe« ein legitimes Ziel. Eine »tickende Bombe« gilt es, mit allen Mitteln außer Gefecht zu setzen, bevor sie zum Zug kommt. Sodann ist der israelischen Armee jeder, der direkt zur operativen Kette der Terrorstruktur gehört, ein legitimes Ziel. Das bedeutet umgekehrt, dass jeder, der sich nicht direkt an Terroroperationen beteiligt, nicht mehr in den Aufgabenbereich der Armee gehört. General Jadlin: »Das gilt auch für Terroristen, die sich erklärtermaßen zur Ruhe setzen. Für sie ist das Rechtssystem zuständig.«

Ein weiteres entscheidendes Kriterium bei der Beurteilung der Legitimität von militärischen Aktionen ist, inwiefern Schaden reversibel oder irreparabel ist. »Die meisten humanitären Fragen können«, laut Amos Jadlin, »korrigiert werden. Häuser können wieder aufgebaut werden. Der Schaden von 1 000 toten und 10 000 behinderten Israelis dagegen ist irreversibel.«

Ein kritischer Rückblick

Schon bald nach Ausbruch der Unruhen Ende September 2000 begannen israelische Wissenschaftler, die israelisch-palästinensische Gewalt zu analysieren. Auf jeden toten Israeli kamen drei tote Palästinenser. Dieses Zahlenverhältnis bestimmt bis heute das Bild der Weltöffentlichkeit über den Umgang des israelischen Militärs mit der palästinensischen Bevölkerung.

Im Sommer 2002 legte das International Policy Institute for Counter-Terrorism (ICT)[96] eine erste statistische Untersuchung dieser Zahlen vor. Die Wissenschaftler unterteilten die Getöteten nach Alter, Geschlecht und ob sie sich zum Zeitpunkt ihres Todes aktiv an den Kämpfen beteiligt hatten. Dabei kamen sie zu erstaunlichen Ergebnissen.

- Mehr als 50 Prozent aller palästinensischen Toten waren nachweislich aktiv an Kämpfen beteiligt, während auf israelischer Seite weniger als 25 Prozent aller Toten als Kämpfende ums Leben kamen.
- Die Zahl der getöteten Israelinnen war mehr als doppelt so hoch wie die Zahl ihrer palästinensischen Geschlechtsgenossinnen. Weniger als fünf Prozent der ums Leben gekommenen Palästinenser waren Frauen oder Mädchen.
- Ebenso war die Anzahl der israelischen Zivilisten im Alter von 40 Jahren und darüber mehr als doppelt so hoch wie die vergleichbare Altersgruppe auf palästinensischer Seite.
- Die Statistik zeigt, dass die nicht am Kampf beteiligten Israelis, die in den ersten 20 Monaten getötet wurden, gleichmäßig über das gesellschaftliche Spektrum verteilt sind, entsprechend den zivilen Zielen, die palästinensische Terroristen für ihre Angriffe gewählt hatten.
- Die palästinensischen Todesfälle dagegen waren auffallend auf ein Bevölkerungssegment beschränkt: Junge Männer im Alter zwischen 13 und 30 Jahren.

Eindeutig widerlegt diese statistische Analyse die Anklage, Israel schieße wahllos auf Palästinenser. Don Radlauer, der das Projekt im Auftrag des ICT leitete, und seine Mitarbeiter sahen sich immer wieder

96 www.ict.org.il

Schwierigkeiten bei der Erfassung der einfachen Zahlen und Fakten auf palästinensischer Seite gegenüber. Besonders die langen, oftmals ähnlichen und dann sehr unterschiedlich geschriebenen arabischen Namen bereiteten Kopfzerbrechen.

Auch die Kategorisierung der Toten war nicht einfach. So werden auf palästinensischen Märtyrerlisten Selbstmordattentäter zusammen mit unschuldigen Zivilopfern geführt. Sogenannte »Arbeitsunfälle«, wenn etwa Bomben vorzeitig explodierten, müssen anders bewertet werden als der Tod von Kollaborateuren, die von ihren eigenen Landsleuten umgebracht wurden. Unklar bleibt bei vielen Todesfällen von demonstrierenden Jugendlichen, ob sie von vorne, das heißt von Israelis, oder von hinten, das heißt von Palästinensern, erschossen wurden. Autopsien, die dies hätten sicherstellen können, wurden nie durchgeführt.

Während auf israelischer Seite Soldaten im Einsatz leicht von Zivilisten zu unterscheiden sind, besteht auf palästinensischer Seite eine Guerillasituation. »Wir haben uns im Zweifel für den Angeklagten entschieden«, erklärte Radlauer. Das bedeutet, dass beispielsweise steinewerfende Kinder in dieser Studie grundsätzlich als nichtkombattant eingestuft wurden, während ein israelischer Zivilist, der in Afula erschossen wurde, nachdem er mit der eigenen Waffe einen Terroristen unschädlich machen wollte, als Kämpfer bezeichnet wird.

Die zeitliche Verteilung der Todesfälle erlaubt eine Unterscheidung von unterschiedlichen Phasen der Al-Aqsa-Intifada. So ist nach dem 11. September 2001 ein deutlicher Anstieg der palästinensischen Todesfälle zu erkennen, was vermutlich darauf zurückzuführen ist, dass sich die israelische Armee unmittelbar nach den Anschlägen auf Amerika weniger von der Weltöffentlichkeit beobachtet fühlte.

Im Dezember 2000 ist ein starker Rückgang der palästinensischen Todesfälle auffällig. Damals hatte die schwedische Königin Silvia den Missbrauch von Kindern im palästinensisch-israelischen Konflikt öffentlich angeprangert. In der Folge fühlten sich palästinensische Kritiker ermutigt, dagegen vorzugehen. Die Intifada-Aktivisten hörten auf, ganze Busladungen von Kindern »an die Front« zu karren. Die Schecks von Eltern verletzter »Intifada-Kinder« wurden nicht mehr von den Banken der PA eingelöst.

Die mutigen Aussagen von Königin Silvia hatten konkret nachweisbare Auswirkungen auf den Konflikt und retteten das Leben Hunderter palästinensischer Kinder. Was mir persönlich erst mit Hilfe des ICT und in der rückblickenden Analyse aufgefallen ist, muss aber Mitarbeitern der PA schon damals bewusst gewesen sein. So habe ich bei der Durchsicht alter Notizbücher entdeckt, dass mir am 23. Oktober 2000 ein palästinensischer Christ und Mitarbeiter der PA von der »bloody Swedish Queen«, der »verfluchten schwedischen Königin«, erzählte.

Eine Woche später begleitete ich die Delegation von Bundeskanzler Gerhard Schröder durch Israel und in den Gazastreifen, wo Schröder Arafat traf. Als »Freund in schwieriger Zeit« holte der Kanzler 50 verletzte Palästinenserkinder zur Behandlung in deutsche Krankenhäuser. Von einer deutschen Kritik an der palästinensischen Vorgehensweise habe ich genauso wenig registriert, wie von einem Transport palästinensischer Kinder nach Schweden. Im Rückblick stellt sich die Frage, wer mehr Menschenleben gerettet hat: Der unkritische deutsche »Freund in schwieriger Zeit« oder die schwedische Königin, die es gewagt hatte, Kritik an den Palästinensern zu üben?

Die ICT-Analytiker kamen zu dem Schluss, dass »das Muster der palästinensischen Todesfälle unter Zivilisten Resultat einer aktiven Propagandakampagne war, die das ›Märtyrertum‹ glorifizierte. Junge Männer wurden ermutigt, sich den israelischen Sicherheitskräften entgegenzustellen und dabei ihr Leben zu riskieren.« Radlauer sprach von einer Selbstmordpropaganda, die Kinder glauben machte, Tod tue nicht weh.

Der entscheidend höhere Anteil von israelischen Zivilisten unter den Opfern der Intifada deuten Radlauer und seine Mitarbeiter als Anzeichen dafür, »zu welchem Ausmaß palästinensische Terroristen Israelis ganz einfach für das ›Verbrechen‹, Israeli zu sein, getötet haben«. Radlauer fragte: »Warum sehen wir immer nur darauf, welche Entscheidungen Israel trifft, während uns bei den Palästinensern die Gefühle interessieren – und nicht umgekehrt?«

Auch auf palästinensischer Seite …

… begann man, prüfend zurückzublicken, allerdings weniger auf der Ebene der Akademiker, als eher bei Aktivisten und Politikern. Auch fällt auf, dass Kritik nie aufgrund von ethischen Maßstäben formuliert wurde. So kritisierte Dschibril Radschub im September 2002 in einem Interview mit der französischen Tageszeitung Le Monde, die Palästinenser hätten vier rote Linien überschritten und sich dadurch selbst geschadet:

1. Militärische Aktionen gegen israelische Zivilisten.
2. Die Umwandlung der Volksbewegung in einen bewaffneten Kampf.
3. Die Nutzung der Autonomiegebiete als Basis für bewaffnete Operationen.
4. Den Einsatz der PA-Sicherheitskräfte im militärischen Kampf.

Radschub, einer der führenden Fatah-Funktionäre, betonte, er habe das alles schon immer für falsch gehalten und verlieh der Hoffnung Ausdruck, die palästinensische Bevölkerung habe verstanden, dass »nur eine klare Position, die sich den Entscheidungen der internationalen Gemeinschaft unterordnet, zu einem unabhängigen Palästinenserstaat führen wird«.

Ganz anders der palästinensische Christ Khader Abu Abarra, den ich zu Beginn desselben Monats in seinem Haus in Beit Sahur, auf den traditionellen Hirtenfeldern bei Bethlehem, besuchte.

Er stellte sich mir vor als »Exaktivist« und Mitglied des Zentralkomitees der Volksfront zur Befreiung Palästinas (PFLP).

Mein Begleiter, der den Kontakt vermittelt hatte, wusste aber, dass Abu Abarra einer der führenden Oppositionellen im Raum Bethlehem war, den kein Politiker übergehen konnte. Sechs oder sieben Mal hatte er in israelischen Gefängnissen gesessen, nach 1982 sechs Jahre an einem Stück. Zuletzt war er einen Monat vor unserem Treffen entlassen worden.

Khader Abu Abarra wurde 1958 in Beit Dschallah geboren, ist verheiratet und hat vier Kinder. Der drahtig wirkende Mittvierziger sah entscheidende Erfolge des dato zweijährigen bewaffneten Kampfes gegen den jüdischen Staat. Die Al-Aqsa-Intifada habe, so Abu Abarra,

- eine praktische Einheit unter den Palästinensern,
- die Zerstörung der Oslo-Kultur und des Traumes von einer Normalisierung mit dem israelischen Staat,
- die Unterstützung der arabischen und islamischen Welt für die palästinensische Sache,
- eine entscheidende soziale, wirtschaftliche und moralische Krise in Israel und
- den arabischen Boykott amerikanischer und israelischer Waren

bewirkt. Gegenüber Journalisten aus dem westlichen Ausland bemühte er natürlich die Formel, die militärische Option werde keine Lösung erbringen. Selbst radikal-islamische Organisationen wie die Hamas oder der Islamische Dschihad hätten eine »Zweistaatenlösung für Palästina« de facto akzeptiert. Das Problem auf dem Weg zur Zweistaatenlösung seien die Israelis. Darin waren sich Abu Abarra und Radschub einig. »Offensichtlich meinen die Juden es nicht ernst«, brummelte der ehemalige Geheimdienstchef: »Wann immer sie den Palästinensern einen politischen Horizont eröffnen, bewegt sich nichts!«

Die Stimme der Vernunft

Dschibril Radschub und Khader Abu Abarra vertraten eine überwältigende Mehrheit der Palästinenser, wenn sie Israel die Alleinschuld an der Misere ihres Volkes zuschoben.

Mit Dr. Haider Abdel Schafi lernte ich im Januar 2004 nicht nur einen der großen alten Männer Palästinas kennen, sondern erstmals auch einen palästinensischen Politiker, der die Fehler auf der eigenen Seite suchte. »Abu Khaled«, wie er von seinen Landsleuten genannt wurde, war innerhalb der palästinensischen Gesellschaft als Stimme der Vernunft bekannt. Die Leute auf der Straße waren sich einig: »Der Name Abdel Schafi steht für Gerechtigkeit.«

1919 in Gaza geboren, praktizierte Haider Abdel Schafi fast ein halbes Jahrhundert als Arzt. In der politischen Arena machte er sich als sprachgewandter Oppositioneller einen Namen. Maßgeblich war er an der Gründung der PLO und des Palästinensischen Roten Halbmondes beteiligt.

Zu den Stationen seiner politischen Karriere gehörten das PLO-Exekutivkomitee, die Leitung der palästinensischen Delegation bei den Madrider Friedensgesprächen und seine Tätigkeit als PLC-Abgeordneter.

Wenige Tage vor unserer Begegnung in der Zentrale des Roten Halbmondes in Gaza-Stadt hatte sich eine 21-jährige Mutter zweier Kinder im Auftrag der Hamas in die Luft gesprengt. Abdel Schafi kommentierte: »Das sollte die Ausnahme bleiben. Die Sorge um die Kinder ist Hauptaufgabe einer Mutter. Eine unverheiratete Frau ist allerdings frei und kann sich am Kampf beteiligen.« Selbstmordattentate sah der Mediziner grundsätzlich kritisch, »weil dabei unschuldige Menschen ums Leben kommen«, obwohl »natürlich manche Palästinenser glauben, in Israel gebe es keine unschuldigen Zivilisten. Ich bin da anderer Meinung«, betonte Abdel Schafi, der trotz seines hohen Alters und seines gebrechlichen Äußeren eine erstaunliche geistige Wendigkeit bewies: »Allerdings haben wir das Recht, für unsere Rechte zu kämpfen.«

Der ehemalige Chef des israelischen Auslandsgeheimdienstes Mossad, Efraim HaLevy, hatte kurz vor meiner Begegnung mit Abdel Schafi erklärt, die Palästinenser schienen am Aufbau eines eigenen Staates gar nicht interessiert. Abdel Schafi bestätigte: »Das stimmt. Auf allen Ebenen fehlt die Organisation. Wenn wir uns organisieren würden, müsste Israel sich Zukunftssorgen machen. Aber wir versinken im Chaos. Deshalb kann sich Israel ungehindert seiner Aggression widmen. Unsere Führung tut nicht, was sie tun sollte.« Dabei richtete sich seine Kritik scharf und unverhohlen gegen einen alten Weggefährten: »Jasser Arafat ist ein Symbol der Desorganisation. Wir sollten klare Prioritäten setzen, die Interessen von Einzelpersonen, Familien oder Fraktionen dem öffentlichen Interesse unterordnen« – und machte so mit seiner Kritik nicht einmal vor der Korruption innerhalb der palästinensischen Gesellschaft halt.

Auf dem Weg zu einem unabhängigen Palästina hielt Dr. Abdel Schafi »Einheit für das Gebot der Stunde. Alle Parteien sollten sich zusammensetzen und offen ihre Vorstellungen zur Sprache bringen. Wir haben Israel militärisch nichts entgegenzusetzen. Deshalb können wir uns nur auf einen Defensivkampf einlassen. Die Welt würde uns unterstützen, weil wir so nur uns selbst verteidigen würden.«

Als Dr. Haider Abdel Schafi am 25. September 2007 im Alter von 88 Jahren einem Krebsleiden erlag, hatte er das Ziel, für das er ein Leben lang gekämpft hatte, nicht erreicht. Seine Selbstkritik ist bis heute hoch aktuell.

Palästinas Friedensbewegung

Im Laufe der Jahre wurde ich immer wieder gefragt, warum ich nicht mehr über eine palästinensische Friedensbewegung berichte. Deshalb begleitete mich die Frage nach einer Friedensbewegung innerhalb der palästinensischen Gesellschaft während all der Jahre meiner Arbeit in der PA.

560 prominente Palästinenser forderten Ende 2004 ein Ende der militärischen Angriffe auf Israel und demokratische Reformen auf dem Weg zu einem unabhängigen Palästinenserstaat. Der Aufruf wurde in einer Anzeige auf der ersten Seite einer Reihe von palästinensischen Zeitungen veröffentlicht. Hohe PLO-Vertreter, Kabinettsminister, PLC-Abgeordnete, Intellektuelle und Schriftsteller unterstrichen das Recht auf Widerstand gegen die israelische Besatzung, meinten aber, dass der gegen Israel gerichtete Terror »der internationalen Unterstützung unserer Sache und der Glaubwürdigkeit unseres Kampfes schade«.

Den Nachfolger Jasser Arafats forderten sie auf, grundlegende palästinensische Forderungen nicht zu kompromittieren: Die Errichtung eines Staates auf dem gesamten Gebiet der Westbank und des Gazastreifens mit Ostjerusalem als Hauptstadt und eine faire Lösung des palästinensischen Flüchtlingsproblems.

Ein paar Jahre später – es war irgendwann zwischen 2005 und 2007 – stellten sich mir zwei junge Herren in Tulkarem als Friedensaktivisten vor. Eigentlich war ich auf der Suche nach Aktivisten des Palästinensischen Islamischen Dschihad gewesen, hatte den Chef der Hamas in Tulkarem getroffen. Jetzt schwärmten die beiden von Mahatma Ghandi, Martin Luther King und dem Friedensnobelpreisträger Jasser Arafat.

Bei einer Tasse Tee redeten sie sich in Fahrt, plädierten für gewaltlosen Widerstand gegen die Apartheidmauer und den Ursprung allen

Übels, die Besatzung. Sie waren ganz begeistert davon, wie sie sich, gemeinsam mit Vertretern der israelischen Linken und Aktivisten aus aller Welt, der israelischen Armee entgegenstellten – und drängten mich, darüber zu schreiben, zu den Demos zu kommen, um Soldaten im Kampf gegen Friedensaktivisten zu fotografieren.

Irgendwann wagte ich die Frage, ob es denn möglich sei, auch auf Seiten der Palästinenser für Gewaltfreiheit zu demonstrieren? Und: Gibt es überhaupt ein Recht auf gewaltsamen Widerstand, wenn man sich der Tradition eines Mahatma Ghandi oder Martin Luther King verpflichtet sieht und Gewaltfreiheit für das Ideal hält? »Warum«, so fragte ich die beiden, »macht ihr nicht einmal eine palästinensische Demonstration gegen die Gewalt aus den eigenen Reihen, gegen die Selbstmordattentate, gegen die willkürliche Hinrichtung von Kollaborateuren, gegen die Todesstrafe für Landverkauf an Nichtmuslime, gegen die Ehrenmorde und auch dagegen, dass die islamische Tradition die körperliche Züchtigung der eigenen Frau für empfehlenswert hält?

Darüber würde ich gerne berichten: Palästinenser demonstrieren gegen die Gewalt aus ihren eigenen Reihen, genau wie linke Israelis gegen

Die Dokumentenmappe des palästinensischen Ghandi-Verehrers

ihre Armee und Regierung …« Die Antwort war kurz und knapp: »Das würden wir nicht überleben!«

Zum Abschied fragte ich den einen meiner Gesprächspartner, der sich als Rechtsanwalt zu erkennen gegeben hatte, ob ich die Mappe haben dürfe, in der er seine Unterlagen ablegt hatte. »Meiner Ansicht nach«, so begründete ich, »zeige sie in einzigartiger Weise die Stimmung im palästinensischen Volk.«

Der Friedensaktivist und Ghandiverehrer verschwendete keinen Gedanken daran, was er mir bereitwillig und stolz überreichte – immerhin war der Umschlag eine Huldigung des Friedensnobelpreisträgers und Märtyrers Jasser Arafat. Dass sich Arafat nicht nur als junger Freiheitskämpfer mit Sturmgewehr, sondern auch noch als gealterter Staatsmann mit automatischer Schusswaffe auf dem Schreibtisch präsentierte, tat dem Vergleich mit King und Ghandi keinen Abbruch. Das Titelbild der Dokumentenmappe zeigte ein blutgetränktes Palästina, vom Meer bis zum Fluss, und darunter eine Hand, die das Blut auffing. Darüber stand der rote Schriftzug: »Durch ein Meer von Märtyrerblut machen wir eine Revolution.«

»Wir leben im Krieg«

Anfang Januar 2005 sollte ein Nachfolger für Arafat gewählt werden. Der Wahlkampf gab Anlass zur Reflexion. Kaddura Fares war Vertreter einer jungen palästinensischen Führungsriege, und vor allem enger Freund des wohl populärsten Palästinenserführers, Marwan Barghouti. Auf der offiziellen Webseite des PLC, dem das Fatah-Mitglied damals angehörte, stand als offizielle Berufsangabe »politischer Aktivist«. Der 42-Jährige bekleidete den Posten eines Ministers ohne Geschäftsbereich, mit – nach eigener Auskunft – besonderer Zuständigkeit »für die Frage des israelischen Mauerbaus«.

Von 1980 bis 1994 saß Fares, der bis heute in seinem Geburtsort Silwad bei Ramallah wohnt, in Israel im Gefängnis. Der Frage nach dem Grund dafür wich er zunächst aus, gab dann aber zu: »Wir haben Israelis beschossen, Bomben geworfen und anderes mehr.« Klar ist, dass sich

auch dieser Vater von drei Kindern das Vertrauen seiner Landsleute und damit die politischen Sporen im aktiven Widerstand verdient hat. In jüngerer Zeit gehörte er zu den Initiatoren der Genfer Initiative.

Marwan Barghouti wird als »Nelson Mandela der Palästinenser« gehandelt. Seit April 2003 ist er inhaftiert. Für seine Aktivitäten als Führer der gefürchteten Tansim-Miliz, aus der die Al-Aqsa-Märtyrerbrigaden hervorgegangen sind, wurde Barghouti zu fünfmal lebenslänglich verurteilt – im Klartext: Die israelischen Richter konnten ihm die Ermordung von fünf Menschen nachweisen. Der Weg für die innerpalästinensisch umstrittene Kandidatur von Mahmud Abbas wurde erst frei, als Marwan Barghouti seine eigenen Ambitionen zurückstellte. Diese Entscheidung gab Ende November 2004 sein Vertrauter, Staatsminister Fares, bekannt.

Für Fares war klar, »Arafat hat die PA im Geiste eines Revolutionärs geleitet. Anders wären wir nie so weit gekommen.« Im Rückblick auf die Al-Aqsa-Intifada, meinte er: »Die Art und Weise, wie wir Gewalt angewendet haben, war ein großer Fehler, weil das in der internationalen Gemeinschaft einen schlechten Eindruck erweckt hat.« Er fügte jedoch hinzu: »Wir haben jedes Recht, die Besatzung aktiv zu bekämpfen.« Der energische Kettenraucher meinte: »Ich glaube, Politiker sollten den Tatsachen ins Auge sehen: Es gibt eine Besatzung! Es gibt einen Kampf! Wir leben im Krieg! Wir haben einen Feind! Das ist die zionistische Bewegung, weil sie uns jeden Tag töten, weil sie unser Land besetzt hält, weil sie uns das Leben zur Hölle macht. Die Israelis sind unsere Feinde, nicht unsere lieben Nachbarn. Das ist die Wahrheit!«

Abbas hatte nach Ansicht Fares' nur eine Chance, weil die Hamas und der Islamische Dschihad die Wahl boykottierten. »Das Volk liebt seine Kämpfer und Märtyrer«, wusste der palästinensische Minister: »Wenn die Islamisten einen Kämpfer als Kandidaten aufgestellt hätten, hätte nur Marwan Barghouti eine reelle Chance gehabt. Er allein hat das Charisma und genießt den Respekt im Volk, um die Leute für die Fatah zu gewinnen.«

Kaddura Fares kennt sein Volk: »Wir brauchen einen Führer, nicht nur einen Präsidenten, sondern jemanden, der wie Arafat das Charisma hat, die Palästinenser gefühlsmäßig zu einen. Marwan hat die entschei-

dende Persönlichkeitsstruktur und die Fähigkeiten, um dieser Führer zu sein.«

Den Friedensträumen westlich orientierter Politiker erteilte der Gefolgsmann des »palästinensischen Mandela« eine klare Absage. – Wann wird es seiner Ansicht nach zu einem palästinensischen Staat kommen? »Vielleicht nie. Wir sind heute mindestens zwanzig Jahre von einer Zweistaatenlösung entfernt«, prophezeite der Unterstützer der Genfer Initiative. »Der Kampf wird noch viele Jahre dauern!« Daran änderte auch die Wahl des Mahmud Abbas, den Fares als ehrlichen und ernsthaften Führer mit offenen Augen für die Realität bezeichnet hatte, nichts.

Ein neuer Präsident …

Natürlich wurde der alte Weggefährte Jasser Arafats gewählt, der – so ein israelischer Fernsehjournalist – »wie Arafat spricht; wie Arafat winkt«. Dr. Mahmud Abbas, im Volk gemeinhin »Abu Mazen« genannt, wurde 1935 in Safed in Obergaliläa geboren. Von dort musste er während der Nakba 1948 mit seiner Familie nach Syrien fliehen. In Damaskus, Amman und Moskau studierte er Jura und Geschichte, promovierte 1983 mit einer Arbeit über die Kontakte zwischen der zionistischen Be-

wegung und den Nationalsozialisten. In dieser Arbeit behauptet Abu Mazen, die Nazis hätten höchstens ein paar Hunderttausend Juden umgebracht, auf keinen Fall aber sechs Millionen - eine Aussage, die er später wiederholte und widerrief.

In Qatar arbeitete Mahmud Abbas als Personaldirektor, weitere Lebensstationen waren: Gründungsmitglied der Fatah; Abgeordneter im Palästinensischen Nationalrat; Mitglied im PLO-Exekutivkomitee. Nach dem gewaltsamen Tod von Issam Sirtawi übernahm Abbas 1983 die Verantwortung für die Beziehungen der PLO mit der israelischen Linken, nachdem er bereits seit den 1970er-Jahren den Dialog mit Israel, jüdischen und pazifistischen Bewegungen befürwortet hatte. Aus dieser Zeit stammen viele Kontakte, die Abu Mazen halfen, sich als PLO-Pragmatiker im ausgesprochenen Gegensatz zum revolutionären und symbolischen Image Arafats zu profilieren. So führte er die Verhandlungen mit Matityahu Peled, die im Januar 1977 ihren Niederschlag in der Veröffentlichung der sogenannten »Friedensprinzipien« auf der Grundlage einer Zweistaatenlösung fanden.

Anfang der 1990er-Jahre koordinierte Abu Mazen von palästinensischer Seite die Verhandlungen in Madrid und leitete dann das palästinensische Team während der Geheimverhandlungen von Oslo. Er unterzeichnete für die PLO am 13. September 1993 den Friedensvertrag mit Israel und dann auch das Interimsabkommen von 1995. Im Juli 1995 durfte Dr. Mahmud Abbas nach 48 Jahren Exil in die Gebiete zurückkehren. Er bezog Residenzen in Gaza und Ramallah. Im selben Jahr erschien sein Buch »Through Secret Channels: The Road to Oslo« (Durch Geheimkanäle: Der Weg nach Oslo). Außerdem veröffentliche er gemeinsam mit seinem israelischen Partner Jossi Beilin die umstrittenen »Rahmenbedingungen für den Abschluss eines Endstatusabkommens zwischen Israel und der PLO« (Oktober 1995). Dieser sogenannte »Beilin-Abu-Mazen-Plan« wurde nie realisiert.

Während Abu Mazen von Israels Linken als Friedenstaube verehrt wird, schrieb und sprach er weiterhin vom »Bankrott des Zionismus« und dem bevorstehenden »Zusammenbruch Israels«. Der Pragmatiker rechtfertigte wiederholt den Mord an Juden, die jenseits der Waffenstillstandslinien von 1949 in Jerusalem, Judäa, Samaria und auf den Golan-

höhen leben. Mit der Wahl zum Generalsekretär des PLO-Exekutivkomitees im Jahre 1996 war Abu Mazen informeller Stellvertreter Arafats geworden. Im März 2003 ernannte ihn Arafat zum ersten Premierminister der PA. In den USA, Israel und der arabischen Welt wird Dr. Abbas als »Gehirn der PLO« gehandelt, auch wenn ihm das Charisma seines Mitkämpfers Arafat immer fehlte.

… das Ende der »Arafada«

Mit dem Amtsantritt Abu Mazens konnte endgültig eine Zäsur gesetzt werden. Nach 1 558 Tagen der Gewalt, 22 406 Terroranschlägen auf Israel mit 1 036 toten Israelis, 208 gezielten Tötungen von Palästinensern und 3 592 toten Palästinensern - so die Statistik des israelischen Massenblattes Yediot Achronot - erklärten Israels Regierungschef Scharon, der frisch gebackene Palästinenserpräsident Abbas, Ägyptens Präsident Mubarak und der jordanische König Abdallah II. am 8. Februar 2005 in Scharm El-Scheich an der Südspitze der ägyptischen Sinaihalbinsel offiziell das Ende der Al-Aqsa-Intifada.

Beerdigt wurde damit, was schon lange tot war: Die »Arafada«, wie die englischsprachige Jerusalem Post titelte, die Ära Arafat. Das pompöse Treffen sollte einen Schlussstrich ziehen unter alle gescheiterten Friedensbemühungen. Abu Mazen versprach die »Einstellung jeglicher Gewalt gegen Israelis und Palästinenser an allen Orten« - wobei der Zusatz »an allen Orten« das eigentliche Novum war. Damit waren nämlich erstmals auch Siedler und Soldaten keine legitimen Terrorziele mehr. Scharon versprach im Gegenzug, »alle Militäraktionen gegen alle Palästinenser an allen Orten einzustellen«, schrittweise die Sicherheitsverantwortung in der PA an die palästinensische Polizei zurückzugeben und Hunderte von palästinensischen Gefangenen freizulassen. Dem von israelischen Technokraten als »Gipfel der Hoffnung« gefeierten Treffen fehlte es nicht an pathetischen Absichtserklärungen.

Abu Mazen nannte in seiner Rede die aus seiner Sicht wichtigsten Streitpunkte beim Namen: Siedlungen, die Freilassung von Gefangenen und die »Apartheidmauer«. Die vielleicht schwierigste Frage, das Rück-

kehrrecht der palästinensischen Flüchtlinge, blieb interessanterweise unerwähnt. Scharon machte – zum Leidwesen seiner eigenen Rechten – keine klaren Zielvorgaben, ging aber als der eindeutige Gewinner aus diesem Gipfel hervor. Die gute Chemie zwischen dem israelischen Premierminister und seinen arabischen Gesprächspartnern war unübersehbar. Was auf den Straßen der arabischen Welt schon seit Jahren unter der Hand gehandelt wurde, mussten jetzt auch westliche Medien begreifen: Wenn ein israelischer Politiker mit den Arabern Frieden schließen kann, dann war es der als »Schlächter von Beirut« verschrieene Ariel Scharon.

10. Christen in Palästina

Um Jerusalem herum liegt ein Ring arabisch-christlicher Siedlungen – von Ramallah und Taybeh im Norden, bis nach Beit Sahur, Bethlehem und Beit Dschallah im Süden. Vielleicht gehen die Wurzeln dieser Ortschaften tatsächlich auf die Zeit zurück, als Kaiser Hadrian Juden unter Androhung der Todesstrafe den Zutritt zur Heiligen Stadt verbot. Jedenfalls gehören die palästinensischen Christen zu denen, die historisch gesehen die ältesten Wurzeln im Heiligen Land haben. Sie haben die Islamisierung im 7. Jahrhundert überstanden und tapfer ihre Identität bewahrt, auch durch die politischen Wirren des 19. und 20. Jahrhunderts hindurch.

Wieviele gibt es?

Etwa zwei Prozent der Bevölkerung in Israel und der PA sollen Christen sein. Wer diese Aussage wiederholt, hat die überwältigende Mehrheit der Experten, Insider, Politiker, Aktivisten und Medien hinter sich. Doch während in Israel für die vergangenen Jahrzehnte zuverlässige Bevölkerungsstatistiken vorliegen, hat die PA offensichtlich Schwierigkeiten, Anzahl und Identität ihrer Einwohner zu erfassen. Das wurde bei den Präsidentenwahlen im Januar 2005 deutlich, als jedem Wahlberechtigten, der seine Stimme abgegeben hatte, der rechte Daumennagel violett gefärbt wurde, mit einer speziellen, zuvor getesteten Tinte, um eine mehrfache Stimmabgabe zu verhindern.

In der Vorweihnachtszeit 2005 stellte ich gemeinsam mit meinem Kollegen Ulrich W. Sahm einmal die uns vorliegenden Zahlen für die Region Bethlehem zusammen.

Der evangelisch-lutherische Pfarrer Mitri Raheb hatte die Gesamteinwohnerzahl mit 184 000 angegeben, die Stadtverwaltung 164 000 Einwohner registriert und der christliche Bürgermeister Victor Batarseh sprach von 28 000 Bürgern seiner Stadt. In deutschen Medien schwank-

ten die Zahlen zwischen 140 000 beim Bayerischen Rundfunk, 130 000 bei der Frankfurter Allgemeinen Zeitung, 50 000 beim Deutschen Verein vom Heiligen Land, 38 000 oder 27 000, je nachdem, wer vom Caritas Babyhospital interviewt worden war. Beim ZDF waren es 30 000, während die Palästinensische Generaldelegation in Bonn, die offizielle Vertretung der PLO in Deutschland, mit nur 22 000 Einwohnern das Schlusslicht bildete.

Noch abenteuerlicher wurden die Angaben zu den in Bethlehem lebenden Christen. Je nach Quelle schwankte das Verhältnis der Christen zu den Muslimen in Bethlehem von 2 % (Deutscher Verein vom Heiligen Land), 20 % (FAZ), 25 % (Ökumenischer Rat der Kirchen), einem Drittel (ZDF, Batarseh), 41 % (Raheb) und über 50 % (Generaldelegation).

Wenn dann der lateinische Patriarch Michel Sabbah - aus westlicher Mediensicht *die* Stimme palästinensischer Christen - auf einer Pressekonferenz verlautbarte, im Zeitraum von 2000 bis 2005 hätten 3 000 Christen Bethlehem verlassen, fühlt sich der Journalist zu kühnen mathematischen Zahlenspekulationen veranlasst: Falls die Christen am Geburtsort von Jesus laut katholischem Deutschen Verein vom Heiligen Land zwei Prozent von 50 000 Einwohnern ausmachten, wären das 1 000 Menschen. Wenn gleichzeitig der ebenfalls katholische Bischof Sabbah recht hätte und 3 000 Christen ihrer Heimatstadt den Rücken gekehrt hätten, dann hätte es im Jahr 2005 minus 2 000 Christen in Bethlehem gegeben.

Beim Blick auf alle verfügbaren Quellen liegt die Zahl der Christen in Bethlehem irgendwo zwischen 3 600 und 75 000, umfasst im Extremfall also fast das Dreifache der vom Bürgermeister angegebenen Einwohnerzahl von 28 000 Bürgern. Die FAZ weiß von 30 000 Bethlehemer Christen, die Generaldelegation von 11 000 und der evangelische Pastor Raheb redet manchmal von 20 000, in einer Studie, die für Tourismusinvestoren verfasst wurde, oder auch von 16 400. Je nach Quelle klaffen die Einwohnerzahlen Bethlehems um das Achtfache auseinander, bei Christen sogar um das 75-Fache. Wenn es darum geht, Spenden für das christliche Bethlehem einzuwerben, sind die Zahlen auffallend hoch. Bei Beschreibungen der Auswirkungen der israelischen Besatzungspolitik eigenartig niedrig.

Da die israelischen Behörden nach wie vor das Personenregister für die PA kontrollieren, halte ich die Angaben des israelischen Koordinators für die Regierungsaktivitäten in den Gebieten für die vertrauenswürdigsten. Im November 2003 bezifferten die Israelis die Zahl der Christen in Bethlehem mit 26 698, in der gesamten PA mit 46 443 und registrierten, dass zwischen 1994 und 2003 10 754 Christen aus der PA ausgewandert seien. Wer sich allerdings auf diese Zahlen verlassen will, muss davon ausgehen, dass sich Palästinenser tatsächlich zuverlässig an- und abmelden (was sie nicht tun!) und sollte auch nicht übersehen, dass sich sehr viele Palästinenser mit ausländischen Pässen in den Gebieten aufhalten, darunter heute 50 000 palästinensischstämmige Amerikaner - wie eine Quelle aus dem US-Konsulat schätzt.

Die Zusammensetzung der christlichen Bevölkerung

Mitte Dezember 2007 äußerte sich der Propst der deutsch-lutherischen Erlöserkirche, Dr. Uwe Gräbe, in einem Vortrag über die Lage der palästinensischen Christen. Er begann seine Ausführungen, indem er den versammelten Journalisten Gewicht und Relevanz der evangelischen Christenheit im Heiligen Land, das heißt, Israel und der PA, eindrücklich vor Augen führte. Gräbe, der selbst über palästinensische Theologie promoviert hat,[97] teilte die Christen in Israel und der PA grob in drei Teile:

- Griechisch Orthodoxe,
- Melkiten (griechische Katholiken) und
- den Rest.

Das dritte Drittel, der Rest, kann noch einmal in zwei Hälften geteilt werden:

- Römisch-katholische Lateiner und
- den Rest.

97 Kontextuelle palästinensische Theologie: Streitbare und umstrittene Beiträge zum ökumenischen und interreligiösen Gespräch. Neuendettelsau: Erlanger Verlag für Mission und Ökumene: 1. Auflage 1999.

Dieser Rest - also ein Sechstel aller Christen im Heiligen Land - kann in zwei Hälften unterteilt werden:

- Altorientalische Kirchen (Armenier, Syrer, Kopten usw.) und
- Protestanten, die hauptsächlich durch die europäische Missionstätigkeit des 19. Jahrhunderts entstanden sind.

Dieses Zwölftel aller Christen im Heiligen Land drittelte Gräbe dann noch einmal

- in Anglikaner,
- Baptisten und
- den Rest,

um dann zu der Schlussfolgerung zu gelangen: »Und in diesem letzten 36stel sind wir Lutheraner die größte Gruppe!« - Damit brachte der evangelische Propst auf den Punkt, was vielfach bei der Frage nach der Stellung der Christen in Palästina übersehen wird: Zwei Prozent »Christen« sind im gesamten Nahostkonflikt gesellschaftlich und politisch praktisch irrelevant - noch dazu, weil sie untereinander restlos zerstritten und ideologisch praktisch über das gesamte vorstellbare Spektrum verteilt sind.

Auch Hussam Tawil ist Christ. Er kandidierte bei den Parlamentswahlen im Januar 2006 im Gazastreifen für die Hamas. 30 Jahre lang hat er im CVJM mitgearbeitet, war dreimal sogar Vorstandsmitglied. Oder George Habasch, der mit der PFLP eine der blutrünstigsten Terrororganisationen gegründet und geprägt hat und bis heute von vielen seiner Landsleute und Glaubensgenossen verehrt wird. Bei evangelischen oder gar evangelikalen Stimmen ist immer zu fragen, welches Gewicht und welche Autorität sie innerhalb der christlichen Bevölkerung Palästinas genießen. Wer die von Propst Gräbe angemahnte Sachlage nicht beachtet und kritiklos jeden palästinensischen Christen, der sich zu Wort meldet, als Autorität in Sachen Nahost und Stimme Palästinas verkauft, ist mitverantwortlich für die verzerrte Darstellung der Realität.

Kirchen in Jerusalem und der PA

Ein Jahresbericht des US-Außenministeriums über internationale religiöse Freiheit vom 9. September 1999[98] teilt die Kirchen in Jerusalem und der PA in drei Kategorien:

1. Die Kirchen, die unter osmanischer Herrschaft im 19. Jahrhundert durch ein Status-quo-Abkommen anerkannt wurden.[99] Das sind die griechisch-orthodoxe, römisch-katholische, armenisch-orthodoxe, assyrische, griechisch-katholische, koptische und äthiopisch-orthodoxe Kirche. Später kamen noch die episkopale/anglikanische und die evangelisch-lutherische Kirche hinzu. Die PA anerkennt die Vereinbarungen mit den Türken, welche die Präsenz und Rechte dieser kirchlichen Gemeinschaften festschreiben.
2. Protestantische Kirchen, die sich im 20. Jahrhundert bis 1967 angesiedelt haben, nämlich die Gemeinde Gottes, die Kirche des Nazareners und einige Baptistengemeinden. Sie werden im Rahmen der Prinzipien der osmanischen Status-quo-Abkommen von der PA toleriert.
3. Evangelikal-freikirchliche Gruppierungen und missionarische Gemeinschaften, darunter die Zeugen Jehovas, die in den letzten beiden Jahrzehnten des 20. Jahrhunderts aktiv wurden. Sie werden von der PA weitgehend unbehelligt gelassen, obwohl ihr rechtlicher Status ungewiss ist. Muslime haben Widerstand gegen die missionarischen Aktivitäten dieser Gruppen angemeldet. Die traditionellen Kirchen befürchten eine Untergrabung ihrer eigenen Status-quo-Privilegien durch diese Gruppierungen und stehen ihnen deshalb kritisch gegenüber.

---

98 U.S. Department of State Annual Report on International Religious Freedom for 1999 - Occupied Territories, 9. September 1999: http://www.unhcr.org/refworld/country,,USDOS,,PSE,4562d8cf2,3ae6a88a0,0.html

99 Im Internet habe ich nur eine Stelle gefunden, an der dieses Abkommen im Originaltext eingesehen werden kann, und zwar auf der privaten Webseite von Ulrich W. Sahm: http://www.usahm.de/Dokumente/STATUSQUO.htm

Exodus der Christen

Soweit man den Zahlen Glauben schenken darf, sind in den vergangenen Jahrzehnten 60 Prozent der palästinensischen Christen ins Ausland abgewandert. Lag der christliche Bevölkerungsanteil im Gebiet der heutigen PA 1948 noch bei 18 Prozent, sind es heute weniger als zwei Prozent. In Bethlehem hat die christliche Bevölkerung in den vergangenen hundert Jahren von 95 Prozent auf weniger als 35 Prozent der Einwohner abgenommen. Immer lauter werden Befürchtungen, dass es in wenigen Jahren im Geburtsland von Jesus keine einheimischen Christen mehr geben werde.

Was sind die Gründe dafür? – Die Anfänge der Auswanderungsbewegung palästinensischer Christen liegen bereits in den Zwanzigerjahren des 20. Jahrhunderts. Von der Armut getrieben, suchten sie ihr Glück in der neuen Welt. Dabei unterschied sich die Lage der Christen im Nahen Osten von der ihrer muslimischen Volksgenossen weniger im Blick auf die wirtschaftliche Notlage, als vielmehr im Blick auf die Chancen, die sich ihnen boten. Seit Mitte des 19. Jahrhunderts hatten europäische Missionsgesellschaften christliche Schulen im Lande aufgebaut. Christen hatten bevorzugt eine gründliche Schul- und Handwerkerausbildung nach deutschem Standard erhalten. Zudem waren es vorher schon vor allem die besser situierten Familien, die der Islamisierung erfolgreich widerstehen konnten. Deshalb gehören arabische Christen bis heute zur kulturellen und intellektuellen Elite des Nahen Ostens.

Der höhere Bildungsstandard, der vergleichsweise höhere Wohlstand und verwandtschaftliche Verbindungen ins westliche Ausland eröffneten palästinensischen Christen bessere Emigrationsmöglichkeiten. Die Auswanderung wäre dann also nicht Indiz einer Benachteiligung, sondern Symptom der Privilegien. So wurden durch den Unabhängigkeitskrieg Israels in den Jahren 1948 und 1949 50 772 Christen zu Flüchtlingen – was immerhin 35 Prozent der christlichen Bevölkerung Palästinas war. Im Gegensatz zu den muslimischen Flüchtlingen hatten viele von ihnen Verwandte im Ausland und mussten sich deshalb nicht in Flüchtlingslagern zusammenpferchen lassen. Palästinensische Christen haben im westlichen Ausland eine breite Lobby und genießen im Vergleich zu an-

deren religiösen Minderheiten in der Region sehr viel Aufmerksamkeit. Für so manche christliche Kirche oder Missionsorganisation haben sich die Intifadajahre im Rückblick als Blüte- und Aufbauzeit erwiesen. Zudem haben christlich-palästinensische Führungspersönlichkeiten eine Bewegungs- und Reisefreiheit, der sich nur wenige Muslime erfreuen.

Der starke prozentuale Rückgang des christlichen Bevölkerungsanteils in traditionell christlichen Gegenden liegt nicht nur an der sehr viel niedrigeren Geburtenrate der Christen, sondern auch am massiven Zuzug von Muslimen. Gerade in christliche Städte wie Ramallah, Bethlehem oder Beit Dschallah strömten infolge der israelisch-arabischen Kriege viele muslimische Flüchtlinge, was die Bevölkerungszusammensetzung in diesen Gebieten entscheidend beeinflusste. Der Präsident des evangelikalen Bethlehem Bible College, Bischara Awad, bezeichnet es als Problem, dass immer mehr Muslime in christliche Wohngebiete ziehen. Bei Land- und Immobilienkäufen erweisen sich die sonst materiell weniger gut gestellten muslimischen Mitbürger plötzlich als äußerst kaufkräftig. Das hartnäckige Gerücht, muslimische Glaubensbrüder aus dem Ausland leisteten bei Landkäufen effektive Hilfe, taucht in allen Gesprächen über dieses Thema auf. Auch in traditionell christlichen Städten und Dörfern machen neue Moscheen weithin sichtbar und unüberhörbar ihren Anspruch geltend. Dass diese Gebäude durch Gelder aus den Golfstaaten finanziert werden, gilt als offenes Geheimnis.

Vor ein paar Jahren erhoben Kirchenvertreter Einspruch gegen die Wiederbelebung eines Gesetzes aus jordanischer Zeit, das offiziell die »aggressive Siedlungspolitik Israels« eindämmen soll, sich aber massiv auf die Existenz der einheimischen Christen auswirkt. Dieses Gesetz verbietet unter Androhung von Todesstrafe den Verkauf von Land an Nichtmuslime. Es ist bis heute in der PA gültig. Menschen wurden wegen Verstoßes dagegen zum Tode verurteilt. Meines Wissens wurde noch keines dieser Todesurteile vollstreckt. Allerdings wurden Menschen, die Land oder Häuser an Nichtmuslime verkauft haben, tot aufgefunden.

Gibt es eine Christenverfolgung in der PA?

1997 warfen die Internationale Christliche Botschaft Jerusalem (ICEJ) und das Büro des israelischen Ministerpräsidenten Netanjahu der PA vor, Muslime, die sich zum Christentum bekehrt hatten, einzuschüchtern, zu verhaften und zu foltern. Als die amerikanische Presse darüber berichtete, reagierte die PA mit einer Stellungnahme, die betonte, dass die Freiheit der Religionsausübung und der religiösen Überzeugung palästinensischer Muslime, Christen und Juden geschützt sei. Ein Bericht des US-Außenministeriums vom 9. September 1999[100] stellt fest, dass es in der PA zwar kein Gesetz gebe, das die religiöse Freiheit schützt, die Freiheit der Religion in der Praxis aber respektiert würde.

Der lutherische Bischof Munib A. Younan meint: »Wenn Verfolgung bedeutet, dass ich nicht als Christ leben darf, dass meine Predigten kontrolliert werden, dann gibt es keine Christenverfolgung, weder in Israel, noch in der PA.« Dieser Einschätzung folgen viele Christen. Der Baptistenpastor Bassam Bannoura aus Beit Sahur erzählt, dass er 1999 die »Shepherds Fields Baptist Church« eröffnet habe, ohne sie bei der PA zu registrieren. Er habe deswegen ebensowenig Probleme bekommen, wie für die evangelistischen Aktionen, die seine Gemeinde jedes Jahr am 6. Januar, dem orthodoxen Weihnachtsfest, durchführt. Auf der Rückseite evangelistischer Traktate ist die Adresse der Gemeinde notiert.

Der palästinensische Bürgerrechtler und Geschäftsführer der »Palestinian Human Rights Monitoring Group«, Bassam Eid, dokumentiert Menschenrechtsverletzungen in der PA. Er ist als scharfer Kritiker der palästinensischen Führung bekannt. Im Februar 1998 erschien eine akribische Untersuchung der Vorwürfe einer Christenverfolgung in der PA. Eid geht den einzelnen, von der ICEJ angeführten Fällen nach und kommt zu dem Schluss, dass es zwar Menschenrechtsverletzungen in der PA gebe, die keinesfalls hingenommen werden dürften, dass es andererseits aber keine gezielte Christenverfolgung gebe. Der Bericht des amerikanischen Außenministeriums weiß auch, dass offensichtlich nicht

100 http://www.jewishvirtuallibrary.org/jsource/anti-semitism/relot99.html

ausschließlich die religiösen Aktivitäten der neubekehrten Muslime für deren Verhaftung verantwortlich gewesen sein sollen.

Bischara Awad betont: »In unserer Gegend hat es nie Massaker von Muslimen an Christen gegeben. Es gibt keine Emigration wegen der Muslime.« Ähnlich konterte der lateinische Patriarch Michel Sabbah in der Vorweihnachtszeit 2004 auf eine Frage nach der Abwanderung von Christen: »Ich kenne auch Muslime und Juden, Israelis, die dieses Land verlassen.« Nur weil Christen so eine verschwindende Minderheit sind, falle der Wegzug eines jeden Einzelnen mehr ins Gewicht.

Labib Madanat, Generalsekretär der Bibelgesellschaft in der Westbank, dem Gazastreifen und Jerusalem, bestätigt, dass es eine Verfolgung im »kommunistischen oder chinesischen Sinne fast nicht« gebe, um dann fortzufahren: »Wir Christen sind Heuchler, wenn wir Menschenrechtsverletzungen nur anprangern, wenn Christen betroffen sind. Warum stehen wir als Gemeinde nicht auf und klagen Unrecht an, wenn ein Hamas-Mitglied ohne Verfahren zu Tode gefoltert wird?« Nicht jedes Unrecht, das Christen erfahren, sei automatisch Christenverfolgung.

Ein ehemaliger Offizier der palästinensischen Eliteeinheit »Force 17«, selbst Muslim aus Bethlehem, kann sich das nur so erklären, dass die Verfolgten vor allem Geld und Sympathie im Ausland suchen. Während seiner Dienstzeit habe er sowohl Muslime, die zum Christentum konvertiert seien, als auch Christen, die einen Muslim geheiratet hatten, vor Verfolgung geschützt. Er verweist auf die enge Verflechtung von Muslimen und Christen in der palästinensischen Führung: PA-Chef Jasser Arafat war mit einer Christin verheiratet und sein erster Assistent, Ramzi Chury, selbst Christ, hatte eine Muslima zur Frau. Immer wieder betonten palästinensische Christen, dass Arafat sie liebe, weil ihm am Frieden liege, weil er will, dass Minderheiten fair behandelt werden, und weil er das Wohlwollen des Westens brauche.

Während der Al-Aqsa-Intifada schien dieses Anliegen des ersten Palästinenserpräsidenten allerdings zeitweise in Vergessenheit zu geraten. Im Frühjahr 2002 beschlagnahmte die israelische Armee im Rahmen der »Operation Schutzwall« Dokumente, die belegten, dass besonders Christen zu Zielscheiben Arafat-treuer Milizen, wie etwa der Tansim oder Al-Aqsa-Märtyrer-Brigaden, wurden. PA-Sicherheitskräfte kooperierten,

wenn sie »mafiaartig« durch Erpressungen, ungerechtfertigte Inhaftierungen, Dokumentenfälschungen und verschiedene Arten der Korruption ihre Kontrolle über die Bevölkerung zu festigen suchten. In einem Fall soll ein christliches Grundstück in Bethlehem mit Hilfe eines »Force 17«-Kommandeurs für den Bau einer Moschee beschlagnahmt worden sein.

»Jesus-Glaube« unter der Scharia

Palästinensische Christen leben in einer Minderheitensituation. Der Bericht des US-Außenministeriums vom September 1999 stellt fest: »Obwohl es in der PA keine offizielle Religion gibt, wird der Islam de facto als offizielle Religion behandelt.«[101] »Wir müssen mit den Muslimen zusammenleben«, erinnert Bischof Younan. Eine Erklärung der PA vom Dezember 1997 betont Toleranz und Minderheitenschutz, aber auch, dass »das palästinensische Volk von der Scharia«, das heißt, islamischem Recht, bestimmt wird. Und: »Nach der Scharia begeht jeder Muslim, der seine Religion wechselt, ein Verbrechen, das mit dem Tode bestraft werden muss.« Die Erklärung weist dann allerdings darauf hin, dass dies »in der Praxis noch nie durchgesetzt wurde ... Normen und Traditionen werden sich solcher Situationen annehmen, sollten sie vorkommen.«[102]

---

101 U.S. Department of State Annual Report on International Religious Freedom for 1999 - Occupied Territories, 9. September 1999: http://www.unhcr.org/refworld/country,,USDOS,,PSE,4562d8cf2,3ae6a88a0,0.html

102 Wörtlich stand in der Presseverlautbarung des palästinensischen Informationsministeriums vom 23. Dezember 1997: »The Palestinian people are also governed by Share'a Law, as the Share'a law is the law of Islam and is adhered to with regard to issues pertaining to religious matters. According to Share'a Law, applicable throughout the Muslim world, any Muslim who declares changing his religion or declares becoming an unbeliever is committing a major sin punishable by capital punishment. In practice, this has never happened in the Palestinian territories, nor is it likely to happen at all. Having said that, the PNA cannot take a different position on this matter. The norms and tradition will take care of such situations should they occur. The PNA will apply the law of the land, and will protect its citizens accordingly.«

Insofern muss unterschieden werden zwischen traditionellen Christen und Muslimen, die sich für einen Glauben an Jesus als den Sohn Gottes und Erlöser der Welt entscheiden. Evangelikal und missionarisch ausgerichtete Christen betonen auf der einen Seite die einzigartigen Möglichkeiten, die ihnen – im Vergleich mit anderen islamischen Ländern – offenstehen, berichten andererseits aber von anonymen Mord- und Bombendrohungen, die sie telefonisch oder per Flugblatt erreicht haben. Bei Verdacht auf Bemühungen, Muslime zum Christentum zu konvertieren, reagiert die islamische Gesellschaft extrem sensibel.

Wenn ein Muslim sich zu Jesus bekehrt, spricht er dadurch nach islamischem Recht sein eigenes Todesurteil. Deshalb arbeiten die in diesem Bereich engagierten Organisationen unter höchster Geheimhaltung. Es gibt geheime Jesus-Gläubige unter den Muslimen in der PA bis hinein in islamisch-fundamentalistische Kreise, die selbst vor ihrem Ehepartner ihren Glauben geheim halten. Besonders problematisch wird es, wenn ehemalige Muslime durch das Bibelstudium auf die heilsgeschichtliche Bedeutung des Volkes Israel stoßen und anfangen, das jüdische Volk und seinen Staat Israel als von Gott erwählt zu verstehen.

Die meisten christlichen Organisationen richten ihre evangelistischen Bemühungen spätestens seit der zweiten Hälfte des 19. Jahrhunderts auf die traditionell christliche Gemeinschaft in der PA, weshalb nicht selten Spannungen mit den etablierten Kirchen aufkommen. Der Mitarbeiter einer westlichen Missionsorganisation meinte: »Wenn wir verfolgt werden, dann weder von Israel noch von den Muslimen, sondern von den traditionellen Kirchen!« Der Grund dafür ist nicht nur die Angst traditioneller Christen, bei ihren muslimischen Mitbürgern durch eine stillschweigende Sanktionierung missionarischer Tätigkeit in Misskredit zu geraten, sondern auch tief verwurzelte Vorurteile gegenüber Muslimen. »Ein Muslim verändert sich nie«, erklärte mir ein palästinensischer Christ, »und bleibt auch nach seiner Bekehrung ein Dieb und Lügner.«

Insofern bieten die traditionellen christlichen Gemeinschaften den sogenannten »MBBs« (Muslim Background Believers – Gläubige mit muslimischem Hintergrund) nur selten eine echte Zukunftsperspektive. Neubekehrte haben zudem das Problem, einen entsprechenden Ehepartner zu finden. Für ehemalige Muslime ist auch die Auswanderung ins west-

liche Ausland ungleich schwieriger, als für ihre christlichen Volksgenossen, weil sie kaum Unterstützung durch Verwandte im Ausland erwarten können und Asylanträge in Europa nur selten, wenn überhaupt, an Palästinenser vergeben werden. »Wir können doch nicht auf der einen Seite einen Staat aufbauen«, erklärte mir vor ein paar Jahren ein hoher europäischer Konsularbeamter, »und dann Bürgern dieses Staates Asyl bei uns gewähren.«

Dass in den vergangenen Jahren in der PA der Neubau von weithin sichtbaren Kirchengebäuden beobachtet werden konnte und man als Journalist auf diese nicht etwa durch propagandistische Presseverlautbarungen, sondern eher durch Zufall aufmerksam wird, ist ein bemerkenswertes Phänomen. Allerdings gehören diese Kirchengebäude ausnahmslos traditionellen Denominationen und »bedrohen« in keiner Weise die islamische Gesellschaft der PA.

Neue koptische Kirche in Ramallah

Zwischen Demokratie und religiöser Tradition

Nicht Israel und die PA, sondern der gesamte Mittlere Osten ist Schauplatz einer uralten Auseinandersetzung zwischen zahlreichen Kulturen und Religionen. Je nach Anlass und politischer Lage entlädt sich diese allgegenwärtige Spannung. In einem Gespräch des katholischen Custos für die Heiligen Stätten, des Franziskanerpaters Pierbattista Pizzaballa, mit der hebräischen Tageszeitung HaAretz fiel der Begriff »Kulturkampf«.

Nicht immer waren die orientalischen Christen dabei die Verfolgten und Verlierer. So wurden 1831 alle Muslime aus Bethlehem vertrieben. 1834 wurde ihr Wohnviertel auf Anordung des ägyptischen Herrschers Ibrahim Pascha dem Erdboden gleichgemacht. Erst seitdem war Bethlehem eine ausschließlich christliche Stadt.[103] Im selben Jahrzehnt wurden Juden von ihren muslimischen Nachbarn in Hebron verfolgt, ebenso ein Jahrzehnt später in Damaskus. Und in den 1860er-Jahren wurden Zehntausende von Christen durch Drusen und Muslime im Libanon ermordet.

Seit Mitte des 19. Jahrhunderts fielen immer wieder Beduinen der Bani Fakr aus dem samarischen Hochland in Nazareth ein, um zu plündern und Christen zu ermorden. Israelisch-arabische Christen aus Nazareth stellten an Ostern 1999 einen direkten Bezug zu diesen Vorfällen her, als im Vorfeld des Papstbesuchs im Jahr 2000 Muslime der Stadt für den Bau der Schihab Ad-Din-Moschee direkt vor der Verkündigungsbasilika demonstrierten und es zu gewalttätigen Zusammenstößen kam.

Im Juni 1999 kam es in Jerusalem zu Streitigkeiten zwischen dem armenischen Patriarchat und der muslimischen Abu El-Hawa-Sippe um ein Gebäude auf dem Ölberg. Mönche wurden mit Steinen beworfen. In kirchliche Gebäude wurde eingebrochen. Türen wurden herausgebrochen und Inventar zerstört. Blutige Handabdrücke auf den Mauern des armenischen Anwesens deuteten die Christen als Morddrohungen.

---

103 K. Baedeker, Jerusalem and its surroundings. Handbook for Travellers (Leipsic: Karl Baedeker; London: Dulau and Co., 37 Soho Square W., 1876/Freiburg i.Br: Karl Baedeker, Guidebooks; Jerusalem: Carta, Reprint 1973), 137.

Im Februar 2005 machten schwere Unruhen in Mrar Schlagzeilen. Das malerische Bergdorf oberhalb des Sees Genezareth in Galiläa hat 18 000 Einwohner, von denen 50 Prozent Drusen, 35 Prozent Muslime und 15 Prozent Christen sind.

Haltlose Gerüchte, Christen hätten schamlose Bilder von Drusenmädchen ins Internet gestellt, hatten in Mrar dazu geführt, dass mehr als 50 Häuser und ungefähr 200 Autos zerstört wurden, ein Sachschaden von fast 40 Millionen Euro entstand. Mehr als 100 Christen mussten Mrar verlassen. Manche leben bis heute aus Angst vor der Blutrache im Untergrund.

Auch die Unruhen infolge der Äußerungen von Papst Benedikt XVI. Mitte September 2006 in Regensburg sind als Ausbruch dieser unterschwelligen Spannungen in der palästinensischen Gesellschaft zu beurteilen – natürlich abgesehen davon, dass sich die Muslime in Israel und der PA der weltweiten muslimischen Gemeinschaft eng verbunden wissen. Damals wurden in Tubas, Nablus, Tulkarem und Gaza Kirchen beschossen und in Brand gesetzt. Die PA setzte Polizeikräfte zum Schutz der christlichen Institutionen ein.

Erpressungen, Entführungen, Enteignungen

In den Jahren 2005 und 2006 sorgte ein mysteriöser Bericht des palästinensischen Geschäftsmannes und Besitzers der christlichen Fernsehstation Al-Mahed in Beit Sahur, Samir Qumsieh, für Spekulationen. In dem Bericht, der offensichtlich dem Vatikan vorliegt, ist von Schändungen christlicher Grabstätten, Einschüchterung und Erpressung christlicher Geschäftsleute, Anschlägen mit Schusswaffen, Vergewaltigungen, Entführungen und Morden an christlichen Frauen, Landstreitigkeiten, Enteignungen und anderen Vorgehen gegen einheimische Christen die Rede. All diese Vorkommnisse legt Qumsieh, dessen Visitenkarte ihn als Berater des lateinischen Patriarchen in interreligiösen Fragen und Berater des griechisch-orthodoxen Patriarchen in Medienangelegenheiten ausweist, muslimischen Fundamentalisten und Vertretern der PA zur Last. Insgesamt listet er 93 Fälle auf.

In einem Gespräch mit dem Journalisten Lorenzo Cremonesi, dessen Artikel in der italienischen Zeitung Corriere della Sera am 4. September 2005 erschien,[104] prangerte Qumsieh auch die Lautstärke des muslimischen Gebetsrufs neben Kirchen als Verfolgung an. Eine für den 12. März 2006 angekündigte Film-Reportage über die Situation der Christen in der PA, deren hauptsächliche Quelle Samir Qumsieh war, wurde vom SWR kurzfristig abgesetzt. Begründung: Die Ausstrahlung gefährde einheimische Christen. Die Offenheit, mit der sich der palästinensische TV-Direktor selbst und andere filmen ließ, und seine eigene Aussage mir gegenüber, er wolle in absehbarer Zeit ein Buch über die Vorfälle veröffentlichen, legt allerdings die Frage nahe, ob es hier um den Schutz der betroffenen Personen ging, oder nicht auch um künftige Urheberrechte. Jedenfalls war Qumsieh nicht bereit, mir auch nur Einsicht in den Originaltext des Berichts zu gewähren.

Der Jurist Justus Reid Weiner vom Jerusalem Center for Public Affairs griff in seinem sehr umfassenden Bericht über die Menschenrechte der Christen in der palästinensischen Gesellschaft viele der von Qumsieh erhobenen Vorwürfe auf.[105] Der freie Verkauf von Alkohol ist ein Thema, das Christen und säkulare Muslime in den christlichen Bevölkerungszentren um Bethlehem und Ramallah immer wieder beschäftigt. Dabei geht es weniger um den Alkoholverzehr, als um die freie Verfügbarkeit von Alkohol als Symbol der gesellschaftlichen Freiheit. Ähnliches gilt für die Frage der Kleidung für Frauen oder Lehrpläne, die auch an traditionell christlichen Schulen unter einem starken islamischen Einfluss stehen. Schließlich berichtet Weiner von Fällen, in denen christliche Mädchen entführt und zu Ehen mit Muslimen gezwungen wurden – beziehungsweise, dass christliche Familien sich mit Gewalt dagegen gewehrt hätten.

104 Lorenzo Cremonesi, »Noi cristiani in Terra Santa bersaglio dell' odio islamico«, Il Custode del Luoghi sacri: »L' Autorità palestinese non punisce gli aggressori« (Corriere della Sera: 4 settembre 2005): http://archiviostorico.corriere.it/2005/settembre/04/Noi_cristiani_Terra_Santa_bersaglio_co_9_050904108.shtml

105 Justus Reid Weiner, Human Rights of Christians in Palestinian Society (Jerusalem: Jerusalem Center for Public Affairs, 2005).

Verbotene Liebe

Das Liebespaar hieß nicht Romeo und Julia, sondern Fadi und Adriana. Die verfeindeten Familien trugen nicht die Namen Montague und Capulet, sondern Omar und Sabat. Schauplatz war natürlich auch nicht das mittelalterliche Verona, sondern das Bethlehem des 21. Jahrhunderts. Aber es war eine Liebesgeschichte, die von der Gesellschaft nicht akzeptiert wurde und zu gewaltsamen Ausschreitungen führte.

Anfang Mai 2005 entlud sich der christliche Volkszorn in der Geburtsstadt von Jesus gegen muslimische Bürger der Stadt. Palästinenser bewarfen palästinensische Autos mit Steinen. Augenzeugen berichteten, dass nicht nur leichte Handfeuerwaffen zum Einsatz kamen, sondern auch schwere Maschinengewehre. Erste Medienberichte sprachen von 35 Verletzten. Bei näherer Betrachtung schrumpfte die Zahl auf weniger als ein Dutzend.

Lässig lehnt sich Fadi Omar in den Chefsessel zurück. Der 21-Jährige erzählt im Büro seines Vaters, wie ihm acht Monate zuvor die hübsche Adriana auf der Straße aufgefallen war. Er besorgte sich ihre Telefonnummer. In der Folge entwickelt sich eine fernmündliche Romanze. Das Problem ist: Fadi Omar entstammt einer muslimischen, die 16-jährige Adriana Sabat einer christlichen Familie.

Als Fadi dann zu seinem Vater geht und ihm von der Sache erzählt, zeigt sich Fayes Omar skeptisch: »Wir haben doch genug Mädchen. Warum willst du ausgerechnet eine Christin heiraten?« – »Weil ich sie liebe, weil ich sie brauche!« Fadi wird nicht müde, das zu wiederholen. Fayes Omar hat 28 Jahre lang für das israelische Fernsehen gearbeitet und gehört zu den reichsten Unternehmern in Bethlehem. Er gibt dem Drängen seines jüngsten Sohnes nach.

Die traditionelle Brautwerbung durch Fadis älteren Bruder Rami wird – nicht vollkommen unerwartet – vom Vater der Braut, Bassem Sabat, abgewiesen. Doch dem Christenmädchen scheint die Werbung des jungen Muslims zuzusagen. Adriana lässt sich weder von den Eltern, noch von Vertretern der Kirche davon abbringen, die Zuneigung Fadis zu erwidern.

Als die beiden keine Möglichkeit mehr sehen, offen gegen den Willen

der Familien anzukommen, beschließen sie die gemeinsame Flucht. »Hätte ich gewusst, dass das rechtliche Folgen haben wird, weil Adriana minderjährig ist, ich hätte noch zwei Jahre gewartet«, sinniert Fadi. »Aber der Scheich hatte mir erklärt, dass es okay sei, eine 16-Jährige zu heiraten.«

Am Abend des Tages, an dem Fadi und Adriana Bethlehem verlassen, bekommt Franziskanerpater Ibrahim Faltas einen Telefonanruf aus Bethlehem. Der gebürtige Ägypter ist Priester der katholischen Gemeinde in der Jerusalemer Altstadt, war drei Jahre lang Direktor der katholischen Schule beim Casa Nova Hotel neben der Geburtskirche und hat sich das Vertrauen der christlichen Bevölkerung in Bethlehem erworben. »Adriana wurde entführt. Christliche Jugendliche wollen das Haus und das Geschäft der Omars anzünden. Die Polizei ist im Einsatz. Es fliegen Steine. Es wird geschossen«, erklärt Pater Amdschad aus Bethlehem aufgeregt. Pater Faltas fährt sofort nach Bethlehem. Sein erster Gang ist zur Polizei, wo er vier christliche Jugendliche aus dem Gefängnis holt.

Nach langwierigen Erkundigungen macht sich Pater Faltas um ein Uhr nachts gemeinsam mit seinem Bethlehemer Amtsbruder, dem Vater und einem Onkel Adrianas, sowie einem ortskundigen Führer aus der Thaldschia-Familie auf die Suche nach dem Mädchen. In Hebron finden sie Adriana schließlich im Hause des Muchtars Awiwi, nach islamischer Sitte tief verschleiert. Stundenlange Überredungsversuche bleiben fruchtlos. In den frühen Morgenstunden ziehen die christlichen Unterhändler unverrichteter Dinge ab. Adriana bleibt dabei: »Ich liebe Fadi. Ich will zum Islam konvertieren und Fadi heiraten.«

Am nächsten Vormittag erscheinen Fadi Omar und Adriana Sabat wie verabredet beim Gouverneur von Hebron, Arif Dschabari, um die notwendigen Papiere für die Eheschließung abzuholen. Zu ihrem Erstaunen treffen sie dort wieder auf Pater Ibrahim, diesmal in Begleitung palästinensischer Sicherheitskräfte und des amerikanischen Konsuls aus Jerusalem. Auf Anordnung von Präsident Mahmud Abbas höchstpersönlich wird der Familie Sabat erlaubt, die Notbremse zu ziehen. Immerhin besteht ein Erlass aus der Ära Arafat, der die Verheiratung christlicher Mädchen mit Muslimen verbietet. In weniger als 24 Stunden sitzt Adriana, die zufälligerweise auch noch einen amerikanischen Pass besitzt, neben ihrer Mutter im Flugzeug.

Irgendwie gelingt es dem Mädchen in den darauffolgenden Tagen, vom US-amerikanischen Michigan aus telefonisch Kontakt mit ihrem Geliebten aufzunehmen. Fadi ist verzweifelt. Er vermutet, dass Adriana unter Druck gesetzt wird, die Beziehung mit ihm zu beenden. Auf alle Fälle will er auf sie warten.

Aber warum brachte diese Romanze zwischen zwei jungen Leuten die Emotionen in Bethlehem und Beit Dschallah so zum Kochen, dass dafür Menschenleben aufs Spiel gesetzt wurden? Viele palästinensische Christen geben sich zugeknöpft. »Was geht das dich an?«, fragt ein Theologe, den ich seit Jahren kenne. Auch der Bethlehemer Bürgermeister Batarseh weicht aus: »Das Ganze war eine interne Affäre, die auf zivile Weise gelöst wurde. Ein paar Leute haben versucht, daraus eine große Sache zu machen.«

Fayes Omar, der Vater von Fadi, vermutet einen Zusammenhang mit den Kommunalwahlen. Erstmals hatten die radikal-islamischen Gruppen Hamas und Islamischer Dschihad fünf von 15 Sitzen im Bethlehemer Stadtrat errungen. Aber Bürgermeister Batarseh, selbst Christ und PFLP-Mitglied, arbeitet hervorragend mit diesen Leuten zusammen. Omar versteht nicht, warum die Christen sich bedroht fühlen sollten: »Die meisten meiner Freunde und Geschäftspartner sind Christen.«

Ein junger Familienvater aus Beit Dschallah, der bei den Ausschreitungen selbst Gebrauch von der Schusswaffe gemacht hat, packt dann schließlich aus: Eine Woche zuvor war die Tochter des christlichen Bankdirektors Suher Musallam mit einem Muslim aus dem Dorf Taamra durchgebrannt. Wie gespannt die Lage ist, zeigt ein Vorfall in derselben Woche in Ramallah. Dort wird die 20-jährige Faten Habasch von ihrem Vater wegen der Liebesaffäre mit einem Muslim zu Tode geprügelt. Bis dahin waren Ehrenmorde in christlichen Kreisen unbekannt. Die Affäre Omar-Sabat hat das Fass dann einfach zum Überlaufen gebracht. Christen werfen ihren muslimischen Mitbürgern eine Strategie vor: »Erst haben sie uns die Häuser genommen, dann die Autos, und jetzt die Frauen«, schnaubt ein Taxifahrer.

Zu alledem gehen die Verbindungen zwischen Muslimen und Christinnen meist nach kurzer Zeit wieder auseinander. Zu groß ist der Unterschied zwischen dem, was Muslime und Christen unter Ehe verstehen.

Als Beispiel wird die Geschichte von Munira Ruskalla erzählt, einer Lehrerin der deutsch-lutherischen Schule Talitha Kumi. »Sie hatte sich mit einem Dr. Farradsch eingelassen. Nach zwei Jahren, als sie kein Geld mehr hatte, hat der Mann sie einfach auf die Straße gesetzt. Heute lebt sie wie ein Tier in einem kleinen Haus, kaum drei mal vier Meter groß. Niemand spricht mit ihr.«

Ein Bethlehemer Christ, der nicht namentlich genannt werden will, meint, dass die beiden älteren Brüder Fadis, Rami und Schadi Omar, für den palästinensischen Geheimdienst arbeiten. »Sie sind sehr stark, haben viel Geld und gute Beziehungen. Deshalb stehen sie über dem Gesetz.« Auf der Straße wird gemunkelt, Rami Omar unterhalte eine Datenbank von christlichen Mädchen, mit Bildern, Telefonnummern und anderen Informationen. »Die suchen nach Schwachpunkten bei Frauen und machen sie sich dann gefügig.« Aber Beweise dafür gibt es nicht. Auf alle Fälle sei Adriana nicht das erste Christenmädchen, das vom Omar-Clan verführt wurde.

Aus christlicher Sicht ist die Lage verzweifelt. Weil so viele ausgewandert sind, »kommen heute auf jeden christlichen Mann sieben christliche Frauen«. Die zugewanderten Muslime, besonders in den Flüchtlingslagern Deheische, El-Azza und El-Aida, stellen mittlerweile die Bevölkerungsmehrheit und werden als Bedrohung empfunden. Auch die Familie Omar ist aus Hebron zugewandert. Die Christen haben große Angst, zur Minderheit in ihrer eigenen Heimat zu werden.

Der junge Familienvater aus Beit Dschallah stammt aus alter marxistischer Tradition, was aus seiner Sicht kein Widerspruch zum christlichen Glauben ist. Er wünscht sich starke Priester, die ihren Glauben überzeugend vertreten – wird dann aber schnell pragmatisch: »Wir brauchen Gewehre. Christen müssen in die Armee und Polizei gehen. Wir brauchen Geld, um Land zu kaufen und für Christen zu bauen. – Exklusiv für Christen!« Auch wenn viele in Bethlehem betonen, dass der Streit zwischen den Familien Sabat und Omar beigelegt ist, meint dieser marxistische Christ: »Wenn hier das Benzin ist und dort das Feuer, kann das auf Dauer nicht gut gehen.«

Identitätskrise als »innere Verfolgung«

Doch die Gründe für die Misere der palästinensischen Christen liegen nicht nur bei der muslimischen Zuwanderung und Dominanz. Diese Christen durchleben eine tief gehende Identitätskrise. »Mit 16 Jahren ist es zu spät, ein Mädchen wegzuschließen«, meint der Mitarbeiter einer christlichen Organisation. »Die Frage ist, was die Eltern ihren Kindern vermitteln.« Anthony Habasch, Sekretär von Pater Ibrahim Faltas, stimmt zu: »Adriana war Mitglied der St. Josefs-Pfadfinder, ging in die St. Josefs-Schule, gehörte zur St. Francis-Jugend und spielte im Catholic Action Club Basketball. Alle diese Institutionen stehen unter kirchlicher Aufsicht. Dort hat sie ihre Zeit verbracht. – Was Christen starkmacht, ist ihr Glaube. Alle Mädchen, die sich mit Muslimen eingelassen haben, waren unter 18. Kirche und Familie sollten den inneren Kontakt zu ihren Kindern nicht verlieren, sondern ihre christliche Identität stärken.«

Der lutherische Bischof Munib Younan sieht »unsere christliche Identität in einer Krise«. Der Kirchenführer, der im Sommer 2010 zum Präsidenten des Lutherischen Weltbundes gewählt wurde, will den Minderheitenkomplex der orientalischen Christen überwinden, Salz in der Gesellschaft sein und vor allem durch Bildung eine lebenswerte Zukunft aufbauen.

Auch Labib Madanat von der Palästinensischen Bibelgesellschaft (PBS) benennt das »Minderheitensyndrom« als Grundproblem palästinensischer Christen. Er ist der Ansicht, dass seine Landsleute unter einer »inneren Verfolgung« leiden: »Ein geistlicher Druck tötet jedes geistliche Leben ab. Für einen Muslim ist es einfach, den Freiheitskampf mit der Religion zu rechtfertigen«, meint der profilierte Christ, der sich selbst als »Palästinenser, Jordanier und Israeli« bezeichnet, und erklärt: »Wir Christen haben keine biblische Rechtfertigung für unsere nationalen Bestrebungen. Die Vertreter der palästinensischen Befreiungstheologie sprechen für eine intellektuelle Elite. Die Kirche hat versagt, ihren Gliedern zu vermitteln, dass unsere Identität in Christus liegt. Sie hat sich für das Alte Testament entschuldigt. Uns fehlt der Mut, unser Volk zu erziehen. Wir müssen lernen, nicht Jesus in unsere nationale Identitätssuche zu zwängen, sondern unsere Identität in Christus zu finden.«

»Drink Palestinian!«

Der Hopfen kommt aus Tschechien und Bayern, das Malz aus Belgien und Frankreich, die Hefe aus London und das Wasser aus der Quelle Ein Samia am Fuße des über Tausend Meter hohen Berges Baal Chazor, von dem aus Gott einst dem Abraham die Herrlichkeit des Landes Kanaan zeigte (1. Mose 13,14-15). Der Palästinenser Nadim C. Chury braut nach dem deutschen Reinheitsgebot von 1516 – wie er es im amerikani-

schen Boston gelernt hat – einen Gerstentrank, den er ungeniert als »The Finest in the Middle East« anbietet.

Im Orient wurde mir schon manches als »Bier« angeboten, was diesen Namen niemals verdient hätte. Nur im syrischen Antilibanon war die Empörung meines Gaumens größer als die Höflichkeit. Ich ließ das, was mir als »Bier« geboten wurde, zurückgehen und dachte im Stillen: »Jetzt verstehe ich, warum der Prophet Muhammad seinen Nachfolgern den Alkoholgenuss verboten hat ...« Aber das Taybeh-Bier, das Chury kühl und schäumend – »heute morgen gebraut!« – fachmännisch in die Gläser zapft, kann man sich schmecken lassen.

Taybeh ist ein palästinensisches Dorf wenige Kilometer östlich von Ramallah, dessen christliche Einwohner stolz darauf sind, dass es bislang noch keinem Muslim gelungen ist, auf ihrer Gemarkung Land zu kaufen. Vor zweitausend Jahren hatte sich hier einmal Jesus mit seinen Jüngern vor den Juden versteckt, die ihm nach dem Leben trachteten. Damals hieß das Dorf noch »Ephrem« oder »Ephraim« (Johannes 11,54). Der Name der nahe gelegenen jüdischen Siedlung »Ofra« erinnert daran. Die jüdischen Siedler sehen sich aber lieber in der Linie des altisraelitischen Richters Gideon, der in dieser Gegend auch schon »Weizen in der Kelter« gedroschen hat (Richter 6,11).

Das arabische Wort *Taybeh* bedeutet »gut« oder »wohlschmeckend«. So steht es auf jeder Flasche Taybeh-Bier, das mittlerweile unter Lizenz auch in Nagold im Schwarzwald und in Belgien nachgebraut wird. Allen Widerständen zum Trotz hat Nadim Chury gemeinsam mit Vater und Bruder seit 1994 den Traum vom Bierbrauen verfolgt. Das Umfeld, in dem er arbeitet, ist nicht gerade unternehmerfreundlich. Abgesehen von den Wirren des politischen Konflikts sind da alte jordanische Gesetze, die Werbung für Alkohol verbieten. Deshalb hat Chury 2005 erstmals ein »Oktober-Fest« in Taybeh veranstaltet. Spontan erschienen 5 000 Gäste. Er wünscht sich, dass daraus eine Tradition wird. Dabei hilft vielleicht auch die wirtschaftliche und politische Lage. »Je frustrierter die Leute sind, desto mehr Bier trinken sie«, meint der Brauereibesitzer verschmitzt.

Von Anfang an hat Nadim Chury versucht, sein Bier nach Israel zu exportieren. Für ein Koscher-Zertifikat nimmt der Rabbiner aus Ofra

zwischen 3 000 und 4 000 US-Dollar pro Jahr. Das hat sich seit Ausbruch der Intifada nicht mehr gelohnt. Trotzdem schäumt das Taybeh-Bier auch in israelischen Pubs. Als »Bier des Hauses« wird es dort an den Gast gebracht. Schmunzelnd legt Chury die Hand auf Fässer, auf denen gut tschechisch »Praské pivovary A.S.«, »Prager Brauerei«, steht: »Die Israelis machen das doch genauso, weil sich ›Made in Israel‹ nicht überall auf der Welt gut verkauft.«

Zu den Abnehmern der »Taybeh Brewery Ltd.« gehören offensichtlich auch Leute, denen ihr Religionsgründer den Genuss von Alkohol untersagt hat. Die regelmäßige Geschäftsflaute während des islamischen Fastenmonats Ramadan spricht Bände. Trotzdem ist die Brauerei in Taybeh Anfang September 2005 nur knapp der Lynchjustiz wütender Muslime aus dem benachbarten Dorf Dir Adsch-Dschrir entgangen. »Wir haben den Betrieb mit Leib und Leben beschützt«, erinnert sich Chury an die unangenehme Erfahrung, »bis endlich die Polizei eintraf.«

Auslöser für die Unruhen war eine Romanze zwischen der Muslima Hijam Adschadsch aus Dir Adsch-Dschrir und dem Christen Mahdi Chury aus Taybeh. Der muslimische Clan, dessen Ehre durch das Verhältnis verletzt worden war, zwang die schwangere Frau, Gift zu trinken. Dann

zogen Muslime randalierend durch das christliche Nachbardorf und steckten 14 Häuser in Brand. Die palästinensische Polizei ermittelt. Möglich wäre auch, dass Hijam Adschadsch von einem anderen schwanger war. »Unter Arafat wäre das nicht passiert!«, behauptet Nadim Chury vor dem verblassenden Bild des Vaters der palästinensischen Nation.

Ein von Muslimen verbranntes christliches Haus in Taybeh

»Hier herrschen alte Stammesgesetze!« Doch davon lässt sich der Brauereibesitzer nicht entmutigen. Er sieht sein Unternehmen als entscheidenden Wirtschaftsfaktor im Dorf, das von 60 Prozent Arbeitslosigkeit geplagt wird. Umgerechnet fast 3 000 Euro hat er aus eigener Tasche bezahlt für eine DNA-Untersuchung des Fötus der exhumierten Leiche von Hijam Adschadsch. Er will Klarheit, ob sein Stammesgenosse tatsächlich Ursache für die interreligiöse Randale war. Und er arbeitet mit Eifer daran, ein absolut alkoholfreies Bier herzustellen, das selbst für seine muslimischen Landsleute koscher ist. Das Verfahren studiert er in der bayerischen Staatsbrauerei Weihenstephan, der ältesten Brauerei der Welt.

»Kairos-Palästina«

Als »Wort des Glaubens, der Hoffnung und der Liebe aus dem Herzen des palästinensischen Leidens« wurde am 11. Dezember 2009 das »Kairos-Palästina-Dokument« (KPD)[106] veröffentlicht - in ausdrücklicher Anlehnung an einen Appell südafrikanischer Kirchen aus dem Jahr 1985. Daher der Name »Kairos Dokument«.

Anfang der 1990er-Jahre wurde in Südafrika das Apartheidsystem aufgelöst - nachdem es zuvor erfolgreich diskreditiert und delegitimiert worden war. Ähnlich wie Südafrika vor zwei Jahrzehnten soll heute der jüdische Staat Israel von Rassenhass, Diskriminierung und Brutalität geprägt sein. So wie einst die weiße Minderheit Südafrikas die schwarze Bevölkerungsmehrheit unterjochte, - ideologisch getrieben und besessen von einem Gefühl der rassischen Überlegenheit, unterstützt von Polizei, Militär und Rechtsprechung - sollen heute die Juden Israels durch ihren Staat das palästinensische Volk unterdrücken. Das wird durch den Namen »Kairos Palästina Dokument« impliziert. Tatsache ist jedoch: Wer das moderne Israel mit dem Apartheidstaat Südafrika vergleicht, kennt entweder eines der beiden Länder im relevanten Zeitraum nicht - oder betreibt auf infame Art und Weise Hetze gegen das jüdische Volk und seinen Staat.

Unter den Autoren des KPD tauchen Namen, wie der des ehemaligen lateinischen Patriarchen Michel Sabbah, des griechisch-orthodoxen Erzbischofs Atallah Hanna, des lutherischen Pfarrers Mitri Raheb, des angli-

---

106 Der Text kann im Internet auf Deutsch unter http://www.oikoumene.org/de/dokumentation/documents/other-ecumenical-bodies/kairos-palaestina-dokument.html oder http://www.kairospalestine.ps/sites/default/Documents/German.pdf eingesehen werden. Weiterhin findet sich das KPD im Internet auf Arabisch, Bulgarisch, Tschechisch, Holländisch, Englisch, Französisch, Finnisch, Italienisch, Japanisch, Koreanisch, Norwegisch, Spanisch und Schwedisch: http://www.kairospalestine.ps/?q=content/document. Gedruckt ist das KPD erschienen unter Rainer Zimmer-Winkel (Herausgeber), »Kairos Palästina - Die Stunde der Wahrheit: Ein Wort des Glaubens und der Hoffnung aus der Mitte des Leidens der Palästinenser«, Broschüre: 36 Seiten, Verlag AphorismA, 2. überarbeitete und erweiterte Auflage, 26. Februar 2010 (ISBN-10: 3865755526; ISBN-13: 978-3865755520).

kanischen Geistlichen Naim Ateek oder des akademischen Dekans des freikirchlichen Bethlehem Bible College, Yohanna Katanacho, auf. Die vielfältige kirchliche Mitgliedschaft des Autorenteams will offensichtlich implizieren, dass es eine überwältigende Mehrheit der palästinensischen Christenheit repräsentiert.

Zudem wird das Papier mit einer »Einführung« nahöstlicher Bischöfe verbreitet, sodass der Eindruck entsteht, eine ganze Reihe von Jerusalemer Kirchenführern unterstütze den Aufruf. Der Jerusalemer Neutestamentler Malcom Lowe[107] hat jedoch überzeugend gezeigt, dass die offiziellen Kirchenführer nicht die Intention hatten, das KPD zu sanktionieren. Abgesehen vom lutherischen Bischof Younan war kein anerkannter Leiter einer kirchlichen Gemeinschaft in Jerusalem an der Abfassung des Papiers beteiligt. Und Younan hat seine anfänglich geleistete Unterschrift mittlerweile wieder zurückgezogen.

Das KPD stellt letztendlich palästinensische Politpropaganda in frommem Gewand dar. In typischer Weise verkehrt es Ursache und Wirkung und erhebt gleichzeitig den Vorwurf, Israel betreibe diese Verdrehung. Die israelische Besatzung wird als Ursache aller Notstände im Nahen Osten angeprangert - ohne die konsequente Weigerung der Araber, Israels Existenzrecht anzuerkennen, auch nur beiläufig zu erwähnen. Das palästinensische Flüchtlingselend wird beklagt - ohne die arabische Weigerung, sich humanitär um die Flüchtlinge zu kümmern, auch nur eines Wortes zu würdigen. Unerwähnt bleibt auch, dass Ende der 1940er, Anfang der 1950er-Jahre zwischen Israel und den arabischen Staaten de facto ein Bevölkerungsaustausch stattgefunden hat, wie zeitgleich in vielen Gegenden weltweit. Die »Mauer« wird beklagt - ohne auch nur einen Gedanken daran zu verlieren, dass sie vielleicht eine Folge des palästinensischen Terrors gegen Israel sein könnte. Die Gaza-Blockade wird angeprangert - ohne deren Ursache, die Entführung des israelischen Soldaten Gilad Schalit und den ständigen Raketenbeschuss israelischer Städte und Dörfer, zu betrachten.

---

107 The Palestinian »Kairos« Document: A Behind-the-Scenes Analysis (April 2010) in New English Review: http://www.newenglishreview.org/custpage.cfm/frm/60512/sec_id/60512

Ebenfalls typisch für die traditionelle palästinensische Politpropaganda sind die maßlose Übertreibung des eigenen Leidens und das Fehlen fast jeder Selbstkritik. Tatsache ist, dass die palästinensischen Christen im arabischen, im islamischen und erst recht weltweiten Vergleich beispiellose Chancen, finanzielle Ressourcen und internationale Aufmerksamkeit genießen. In keinem anderen Land des Nahen Ostens ist die absolute Zahl der Christen im vergangenen halben Jahrhundert so stark gestiegen wie in Israel. Nirgendwo in der islamischen Welt haben Christen so große Freiheiten, wie unter israelischer Besatzung.

Interessant ist in diesem Zusammenhang der Vergleich einer ursprünglichen, englischen Fassung des KPD vom 17.11.09 mit der endgültigen Version, die bis zum 11.12.09 unter Sperrfrist stand. Bei dieser Revision wurde jede noch erkennbare Form von Selbstkritik oder Verständnis für die israelische Seite ausgemerzt. Die deutsche Übersetzung schließlich – vom Sprachendienst des Ökumenischen Rats der Kirchen angefertigt – verschärft die Aussage des KPD noch einmal und ist vielleicht ein noch größerer Skandal als die ursprüngliche Erklärung der palästinensischen Christen selbst. Im Gegensatz zur deutschen Übersetzung zeigt die englische Version noch ein gewisses Verständnis für die Ängste der jüdischen Seite, lässt einen Hauch von palästinensisch-christlicher Selbstkritik erahnen und weist auf die Möglichkeit hin, dass es für die Christen im Nahen Osten auch eine Bedrohung von Seiten der Muslime geben könnte.

Einseitig beschuldigt das KPD in seiner Einleitung die internationale Gemeinschaft, die Nahostkrise lediglich zu managen, anstatt sie zu lösen. Ein Frontalangriff wird auf den »biblischen Fundamentalismus« »gewisser Theologen im Westen« gefahren (2.2.2; 2.3.3; 6.1). Dadurch wird jede Art von wortgetreuer Auslegung der Heiligen Schrift und jede christliche Unterstützung der Rückkehr des jüdischen Volkes in das Land seiner Väter delegitimiert. Zusammenfassend lässt sich sagen, dass das KPD unter dem Vorzeichen von »Glaube, Hoffnung, Liebe« den jüdischen Staat Israel und seine christlichen Freunde weltweit dämonisiert.

Hochrangige Palästinenser, wie etwa Bernard Sabella von der Universität Bethlehem, die palästinensische Tourismusministerin Chulud Dai-

bes, die Evangelikalen Alex Awad vom Bethlehem Bible College und sein Neffe Sami Awad vom Holy Land Trust, aber auch eine ganze Reihe palästinensischer Parlamentarier haben sich mit dem Dokument durch ihre Unterschrift solidarisiert. Der evangelisch-lutherische Pfarrer Dschadallah Schihade aus Beit Dschallah, Gründer und Leiter der Abrahams Herberge, findet das KPD »sehr gut« und steht »voll und ganz dahinter!« Drei Arbeitssitzungen für die Ausarbeitung des KPD fanden in der Abrahams Herberge statt - wie auf der Internetseite der Organisation nachzulesen ist.

Palästinensischer Terror wird im KPD als legitimer Widerstand gegen die israelische Besatzung - das angeblich alleinige Grundübel im Nahen Osten - sanktioniert. So wird etwa in Abschnitt 4.3 das Wort »Terrorismus« in Anführungszeichen gesetzt. Wenn es keine israelische Besatzung mehr gebe, so wird suggeriert, werde auch der legitime Widerstand dagegen verschwinden. Tatsache bleibt jedoch, dass es schon vor dem Sechstagekrieg arabischen Terror gegen Israel gab. Die Hamas und andere islamistische Organisationen genießen eine breite Unterstützungsbasis in der palästinensischen Bevölkerung und haben sich dem »Widerstand« verschworen, bis zum Ende der Existenz des jüdischen Staates Israel.

Das KPD ist ein klassisches Zeugnis für die Ersatztheologie, die in der Kirchengeschichte eine lange und einflussreiche Tradition hat und bis heute das Denken vieler Christen weltweit beherrscht. Alle biblischen Aussagen über das besondere Verhältnis des Volkes Israel zum Gott der Bibel werden als »toter Buchstabe« abqualifiziert. Ursprünglich Israel geltende Zusagen - wie etwa die Erwählung zum Volk Gottes oder die Landverheißung - wurden nach Ansicht der Autoren des KPD mit Christus auf alle Völker übertragen. So wird Israel enterbt, durch die Kirche ersetzt und damit das jüdische Volk seiner biblisch begründeten Qualitäten beraubt. Da Israel und dem jüdischen Volk keine gottgewollte Stellung mehr zugestanden wird, ist es nur konsequent, wenn das KPD die »israelische Besatzung palästinensischen Landes« zur »Sünde gegen Gott und die Menschheit« erklärt (2.5).

Politisch bestreitet das Dokument die Zweistaatenlösung und damit das Existenzrecht des jüdischen Staates Israel. Naim Ateeks Organisati-

on Sabeel wirbt weltweit dafür, dass die Zweistaatenlösung nicht umsetzbar und Gerechtigkeit nur erreichbar sei, wenn der Staat Israel in einem binationalen Staat mit arabischer Mehrheit aufgehe. Diese Einstellung kommt eindeutig im KPD zum Ausdruck (9.3). Gleichzeitig ignoriert das Papier die Negierung und existenzielle Bedrohung des Staates Israel seit seiner Gründung durch die arabische und islamische Welt bis heute vollständig.

Schließlich stellen die Verfasser des KPD nicht etwa in aller Bescheidenheit die eigene Situation und Sicht der Dinge zur Diskussion, sondern erheben geradezu fundamentalistisch den prophetischen Anspruch, die Stimme Gottes in Gegenwart und Zukunft zu tragen (3.4). Sie beanspruchen für sich selbst: »Wir meditieren und interpretieren die Schrift genau, wie Jesus Christus das getan hat« (2.2.1). Unter diesem Vorzeichen rufen sie Gemeindeglieder weltweit zu Boykottmaßnahmen gegen den Staat Israel auf. Dabei wird interessanterweise ein Boykottaufruf gegen alles, »was die Besatzung produziert« (4.2.6) innerhalb des Papiers zu einer Forderung von »Wirtschaftssanktionen und Boykott Israels« ganz allgemein ausgeweitet (7).

»Christus am Checkpoint«

Kein halbes Jahr nach der Veröffentlichung des Kairos-Palästina-Dokuments veranstaltete das »Bethlehem Bible College in Palästina« vom 12. bis 17. März 2010 die evangelikal ausgerichtete Konferenz »Christus am Checkpoint: Theologie im Dienste des Friedens und der Gerechtigkeit.« Zu den Sprechern der internationalen Konferenz auf dem Anwesen des Bethlehem Bible College (BBC) und des Jacir Palace Intercontinental Hotels in Bethlehem gehörten Bruder Andrew, Tony Campolo, Lynne Hybels, Stephen Sizer und einheimische Christen. In 14 Vorträgen und neun Workshops überlegten sie, wie die Heilige Schrift im palästinensischen Kontext ausgelegt werden soll und welche theologische Bedeutung Friede und Gerechtigkeit in einem evangelikalen Kontext haben.

Das offizielle Programm beinhaltete Besuche von Flüchtlingslagern, palästinensischen Dörfern, israelischen Siedlungen und einheimischen

christlichen Gemeinden. Es kündigte eine Reise vor der Konferenz zu Heiligen Stätten in Jerusalem und Galiläa, sowie zu »palästinensischen Dörfern und Christen in Galiläa« [sic!] an. Eine Tourgruppe nach der Konferenz besuchte Jericho, das Tote Meer und Qumran.

Alex Awad, der Initiator der Konferenz, meinte kurz vor der Eröffnung: »Wir haben 130 angemeldete Ausländer, 60 einheimische Ausländer und 70 Einheimische. Insgesamt erwarten wir etwa 300 Teilnehmer.« Ungefähr dreieinhalbtausend Zuschauer verfolgten die Konferenzvorträge durch die Liveübertragung über die offizielle Konferenzwebseite www.christatthecheckpoint.com. Konferenzsprache war Englisch mit Simultanübersetzung ins Arabische.

Nach einem Eröffnungsgebet von Munir Kakisch, dem Präsidenten des Evangelikalen Kirchenrates im Heiligen Land, blieb die Versammlung zu Ehren der palästinensischen Nationalhymne stehen. Dann begrüßte Bischara Awad, Gründer und Präsident des BBC, die Würdenträger und Delegierten: »Wir sind als Teil der christlichen Gemeinschaft in Palästina unserer Palästinensischen Autonomiebehörde (PA) sehr dankbar.« Er fügte hinzu: »Die christliche Gemeinschaft wird hier in keiner Weise diskriminiert. Wir haben immer die Freiheit, uns zum Gottesdienst zu versammeln, ohne Furcht und Einmischung.«

Dr. Awad betonte, dass »diese Konferenz keine politische Konferenz ist. Sie ist keine Plattform, die gegen irgendeine Gruppierung benutzt werden kann. Das Organisationskomitee hofft, dass diese Konferenz Einheit, Versöhnung und Verständnis innerhalb des Leibes von Jesus Christus und unter den Menschen, die in diesem wunderbaren Land leben, bringen wird.« Im Blick auf die aktuelle Lage bemerkte der BBC-Präsident: »Die Kirche von Jesus Christus in Palästina kämpft und geht durch eine sehr schwere Zeit. Wir sind eine kleine Minderheit von weniger als 1,5 Prozent. Die Familien packen ihre Sachen und gehen. Die Kirche stirbt langsam in dem Land, in dem sie ihren Anfang hatte.« Dabei überließ er es der Vorstellungskraft der Zuhörer, zu erraten, was oder wer die Ursache für diese Leiden sei.

Dann begrüßte der christliche Bürgermeister von Bethlehem, Victor Batarseh, die Konferenz: »Ich bin dem BBC dankbar für diese theologische Botschaft im Land der Theologie. Wir müssen Theologie praktizie-

ren, um diesem Land Frieden zu bringen.« Er beschuldigte »einige Theologen aus dem Ausland, die Theologie zu missbrauchen, um keinen Frieden, Gerechtigkeit und Gesetzmäßigkeit in diesen Teil der Welt zu bringen« und unterstrich seine Botschaft mit der Aussage: »Wenn wir in diesem Land keinen Frieden haben, werden wir nirgendwo auf diesem Planeten Frieden haben.« Dr. Batarseh forderte die Konferenzteilnehmer heraus: »Sie werden mit Ihren eigenen Augen sehen, wie die Krippe der Christenheit, die Krippe unseres Herrn Jesus Christus hinter diesen Mauern im Gefängnis ist. Wir müssen diese Mauern niederreißen. Wir müssen die Besatzung beenden!«

Verzerrung der politischen Lage

Das Logo der Konferenz – ein Kirchengebäude gegenüber »der Mauer«[108] – …

… war programmatisch. Praktisch die gesamte Konferenz zeichnete das Bild einer palästinensischen christlichen Minderheit, die sich der

108 Dieses Bild stammt von der offiziellen Konferenz-Webseite http://www.christatthecheckpoint.com, zuletzt abgefragt am 1. April 2010.

überwältigenden »israelischen Apartheidmauer« gegenübersieht. So beschrieb Pastor Nihad Salman lebhaft, wie er und seine Familie unter israelischen Beschuss kamen[109] – ohne auch nur mit einem einzigen Wort anzudeuten, dass weder er noch seine palästinensisch-christlichen Geschwister auf der Abschussliste der Israelis standen. Auf der gesamten Konferenz wurde das Problem kein einziges Mal aus israelischer Sicht behandelt. Auf palästinensischer Seite gab es lediglich die leidende Kirche, sonst nichts.

»Die andere Seite« bestand (aus palästinensischer Sicht) nur aus »der Mauer«. Von ganz wenigen Ausnahmen abgesehen, wurde weder die Vielschichtigkeit der israelischen Gesellschaft erwähnt, noch die Tatsache, dass Israels Regierung und Armee Institutionen sind, die sich demokratisch verantworten müssen. Es gibt in Israel eine unabhängige Rechtsprechung, die nicht nur in der Lage ist, unpopulär zu entscheiden, sondern dies auch tut und selbst höchste politische Würdenträger vor Gericht stellt. In keiner Weise wurde die Möglichkeit in Betracht gezogen, dass »die Mauer« ein Symptom der Verzweiflung, ein Schrei der Hilflosigkeit der israelischen Gesellschaft sein könnte – und eben nicht der Ausdruck eines landhungrigen, gnadenlosen Monstrums, das vergnügt seine armen und hilflosen Nachbarn unterdrückt.

Die größte Verzerrung der Tatsachen geschah auf dieser Konferenz durch die Darstellung »der palästinensischen Christen« gegen »die israelischen Besatzer« – ohne die ausgestreckte Hand Israels (wie sie etwa in der Unabhängigkeitserklärung des Staates festgeschrieben ist) zu erwähnen, die sich einer permanenten Weigerung gegenübersieht, Israels Existenzrecht als jüdischen Staat anzuerkennen. Diese Weigerung ist ein roter Faden durch die arabische Einstellung gegenüber Israel seit dem Unabhängigkeitskrieg bis heute. Die unterschiedliche Atmosphäre in den Erziehungssystemen wurde mit keinem Wort gewürdigt. Ebenso wenig die Tatsache, dass Israel der einzige Staat auf der Welt ist, dessen Existenzrecht öffentlich und andauernd infrage gestellt und aktiv bedroht wird. Kein einziger Gedanke wurde auf die Möglichkeit verschwendet,

---

109 In einem Filmclip und live während Alex Awads Vortrag »Palestinian Christians in the Shadow of Christian Zionism« am 12. März 2010.

dass die Situation »palästinensische Christen gegen israelische Besatzer« vielleicht in einem größeren Kontext verstanden werden müsste.

Feindbild Christlicher Zionismus

Interessanterweise konnte die Konferenz »Christus am Checkpoint« nicht ohne Feindbild auskommen, das in diesem Fall der Christliche Zionismus und seine vermeintliche theologische Ursache, der Dispensationalismus,[110] waren. Die Tatsache, dass zwei Vertreter des Dispensationalismus, Professor John S. Feinberg von der Trinity Evangelical Divinity School in Deerfield, Illinois, und Professor Darrel Bock vom Dallas Theological Seminary, einstimmig versicherten, der Dispensationalismus fordere keine Unterstützung des Staates Israel, tat dem keinen Abbruch. Genauso wenig wie die Tatsache, dass sich die meisten in Israel ansässigen christlichen Zionisten in keiner Weise dem theologischen System des Dispensationalismus verpflichtet fühlen.

Alex Awad eröffnete die Konferenz mit einem Vortrag über »Palästinensische Christen im Schatten des Christlichen Zionismus«.[111] Der Pastor der Ostjerusalemer Baptistengemeinde und Studentendekan des BBC beschuldigte christliche Zionisten, »das Wort Gottes zu benutzen, um Gewalt auf die Erde zu bringen«. Pastor Nihad Salman von der Immanuel Evangelical Church in Bethlehem sagte über diejenigen, die während der Zweiten Intifada Israel unterstützten: »Sie segnen die, die uns in Angst und Schrecken versetzen!«[112] Salim Munayer, Gründer und Direk-

---

110 Die Lehre von den »Haushaltungen« (englisch »dispensations«), die in der Brüderbewegung des 19. Jahrhunderts in England und Irland (John Neslon Darby – deshalb auch »Darbysmus«) ihren Ursprung hat. Prägende amerikanische Vertreter waren Dwight L. Moody und Cyrus I. Scofield (»Scofield-Bibel«). Siehe http://de.wikipedia.org/wiki/Dispensationalismus

111 Gehalten am 12. März 2010 im Jacir Palace Intercontinental Hotel, Bethlehem. Das Manuskript ist einsehbar unter http://www.christatthecheckpoint.com/lectures%20files/Palestinian%20Christians%20in%20the%20Shadow%20of%20Christian%20Zionism.pdf

112 In einem Zeugnis im Rahmen des Vortrags von Alex Awad.

tor des Versöhnungsdienstes Musalaha, zitierte christliche Zionisten mit den Worten: »Ihr palästinensischen Christen seid ein Hindernis für die Wiederkunft Christi.«[113] Und der anglikanische Priester Steven Sizer behauptete gar: »Der Nahostkonflikt hätte schon lange gelöst werden können, wäre er nicht von fehlgeleiteten Christen bis heute angeheizt worden.«

Der Besatzung wie Christus begegnen

Israels Besatzung im Westjordanland war auf dieser evangelikalen Konferenz allgegenwärtig und – wie gewöhnlich im palästinensischen Narrativ – die Wurzel allen Übels. »Warum ›Christus am Checkpoint‹«, fragte Konferenzmoderator Munther Ishaq, um gleich selbst die Antwort zu geben: »Wir wollen, dass die christliche Welt darüber nachdenkt, was die Stellung von Jesus Christus wäre, wenn er heute durch Palästina ginge und die Mauer sähe, die Straßensperren und die Realität vor Ort. Wir wollen die Dinge betrachten, wie Jesus das tut.«[114] Der lutherische Pfarrer Mitri Raheb aus Bethlehem ließ keinen Zweifel daran, dass der heutige jüdische Staat Israel aus seiner Sicht die Stellung des römischen Besatzers in der Zeit von Jesus einnimmt.[115]

Allerdings setzte sich dann niemand auf der gesamten Konferenz mit der Einstellung von Jesus gegenüber dem römischen Besatzer und seiner Lehre in dieser Hinsicht auseinander. Jesus rief kein einziges Mal zum politischen, geschweige denn militärischen Widerstand auf. Er berief den Kollaborateur Matthäus zum Jünger (Matthäus 9,9) und half dessen Kollegen Zachäus, sein Leben in Ordnung zu bringen, ohne auch nur ein einziges Mal deren römische Arbeitgeber zu erwähnen (Lu-

---

113 In dem Film »With God on our Side«, dessen Premiere während der Konferenz gefeiert wurde. Munayers Zitat kann im Internet unter http://www.withgodonourside.com/ eingesehen werden.

114 So am Abend des 12. März 2010 vor dem Aufruf der repräsentierten Nationen und vor seiner Einführung des Bethlehemer Bürgermeisters Victor Batarseh.

115 In seinem Vortrag »Contextual Palestinian Theology as it Deals with Realities on the Ground« vom Vormittag des 17. März 2010.

kas 19,1-10). Als die Besatzungssoldaten ihn fragten, was sie tun sollten, meinte Jesus, sie sollten sich weder mit Gewalt noch durch Betrug finanzielle Vorteile erzwingen, sondern »lasst euch genügen an eurem Sold!« (Lukas 3,14). Er erwähnte ihnen gegenüber genauso wenig die Besatzung, wie gegenüber dem römischen Prokurator Pilatus oder vor König Herodes, als er ihnen seine Meinung hätte ins Gesicht sagen können.

Jesus konstatierte niemals, dass »Besatzung Sünde« sei - eine Aussage, die der akademische Dekan des BBC, Yohanna Katanacho, so nachdrücklich von Darell Bock einforderte.[116] Als Christ, der in der zweiten Hälfte des 20. Jahrhunderts in Westdeutschland geboren wurde, möchte ich gar sagen, dass ich für vierzig Jahre amerikanische, britische und französische Besatzung meines Landes dankbar bin, weil sie uns geholfen hat, eine freie und demokratische Gesellschaft aufzubauen. Hätten wir Deutschen das etwas mythologisch-mysteriöse »Recht auf Widerstand« angewendet, Steine und Brandbomben auf die Amerikaner geworfen - an die ich mich sehr gut erinnere, wie sie in ihren Jeeps, in Uniformen und voller Bewaffnung durch unser kleines Dorf im Nordschwarzwald fuhren - die Besatzung hätte gewiss anders ausgesehen und auf andere Weise geendet.

Hätte Jesus eine »palästinensische Einstellung« gegenüber den Römern an den Tag gelegt und einen Aufstand gegen Rom forciert, dann hätten seine Nachfolger gewiss mehr Schwierigkeiten gehabt, das römische Kaiserreich nur drei Jahrhunderte später durch eine friedliche Revolution einzunehmen. Wenn die Konferenz »Christus am Checkpoint« die palästinensische Situation tatsächlich im Geiste Christi betrachtet hätte, hätte sie meiner Ansicht nach ihre eigene palästinensische Führung mit den Worten und der Einstellung von Jesus konfrontiert, mit denen dieser den Schriftgelehrten, Pharisäern und Sadduzäern begegnet war. Tatsächlich gab es auf der gesamten Konferenz kein einziges Wort des Mitgefühls von Seiten palästinensischer Christen für Leid, das Israelis durch Palästinenser oder Araber erfahren haben. Es wurde keinerlei Bewusstsein für arabische Verbrechen sichtbar, etwa für die Pogrome gegen Juden, lange bevor der Staat Israel entstand.

---

116 Im Fragenteil nach der Vorlesung von Prof. Bock am Vormittag des 16. März 2010.

Alex Awad forderte die Christen auf, »Muslime zu lieben, bis zur Wiederkunft Christi«. Der Holländer Anne van der Bijl, besser bekannt als »Bruder Andrew«, und Colin Chapman aus Cambridge plädierten dafür, »die Grundlagen islamischen Denkens verstehen« zu lernen. Tatsächlich war der Appell, islamischen Fundamentalisten mit christlicher Liebe und dem Verlangen, sie zu verstehen, zu begegnen, einer der positiven Aspekte dieser Konferenz – wenngleich reichlich marginal. Colin Chapman ließ keinen Zweifel daran, dass er Islamisten kennt und mit ihnen im Gespräch ist. Im Privatgespräch bewies er, dass er in der Lage ist, den Koran auf Arabisch auswendig zu zitieren.

In seinem Vortrag verwies der ehemalige Professor für islamische Studien an der Near East School of Theology in Beirut, auf »starke Ähnlichkeiten zwischen islamischem Fundamentalismus und jüdischem Fundamentalismus. Wann immer wir in diesem Konflikt von islamischem Fundamentalismus sprechen, müssen wir gleichzeitig auch die Aufmerksamkeit auf den jüdischen Fundamentalismus lenken.

Es gibt nur wenig Unterschiede zwischen Juden, die behaupten, die Westbank gehöre ihnen aufgrund der Verheißungen Gottes an Abraham und seine Nachkommen, und Muslimen, die behaupten, das ganze Land sei ein Waqf, eine heilige Treuhänderschaft, die ihnen von Gott anvertraut wurde.« Auf die Frage, ob er wenigstens einen einzigen »jüdischen Fundamentalisten« persönlich kenne, musste der britische Professor zugeben: »Nein!« Die konsequente Frage, warum er dann islamischen und jüdischen Fundamentalismus vergleichen und gar zu dem Schluss kommen könne, »dass der islamische Fundamentalismus im palästinensischen Kontext eine exakte Kopie des jüdischen Fundamentalismus« sei, schien überflüssig.

Übrigens: Muslimische Fundamentalisten haben eine Pflicht, das Land zu erobern, besonders, wenn es bereits Waqf war und wieder unter nichtmuslimische Kontrolle gefallen ist. Jüdische Fundamentalisten dagegen haben überhaupt kein Recht, Land aus eigener Initiative zu erobern, selbst wenn ihnen dieses Land ausdrücklich von Gott verheißen wurde. Während Allah von seinen Nachfolgern eine aktive Rolle im

Dschihad erwartet, behaupten autoritative rabbinische Quellen,[117] dass Gott selbst das Land jüdischer Kontrolle entzogen hat und er allein es auch wieder unter jüdische Kontrolle bringen wird.

Hätte die Konferenz »Christus am Checkpoint« ein ähnliches Streben – so marginal es auch war – an den Tag gelegt, Israel und das jüdische Volk zu verstehen, wie Colin Chapman und Bruder Andrew dies gegenüber der islamischen Bewegung im Nahen Osten erwiesen, hätte ich einen Hoffnungsschimmer sehen können. Sie baten ihre Zuhörer, sich selbst zu fragen: »Wo war ich der Grund dafür, dass Muslime Jesus nicht annehmen können? Wo verstehe ich sie nicht?« Warum haben sie sich nicht auch gefragt: »Wo war ich ein Grund dafür, dass Juden Jesus nicht annehmen können? Wo verstehe ich sie nicht?«

Unter Ausschluss von Israel

Am Eröffnungsabend begrüßte Munther Ishaq alle auf der Konferenz repräsentierten Länder: »Die Vereinigten Staaten von Amerika, Kanada, Australien, die Niederlande, Südafrika, Deutschland, Großbritannien, die Schweiz, Italien, Spanien, Rumänien, Jordanien, Ägypten, Neuseeland, Schweden, und – last, but not least – Palästina.« Ein einziges Land wurde auffallend nicht erwähnt, obwohl Alex Awad später bemerkte, dass da noch »einige Palästinenser aus Galiläa« anwesend seien.

Die Frage stellt sich, wenn es auf dieser Konferenz um »Frieden« ging – mit wem sollte dieser »Frieden« geschlossen werden, wenn nicht mit den Juden und ihrem Staat? Und: Wie will man Frieden schließen mit jemandem, dessen Namen man nicht einmal erwähnt? Israelis hätten rein rechtlich an der Konferenz »Christus am Checkpoint« nicht teilnehmen können, weil Erlasse des israelischen Militärs israelischen Staatsbürgern das Betreten der Gebiete unter palästinensischer Kontrolle untersagt. Die Organisatoren hätten dieses Hindernis leicht umgehen können, indem sie die Konferenz zum Beispiel im Everest Hotel in Beit Dschallah ausgerichtet hätten, das im C-Gebiet unter israelischer Militärkontrolle liegt,

117 Siehe etwa die Einleitung des Kommentars von Raschi zu 1. Mose 1.

das aber jeder Palästinenser betreten kann, ohne auch nur einen einzigen Checkpoint passieren zu müssen.

Tatsächlich offenbart die Benutzung des Begriffs »Palästinenser aus Galiläa« - während gleichzeitig der Begriff »Israel« vermieden wird - den Begriff »Palästinenser« als politische Propaganda. Sonst hätte man diese Leute auch »israelische Araber« nennen können, ganz unabhängig von ihrer politischen Überzeugung. Immerhin gibt es eine ganze Reihe von »Palästinensern aus Galiläa« - Beduinen, Drusen, Tscherkessen, Christen wie Muslime - die freiwillig in der »jüdischen Besatzungsarmee« Dienst tun und überzeugte »Israelis« sind.

Faktische Irrtümer

Im Rahmen der Vorträge wurde von würdigen Professoren und Akademikern eine ganze Reihe von faktischen Irrtümern verbreitet, die während der Konferenz in keiner Weise angesprochen wurden. Um der Illustration willen seien hier einige genannt:

Rev. Steven Sizer behauptete, Israel sei das einzige Land in der Welt, das seine Grenzen niemals definiert habe.[118] - Weil ich mir selbst nicht sicher war, kontaktierte ich schon während des Vortrags per E-Mail einen Journalistenkollegen. Der googelte und fand in wenigen Minuten eine Liste von folgenden Ländern, die bis heute ihre Grenzen nicht eindeutig definiert haben: Spanien, Marokko, China, Irland, Dänemark, Kanada, Pakistan, Kambodscha, Thailand, Russland, Japan, Kosovo, Griechenland, Saudi-Arabien, Jemen, Irak, Libanon, Syrien, Nord- und Südkorea, Zypern und Iran - er vergaß Palästina zu erwähnen, und vielleicht noch ein paar mehr Länder weltweit.

Prof. Gary Burge meinte, Israel habe die größte Flüchtlingskrise der Welt ausgelöst.[119] - Wirklich die *größte* Flüchtlingskrise? - Abgesehen

---

118 In seinem Vortrag »The Bible, Israel and the Church: Challenging Zionism, Anti-Semitism and Replacement Theology« am Vormittag des 13. März 2010.

119 In seinem Vortrag »The New Testament and the Land: How Early Christianity Challenged Ethnic Territorialism« am Abend des 15. März 2010.

von den Millionen, die infolge des Zweiten Weltkriegs in Europa[120] oder durch die Entstehung der Staaten Pakistan und Indien heimatlos wurden, wäre da noch Zypern, die Türkei und Griechenland, Darfur, Angola und Uganda, Südostasien, den Kaukasus, Afghanistan, den Irak oder Nordafrika zu erwähnen. Im Rückblick erweist sich das 20. Jahrhundert als Jahrhundert der ethnischen Säuberungen, des Bevölkerungsaustauschs, der Flüchtlinge - und das palästinensische Flüchtlingsleid als nur ein Tropfen in einem Meer des Leidens.

Lynn Hybels von der Willow Creek Community Church in Illinois bezeugte, wie Gott sie zur Fürsprecherin für die arabische Welt berief.[121] Wenn Gott jemanden beruft, lässt sich darüber nicht diskutieren. Aber bedeutet das dann auch, dass man alle propagandistischen Dummheiten übernehmen muss, die die arabische Welt über Israel erzählt? Hybels sprach über die Wasserknappheit, unter der die Palästinenser durch die Israelis zu leiden haben, um nur ein Beispiel herauszugreifen. Selbst als Journalist kann ich nicht immer nachprüfen, was wahr ist. Ich kann allerdings feststellen, dass es Abkommen zwischen Israel und der Palästinensischen Autonomiebehörde über die Verteilung des Wassers gibt, die jedem im Internet einsehbar sind.[122] Soweit mir bekannt, hat sich bislang niemand darüber beschwert, dass Israel diese Abkommen verletzt hat.

Wenn nun die Palästinenser nicht genügend Wasser für ihre Bedürfnisse bekommen, wer ist dann schuld daran? Israel oder die palästinensi-

---

120 1971 stellte Bundeskanzler Willy Brandt das »Problem der Palästinenser-Flüchtlinge« in eine Reihe mit dem deutschen »Flüchtlingeschicksal« nach 1945. Siehe dazu Geschichte des jüdischen Volkes, Informationen zur politischen Bildung 140, Neudruck 1985, 61.

121 In ihrem Zeugnis »It's All About Jesus: A Personal Journey«, das sie auf der Konferenz »Christ at the Checkpoint« am Morgen des 16. März 2010 gab; im Druck auf http://www.christatthecheckpoint.com/lectures%20files/hybels_christ_checkpoint_msg.pdf, Seite 9.

122 Zum Beispiel http://www.mfa.gov.il/MFA/Peace+Process/Guide+to+the+Peace+Process/THE+ISRAELI-PALESTINIAN+INTERIM+AGREEMENT+-+Annex+III.htmoderhttp://www.water.gov.il/NR/rdonlyres/A111EFEF-3857-41F0-B598-F48119AE9170/0/WaterIssuesBetweenIsraelandthePalestinians.pdf

schen Unterhändler, die eigentlich auch die Millionen von palästinensischen Flüchtlingen im Hinterkopf gehabt haben sollten, auf deren Rückkehr sie hoffen? Zudem beklagt die Deutsche Gesellschaft für internationale Zusammenarbeit (GIZ), die bei der Entwicklung der Wasserversorgung und Abwasserbehandlung in der PA maßgeblich beteiligt ist, dass bis zu 40 Prozent des palästinensischen Wassers durch schadhafte Rohrsysteme verloren gehen. Wessen Verantwortung ist das?

Wenn wir als Ausländer einen Beitrag zur Lösung des Nahostkonflikts leisten wollen, sollten wir zuallererst die Fakten kennen und nicht einfach auf die Propagandamaschinerien einer Seite aufspringen.

Theologische Fragen

Im Laufe der Konferenz tauchten eine ganze Reihe theologischer Fragen auf, die tiefer gehend diskutiert werden müssen – das jedoch ist Thema für ein weiteres Buch. Ich möchte trotzdem einige beim Namen nennen:

Frieden und Gerechtigkeit

»Unsere Theologie muss Frieden und Gerechtigkeit dienen!« Das war der Maßstab, den Munther Ishaq zu Beginn der Konferenz aufstellte.[123] – Zuerst einmal möchte ich das unterstreichen. Ich stimme dieser Aussage zu: Unsere Theologie muss Frieden und Gerechtigkeit dienen! Im Rahmen einer Konfliktsituation, wie wir sie im Nahen Osten erfahren, die nicht nur ein physischer Krieg ist, sondern in der sich auch sehr unterschiedliche geistliche Kräfte gegenüberstehen, wird es jedoch verdächtig, wenn die Worte von Jesus, »Ihr sollt nicht meinen, dass ich gekommen bin, Frieden zu bringen auf die Erde. Ich bin nicht gekommen, Frieden zu bringen, sondern das Schwert«,[124] überhaupt nicht erwähnt werden.

123 Am Abend des 12. März 2010.

124 Matthäus 10,34; vergleiche auch Lukas 22,36-38.

Ich liebe das Leben und werde alles tun, um Leben zu retten, wo und wann immer ich kann! Allerdings können wir auch in Situationen geraten, in denen wir unser eigenes Leben opfern müssen, denn »wer sein Leben verliert um [des Herrn Jesus] willen, der wird's finden«.[125] Wenn wir das Leben in dieser Welt für das höchste Gut erachten, könnte es sein, dass wir das ewige Leben verlieren. Sollte nicht wenigstens darüber gesprochen werden, ob dasselbe nicht für den Frieden stimmt? Sollten wir nicht wenigstens fragen dürfen, ob eine Einstellung, die Frieden um jeden Preis sucht, uns nicht letztendlich korrumpiert und dazu führt, die Wahrheit zu kompromittieren?

Ähnliches gilt für die »Gerechtigkeit«: Ja, wir müssen mit unserem ganzen Wesen nach Gerechtigkeit streben und es gibt keinerlei Rechtfertigung für Ungerechtigkeit. Aber, was ist das biblische Verständnis von »Gerechtigkeit«? Die Gerechtigkeit, die wir an Jesus sehen, war zuallererst um die eigene Sünde bemüht - nicht um die des anderen. Biblische *Zedakah* (»Gerechtigkeit«) wird im Gleichnis vom Barmherzigen Samariter demonstriert (Lukas 10,25-37), der nicht vom jüdischen Volk gleiche Rechte und religiöse Anerkennung forderte. Tatsächlich hat er überhaupt nichts für sich selbst gefordert. Vielmehr teilte er aus, was er hatte, und übte so Gerechtigkeit. Wie würde der Nahe Osten aussehen, wenn alle Christen ihre Nächsten so behandelten, wie sie selbst gerne behandelt würden?!

»Liberté, égalité, fraternité - Freiheit, Gleichheit, Brüderlichkeit« war der Slogan der Französischen Revolution und - in gewisser Weise - ein Refrain der Vorträge auf der Konferenz »Christus am Checkpoint«. Aber sind das auch die Botschaft und das Gebot der Bibel? Könnte es sein, dass die Maßstäbe des Humanismus Gottes Wort, wie es in der Heiligen Schrift offenbart ist, widersprechen, zumindest in einigen Aspekten? Können wir tatsächlich die biblische Botschaft unreflektiert und ungestraft in unseren modernen Humanismus hineinpressen? Ist der Mensch wirklich Maß aller Dinge?

125 Vergleiche Matthäus 10,39; 16,25; Markus 8,35; Lukas 9,24; 17,33; Johannes 12,25.

Gary Burge[126] schlussfolgerte, dass »die neue Mission« der neutestamentlichen Kirche »die Wiederherstellung der Welt, nicht die Wiederherstellung Israels« sei. – Aber, ist die Wiederherstellung der ganzen Welt wirklich die »neue« Mission der neutestamentlichen Gemeinde? Abrams Berufung war von Anfang an: »Sei ein Segen«, der sich dann auf »alle Geschlechter der Erde« erstrecken sollte (1. Mose 12,3). Sei es bei der Einweihung des salomonischen Tempels (1. Könige 8,41ff) oder in der Botschaft des Jesaja (56,7) – die biblische Offenbarung hatte immer eine universale Perspektive. Die Botschaft »so sehr hat Gott die [ganze] Welt geliebt« (Johannes 3,16) ist nicht das »Neue« des Neuen Testaments.

Die exklusive Erwählung des Volkes Israel schließt das Heil für die Heiden genauso wenig aus, wie die Erfüllung der Landverheißungen an Israel in keiner Weise die Vernichtung der Araber bedeuten muss, wie das Alex Awad vertrat.[127] Vielmehr zielt Gottes Plan mit dem jüdischen Volk und seine Rückkehr in das Land auf die Errettung aller Völker und ist Teil der Antwort Gottes auf das Seufzen und die schmerzliche Angst der ganzen Schöpfung (Römer 8,22).

Mir scheint, eines der grundlegenden und methodischen Probleme der großen Mehrheit der Redner auf dieser Konferenz war, dass sie von einer sehr exklusiven Denkweise in ihrem Kampf um ein inklusives Weltbild getrieben waren. Sie sahen immer nur das »entweder – oder« in theologischen (und dann konsequenterweise auch politischen) Fragen, anstatt das inklusive »sowohl – als auch« einer komplementären Sichtweise anzustreben.

---

126 In seinem Vortrag »The New Testament and the Land: How Early Christianity Challenged Ethnic Territorialism« vom Abend des 15. März 2010 im Jacir Palace Intercontinental Hotel, Bethlehem.

127 In seiner Präsentation »Palestinian Christians in the Shadow of Christian Zionism« am 12. März 2010.

Das Land war eines der entscheidenden Themen auf dieser Konferenz und der Kampf um das Verheißene Land war in allen Präsentationen gegenwärtig. Alex Awad konstatierte: »Dieses Land ist für uns nicht zum Kämpfen, zum Blutvergießen, weil wir etwas Geografie wollen«[128] – was in mir die Frage provozierte: »Warum gebt ihr es dann um des Friedens willen nicht auf?!«

Ein interessanter Kommentar von Yohanna Katanacho ist in die offizielle Version des Vortrags von John Feinberg eingefügt. Katanacho schreibt als Antwort auf Feinbergs Schlussfolgerung, dass »es [künftig] einen funktionierenden Tempel in Jerusalem« geben muss: »Wozu brauchen wir wieder Opfer? Diese Eschatologie könnte einige dazu ermutigen, ›heiliges‹ islamisches Land dominieren zu wollen, und so die mögliche friedliche Stabilität gefährden!«[129] Diese Bemerkung offenbart, dass die treibende Kraft hinter dieser Art von palästinensischer Theologie des Landes nicht nüchterne Exegese oder auch theologische Erwägungen sind, sondern politische Überlegungen angesichts der Herausforderung durch den Islam.

Gary Burge hat recht, wenn er behauptet, dass sich »Matthäus 5,5 auf das Land« bezieht: »Selig sind die Sanftmütigen – nicht die mit dem Gewehr in der Hand – denn sie werden das Land besitzen!«[130] Allerdings blieb er die Frage schuldig, wie diese Erkenntnis in arabisches oder gar islamisches Denken übersetzt werden könnte. Er hat recht, dass »die Kirche den territorialen Eifer des Judentums« – und auch des Islam, den er an dieser Stelle zu erwähnen »vergaß« … – ablehnt. Allerdings ist mein persönlicher Eindruck, dass dieser Wheaton-Professor nicht nur in diesem Fall gegen liebgewordene Klischees in seinem eigenen Kopf an-

128 Ebenda.

129 http://www.christatthecheckpoint.com/lectures%20files/John%20Feinberg.pdf, unten auf Seite 16.

130 In seinem Vortrag »The New Testament and the Land: How Early Christianity Challenged Ethnic Territorialism« vom Abend des 15. März 2010.

kämpft, anstatt sich nüchtern analysierten Vorstellungen und Absichten der israelischen Öffentlichkeit zu stellen.

Die Liste der theologischen Fragen, die im Rückblick auf die Konferenz »Christus am Checkpoint« angesprochen werden müssten, scheint endlos: Ob es der starke Nachdruck auf die konditionale Natur von Gottes Bundesschlüssen ist - die, sollte das wahr sein, das entscheidende »sola gratia« des Heils infrage stellen und menschlichem Verhalten eine fragwürdige erlösende Qualität verleihen würde; sei es der semantische Salto mortale Steven Sizers, der meint, wenn er den Begriff »Ersetzungstheologie« einfach durch den Begriff »Erfüllungstheologie« ersetzt, die oft wiederholte Behauptung, »wir vertreten keine Ersetzungstheologie!«, rechtfertigen und das uralte Problem lösen zu können.

Die zentralste und möglicherweise entscheidendste Frage aber liegt im Bereich der Hermeneutik. Lynn Hybels beschrieb ihre persönliche Reise zum »Fürsprecher für die arabische Welt« und fasste die entscheidende Wegkreuzung im Rat eines »weisen« Freundes zusammen: »Vergiss eine Zeit lang alles, was du je über das Christentum gedacht hast; vergiss das Alte Testament, vergiss Paulus und die Briefe - und lies einfach nur Jesus.« Bleibt die Frage: Wenn wir alle den von Gott gegebenen hermeneutischen Schlüssel auslöschen, was für ein »Jesus« bleibt dann?

11. Der Weg nach Hamastan

Der israelische Premierminister Ariel Scharon verkündete seinen Plan zur einseitigen Trennung im Dezember 2003. Die Palästinenser reagierten mit Unglauben, Misstrauen und aktiven Bemühungen, den Plan zum Scheitern zu bringen. Noch wenige Tage vor dem Gazarückzug erklärten PA-Minister die Absichtserklärungen Scharons als Bluff, der nur darauf angelegt sei, in der Weltöffentlichkeit Punkte zu sammeln.

Doch dann entpuppte sich die Fata Morgana als Wirklichkeit. Der israelische Abzug war mehr als ein bloßes Scheinmanöver zionistischer Propaganda – und die Einschätzung der palästinensischen Führung erweist sich im Rückblick als fataler Fehler und einer der Gründe dafür, weshalb die Fatah nicht darauf vorbereitet war, im Gazastreifen die Macht zu übernehmen.

Am 12. September 2005 verließ der letzte israelische Soldat den Gazastreifen. »Scharon wurde in die Knie gezwungen!«, brachte Chalil Schekaki, Direktor des palästinensischen Zentrums für Politik- und Meinungsforschung,[131] die Sichtweise seines Volkes auf den Punkt. Abu Mazen hatte sich seit Jahrzehnten für eine Verständigung mit Israel ausgesprochen. Deshalb könne er den Rückzug aus Gaza nicht auf seine Karte buchen, so Schekaki. 70 Prozent der palästinensischen Bevölkerung glaubten nicht mehr an eine politische Lösung des Nahostkonflikts, behauptete der palästinensische Meinungsforscher im Sommer 2005.

Dafür habe die Hamas allen Grund, das Ende der Besatzung zu feiern. Auf Triumphparaden in Gaza-Stadt und Khan Yunis wetteiferten Freiheitskämpfer aller Fraktionen um die Ehre, die verhassten Besatzer in die Flucht geschlagen zu haben. An Waffen herrschte kein Mangel. Ganz offen trugen die vermummten Kämpfer ihre Raketen, Panzerfäuste, Mörsergranaten und schweren automatischen Gewehre zur Schau.

Eine Umfrage des der Hamas nahestehenden Palestine Information Center ergab, dass 94 Prozent aller Palästinenser den israelischen Rück-

---

131 Palestinian Center for Policy and Survey Research – PSR: http://www.pcpsr.org

zug als Flucht und Niederlage verstanden, die »durch das Blut Tausender Märtyrer erreicht wurde«. Fatah-Sympathisant Samir Tahayneh erklärte: »Ohne Qassam-Raketen und Selbstmordattentate wäre Israel nie von unserem Boden geflohen.« Und Hamas-Führer Scheich Hassan Yussef proklamierte: »Palästinensisches Blut hat das mächtige Schwert der israelischen Besatzung geschlagen!«

Der Anfang vom Ende des zionistischen Projekts

Bewährtes sollte auch in Zukunft angewandt werden. Muhammad Abu Schamala, Kommandeur des militärischen Flügels der Hamas im südlichen Gazastreifen, hoffte, dass der »anhaltende bewaffnete Widerstand« Israel auch zum Rückzug aus dem Westjordanland bewegen werde. Der Ladenbesitzer Ala Abu Dschabarra meinte: »Durch den Oslo-Prozess haben wir überhaupt nichts erreicht. Die Juden verstehen nur die Sprache der Gewalt.«

Das war nicht nur die Perspektive des enttäuschten kleinen Mannes oder islamistischer Extremisten. Offiziell gaben Palästinenserpräsident Abbas, sein Premierminister Ahmed Qurea und der als prowestlich geltende Minister Muhammad Dahlan zu Protokoll: »Heute zieht sich Israel aus Gaza und der nördlichen Westbank zurück. Morgen werden wir einen Rückzug aus dem Rest der besetzten Gebiete und Jerusalem sehen.«[132]

Hamas-Chef Khaled Maschaal in Damaskus brachte den Konsens der palästinensischen Gesellschaft auf den Punkt: »Heute Gaza, morgen ganz Palästina bis zum letzten Zentimeter. Das ist das Ende des zionistischen Projekts!«

Noch in der Nacht des israelischen Abzugs brannten die Synagogen in den verlassenen Siedlungen. Die Palästinenser hatten gefordert, dass Israel alle Siedlerhäuser zerstört. Der Schutt sollte dann, so das von US-Außenministerin Condoleezza Rice vermittelte Abkommen, in Gaza

---

132 Khaled Abu Toameh, »PA hopes to hold Arab summit in Gaza« (Jerusalem Post, August 16, 2005).

zum Bau eines Hafens verwendet werden. Nach langen innerisraelischen Diskussionen entschied die Regierung in Jerusalem, die Armee des jüdischen Staates werde niemals Synagogen zerstören. Im Gazastreifen sah man die zurückbleibenden, leeren Synagogengebäude als bewusste Provokation der Besatzungsmacht. Palästinensische Polizisten hielten ihre Wut nicht einmal in Gegenwart von Fernsehkameras im Zaum. Die feuerfesten, massiven Betonstrukturen der Gotteshäuser wurden mit Vorschlaghämmern bearbeitet. Dabei wären die Siedlersynagogen eigentlich auch aus muslimischer Sicht »Heilige Stätten«, wie das demonstrative Gebet des Hamas-Führers Mahmud Az-Zahar in der Synagoge von Neveh Dekalim unter Beweis stellte.

Die Israelis hatten den Palästinensern funktionsfähige Gewächshäuser hinterlassen. Teilweise waren sie schon bepflanzt und hätten kurze Zeit später nur noch abgeerntet werden müssen. Doch wütende Massen demontierten alles, was nicht niet- und nagelfest war und zerstörten dadurch wertvolle Arbeitsplätze.

Die Grenze nach Ägypten war offen. Das stellten die ersten Tage nach dem Abzug der Israelis unter Beweis. Zwar hatten die Ägypter gleich zu Anfang einen Palästinenser erschossen, der in den Sinai gelangen wollte. Dann waren sie aber von ihrer eigenen Courage so eingeschüchtert, dass sie den Ereignissen freien Lauf ließen.

Waffenhändler gaben an, dass der Preis für ein Schnellfeuergewehr im Gazastreifen von 2 000 US-Dollar auf die Hälfte sank. Bald war der Waffenmarkt in Gaza gesättigt.

Die Islamische Widerstandsbewegung

Das Wort *Hamas* ist ein Akronym, das heißt, es entsteht durch die Zusammensetzung der Anfangsbuchstaben des arabischen Begriffes *Harakat Al-Muqawamah Al-Islamiyya*. Übersetzt heißt dieser Begriff »Islamische Widerstandsbewegung«.

Im Arabischen bedeutet das Wort *Hamas* »Begeisterung«, »Enthusiasmus«, »Eifer«, »Mut« oder »Heldentat« – eben das, was ihre Anhänger im Kampf gegen »das zionistische Gebilde« Israel vollbringen wollen. In der

hebräischen Bibel taucht das Wort *Hamas* ebenfalls auf. Allerdings bedeutet es dort »Gewalttat«.

Am 18. August 1988, weniger als ein Jahr nach Ausbruch der ersten Intifada, meldete sich die Hamas mit dem »Islamischen Manifest« in der Öffentlichkeit zu Wort. Mousab Yussef, Sohn von Scheich Hassan Yussef aus Beitunia bei Ramallah, berichtet von einem Geheimtreffen im Jahr 1986 in Hebron, bei dem die Hamas gegründet wurde. Daran nahmen Scheich Ahmed Yassin, Muhammad Dschamal An-Natsche aus Hebron, Dschamal Mansour aus Nablus, Hassan Yussef, Mahmoud Muslih aus Ramallah, Dschamil Hamami aus Jerusalem und Ayman Abu Taha aus Gaza teil.[133]

Die Wurzeln der Bewegung liegen im islamischen Zentrum »Al-Mudschamma Al-Islami«, das der querschnittsgelähmte Scheich Ahmed Yassin 1973 gegründet hatte und das 1979 von Israel legal anerkannt worden war. Umstritten ist, ob die religiös-fundamentalistische Bewegung damals aus israelischer Sicht ein willkommenes Gegengewicht zur Terrororganisation PLO darstellte und vielleicht sogar gefördert wurde. Tatsache ist, dass die israelische Besatzungsmacht bei der Gründung von akademischen und humanitären Einrichtungen sich praktisch nicht einmischt. So wurde das »Al-Mudschamma Al-Islami« im Gazastreifen in den Bereichen der Predigt, Lehre, Bildung, Sozialarbeit, Gesundheit, Sport und beim Bau von Moscheen aktiv.

Die Gründungsmitglieder der Hamas waren durchweg von den *Ichwan*, den Muslimbrüdern, geprägt, deren Bruderschaft 1928 in Ägypten entstanden war. Seit den 1940er-Jahren waren die Ichwan im Gebiet des britischen Mandats Palästina und seinen Nachfolgestaaten aktiv. Ganz in der Tradition der Ichwan strukturierte Scheich Yassin die Hamas von vornherein als Untergrundbewegung. Auch intern kommunizierten die voneinander unabhängigen Zellen nur durch kodierte Botschaften.

In den 1970er und 80er-Jahren entstand so eine bemerkenswerte soziale, religiöse und kulturelle Infrastruktur im Gazastreifen und in der Westbank. Sie verlieh der Hamas bedeutende politische Macht, beson-

---

133 Mosab Hassan Yousef with Ron Brackin, Son of Hamas (Saltriver: Tyndale House Publishers, Inc., 2010), 19-20.

ders unter der Flüchtlingsbevölkerung. Einen entscheidenden Beitrag bildete die Finanzkraft der Bewegung, die auf Quellen in Saudi-Arabien, dem Iran und den Golfstaaten, aber auch auf Spenden aus der palästinensischen Bevölkerung und dem westlichen Ausland beruht.

Aus Sicht der Palästinenser richteten sich die Aktivitäten der Hamas zuerst gegen die sozio-ökonomischen Probleme des täglichen Lebens, und erst in zweiter Linie gegen die zionistische Besatzung – im Gegensatz zu anderen Befreiungsorganisationen, die oftmals persönliche Belange der Menschen dem nationalen Bestreben opferten.

Die fundamentalistische Hamas ist eine moralische und politische Herausforderung für die säkular-nationalistische PLO. Sie stellt deren Anspruch, einzig legitime Vertretung der Palästinenser zu sein, infrage.

Nach dem Sechstagekrieg verlegte die PLO das Zentrum ihrer Machtstruktur nach Jordanien, in den Libanon und dann nach Tunesien. Die Hamas und ihre Führung dagegen blieben immer in den Palästinensergebieten und entwickelten so eine feste Verwurzelung in der Bevölkerung.

Nachdem sich die Hamas anfangs sozial und religiös engagiert hatte, nahm sie nun den bewaffneten Kampf gegen Israel auf. Während der ersten Intifada etablierte sie sich als bedeutendste fundamentalistisch-islamische Organisation in Judäa, Samaria und dem Gazastreifen, die ihre Ziele mit brutalster Gewalt verfolgte. 1989 wurde sie von Israel verboten.

Anfangs hatten die *Mudschahidin*, die »heiligen Krieger«, Araber entführt und ermordet: Drogen- und Pornografiehändler, »Häretiker« und vor allem »Kollaborateure«, die der Zusammenarbeit mit Israel verdächtigt wurden.

1991 bildete Sekaraja Walid Akel, Anführer der *Mudschahidin*, die ersten Gruppen der *Issadin Al-Qassam-Brigaden*. Im Dezember desselben Jahres ermordeten sie den ersten Israeli: Doron Schorschan aus Kfar Darom.

Der Medienstar

»Wir warten alle auf den letzten Tag unseres Lebens, sei es durch eine Rakete oder durch Krebs«, meinte Abdel Asis Rantisi in einem seiner letzten Fernsehinterviews. »Tod ist Tod, sei es durch einen Apache-Helikopter oder durch Herzschlag. Ich ziehe den Apache vor!« Am späten Abend des 17. April 2004 erfüllte ihm die israelische Luftwaffe diesen Wunsch. Zwei Raketen zerstörten den weißen Subaru des Hamas-Führers. Dabei wurden auch zwei seiner Leibwächter getötet.

Im Oktober 1947 wurde Abdel Asis Al-Rantisi in Dschubna, in der Nähe von Jaffa, geboren. Während des israelischen Unabhängigkeitskrieges floh seine Familie in den Gazastreifen. Dort wuchs er im Flüchtlingslager Khan Yunis auf. In den 1970er-Jahren machte er an der Universität Alexandria in Unterägypten eine Ausbildung zum Kinderarzt. In der Studienzeit kam er mit der Muslimbruderschaft in Berührung.

Wieder in Gaza, schloss sich Rantisi 1976 offiziell der Bruderschaft an. 1978 fand er Arbeit in der neu eröffneten Islamischen Universität Gaza. 1983 wurde er von den Israelis als Leiter der Kinderabteilung des Krankenhauses von Khan Yunis entlassen und in den darauffolgenden Jahren mehrfach verhaftet.

Im Dezember 1992 wurde Abdel Asis Rantisi mit 414 anderen Hamas-Aktivisten nach Mardsch As-Suhur im Südlibanon deportiert. Im Rückblick war das vielleicht eine der fatalsten Fehlentscheidungen des israelischen Regierungschefs Jitzchak Rabin. Rantisi bezeichnete Mardsch As-Suhur später als Wendepunkt: »Die Hamas erschien auf der internationalen Bühne.« In dieser Zeit erlernte die sunnitische Hamas von der schiitischen Hisbollah die Technik der Selbstmordattentate. Im Südlibanon profilierte sich der bärtige Kinderarzt als Sprecher der deportierten Islamisten. Im Gazastreifen wurde er endgültig zum »Gesicht der Hamas«.

Kompromisslos lehnte er jede Verständigung mit dem zionistischen Feind ab und rechtfertigte Selbstmordanschläge als »Märtyreroperationen«. »Das ist kein Terror«, verteidigte Dr. Rantisi den Kurs seiner Bewegung im Januar 1998 gegenüber der arabischen Zeitung Kul Al-Arab, »das ist die Antwort auf den israelischen Terror gegen palästinensische

Zivilisten.« Er versprach: »Wenn Israel seine aggressiven Aktionen des Tötens, Aushungerns, der Inhaftierung und des Siedlungsbaus einstellt, werden wir auch mit unseren Operationen gegen israelische Zivilisten aufhören.« Rantisi hatte in einem anderen Zusammenhang einmal festgestellt, dass alle Israelis Kämpfer und damit legitime Ziele des bewaffneten Kampfes seien, weil auch die Frauen Militärdienst leisten.

Nachdem er die Gespräche von Camp David als »Akt des Verrats« bezeichnet hatte, wurde Abdel Asis Rantisi im Juli 2000 erstmals von der PA verhaftet. Trotzdem wäre der rabiate Kinderarzt für eine »friedliche« Lösung des Nahostkonflikts zu haben gewesen. Mitte August 2002 rief er die Israelis mit versöhnlichem Unterton auf, in die Länder zurückzukehren, aus denen sie in den vergangenen 150 Jahren eingewandert waren. Nur ein von jüdischer Herrschaft vollkommen befreites Heiliges Land, in der sich die jüdische Minderheit islamischem Recht unterwirft, hätte aus seiner Sicht Frieden genießen können.

Wahlstimmen als Mittel Allahs

Die Familie Abu Saada lebte in zwei unbeheizten Räumen, die direkt neben Wohnzimmer und Küche des einfachen Hauses im Ortskern des Dörfchens Illar in den Bergen von Samaria liegen. Die Hände des 50-jährigen Amin Abu Saada waren von schwerer Landarbeit gezeichnet. Seine Frau Amina war eine freundliche Bergbäuerin. Das Interesse der Weltpresse hatte sich auf diese Leute gerichtet, nachdem sich ihr Sohn Lutfi Abu Saada am 5. Dezember 2005 vor einem Einkaufszentrum der israelischen Küstenstadt Netanja in die Luft gesprengt und ein Blutbad mit fünf Toten und 50 Verletzten verursacht hatte. Nur einen Monat später, im Januar 2006, saß ich mit ihnen zusammen.

»Meine Stimme wird Allah benutzen, um den schlechten Legislativrat zu verändern.« Mit ruhiger Stimme erklärte Amin Abu Saada, warum er zur Wahl gehen wollte. Abu Saada redete bedrückt von Korruption und Uneinigkeit, Arbeitslosigkeit und Unsicherheit – und hoffte auf das Gute, den Wohlstand, die Sicherheit und den Frieden durch Neuwahlen. »Natürlich werden wir Hamas wählen«, gab er zu, »die sind echt!« Die Isla-

mische Bewegung hatte großen Zulauf. Ihre Führer genossen einen Ruf als ehrliche und unbestechliche Vertreter der palästinensischen Sache. Gesetzlosigkeit, Vetternwirtschaft und Korruption waren aus Sicht des Hamas-Scheichs Nayef Radschub aus Dura gefährlicher als die israelische Besatzung.

Amina und Suna, Mutter und Schwester von Lutfi, mit dem Poster »ihres Märtyrers«

Abdel Rachman Sidan kandidierte in Tulkarem für die Hamas. Mühsam quälte er seinen gut zwanzig Jahre alten Subaru den Berg in seinem Heimatdorf Dir Al-Ghussun hinauf, grüßte nach rechts und links. Seine Volksnähe war unübersehbar. Weil er Leiter des militärischen Armes seiner Bewegung in Nordsamaria gewesen war, hatte auch er vier Jahre in israelischen Gefängnissen verbracht.

In einem spartanisch eingerichteten Büro erklärte der Bauingenieur, der in den USA studiert und dann mehrere Jahre in Kuwait gearbeitet hatte, seine Pläne. »Wir müssen die Mentalität der Leute verändern. Ohne innere Einheit haben wir keine Chance, die brennenden Probleme der Korruption, Besatzung und Gesetzlosigkeit zu bewältigen.«

Sidan stimmte nicht in das übliche Lied über die bösen Israelis ein und erklärte ohne Umschweife, was sein Herz beschwert: »*Wir* müssen Recht und Ordnung herstellen!« Der Mittfünfziger mahnte Chancengleichheit für alle politisch Aktiven an – ein gezielter Seitenhieb auf die bislang allmächtige Fatah und deren diktatorische Vorgehensweise. »Vor allem müssen wir unsere und die israelische Wirtschaft entflechten.«

Eingangstor zur Islamischen Universität in Gaza-Stadt

Überwältigend eindeutig

Die Wahlen zum Palästinensischen Legislativrat (PLC) am 25. Januar 2006 waren einzigartig. Beobachter aus aller Herren Länder überwachten sie so gut, dass niemand ihre Rechtmäßigkeit oder den tadellosen Verlauf hätte anzweifeln können. Das Wahlergebnis war für demokratische Verhältnisse traumhaft eindeutig: Bei einer Wahlbeteiligung von etwa 70 Prozent konnte die »Liste für Wandel und Reform« der Hamas 74 von 132 Parlamentssitzen für sich gewinnen. Keine Umfrage hatte das vorausgesehen. Selbst die Hamas-Führung war erstaunt. Israel und PA-

Präsident Mahmud Abbas hatten eine Zulassung der Islamischen Widerstandsbewegung zu den Wahlen verhindern wollen, dann aber dem Drängen von USA und EU nachgegeben.

Rund die Hälfte der palästinensischen Bevölkerung lehnte Anfang 2006 - mehr als zwölf Jahre nach Oslo - eine Anerkennung des Existenzrechts Israels ab. »Wir wollen ein islamisches Palästina!«, skandierten die Massen in Gaza im Siegestaumel. Nayef Radschub stellte klar: »Wir sind dem palästinensischen Volk verantwortlich, nicht den Abkommen von Oslo.« Und Scheich Muhammad Abu Tir aus Ostjerusalem - auffallend durch seinen rot gefärbten Bart - erklärte, die Scharia, das islamische Recht, werde Grundlage für die legislative Arbeit der Hamas sein.

Was die Hamas will

Grün war das Banner, unter dem im 7. Jahrhundert n. Chr. der Siegeszug des Propheten Muhammad von der arabischen Halbinsel aus begann. Grün waren die Baseballmützen und die Flaggen, die im Januar 2006 die Palästinensergebiete beherrschten.

Das Islamische Manifest[134] fasst als »Charta der Hamas« das ideologische Credo der Bewegung zusammen: »Die Islamische Widerstandsbewegung bezieht ihre Richtlinien aus dem Islam«, betont Artikel 1, und ist »allein Allah loyal« (Art. 6). Für die Hamas gilt: »Allah ist ihr Ziel, der Prophet ihr Vorbild, der Koran ihre Verfassung, der Dschihad ihr Weg und Tod um Allahs willen ihr erhabenster Glaube« (Art. 8). Der Dschihad, das heißt, der Heilige Krieg, hat höchste Priorität.

Die Hamas glaubt, »dass das Land Palästina eine islamische Stiftung ist, durch alle Generationen bis zum Tag der Auferstehung. Niemand kann das - und sei es teilweise - widerrufen oder - auch nur teilweise - aufgeben« (Art. 11). Das Ziel der Hamas ist »das Banner Allahs über jeden Zentimeter von Palästina zu erheben« (Art. 6). »Israel wird sich erheben und bestehen bleiben, bis der Islam es vernichten wird, so wie er alle seine Vorgänger vernichtet hat«, wird der legendäre Gründer der Muslimbruderschaft, der ägyptische »Imam und Märtyrer Hassan Al-Banna«, in der Präambel zitiert. Unermüdlich wird der »Kampf gegen die Juden« beschworen. So soll ein islamisches Palästina entstehen. Für einen jüdischen Staat Israel ist kein Platz. Jede politische Lösung, die auch nur einen Teil Palästinas dafür aufgeben würde, müsste als Kapitulation des Islam verstanden werden und wird deshalb radikal abgelehnt.

Folgerichtig sind »Friedensvorschläge und internationale Konferenzen nichts als Zeitverschwendung« (Art. 13). Scheich Yassin hatte gleich im September 1993 mit dem Abschluss der Abkommen von Oslo das Gelübde abgelegt, »niemals an diesem Spiel teilzuhaben« und den Frieden mit Israel in einem »Meer von Blut zu ertränken«. Der schwächlich wirkende, gelähmte Greis war am frühen Morgen des 22. März 2004 vor seiner Moschee in Gaza den israelischen Raketen, die ihn aus seinem Rollstuhl holten, nicht gewachsen. Im Rückblick ist klar: Er ist der einzige Politiker auf der Bühne des Nahen Ostens in den vergangenen Jahrzehnten, der sein Wort gehalten hat. Die Hamas will ernst genommen werden. »Wer ihre Rolle außer Acht lässt, fordert das Schicksal heraus« steht schwarz auf weiß in Artikel 7 der Hamas-Charta.

---

134 http://www.fas.org/irp/world/para/docs/880818.htm

Weder Israel noch das westliche Ausland wollten die Regierung unter Premierminister Ismail Haniye anerkennen. Die Welt überging einfach den erklärten Willen des palästinensischen Volkes. Unübersehbar lag offen, was alle Nahostfriedensinitiativen übersehen hatten: Die öffentliche Meinung auf der arabischen Straße verweigerte sich der Illusion »Friedensprozess«.

Als Christ im Hamas-Kabinett

Tanas Abu Aita gehört zu einer der ganz großen griechisch-orthodoxen Familien in Beit Sahur. Vor 300 Jahren waren seine Vorfahren aus dem Wadi Musa in Jordanien gekommen, um sich in der Geburtsstadt von Jesus niederzulassen. Während der heißen Kämpfe des Jahres 2001 wurde das Paradise Hotel an der Manger Straße, das der Familie Abu Aita gehört, schwer beschädigt. Doch Anfang 2006 strahlten ihre Hotels wieder in altem Glanz.

Tanas lebt vom Tourismus, hat viele gute Dinge für seine Stadt getan, im Kampf gegen Israel seinen Preis bezahlt, sein Onkel war bereits Tourismusminister gewesen und er selbst hatte niemals Probleme mit Muslimen. Warum also sollte der 58-Jährige nicht Minister in der neuen, von der Hamas geführten Regierung werden?

Wenige Stunden nachdem der Rundfunk gemeldet hatte, dass der Bethlehemer Christ Tanas Abu Aita das Ressort für Tourismus in der Hamas-Regierung übernehmen werde, betraten wir das Büro des »Good Shepherd's Store« (»Kaufhaus des Guten Hirten«) in der »Manger Street« (»Krippenstraße«) in Bethlehem.

Leicht verdattert saß Abu Aita hinter seinem Schreibtisch vor dem Bild des Guten Hirten und rang nach Worten. Mit Journalisten hatte der neue Minister im Hamas-Kabinett, der selbst die Hamas gar nicht gewählt hatte, offensichtlich nicht gerechnet.

»Warum sollten Touristen wegen der neuen Regierung fernbleiben?!«, bemühte er sich um eine Erklärung der aktuellen Lage: »Immerhin ist es hier in Bethlehem sicherer als in Tel Aviv ...« – was Selbstmordattentatsstatistiken bestätigen.

Während Abu Aita erklärte, wie er den Tourismus in der PA fördern wollte, fotografierte ich ihn, den Guten Hirten mit Heiligenschein auf dem Teppich an der Wand – und einen knallorangefarbenen Kugelschreiber, der vor dem frischgebackenen Hamas-Minister auf dem Schreibtisch lag. Erst dann stellte ich die Frage, ob die Aufschrift auf dem Kuli das Programm seiner Regierung sei. Auf dem Schreibgerät stand »I ❤ Israel«.

Tanas Abu Aita und sein Kugelschreiber

Mit einem verlegenen Lächeln steckte Abu Aita den Kugelschreiber in die Tasche und wechselte das Thema. Beim Gang durch sein Geschäft entdeckte ich dann aber doch noch gewisse Affinitäten zu seinen streng islamischen Kabinettskollegen. Der biblische »Selbstmordattentäter« Simson nahm einen prominenten Platz ein im viel besuchten »Good Shepherd's Store«.

Tanas Abu Aita war nicht mit von der Partie, als zehn Tage später das Parlament der Palästinenser die Regierung von Premierminister Ismail Haniye mit 71 zu 36 Stimmen bei zwei Enthaltungen bestätigte. Der Nachrichtenwirbel um »den Christen in der Hamas-Regierung« war ihm zu viel geworden. Als Gruppen aus Deutschland mit der Stornierung ihrer Pilgerreisen drohten, war dem Geschäftsmann das Hemd näher als der Rock. Er trat zurück, noch ehe er angetreten war.

Freudestrahlend quittierten Hamas-Mitglieder im Palästinenserparlament das Abstimmungsergebnis mit »*Allahu Akbar* – Allah ist gößer!« Im ersten radikal-islamischen Kabinett des Nahen Ostens saßen Ärzte, Ingenieure, Juristen, Religionswissenschaftler und eine Reihe von islamischen Geistlichen. Die Hamas gehört zur Bildungselite ihres Volkes. »Mehr als 60 Prozent aller Märtyrer hatten eine akademische Ausbildung«, bemerkte stolz ein Hamas-Vertreter aus Ostjerusalem.

Die Namen der Kabinettsmitglieder waren westlichen Beobachtern kaum bekannt, außer von Abschusslisten der israelischen Armee, so etwa Außenminister Mahmud Az-Zahar. Die Mehrheit der Hamas-Minister kannte israelische Haftanstalten von innen. Bildungsminister Dr. Nasser Addin Schaer, gleichzeitig stellvertretender Premierminister, war erst zwei Wochen vor Amtsantritt entlassen worden. Vier von 24 Ministern gehörten nicht der Hamas an. Mariam Saleh leitete als einzige Frau das Frauenministerium.

Standhaft weigert sich die Hamas bis heute, dem finanziellen Druck der westlichen Welt nachzugeben und

1. das Existenzrecht des Staates Israel anzuerkennen,
2. sich an abgeschlossene Verträge zu binden und
3. dem Terror abzusagen.

So die dreifache Forderung des sogenannten »Nahost-Quartetts«, USA, EU, Russland und UNO. Die junge Hamas-Regierung stellte damit 80 Prozent von insgesamt 500 Millionen Euro aufs Spiel, die pro Jahr von der EU in die PA flossen. Während die Fatah-PA offiziell vom Frieden redete, inoffiziell aber Terror gegen Israel finanziell förderte, blieb die Hamas unbeugsam geradlinig. In Israel wertete man die palästinensische

Parlamentswahl vom Januar 2006 als Wechsel von einem unberechenbaren Friedenspartner zu einem berechenbaren Nichtpartner.

Kinderaugen, Kindertränen, Kinderleid

Die Fernsehbilder sollte so schnell keiner vergessen: Die zwölfjährige Huda Ghalia irrt am Strand von Gaza durch die Dünen und sucht panisch schreiend nach ihren Eltern. Dann entdeckt sie im Sand den toten Vater. »In einem Augenblick hat sie ihre ganze Familie verloren, Vater, Mutter und alle Geschwister«, erläutert die palästinensische Nachrichtenagentur Maan und malt das furchtbare Geschehen bis ins Detail aus.

Eigentlich wollte die palästinensische Familie Ghalia nur einen Tag am Strand verbringen, Sonne, Sand und frische Luft genießen, fern vom überbevölkerten Flüchtlingslager, in dem sie wohnte. Doch dann wurden der Vater, seine beiden Frauen und die fünf Kinder ahnungslos beim Picknick am Strand von einem Raketenangriff überrascht und ausgelöscht. Huda ist die einzige Überlebende, stellte Maan fest, »und dabei hatte die Familie Ghalia schon zwei Jahre zuvor vier Mitglieder bei einem der ziellosen israelischen Raketenangriffe verloren.«

Augenzeugen widersprachen sich. Die einen redeten von israelischen Kampfjets, andere wollten »ein Geschütz im Meer« gesehen und deshalb sofort gewusst haben, was passiert war. Dann stellte Maan fest, dass jeder offizielle Vertreter auf palästinensischer Seite eine andere Geschichte parat hatte, über das, was nahe den Ruinen der ehemaligen jüdischen Siedlung Dugit geschehen war.

Der Bericht des palästinensischen Fernsehens ließ keinerlei Zweifel daran aufkommen, wer für das Massaker verantwortlich war. Zu Anfang der »Reportage« wurde ein feuerndes Schnellboot der israelischen Kriegsmarine gezeigt. Nach dem Einschlag der Granaten und der Panik am Strand, sah man israelische Marinesoldaten, die sich per Feldstecher von ihrem Erfolg überzeugten. So wurde Huda Ghalia zum Symbol »für Dutzende anderer palästinensischer Zivilisten« im nördlichen Gazastreifen, wo Israel – laut Nachrichtenagentur Maan – »durch sein Bombardement viele weitere Hudas geschaffen hat«.

Die Reaktionen auf palästinensischer Seite ließen nicht lange auf sich warten und waren mit Schuldzuweisungen keineswegs zurückhaltend. Präsident Abbas sprach von einem »blutigen Völkermord« und ordnete drei Tage Staatstrauer an. Die »Palästinensische Initiative zur Förderung des weltweiten Dialogs und der Demokratie« (MIFTAH) der christlichen Anglistikprofessorin und Parlamentarierin Hanan Aschrawi forderte von der internationalen Gemeinschaft »sofortige und konkrete Schritte, um den israelischen Staatsterrorismus« zu stoppen und Israel ob seiner Kriegsverbrechen zur Rechenschaft zu ziehen. Die Hamas kündigte eine 16-monatige Waffenruhe auf, prophezeite »ein Erdbeben in den zionistischen Städten« und forderte »die Aggressoren« auf, »Särge oder Koffer« vorzubereiten.

Maan, die unter den palästinensischen Quellen als zuverlässig gilt und von der EU finanziert wird, stellte fest: »Die Welt sieht unbeteiligt zu und verurteilt den Verlust von palästinensischem Leben nicht. Aber sie schreit auf, wenn nur ein einziger Israeli getötet wird – und die einzige verbleibende Supermacht der Welt, die Vereinigten Staaten, behauptet, die Israelis hätten ein Recht auf Selbstverteidigung.« Deshalb bezeichnete der palästinensische Kommentar die sieben Toten der Ghalia-Familie als »Opfer der Gleichgültigkeit der Welt gegenüber der israelischen Aggression«.

Da niemand die Mitschuld an Kriegsverbrechen tragen will, trudelten schon bald die Verurteilungen der Gräueltat in die Mailboxen und Faxmaschinen von Journalisten und Agenturen. Als erste meldete sich die israelische Friedensbewegung Uri Avnerys, genannt *Gusch Schalom* (»Friedensblock«), gemeinsam mit den »Anarchisten gegen die Mauer« und anderen pazifistischen Aktivisten zu Wort: »Stoppt den Mord an Zivilisten! Die israelische Regierung zieht uns alle in ein Meer von Blut und Gewalt!« Es folgte ein Aufruf zur Demonstration vor dem Privathaus von Generalstabschef Dan Halutz. Menschenrechtsorganisationen aus dem In- und Ausland stimmten in den Chorus mit ein, darunter die »Rabbis für die Menschenrechte«.

Was von allen, die Gerechtigkeit und Schutz für die Palästinenser einforderten, verschwiegen wurde: Allein am Wochenende des 9. bis 11. Juni 2006 wurden ungefähr 70 Raketen aus dem Gazastreifen auf Israel

abgefeuert. Angesichts des Leides der Familie Ghalia – und der sich daraus ergebenden propagandistischen Chancen – erblasste jedes Leid auf der anderen Seite. Von April 2001 bis zur Jahresmitte 2006 fielen mehr als 3 000 Raketen auf die an den Gazastreifen angrenzenden israelischen Gebiete.

Die Absichtserklärungen der verantwortlichen Kämpfer auf beiden Seiten fielen unbeachtet unter den Tisch, als sei es bedeutungslos, wenn israelische Militärs beteuerten, alles tun zu wollen, um zu verhindern, dass Unschuldige zu Schaden kommen. Von palästinensischen Freiheitskämpfern war gleichzeitig zu vernehmen, dass es auf israelischer Seite keine unschuldigen Zivilisten gebe. Alle Israelis seien Soldaten, entweder tatsächlich im Wehrdienst, oder aber in Reserve, oder ehemalige – und im Falle von Kindern eben zukünftige.

Israel kündigte unmittelbar nach Bekanntwerden des tragischen Geschehens eine Untersuchung an. Allerdings schlossen Militärs sofort aus, dass ein Beschuss der Marine den Vorfall verursacht haben könnte. Außerdem bot der jüdische Staat unbürokratisch medizinische Hilfe für die Verletzten an, einschließlich eines Krankenhausaufenthalts in Israel. Die palästinensische Seite verweigerte jede Kooperation bei den Ermittlungen. Angehörige der Hamas beseitigten am Explosionsort Überreste des Sprengsatzes.

Von israelischer Seite war tagelang keine brauchbare Stellungnahme zu bekommen. Premierminister Ehud Olmert verkündete während seiner Europavisite, Israel habe »die moralischste Armee der Welt«. Verteidigungsminister Amir Peretz drohte mit einer »Propagandaoffensive«, sollte die Untersuchungskommission zu dem Ergebnis kommen, dass nicht die israelische Armee für das Massaker vom Strand von Gaza verantwortlich sei. Dass das Interesse der Weltöffentlichkeit so kurzlebig ist wie die täglichen Nachrichtensendungen und Gegendarstellungen, wenn sie wirksam sein wollen, unmittelbar erfolgen müssen, konnte Mark Regev, Sprecher des israelischen Außenministeriums, zwar nachvollziehen, meinte aber achselzuckend: »Wollt ihr eine oberflächliche Stellungnahme oder ein beweiskräftiges Untersuchungsergebnis?«

Nach einer Rekordzeit von nur vier Tagen stellten sich dann Verteidigungsminister Amir Peretz, Generalstabschef Dan Halutz und der Leiter

der israelischen Untersuchungskommission, Generalmajor Meir Kalifi, der Presse. »Zweifelsfrei«, so beteuerte die Führung der israelischen Armee, habe die Untersuchungskommission festgestellt, dass die sieben Familienmitglieder nicht durch israelische Granaten zu Schaden gekommen sein können. Halutz betonte: »Wir haben jedes Geschoss, das vom Wasser, aus der Luft und vom Land aus abgefeuert wurde, überprüft und konnten jedes vom Zeitpunkt des Schusses bis zum genauen Einschlag nachweisen.« Kalifi kam zu dem Schluss: »Die Wahrscheinlichkeit, dass ein israelisches Artilleriegeschoss den Tod verursacht haben könnte, ist absolut null.«

Zu den wichtigsten Beweisstücken gehörten Metallsplitter, die aus den Körpern der Verletzten im Ichilov-Krankenhaus in Tel Aviv entfernt und am Technion in Haifa untersucht wurden. Sie können nach Ansicht der israelischen Experten nicht von einem 155 mm-Geschoss stammen, die von der israelischen Artillerie eingesetzt werden. Auch die Möglichkeit, dass die Familie von einem Schiff der israelischen Marine aus beschossen wurde, kann laut den israelischen Ermittlern ausgeschlossen werden, da dieser Beschuss früher am Tag stattgefunden habe.

Den positiven Gegenbeweis blieben die israelischen Ermittler allerdings schuldig. Generalmajor Kalifi gestand ein, dass es für die israelische Armee keine Möglichkeit gebe, mit Sicherheit festzustellen, was die Explosion tatsächlich verursacht hat.

Es könnte eine alte, vergessene Bombe gewesen sein, aber auch ein Sprengsatz palästinensischen Ursprungs. Immerhin behaupten die Israelis, nachrichtendienstliche Informationen zu haben, dass am nördlichen Strand von Gaza Sprengsätze vergraben wurden, um Einsätze der israelischen Armee zu behindern.

UNO-Generalsekretär Kofi Annan bezeichnete die Ergebnisse der Untersuchungskommission als »eigenartig«. Die britische Zeitung THE INDEPENDENT und der amerikanische Nachrichtensender CNN zitierten einen ehemaligen Experten des amerikanischen Verteidigungsministeriums namens Marc Garlasco, der den Ort des Vorfalls inspiziert habe und zu der Einsicht gelangt sei, ein »israelisches 155 Millimeter Artilleriegeschoss« habe die Explosion verursacht. Wie Annan forderte auch Garlasco eine unabhängige Untersuchung.

Interessanterweise stellte niemand, dem das Schicksal der zwölfjährigen Huda Ghalia zu Herzen ging, die Frage, warum der Kameramann die Verzweiflung des Mädchens so ausführlich dokumentierte, anstatt zu helfen. Die Weltöffentlichkeit, die von den Konfliktparteien im Nahen Osten so unablässig einen vernünftigen und ethisch verantwortbaren Umgang einfordert, muss sich die Frage gefallen lassen, warum der Umgang mit Huda Ghalia nicht angeprangert wurde. Dass Hamas-Premierminister Ismail Haniye das Waisenmädchen adoptiert hat, mag als ehrliche Fürsorge dessen verstanden werden, der gerne ein Landesvater wäre. Dass Palästinenserpräsident Mahmud Abbas die kleine Huda vor Fernsehkameras in den Arm nahm und sich auf ihre Kosten als Schützer der Witwen und Waisen präsentierte, war für das islamisch geprägte Mädchen in der Pubertät ebenso demütigend und peinlich, wie der immer wieder abgespulte Filmstreifen ihrer verzweifelten Suche nach dem toten Vater.

Ein riesiger toter Briefkasten

»Mein Name ist Schalom«, stellt sich der stellvertretende Exportmanager des Karni-Grenzübergangs zwischen Israel und dem Gazastreifen vor. Hektisch unterbricht er seine Einleitung und verbietet den Journalisten zu fotografieren. »Ach lass sie doch«, schaltet sich der Leiter des israelischen Presseamtes ein.

Es entsteht eine heftige Diskussion. Oberst Nir Press beobachtet die Auseinandersetzung lächelnd. Letztendlich darf jeder fotografieren, was ihm interessant scheint - außer den Sicherheitsleuten, die ihre Identität sowieso hinter Sonnenbrillen verstecken.

»Also, mein Name ist Schalom und ich gebe Ihnen jetzt ein Sicherheits-Briefing«, setzt Schalom noch einmal gewichtig ein. »Jeder soll sich bitte eine Flasche Trinkwasser nehmen.« - Und damit sind die Anweisungen zur Sicherheitslage am Hauptumschlagplatz für Waren zwischen Israel und Gaza beendet.

Eigentlich ist der Karni-Übergang das Ergebnis israelischer Bemühungen, mit den Palästinensern Handel zu treiben, oder sie wenigstens

nicht verhungern zu lassen, ohne mit ihnen direkt in Kontakt treten zu müssen. Karni ist so etwas Ähnliches wie ein riesiger toter Briefkasten zur Fütterung gefährlicher Raubtiere.

Direkt auf der Grenze zwischen Israel und dem autonomen Gazastreifen steht eine zehn Meter hohe Betonmauer, die ganz unterschiedliche Durchlässe hat. An manchen Stellen ist es ein Loch, durch das ein Förderband Getreide auf die andere Seite schafft. An anderer Stelle sind es Schlauchanschlüsse, über denen steht, für was sie bestimmt sind: Klebstoff, Benzin, Verdünner, Diesel, Betonzusatz, Emulsion für leichtes Rohöl, Speiseöl, Industrieöl, Hyperchlorid oder CO_2.

Per Mobiltelefon spricht der Lieferant direkt mit seinem Handelspartner auf der anderen Seite – den er in manchen Fällen schon jahrelang nicht mehr gesehen hat – ab, wann welches Material in welcher Menge entladen wird, damit auf der anderen Seite auch tatsächlich der richtige Lastwagen bereitsteht. Paletten und große Frachtstücke werden in bom-

bensichere Gehege gestellt. Wie hungrige Fliegen stürzen sich vier Gabelstapler auf einen Sattelschlepper und haben ihn in wenigen Minuten entladen. Wenn die Fracht von israelischer Seite abgeladen ist, gibt es eine letzte Kontrolle. Dann wird das riesige Stahltor geschlossen. Auf der anderen Seite öffnet sich ein ebensolches Stahltor, sodass die Palästinenser die Waren abholen können.

»Was auf der anderen Seite passiert, ist vollständig in den Händen der Palästinenser«, erklärt Nir Press, der am Karni-Übergang im Auftrag der israelischen Armee für die Sicherheit zuständig ist. Die logistische Abwicklung der Warenbeförderung liegt genau wie die Details der Sicherheitsfragen in den Händen der privaten Gesellschaft, die auch den Ben-Gurion-Flughafen und die Grenzübergänge Israels betreibt.

300 bis 350 LKWs können hier täglich nach Gaza liefern und entladen werden. Was nach Gaza geht, wird auf Bestellung der Palästinenser geliefert. »Das ist einzig deren Entscheidung«, betont Oberst Press, seien das nun Zwiebeln oder Kirschen, und vor der Fußballweltmeisterschaft natürlich lastwagenweise neue Fernsehgeräte. 450 Tonnen Mehl verbraucht die Bevölkerung des Gazastreifens pro Tag, »und wir haben ihnen in letzter Zeit mehr angeboten, als sie annehmen wollten, nämlich 21 000 Tonnen Getreide und Mehl pro Monat«, versichert Nir Press.

Manche der Waren nehmen einen abenteuerlichen Weg, bevor sie die Verbraucher erreichen. Da gibt es Importe über Israel in das Westjordanland, die dann erst von dort nach Gaza gebracht werden. Manches erreicht auch über Ägypten und das Westjordanland sein Ziel in Gaza-Stadt, wie etwa die ägyptischen Snacks, die palettenweise in die Schleuse zum Raubtierkäfig entladen werden. Für die Transportwege sind die Händler und ihre geschäftlichen Erwägungen verantwortlich.

An normalen Tagen dürfen umgekehrt ungefähr 30 Lastwagenladungen Gaza verlassen: Früchte, Gemüse, Kleidung, Möbel oder auch Speiseeis. Doch das ist in diesem Jahr nur selten vorgekommen. Was aus dem Gazastreifen nach Israel hineingelassen wird, wird gründlich mit neuester Technik durchleuchtet. »Unsere Hauptsorge ist, dass Waffen aus Gaza nach Israel geschmuggelt werden«, meint Press. Zudem »hatten wir seit Januar viele konkrete Warnungen vor Terroranschlägen«. Und die werden sehr ernst genommen.

Am 13. Januar 2005 hatten sich drei Palästinenser mit 150 Kilogramm Sprengstoff in einem Auto am Karni-Übergang den Weg nach Israel freizusprengen versucht. Dabei kamen sechs israelische Zivilisten, die in Karni beschäftigt waren, ums Leben. Monatelang blieb der Warenübergang geschlossen. Am 14. Dezember desselben Jahres verhinderte die israelische Armee einen ähnlichen Anschlag, indem sie ein mit Sprengstoff beladenes Auto, das sich dem Übergang näherte, aus der Luft beschoss. Und am 26. April 2006 vereitelten palästinensische Sicherheitskräfte einen weiteren Anschlagsversuch. Dabei wurde die Autobombe sichergestellt, die Terroristen aber entkamen.

Warum palästinensische Extremisten diese Lebensadern ihres Volkes zum Ziel ihrer Anschläge machen, ist genauso schwer zu beantworten, wie die Frage, warum die Palästinenser in ihrer Notlage nicht alles annehmen, was ihnen von Israel geboten wird. Oberst Press zuckt nur die Schultern: »Vielleicht wollen sie die Illusion einer humanitären Krise schaffen? – Nahrungsmittel, Medikamente und medizinische Hilfsgüter finden allerdings immer einen Weg in den Gazastreifen, ganz unabhängig von der Sicherheitslage.«

Tunnelindustrie an der Grenze zu Ägypten …

Tunnelmarkt in Rafah …

… und Benzin halb so teuer wie in Israel

Erst Monate später erfahre ich, nur wenige Hundert Meter weiter auf der anderen Seite, den wahren Grund für die Angriffe auf die Grenzübergänge nach Israel: Im Süden des Gazastreifens gibt es eine florierende Tunnelindustrie, durch die alle Waren über den ägyptischen Sinai importiert werden können. Auf dem sogenannten Tunnel-Markt in Rafah bekommt man alles, was das Herz begehrt: Von Batterien und Viagra, bis zu Motorroller und Waschmaschinen. Als der Zoo in Khan Yunis eine Giraffe bestellte, wurde die genauso durch einen Tunnel gezerrt, wie Hunderte von Schafen und Ziegen für den Fastenmonat Ramadan oder das Schlachtfest Eid Al-Adha. Die Grenzübergänge nach Israel sind eine wirtschaftliche Konkurrenz für die Tunnelbetreiber. Ein paar Granaten oder Raketen bewirken deren Schließung und treiben die Preise in die Höhe.

Das Minarett am Märtyrer-Platz

Von der An-Nassar-Moschee in Beit Hanun steht nur noch das Minarett. »Nur ihr Name wird jetzt fortbestehen«, beklagt Nashur Al-Kafarne die Zerstörung der Moschee. Die Mutter von zwei kleinen Jungen wohnt in dem Haus direkt neben dem Trümmerhaufen im Ortskern der Stadt an der Nordostecke des Gazastreifens. An der grünen Wand neben dem Eingang steht das englische Wort »love« hingesprüht unter einem weißen Herzen. Nashur hat miterlebt, wie israelische Bulldozer in der Nacht des 3. November 2006 anrückten und die 820 Jahre alte Moschee dem Erdboden gleichmachten.

»Zum ersten Mal seit 28 Jahren kann ich nicht die Gläubigen zum Gebet rufen«, klagt Hussein Al-Kafarne, der als Muezzin der Moschee eine alte Familientradition am Leben erhält. Vor ihm war sein Vater vierzig Jahre lang Muezzin der An-Nassar-Moschee gewesen. Seit der israelischen Militäroperation ist das Minarett einsturzgefährdet, sodass es niemand mehr besteigen kann. Nashurs Mann hatte bis vor zwei Jahren noch ein Clinton-Stipendium in den USA. Deshalb wurden ihre beiden kleinen Söhne, Kassem und Elias, auch dort geboren. Jetzt haben sie nachts Albträume, wachen schreiend auf und wollen nur noch bei den

Eltern im Bett schlafen. Manche Kinder in Beit Hanun wurden durch das jahrelange Kriegserleben wieder zu Bettnässern. »Als die Soldaten in unser Haus kamen«, erzählt Nashur, »haben sie nicht angeklopft. Sie haben sich den Weg einfach frei gesprengt.«

Für Israel ist Beit Hanun der Ursprung des Raketenelends von Sderot. Nach der Entführung des israelischen Soldaten Gilad Schalit am 28. Juni 2006 begann die Militäroperation »Sommerregen«, der nach Angaben von palästinensischen Krankenhäusern etwa 200 Palästinenser zum Opfer fielen. Mehr als 600 wurden verletzt, vor allem im Süden des Gazastreifens. Nach dem zweiten Libanonkrieg, durch den der Gazastreifen

etwas ins Abseits der Aufmerksamkeit geraten war, bemühte sich die israelische Armee, den Raketenbeschuss vom nördlichen Gazastreifen aus durch die »Operation Herbstwolken« zu beenden. Dabei wurden allein in der Zeit vom 1. bis 6. November 85 Palästinenser getötet. Die Spuren der israelischen Panzer und Armeebulldozer sind in und um Beit Hanun allgegenwärtig.

Nach israelischen Angaben hatten sich ungefähr 60 militante Palästinenser in der An-Nassar-Moschee, deren Ursprünge auf das 13. Jahrhundert zurückgehen, verschanzt.

Doch die Einwohner von Beit Hanun, die auf Plastikstühlen zwischen den Trümmern des »Märtyrer-Platzes« sitzen und den süßen Tee schlürfen, sehen hinter dem Trümmerhaufen ihrer Moschee nur den Zerstörungswillen des jüdischen Staates. Sie bestreiten, dass »Märtyrer« die Moschee als Schutzschild benutzt haben. Doch am Tag der Kämpfe forderte das Hamas-Radio Frauen und Kinder aus der Umgebung auf, ein menschliches Schutzschild um die Moschee herum zu bilden, damit die *Mudschahidin* vor den anrückenden Israelis entkommen konnten – was auch fast allen gelang.

Die 72-jährige Wafa Kafarne schwärmt: »Da habe ich mich wie 20 gefühlt, jung und nützlich.« Aber die Zerstörung des muslimischen Sakralbaus konnten sie nicht verhindern. Drei Wochen später sprengte sich Fatima Nadschar, die ebenfalls an der Schutzschildaktion beteiligt gewesen war, in der Nähe von israelischen Soldaten in die Luft und wurde so zur ersten »Großmutter-Märtyrerin«. Sie hatte schätzungsweise 70 Enkel und Urenkel. »Wenn ich einen Sprengstoffgürtel hätte«, meint Wafa, »würde ich das auch tun.« Und Wafa Kafarne ist nicht allein mit ihrer Einstellung. Der Bürgermeister von Beit Hanun erklärte in seinem Nachruf auf Fatima: »Sie nahm ihre Seele in die Hand und eilte dem Martyrium entgegen.«

Wenige Hundert Meter vom Trümmerhaufen der An-Nassar-Moschee entfernt sitzt Madschdi El-Athamne vor dem Haus seiner Familie. Am 8. November 2006 hat genau an dieser Stelle eine israelische Panzergranate eingeschlagen und, so erzählt er, »16 Mitglieder meiner Familie ermordet«. Dass die Israelis das »Massaker von Beit Hanun« als technische Panne bezeichneten, sich dafür entschuldigten, die Verwundeten in israe-

lische Krankenhäuser aufnahmen und erklärten, sie hätten eigentlich eine Gruppe von Terroristen treffen wollen, interessiert Madschdi nicht: »Das war kein Versehen. Das war Absicht!«

Bereitwillig zeigt er den Durchgang, in dem »zentimeterhoch das Blut der Märtyrer« stand und lädt zum traditionellen Tee ein. Auf den Plakaten an den Wänden zeigt er, gemeinsam mit seiner Mutter, auf seine Verwandten, die dem israelischen Militärschlag zum Opfer gefallen sind, darunter sein kleiner Sohn Saad.

Von den weiblichen Verwandten ist keine einzige mit Bild vertreten – obwohl Madschdi Athamne kein Problem damit hat, dass Frauen fotografiert werden.

In der Folgezeit boten ägyptische Rechtsanwälte an, die Bürger von Beit Hanun vor dem Internationalen Gerichtshof in Den Haag zu vertreten, um den jüdischen Staat wegen des »Massakers von Beit Hanun« zur Verantwortung zu ziehen. Aber die betroffenen Familien weigerten sich, den Juristen diese Vollmacht auszustellen und setzten auf eine direkte Einigung mit dem Staat Israel.

Wenige Tage später reiste eine Ermittlungsmission der UNO-Menschenrechtskomission unter Leitung des südafrikanischen Erzbischofs

der Anglikanischen Kirche und Friedensnobelpreisträgers Desmond Tutu an.

Eine Aufklärung scheint, angefangen von den Opferzahlen, dringend notwendig. Von 16 Toten sprach der Augenzeuge und persönlich betroffene Madschdi Athamne. Britische Zeitungen wussten um 17 Mitglieder der Athamne-Familie. Die BBC schrieb von 19 Toten. Der israelische Siedlersender Arutz-7 berichtete von 20 Toten, der staatliche israelische Rundfunk von 22 und das Jaffee-Center für strategische Studien der Universität Tel Aviv nannte 23 palästinensische Todesopfer. Wer hat recht?

Aber dem Präsidenten des UNO-Menschenrechtsrates, Luis Alfonso De Alba, geht es bei der Tutu-Mission weniger um kalte Fakten, als vielmehr darum, »die Situation der Opfer einzuschätzen, die Nöte der Überlebenden zur Sprache zu bringen und Empfehlungen auszusprechen, wie palästinensische Zivilisten künftig besser vor israelischen Angriffen geschützt werden können«.

Außerdem hatte der UNO-Menschenrechtsrat nach dem »Massaker von Beit Hanun« bereits vor genaueren Untersuchungsergebnissen die »groben und systematischen« Menschenrechtsverletzungen Israels in den besetzten Palästinensergebieten verurteilt. Und Desmond Tutu hat sich in der Vergangenheit im Blick auf den israelisch-arabischen Konflikt schon dadurch profiliert, dass er den Staat Israel mit dem südafrikanischen Apartheidsystem verglichen, Zionismus als Rassismus bezeichnet und behauptet hatte, die Juden seien im Westen unverhältnismäßig einflussreich.

Ab dem 26. November 2006 herrschte Waffenstillstand. Der Geschützdonner, der die Atmosphäre um Beit Hanun monatelang bestimmt hatte, verstummte, und Israels Premierminister Ehud Olmert versprach, sich an die Feuerpause zu halten. So kann der anglikanische Versöhnungsexperte risikolos nach Beit Hanun einreisen. Dass allein in den ersten zehn Waffenstillstandstagen wieder 19 Qassam-Raketen aus der Umgebung von Beit Hanun auf den nördlichen Negev und das nahe gelegene Sderot fallen, scheint die UNO-Ermittlungen nicht zu stören – solange nur die Israelis stillhalten. Athamne fordert von der internationalen Gemeinschaft, Druck auf Israel auszuüben, um es zu einem »wirklichen Friedensprozess« zu bewegen. »Die meisten palästinensischen Familien

Traumatisiert: Mädchen in Beit Hanun

hier wollen in Frieden leben«, beteuert der trauernde Vater. »Sie wollen echten Frieden. Ich hoffe, es wird Frieden. *In Scha-Allah* - so Allah will.«

Rückzug auf Stammesstrukturen

»Haniye ist nicht gut. Abbas ist schlecht!« Walid, ein Straßenhändler am zentralen Al-Manara-Platz in Ramallah, hält seinen Frust nicht zurück. An der schmierigen Wand neben seinem Tisch mit Kitsch und billiger Unterwäsche klebt ein Plakat, das die Einheit des palästinensischen Volkes fordert. Das Gespenst der inneren Zerfleischung ist allgegenwärtig. Aber wer soll dann gut sein für die Zukunft der Palästinenser? Walid hat ohne langes Zögern eine Antwort parat: »Saddam Hussein, Jasser Arafat, Gamal Abdel Nasser und Adolf Hitler!«

Am Abend des Tages in der letzten Januarwoche 2007 entlädt sich die Spannung im Gazastreifen mit einer Bombenexplosion. Ein Hamas-Mitglied ist tot. Die Lage eskaliert in offenen Straßenschlachten zwischen Anhängern von Premierminister Ismail Haniye und der Fatah von Präsident Mahmud Abbas. Die Gewalt schwappt ins Westjordanland über. Dutzende von Anhängern beider Fraktionen werden entführt. Auf führende Vertreter beider Seiten werden Bomben- und Mordanschläge verübt. Die Bilanz des letzten Januarwochenendes 2007: Es gibt 30 Tote und mehr als 100 Verletzte.

Ob es sich bei diesen innerpalästinensischen Auseinandersetzungen um gewaltsame Rivalitäten oder tatsächlich um einen Bürgerkrieg handelt, ist für die betroffene Bevölkerung eine irrelevante akademische Diskussion. »Gaza ist eine Geisterstadt«, berichten Augenzeugen. Die Menschen haben Angst, zwischen die Fronten zu geraten. Der Hass ist allgegenwärtig. »Ein Hund von der Fatah ist besser als ein Scheich von der Hamas«, vertraut mir ein Einwohner von Gaza-Stadt an. Greifbar scheint in der Luft zu liegen: Diese Geplänkel sind lediglich das Vorspiel für die eigentliche Schlacht.

Propagandistisch werden bereits schwere Geschütze aufgefahren. Die Hamas verkündet, die Fatah habe »Allah und dem Islam den Krieg erklärt«. In den Krankenhäusern werden Leichen von Kämpfern eingelie-

fert, die keiner der rivalisierenden Gruppen eindeutig zugeordnet werden können. Ein palästinensischer Journalist aus der Westbank erklärt einem Kollegen aus Ostjerusalem: »Du bist wenigstens sicher. Du darfst unter der Besatzung arbeiten.«

Die Ägypter machen Syrien und den Iran für das Chaos verantwortlich. Sie behaupten, beide Staaten arbeiteten daran, einen palästinensischen Bürgerkrieg zu entfachen. Gegenüber der in London erscheinenden arabischen Tageszeitung »Al-Hajat« meint ein hoher ägyptischer Vertreter: »Der Schlüssel für den Nahen Osten liegt in den Händen der Iraner.«

Hamas-Führer haben eine näherliegende Erklärung: Der starke Fatah-Mann im Gazastreifen, Muhammad Dahlan, sei verantwortlich. Für den sprichwörtlichen kleinen Mann auf der Straße ist damit klar: Hinter dem Bürgerkriegsgespenst stehen der amerikanische Geheimdienst CIA und Israel. Dahlan ist seit Langem ob seiner guten Verbindungen zum Westen suspekt, angeblich ein Werkzeug der amerikanisch-zionistischen Verschwörung. Am Sonntag explodiert dann vor dem Haus von Dahlans Sicherheitschef, Salim Scheich Chalil, eine Bombe. Dabei wird niemand verletzt, weil Chalil in Ägypten ist.

Im israelischen Radio will ein israelischer Beobachter gesehen haben, dass die Hamas auf dem Rückzug ist, weil erstmals mehr Tote auf ihrer Seite gemeldet werden. Dabei müsste einem Israeli eigentlich klar sein, dass bei einem Krieg im Nahen Osten nicht immer derjenige Sieger ist, der weniger Tote zu verzeichnen hat. Letztendlich bleibt von der israelischen Analyse nur bestehen, dass weder das Chaos noch ein Sieg der radikalen Islamisten in der so nahe gelegenen PA im Interesse des jüdischen Staates liegen kann. Aber was tun? Ein erneuter Einmarsch in den Gazastreifen wird in Israel offen diskutiert. Die Angst vor einer Libanonisierung und vor allem der grenzenlos erscheinenden Aufrüstung der Nachbarn ist groß.

Die Bemühungen des palästinensischen Präsidenten Mahmud Abbas um eine Einheitsregierung in der palästinensischen Autonomie verbessern die Lage nicht. Sie können das eindeutige Wählervotum vom Januar 2006 ein Jahr danach nicht ungeschehen machen – und auch nicht den Verdacht auslöschen, die abgesetzte Fatah klammere sich an die Macht.

Weder politisch noch wirtschaftlich, nicht einmal im Blick auf die Sicherheitslage hat Abu Mazen Hoffnung zu bieten.

Deshalb ergreift die Großfamilie Dweikat in Nablus die Eigeninitiative. Hunderte von Dweikat-Angehörigen, die zu ganz unterschiedlichen politischen Richtungen gehören, veröffentlichen ein Manifest in den Moscheen, Läden und an den Wänden der Flüchtlingslager ihrer Stadt: »Die Dweikat-Sippe wird sich nicht an den internen Kämpfen beteiligen. Wir werden keinen Angriff auf die Mitglieder unseres Stammes dulden, ganz unabhängig davon, welcher politischen Richtung sie angehören. Jeder Angriff wird als Angriff auf die ganze Familie gewertet.« Damit wird offiziell dokumentiert, was Insidern längst klar ist: Das Vertrauen in jeden politischen Prozess und jede staatliche Macht ist dahin. Der Rückzug auf die traditionellen Stammesstrukturen und die mit ihnen verbundenen Sicherheiten ist offensichtlich.

»Hamastan« ist Realität

Ein halbes Jahr später, im Sommer 2007, reißt die Hamas schließlich gewaltsam die Macht im Gazastreifen an sich. Präsident Mahmud Abbas löst die Regierung der nationalen Einheit auf und ruft den Notstand aus. Blutige Auseinandersetzungen fordern Hunderte von Toten und Verletzten. In der Zeit seit dem Wahlsieg der Hamas im Januar 2006 hatten bereits mehr als 600 Palästinenser durch innerpalästinensische Kämpfe ihr Leben verloren. Jetzt setzen die rivalisierenden Gruppen nicht nur automatische Schusswaffen gegeneinander ein, sondern auch Raketen, Granaten und tonnenschwere Sprengsätze. An Waffen und Munition herrscht im Gazastreifen ganz offensichtlich kein Mangel.

Nach langen Stunden der Ungewissheit fordert die Hamas am frühen Nachmittag des 12. Juni 2007 über ihre Fernseh- und Radiostationen, sowie die Lautsprecher der Moscheen, alle Fatah-Anhänger auf, ihre Stützpunkte zu räumen, sich zu ergeben und die Waffen auszuliefern. Hunderte von Fatah-Kämpfern werden öffentlich gedemütigt. Ihre Offiziere setzen sich nach Ägypten ab und – weil man sie in der Westbank ausdrücklich nicht haben will – ins verhasste Israel.

Währenddessen bemüht sich die Fatah, ein Übergreifen des Bürgerkriegs in das Westjordanland zu verhindern. In Ramallah und Nablus werden Hamas-Vertreter entführt, es kommt zu Schießereien und Massenverhaftungen.

In Dschenin erobern Fatah-Vertreter eine Schule, das Krankenhaus und Büros der Hamas. Sie marschieren durch die Straßen und schießen in die Luft, nachdem sie einen Hamas-Club niedergebrannt haben. Sekaraja Sbeidi, Kommandeur der Al-Aqsa-Märtyrer-Brigaden in der Stadt, verkündet ein Verbot aller Hamas-Aktivitäten. In Tulkarem werden ein Hamas-Büro beschossen und zwei Autos von Hamas-Vertretern verbrannt. In Hebron und Bethlehem bauen die PA-Sicherheitskräfte ihre Stellungen weiter aus und verstärken sie mit Sandsäcken.

Terrorist, Jugendführer, Hoffnungsträger: Sekaraja Sbeidi

Berichte von Gräueltaten überschlagen sich. Alle Hemmungen scheinen gefallen. Den Kämpfenden ist nichts mehr immun oder heilig. Krankenhäuser werden zum Schauplatz wilder Schießereien, Verletzte auf dem Operationstisch erschossen. Zwei Krankenwagen des PA-Gesundheitsministeriums werden von Bewaffneten beschlagnahmt, Krankenwa-

genfahrer und Sanitäter verweigern die Arbeit, weil ihre Immunität nicht mehr respektiert wird.

Widersprüchliche Berichte malen grauenhafte Bilder. Menschen werden von Hochhäusern gestürzt, spontan Hinrichtungen veranstaltet. Die PA berichtet, dass Hamas-Kämpfer Frauen erschossen haben, die ein verletztes Mädchen ins Krankenhaus bringen wollten. In Gaza-Stadt eröffnen Hamas-Leute das Feuer auf eine friedliche Demonstration gegen die innerpalästinensische Gewalt, die vom ägyptischen Geheimdienst organisiert und von bewaffneten Mitgliedern des Islamischen Dschihad begleitet worden sein soll. Gefangenen werden vor ihrer Freilassung die Knie zerschossen, um sicherzustellen, dass sie nie wieder an Kampfhandlungen teilnehmen werden. Im September 2007 erklärt der Staat Israel den Gazastreifen offiziell zum »Feindland«.

»Erez« - die Verbindung zur Außenwelt

Außer Journalisten dürfen den Erez-Übergang am Nordende des Gazastreifens in dieser Zeit nur Diplomaten passieren, Mitarbeiter von humanitären Hilfsorganisationen, medizinische Notfälle, und ein paar weitere »Exoten«. Die drei anderen Grenzübergänge zwischen Israel und Gaza - Karni, Sufa und Kerem Schalom - sind ausschließlich für den Warenverkehr offen. Somit ist Erez die einzige Möglichkeit, um von Israel aus in den Gazastreifen zu gelangen.

Die Passage von Israel ins »Feindland Hamastan« ist gespenstisch. Auf israelischer Seite gibt es die gewöhnlichen Passkontrollen. Dort überhole ich meinen Kollegen Ben Wedeman vom amerikanischen Nachrichtensender CNN. Er wurde von den israelischen Grenzpolizistinnen aufgehalten. Sein Name sei jüdisch, meinen die Beamtinnen und wollen ihm deshalb die Einreise nach Gaza verweigern. Wedeman gehört zu den »alten Hasen« unter den Nahostkorrespondenten und wurde einmal während der Intifada nicht weit von hier vor laufender Kamera von einem Querschläger getroffen.

»Endlich bist du einmal schneller als CNN«, denke ich triumphierend, als mir die Polizistin Reisepass und Presseausweis durch das Fach in der

zentimeterdicken Panzerglasscheibe zuschiebt. Der Türöffner brummt. Ich drücke gegen die Tür und betrete ein endlos scheinendes Labyrinth von Metallwänden und massiven Eisengittern. Leise surrend öffnen sich automatische Panzertüren und schließen sich wieder. Keine Menschenseele ist sichtbar. Wer etwas falsch macht, wird von einer blechernen Stimme zurechtgewiesen. Ich kann mich des Gedankens nicht erwehren: »Big brother is watching you« - auf Schritt und Tritt. Die Augen der Kameras sind überall, bis weit in palästinensisches Gebiet hinein.

Vor dem letzten großen Eisentor zwischen den meterhohen Betonwänden, die ins Niemandsland hineinragen, bleibe ich stecken. Es will sich nicht öffnen. Auch Rufe helfen nichts. Die Tür zurück nach Israel ist bereits ins Schloss gefallen. Ich sitze fest.

CNN-Korrespondent Ben Wedemann und sein Kameramann

Als Ben Wedemann mich schließlich mit seinem Kameramann einholt, lächele ich noch. Nach einer halben Stunde hören wir draußen Maschinengewehrsalven. Langsam wird uns klar, dass wir uns auf eine längere Wartezeit einrichten müssen. Auch Telefonate mit dem Sprecher der israelischen Armee erbringen keine Klarheit darüber, was draußen vor

sich geht. Wir machen es uns bequem, so gut es geht, während draußen die automatischen Waffen knattern.

Auf der anderen Seite des massiven Gittertors sitzt ein junger Mann im Rollstuhl. Beide Beine in Kniehöhe amputiert. Offensichtlich ein Opfer der Hamas-Justiz. Neben ihm eine ältere Frau ebenfalls im Rollstuhl, mit schwarzem Kopftuch. Die Stunden des Wartens ziehen sich hin. Die Frau stöhnt, verzieht das Gesicht und rollt mit den Augen, die ihr der Schmerz aus den Höhlen zu treiben scheint. Dem Anblick zu entfliehen ist unmöglich. Der CNN-Kameramann zieht sein Werkzeug aus der Hülle und filmt – aus Langeweile, vielleicht auch aus Verlegenheit.

Unfreiwillige Wartezeiten sind Gelegenheiten, im so unbarmherzig hektischen Korrespondentenalltag Kollegen näher kennenzulernen. Wir können nichts tun, als warten.

So erzählt der CNN-Korrespondent von seiner Jugend in Beirut, den Jahren als Journalist in Damaskus und Kairo. Insgesamt dreißig Jahre seines Lebens hat Ben in diesem Teil der Welt verbracht und spricht fließend Arabisch.

Nach fast einer Stunde Schießerei wird es still. Und dann ist CNN doch wieder schneller. Wedeman erhält per Handy die Erklärung dafür, warum wir so lange festsitzen. Draußen, vor den Betonmauern, nur wenige Meter von uns entfernt, hat die israelische Armee ein palästinensisches »Liebespaar« erschossen, das an einer der wenigen Lebensadern zum Gazastreifen eine Bombe verstecken wollte. Das schwere Brummen der schwer gepanzerten Militärbulldozer, die den Sand des Grenzstreifens durchwühlen, löst das Geknatter der Maschinengewehre ab.

Endlich treten wir aus den israelischen Grenzbefestigungen hinaus ins gleißende Sonnenlicht, das sich über das zerkämpfte Niemandsland ergießt. Die Luft ist glühend heiß, aber immer noch besser als zwischen den Betonwänden unter dem Wellblechdach. Rechter Hand in Richtung Mittelmeer liegen die Trümmer des einstigen Industriegebiets Erez und der israelischen Siedlung Nissanit. Dort haben vor wenigen Jahren noch viertausend palästinensische und dreihundert israelische Familien ihren Lebensunterhalt verdient.

Israelische und palästinensische Firmen haben gemeinsam im Grenzstreifen produziert. Die billigen Arbeitskräfte kamen aus Gaza. Israel

lieferte das Rohmaterial und die Exportmöglichkeit in die ganze Welt – bis die Israelis beschlossen, dass sie wegen der Selbstmordattentate und des ständigen Raketen- und Mörserbeschusses das »Friedensprojekt« schließen müssten.

So waren die von Betonruinen durchsetzten Sanddünen zum Todesstreifen geworden, in dem sich palästinensische Freiheitskämpfer und israelische Soldaten jahrelang einen zermürbenden Kleinkrieg lieferten. Von den blühenden israelischen Siedlungen und dem geschäftigen Industriegebiet ist nichts mehr übrig.

Täglich gibt es Schießereien. In der Ferne aus Richtung Khan Yunis ist das Grollen der Artillerie zu hören. Wir stapfen weiter in Richtung Süden auf der einst bevölkerten Straße.

Mit einem scharfen Knall verlässt eine Qassam-Rakete zischend ihre Abschussrampe im nahe gelegenen Beit Hanun.

Am Horizont zeichnet die weiße Qualmfahne den Weg des Geschosses in den dunstigen Himmel.

Mehrere Hundert Meter südlich beginnt die alte Nordsüdverbindungsstraße durch den Gazastreifen.

In der Hitze liegen die Fahrer der altvertrauten postgelben Mercedestaxis träge im spärlichen Schatten eines dürftigen Gestrüpps. Ismail, mein Taxifahrer, erzählt auf der Fahrt in die Stadt, wie das Leben immer schwerer und alles immer teurer werde.

Ich beeile mich, meine Geschäfte zu erledigen und bin schon wenige Stunden später wieder zurück am Erez-Übergang. Der Rückweg von Gaza nach Israel ist so wirklichkeitsfremd wie der Eintritt ins Land der islamischen Eiferer. Die Taxifahrer setzen ihre Gäste, die meinen, nach Israel hineingelassen zu werden, in Sichtweite vor der Betonmauer ab.

Hoch über der Grenze schwebt ein weißer Beobachtungszeppelin am tiefblauen Himmel und starrt nach Gaza hinein. Die hochauflösenden Kameras der Israelis beobachten alles ganz genau. »Big Brother is watching you!«

Einsam steht ein Wohncontainer in der Trümmerwüste. Darin sitzt ein Palästinenser, der zu den Israelis Funkverbindung unterhält. Er notiert die Passnummer und erlaubt den Gang durch das Niemandsland – sobald er per Funk von den Israelis grünes Licht erhält. Anders als sonst sind an diesem Tag viele Journalisten versammelt. Die TV-Kameras versuchen, die Evakuierung der Leichen des bombenträchtigen Liebespaares zu verfolgen. Todesmutig wagen sich palästinensische Sanitäter mit rot leuchtenden Uniformen in die zerschossenen Betonruinen.

Leise surrend öffnen sich die Stahltore. Die blecherne Stimme aus den Lautsprechern befiehlt, die Taschen zu öffnen und ein erstes Magnetometer zu passieren. Dann folgt ein Prozedere, das weltweit einmalig ist. Ohne persönliche Begegnung wird alles durchleuchtet. Die blecherne Stimme aus dem Lautsprecher weiß gar, dass ich Pass und Presseausweis in der Brusttasche vergessen habe. Meinen Rucksack mit Kamera, Objektiven, Aufnahmegeräten, Notizblock, Batterien und anderen Utensilien, die das Journalistendasein begleiten, muss ich einzeln auf ein Förderband legen. Alles wird peinlichst genau durchleuchtet. Schwitzend erreiche ich die Passkontrolle und kehre zurück auf den Boden, der von den Raketen derer bedroht ist, mit denen ich eine Stunde zuvor noch Kaffee getrunken habe.

Kopftuch und Bart

»Seit die Hamas sich durchgesetzt hat, herrscht Ordnung. Das muss man zugeben«, meint deutlich unwillig ein Fatah-Sympathisant. »Die Fatah ist

am Ende«, ist ein Satz, der im Spätsommer 2007 beim Gang durch Gaza auf Schritt und Tritt wie ein Refrain zu hören ist. Wo noch wenige Wochen zuvor wild hupend junge Männer ihre Schnellfeuergewehre aus Autos ohne Nummernschilder präsentiert haben, sind nur noch die schwarzbärtigen, ernst dreinschauenden Vertreter der Hamas-Miliz bewaffnet. Wo sie auftauchen, bringt man ihnen Respekt entgegen. Das ist offensichtlich.

Die unübersichtliche Uniformenvielfalt unzähliger palästinensischer Polizei- und Sicherheitsdienste ist der einfachen Uniformität des Bartes

»Der *Dschundi*« - unversehrt (2006) - die Zweistaatenlösung im Sockel - und durch die Hamas-Flagge ersetzt

und des Kopftuchs gewichen. Die Kleidung ist braun, grau oder schwarz. Ein junger Palästinenser fährt mit der Hand durch das, was einmal ein schwarzer Bart werden soll und erklärt: »Ich gehöre nicht zur Hamas. Ich bin Fatah. Aber was wichtig ist« - und seine Hand zeigt zum Himmel - »Allah! Er ist der einzige Gott. *Allahu Akbar* - Allah ist größer!«

Der allseits bekannte *Dschundi,* das Denkmal für den unbekannten Soldaten, das die Ägypter einst im Zentrum von Gaza aufgestellt hatten, ist verschwunden. Nur der Sockel steht noch, mit der einzigen mir bekannten, in Palästina öffentlich zugänglichen Karte, auf der die Zweistaatenlösung verzeichnet ist. Auf die Frage, wo der *Dschundi* hin verschwunden ist, winkt ein Passant ab: »Der ist dem Kampf zwischen Fatah und Hamas zum Opfer gefallen« - und eilt weiter.

Das Abbild eines Menschen - und sei es nur ein stilisierter - ist den Islamisten, die in Gaza die Macht ergriffen haben, offensichtlich anstößiger als die Abbildung des geteilten Palästina. Oder musste der weiße Gewehrträger weichen, weil ihm partout kein Bart wachsen wollte? Auf dem grünen Rasen neben dem *Dschundi*-Sockel verrichtet ein Mann sein Gebet. In Richtung der heiligen Stadt Mekka drückt er das Gesicht ins Gras.

Der Platz vor dem Parlamentsgebäude - im Volksmund wird er wohl *Al-Dschundi* bleiben - ist traditionell ein Ort, an dem das Volk von Gaza seinen Unmut zum Ausdruck bringt, vielleicht so etwas wie der Hyde Park in London, nur eben palästinensisch. Im Mai 2006 hatte ich dort jenen Palästinenser getroffen, der mit furchtbaren Leichenfotos gegen die Foltermethoden demonstrierte, mit denen die säkulare Fatah den zunehmenden Einfluss der religiösen Hamas zu unterdrücken suchte. Elf Monate später stand dort das Protestzelt für den entführten englischen Journalisten Alan Johnston.

Jetzt, im September 2007, demonstriert vor dem Parlament eine Gruppe von Palästinensern, die staatenlos sind. Schätzungen zufolge sind 50 000 bis 120 000 Menschen im Gazastreifen ohne Staatsangehörigkeit. Ins Auge fällt, dass die Plakate ausnahmslos arabisch sind - während palästinensische Demonstrationsplakate oder Wandschmierereien sonst eigentlich immer englisch sind, damit auch die westliche Presse etwas davon hat. Ganz offensichtlich ist dies keine Demo für westliche Augen

gegen Israel. Tatsächlich steht vor allem die palästinensische Führung – ganz gleich, wer auch immer das sein mag – am Pranger.

Demonstrant mit Folterbildern: »So ging die Fatah mit der Hamas um!«

Der 27-jährige Nasser Nadschar ist 1999 nach Gaza gekommen, um seine Großeltern zu besuchen, und blieb dann unfreiwillig hängen. Sein einziger Ausweis ist ein altes, abgelaufenes jordanisches Reisedokument, das er irgendwann auf seiner Irrfahrt durch Ägypten und die Vereinigten Arabischen Emirate erstanden hat. Die jordanische Botschaft weigert sich nun, es zu erneuern. »Aber ohne Personalnummer bekomme ich keinen Personalausweis und auch keinen Reisepass«, klagt Nadschar. »Ich habe keine Rechte, keine medizinische Versorgung, kann nur sehr schwer Arbeit bekommen, überhaupt nicht studieren und habe keinerlei Möglichkeit, zu reisen – weder nach Mekka noch nach Jerusalem.« Er weist auf ein Gemälde an der Mauer des Areals vor dem palästinensischen

Parlamentsgebäude und widerspricht allen gängigen Klischees über Gaza: »Die Tür ist offen! Selbst Hamas- und Dschihad-Leute können reisen, in die ganze Welt, manchmal sogar nach Israel. Nur ich habe keine Möglichkeit, meine Verwandten in Griechenland oder Pakistan zu besuchen.«

Nabil Diab ist 1972 in Algerien geboren. Sein Vater stammt aus dem heute palästinensischen Tulkarem. Seine Mutter war mit ihrer Familie 1948 aus der Nähe des heute israelischen Aschkelon geflohen. Im Gegensatz zu Nasser Nadschar hätte Diab sofort die Möglichkeit, einen algerischen Pass zu bekommen. Aber: »Ich will den Traum meines Vaters erfüllen und Palästina sehen«, bekennt er mit glänzenden Augen. 1998 war er von Algerien nach Gaza gekommen, um seine Schwester zu besuchen. Die lebt heute in Kanada. Nabils Frau wurde in Kuwait geboren. Vor der Hochzeit hatte sie in der jordanischen Hauptstadt Amman gelebt. Sie weigert sich, eine andere Staatsbürgerschaft anzunehmen, als die palästinensische. Die beiden Söhne des Paares sind in Gaza geboren.

Am Strand von Gaza suchen einige junge Männer Kühlung und Erleichterung im Fastenmonat Ramadan. Nabil Nafes Abu Riala und Muhammad Mahmud Al-Hadad nennen stolz ihre vollen Namen. Die beiden sind arbeitslos. Bis vor drei Monaten waren sie Polizisten der PA und gehören ganz offensichtlich zur Fatah. Abu Riala weicht der Frage nach einer Beurteilung der Lage in seiner Heimat geschickt aus: »Deutschland ist groß. Meine Liebe ist Adolf Hitler. Deutschland ist stark.«

Naif Abu Ramadan zieht mich an der Hand in einen Hinterhof und bietet mir eine Cola an. »Ich trinke auch Cognac und Whiskey«, meint der Muslim, der sieben Jahre in den USA gelebt und an der Universität St. Francisco studiert hat, und erklärt damit den Frevel, mir vor Sonnenuntergang im Fastenmonat Ramadan in Hamastan ein Getränk anzubieten.

Seit der Hamas-Machtübernahme ist das Büro geschlossen, in dem er für die Amerikaner als Ingenieur gearbeitet hat. Aus seiner Wut über die aussichtslose Lage macht er kein Hehl: »Wenn du mir heute eine Atombombe gibst – und das sage ich dir als Araber! – würde ich damit die ganze arabische Nation auslöschen. Jeder Ausländer behandelt uns besser, als wir unsere eigenen Brüder. Dieses Volk hat nicht verdient, weiterzuleben.«

Auch Abu Ramadan fällt nicht ein, die Israelis für die Misere in Gaza verantwortlich zu machen. Über die Hamas fällt kaum ein negatives Wort. Aber als er dann auf »Abu Amar« - so der Name von Jasser Arafat im Volksmund - und die Leute, die der seit 1993 aus Tunesien mitgebracht hat, zu sprechen kommt, findet er nicht genug Schimpfwörter: »Das sind alles Diebe, Mörder, Lügner, Hurensöhne ... Als die Israelis hier waren, hatten wir Arbeit, Essen und Freiheit. Die Araber hassen nur ihre Brüder. Wenn heute Wahlen wären und man sich zwischen Fatah, Hamas, den Ägyptern, den Jordaniern und den Israelis entscheiden könnte, würden 99 Prozent der Einwohner von Gaza die Herrschaft der Israelis wählen.« Durch den aufkommenden Abendwind lässt der Muezzin vom Minarett der nahe gelegenen Schifa-Moschee seinen Ruf erschallen. Andächtig lauschen die Männer in kleinen Gruppen auf der Straße der Predigt, die über Lautsprecher verstärkt wird. Naif Abu Ramadan hat sich mit Freunden um einen niederen Tisch gesetzt und widmet sich dem Schesch-Besch-Brettspiel. Ein weiterer Tag des Monats Ramadan neigt sich seinem Ende zu und die Bewohner von Gaza bereiten sich auf das Fastenbrechen vor.

Der Fastenmonat

Im Fastenmonat Ramadan, dem neunten Monat des islamischen Kalenders, enthalten sich gläubige Muslime vom Morgengrauen bis zum Sonnenuntergang jeglicher Speisen und Getränke. Auch andere Annehmlichkeiten und Genussmittel, wie Rauchen oder Geschlechtsverkehr, sind in dieser Zeit verboten.

Am Ende eines jeden Tages wird das Fasten, arabisch *Saum*, mit einem Gebet und einer Mahlzeit, *Iftar* genannt, gebrochen. In der Nacht ist Essen und Trinken erlaubt, »solange, bis du durch das Tageslicht einen weißen von einem schwarzen Faden unterscheiden kannst. Dann halte das Fasten bis zum Einbruch der Nacht.«[135] Deshalb stehen Muslime während des Ramadan früh auf, um vor dem Sonnenaufgang noch eine

135 Siehe zum Ramadan im Koran die Sure 2,183-187.

Mahlzeit, *Suhur* genannt, einnehmen zu können. Kranke, Reisende, Kinder und schwangere oder stillende Frauen sind von der Fastenpflicht ausgenommen. Abgesehen von den Kindern müssen sie das Fasten aber nachholen.

Mehr als eine Milliarde Muslime weltweit gedenken während des Ramadan der Offenbarung des Koran an den Propheten Muhammad. Nach islamischer Lehre wurde am 27. Ramadan, in der *Lailat Al-Qadr,* der »Nacht der Macht«, das heilige Buch des Islam, der Koran, vom Himmel herabgesandt, »als Rechtleitung für die Menschen, und als klare Beweise der Rechtleitung und der Rettung« (Sure 2,185). Der islamischen Tradition zufolge ist dem Propheten Muhammad in dieser Nacht ein Engel erschienen, in dem Muhammad den Engel Gabriel, arabisch Dschibril, zu erkennen glaubte.

»Lies!«, befahl Dschibril, worauf Muhammad antwortete: »Ich kann nicht lesen!« Daraufhin ließ Dschibril an den darauffolgenden Tagen Muhammad die koranische Offenbarung auswendig lernen. Für viele Muslime, die sich am Leben ihres Propheten und seinem Beispiel orientieren, ist auch diese Handlung des Analphabeten Muhammad maßgebend: Sie lernen den gesamten Koran auswendig, selbst wenn sie den Sinn der Worte nicht verstehen.

Der Islam berechnet die Jahre nach dem Lauf des Mondes und zählt die Jahre nach der *Hidschra,* also nach der Übersiedlung des Propheten Muhammad im Jahre 622 n. Chr. von Mekka nach Medina. Da das Mondjahr ungefähr elf Tage kürzer ist als das Sonnenjahr, wandern die islamischen Feiertage jedes Jahr um mehr als eine Woche rückwärts.

Neben

- dem muslimischen Glaubensbekenntnis,
- dem fünfmal täglich zu verrichtenden rituellen Gebet,
- der Pflicht, Almosen zu geben und
- der Pilgerfahrt nach Mekka und Medina, die jeder gläubige Muslim einmal im Leben vollziehen sollte, gehört
- der Fastenmonat Ramadan

zu den sogenannten »fünf Säulen des Islam«.

Er wird als Zeit des Gebets und der Besinnung, als Zeit der Erneuerung der Beziehungen zwischen dem gläubigen Muslim und Allah, aber

auch der zwischenmenschlichen Beziehungen verstanden. Deshalb sind gegenseitige Besuche von Freunden und Verwandten ein wichtiger Bestandteil dieser Zeit. Muslime betonen, dass die Verdienste, die durch das Fasten am Ramadan erworben wurden, zerstört werden durch eine Lüge, üble Nachrede, Verrat, Meineid, Habsucht oder Neid. Fromme Muslime verbringen während des Ramadan mehr Zeit in der Moschee im Gebet und mit dem Studium des Koran. Zusätzlich zu den fünf täglichen Gebeten verrichten sie in dieser Zeit das »Nachtgebet«. Deshalb kommen in dieser Zeit Hunderttausende von Gläubigen auf den Haram Asch-Scharif. Nach koranischer Aussage bestimmt Allah in der *Lailat Al-Qadr,* die auch »Nacht der Bestimmung« genannt wird, den Lauf der Welt für das kommende Jahr.

In Gaza undenkbar: Wasserpfeife rauchen während des Fastenmonats

Im Jahr 2004 war ich während des Ramadan in Syrien unterwegs. In diesem säkularen Staat schien mir die Atmosphäre weit weniger verkrampft und nicht so ablehnend gegenüber Andersgläubigen, als in den palästinensischen Autonomiegebieten. So war dies für mich die Gelegenheit, während dieses Monats die Atmosphäre in den Moscheen mitzuerle-

ben und mit gläubigen Muslimen ins Gespräch zu kommen. Im nordsyrischen Aleppo mit seiner großen christlichen Minderheit sitzen die jungen Leute am Ramadan gar tagsüber in den Straßencafés und rauchen ihre Nargila - was in Gaza, Nablus, Ramallah, Hebron, Ostjerusalem und selbst im »christlichen« Bethlehem undenkbar wäre.

Erfahrungsgemäß ist der Ramadan eine Zeit der besonderen Spannung in der islamischen Welt. Radikale Muslime glauben, in dieser Zeit im Kampf gegen Ungläubige einen besonderen Segen zu erhalten, wenn sie etwa durch ein Selbstmordattentat ums Leben kommen. Insgesamt ist unter Muslimen in dieser Zeit eine erhöhte Konzentration auf religiöse Werte, oft aber auch eine Gereiztheit aufgrund des Fastens spürbar. Deshalb herrscht bei Sicherheitskräften in der gesamten islamischen Welt, vor allem aber in Israel, während des Ramadan erhöhte Alarmbereitschaft.

Der erste christliche Märtyrer

Wer den Bibelladen der Palästinensischen Bibelgesellschaft (PBS) am Palästina-Platz im Zentrum von Gaza-Stadt besuchte, kam an Rami Ayyad nicht vorbei. Er war der Leiter des einzigen christlichen Buchladens der Großstadt, deren Gesellschaft nicht erst seit der Machtübernahme der Hamas streng islamische Züge trägt. Rami war das immer freundliche Gesicht des Bibelladens, der im März 1999 als Gemeinschaftsprojekt mit der holländischen Missionsgesellschaft »Open Doors« eingeweiht worden war. Und er sprach gerne über seinen Glauben und seine Liebe zu Jesus.

Am Abend des 6. Oktober 2007 rief er seine Familie und Kollegen an. Nachdem er den Bibelladen geschlossen hatte, habe ihn eine Gruppe von Männern mitgenommen und er werde erst spät nach Hause kommen. »Seine Stimme klang nervös. Es war klar, dass er nicht frei sprechen konnte«, meinte Baptistenpastor Hanna Massad, der Gemeindeleiter von Rami. Ramis Mutter Anisa erinnert sich: »Er sagte am Telefon, er werde mit den ›Leuten‹ noch zwei Stunden verbringen. Wenn er dann nicht zurück sei, werde er für lange Zeit nicht zurückkehren.«

PBS-Direktor Labib Madanat rief sofort die Polizei an. Doch um drei Uhr in der Nacht vom Samstag auf den Sonntag, wenige Stunden nach der Entführung und dem letzten Telefonanruf, entdeckte die palästinensische Polizei den Leichnam von Rami Khader Ayyad im Viertel Seitun im Osten von Gaza-Stadt, nicht weit vom Bibelladen. Sein Körper wies Messereinstiche auf, stellte ein Vertreter des Schifa-Krankenhauses fest. Ermordet wurde er aus nächster Nähe durch Schüsse in Kopf und Brust.

»Rami war das sanftmütigste Mitglied unseres Teams«, schrieben die Mitarbeiter der Bibelgesellschaft in einem Nachruf. »Er hatte immer ein Lachen auf dem Gesicht und hat die Besucher des Bibelladens empfangen und ihnen gedient, so wie Jesus es getan hätte.« Der 30-Jährige hinterließ seine schwangere Frau Pauline und zwei kleine Kinder, den zweijährigen George und die 9 Monate alte Wisam.

Vollkommen unerwartet war dieser Mord nicht. Telefonisch hatten die Mitarbeiter der PBS mehrfach Morddrohungen erhalten. Die Telefonanrufer beschuldigten die PBS der Missionsarbeit. In den vorangegangenen zwei Monaten hatte Rami selbst telefonische Morddrohungen erhalten und war mehrfach aufgefordert worden, seinen Glauben zu verleugnen. In den Tagen vor seiner Ermordung hatte er seinen Kollegen erzählt, er habe beobachtet, wie ihm ein Auto ohne Nummernschilder folgte. Bärtige Männer hätten ihn eigenartig angeschaut.

Im Februar 2006 waren im Umfeld des PBS-Bibelladens Flugblätter aufgetaucht, die sich über die »Verbreitung einer antiislamischen Lehre« und eine »evangelistische Kreuzfahreraktion, die vom Kreuzfahrer-Westen unterstützt wird« beklagten. Den Anwohnern wurde geraten, das Gebäude zu räumen, weil man das gesamte Anwesen sprengen wolle, sollte die PBS ihre Arbeit nicht einstellen. Der Ernst dieser Drohungen war durch eine kleine Explosion am Eingang des Bibelladens wenige Tage zuvor unterstrichen worden.

Mitte April 2007 wurde der Bibelladen dann von einer Bombe vollständig zerstört. Der Wachmann, den die PBS seit Frühjahr 2006 angestellt hatte, war kurz zuvor entführt worden, wurde aber wenige Stunden später wieder freigelassen. Die palästinensische Bibelgesellschaft, deren Hauptbüro in Ostjerusalem ist, unterhält weitere Zentren in Bir Zeit bei Ramallah und in Nablus. Das PBS-Zentrum in Bir Zeit, das den Namen

»Living Stones« (»Lebendige Steine«) trägt, war bereits im November 2005 einem Brandanschlag zum Opfer gefallen.

In einer Presseerklärung betonte die PBS, sie genieße in der Gesellschaft ein großes Wohlwollen, nicht zuletzt wegen der weitreichenden humanitären Aktivitäten, die sich auf den gesamten Gazastreifen erstreckten. Bei der Einweihung des Bibelladens hatte Madanat noch die wohlwollende Einstellung der PA gegenüber der PBS betont.

Rami Ayyad hatte der katholischen Kirche angehört, bevor er Baptist wurde. »Er war nie Muslim«, erklärte Pastor Hanna Massad. Deshalb ist die im Islam übliche Todesstrafe für eine Konversion zum Christentum als Mordmotiv auszuschließen. Allerdings weiß jeder Besucher von Gaza-Stadt, dass mit dem politischen Umsturz durch die Hamas auch der Eifer muslimischer Missionare spürbar zugenommen hat. So mussten die beiden Journalisten Olaf Wiig und Steve Centanni, die im August 2006 in Gaza-Stadt entführt und später freigelassen wurden, vor laufender Kamera ihren Übertritt zum Islam bekennen. Hinter vorgehaltener Hand erzählt man sich, in letzter Zeit seien eine ganze Reihe von Christen zur Konversion zum Islam gezwungen worden.

»Wir wissen nicht, wer Rami ermordet hat«, schrieb Labib Madanat, »aber wir wissen, dass er um seines Glaubens an Christus willen zum Märtyrer wurde.« Ramis Mutter Anisa ist überzeugt: »In seinem Tod hat er sich selbst für Christus dargebracht.«

Radschi Surani, Direktor des Palästinensischen Zentrums für Menschenrechte, erklärte: »Diese verabscheuenswürdige Tat findet bei keiner religiösen Gruppe hier Unterstützung.« Das von der Hamas geleitete Innenministerium versicherte auf Anfrage, man verurteile diesen Mord und werde ermitteln: »Dieses schwere Verbrechen wird nicht ohne Strafe bleiben.«

Der 50-jährige Christ Nikolas Issa sagte: »Heute ist ein schwarzer Tag für Gaza. Wir hoffen, dass er nicht umgebracht wurde, weil er Christ war.« Und ein anderer Christ, der 42-jährige Jan Saad, fügte hinzu: »So etwas ist noch nie in Gaza geschehen. Wenn irgendjemand denkt, wir Christen würden wegen eines solchen Mordes weggehen, liegt er falsch. Das hier ist unsere Heimat. Wir sind so patriotisch, wie jeder andere auch.« Trotzdem bekennen Christen seit Monaten unter der Hand: »Wer gehen kann,

geht.« Madanat ist überzeugt: »Die Stunde, in der wir den höchsten Preis für die Nachfolge Christi bezahlen müssen, ist gekommen.«

Schätzungsweise 3 200 arabische Christen leben im Gazastreifen unter 1,4 Millionen Muslimen. Die meisten gehören zur griechisch-orthodoxen Kirche. Die Baptistengemeinde zählt ungefähr 100 Mitglieder. Offiziell werden die Christen von koranglaübigen Muslimen als *Dhimmi* (»Schutzbefohlene«) betrachtet und laut Einwohnern von Gaza sind gewalttätige Übergriffe selten. Allerdings wurden im Sommer 2007 mehr als 40 Einrichtungen, die mit »westlichen Werten« in Verbindung gebracht werden – Videoläden, Internetcafés, eine amerikanische Schule und eben auch der PBS-Bibelladen – durch Bombenanschläge zerstört. Eine radikale Gruppe, die sich »Rechtschaffenes Schwert des Islam« nennt, erklärte sich verantwortlich für diese Angriffe. Die Hamas weist jede Verantwortung für die Christenverfolgung vehement von sich.

Ungefähr 300 Christen und Muslime wohnten der Beisetzung Rami Ayyads und dem Gottesdienst in der griechisch-orthodoxen Kirche von Gaza-Stadt am Nachmittag seines Todestages bei. Messianisch-jüdische Gemeinden aus Israel meldeten sich telefonisch, um ihren Schmerz und ihr Mitgefühl zum Ausdruck zu bringen. Eine große Delegation der Hamas besuchte im Auftrag von Ministerpräsident Ismail Haniye die Familie Ayyad und sprach ihr das Beileid aus. Haniye verurteilte den Mord und versicherte, man werde »nicht zulassen, dass irgendjemand die muslimisch-christlichen Beziehungen sabotiere«.

Das Schicksal der Christen in der islamischen Gesellschaft interessiert die einen, das Ergehen der palästinensischen Zivilbevölkerung die anderen. Letztendlich ist unser Bild des israelisch-palästinensischen Konflikts von den Opferrollen bestimmt. Weil das jüdische Volk diese nach dem Zweiten Weltkrieg erfolgreich hinter sich gelassen hat, schneidet es bei einer oberflächlichen Betrachtung des Nahostkonflikts meist weniger gut ab. Es gibt auf palästinensischer Seite aber nicht nur Opfer, sondern auch Täter, Aktivisten, die den Konflikt von arabischer Seite aus anheizen und mit viel Aufwand und persönlicher Hingabe schüren. Deshalb – und weil die Raketenfrage einer der Hauptbrennpunkte im Konfliktherd Gaza ist, machte ich mich im Herbst 2007 auf die Suche nach den Raketenschützen im Gazastreifen.

Jede Nacht in einem anderen Bett

Mühsam quält der Taxifahrer seinen dreißig Jahre alten Mercedes durch das Gewühl von Autos aller Jahrgänge, Eselskarren und Fußgängern, das für die überfüllte Gaza-Stadt so charakteristisch ist. Wenn gar nichts mehr geht, hilft nur noch hupen. Trotzdem kommen wir erstaunlich schnell im Stadtteil Scheich Radwan an. Murad hat unterwegs immer wieder telefoniert. Dann weist er den Taxifahrer an, zu stoppen. Wir warten in der brütenden Hitze.

»Hierher müsste er eigentlich kommen«, meint Murad und zieht nervös an der Marlboro, die ich ihm aus der freien Welt mitgebracht habe. Murad ist der Verbindungsmann, verantwortlich für Kontaktaufnahme, Übersetzung, meine persönliche Sicherheit und den Ablauf des Tages. Wochenlang hat er sich um die Begegnung mit den Kämpfern der Al-Aqsa-Märtyrer-Brigaden bemüht. Immer wieder wurde das Treffen kurzfristig abgesagt. Die Lage ist unberechenbar.

Nach ungefähr einer halben Stunde schlendert ein junger Mann des Weges. Er deutet uns an, ihm zu folgen. Über die staubige Straße führt er uns in einen grob mit grauen Hohlblocksteinen ummauerten Innenhof, öffnet eine Eisentür, lässt uns eintreten. Unvermittelt stehen wir in einem Wohnzimmer. Vom Sofa erhebt sich ein Mann, Anfang dreißig, und bittet uns, Platz zu nehmen: »Die anderen kommen gleich. Sie sind noch beim Beten.«

Bis die vier palästinensischen Guerillakämpfer im Alter zwischen 18 und 28 Jahren vor uns sitzen, erklärt Murad: »Gestern haben sie drei Raketen abgeschossen und ein Haus getroffen. Aber das haben die Israelis natürlich nicht zugegeben.« – Doch »Abu Thaer«, wie sich der Führer der Gruppe mit seinem Decknamen vorstellt, ist zuerst einmal etwas ganz anderes wichtig. »Sie sind uns willkommen«, begrüßt er mich mit typisch orientalischer Höflichkeit: »Dies ist Ihr Haus. Dies ist Ihr zweites Heimatland. Es ist uns eine Ehre, dass Sie hier sind – und wir hoffen, Sie werden der Welt das richtige Bild von uns vermitteln.« Süßer Schwarztee mit Salbei wird herumgereicht.

Die jungen Männer gehören zur Ayman-Dschoudeh-Zelle der Al-Aqsa-Märtyrer-Brigaden, die der militärische Arm der Fatah-Bewegung des

palästinensischen Präsidenten Mahmud Abbas ist. Ayman Dschoudeh war Kommandeur der Al-Aqsa-Märtyrer-Brigaden. Er wurde im Januar 2004 von einer israelischen Rakete getroffen. Wie »Abu Thaer« stellen sich alle nur mit ihrem »Nom de guerre« (Kriegsnamen) vor: »Abu Seif«, »Abu Muhammad« und »Abu Mahmud«. Zum Fototermin sind dann nur noch die beiden jüngsten Mitglieder der Truppe zugelassen – mit Strumpfmasken vermummt.

Abu Muhammad und Abu Mahmud beim Fototermin

Abu Muhammad und Abu Mahmud legen ein Präzisionsgewehr und das AK-47-Schnellfeuergewehr über einen der Sessel. Dann ziehen sie die Einzelteile einer Panzerfaust aus einer Sporttasche und schrauben diese zusammen. Ein fünfter Kamerad, Dschamal, hält draußen Wache, steht über ein Funkgerät offensichtlich in Verbindung mit weiteren Mitgliedern der Gruppe und schaut von Zeit zu Zeit zur Tür herein: »Unbemannte israelische Aufklärungsflugzeuge sind über uns in der Luft.«

Die Gruppe unter dem Kommando von Abu Thaer schießt Raketen und Mörsergranaten auf Israel. Sie ist aber auch zu anderen Militäroperationen fähig, wie etwa Scharfschützenattacken, Angriffen auf Panzer

oder »Märtyreraktionen« - im Westen gemeinhin als »Selbstmordattentate« bekannt. Als bisherigen Höhepunkt seiner Karriere betrachtet Abu Thaer die Durchführung einer »Märtyreraktion« auf die Jerusalemer Buslinie 19 im Januar 2004. Elf Israelis riss der 24-jährige palästinensische Polizist Ali Yussuf Dschaara von den Al-Aqsa-Märtyrerbrigaden mit sich aus dem Leben. 50 weitere wurden verletzt.

Ursprünglich hatte der studierte Psychologe und Vater von zwei Kindern selbst bei der palästinensischen Polizei gearbeitet. Jetzt glaubt er, dass »die Zionisten« nur mit nackter Gewalt zu vertreiben sind. Mehrfach ist er israelischen Raketenangriffen entkommen. Zweimal wurde er verletzt. »Das letzte Mal vor zwei Monaten. Drei andere kamen damals ums Leben auf der Salah-Ad-Din-Straße in der Nähe des Mughazi-Flüchtlingslagers. Ich selbst wurde an der Schulter und an einem Bein verletzt. Seither bin ich auf dem linken Ohr taub.« Abu Thaer berichtet sachlich, ohne Emotionen. Die Männer gehen davon aus, dass sie auf der Abschussliste der israelischen Armee stehen: »Jederzeit kann hier eine Rakete einschlagen!«

Der Gazastreifen ist ein unübersichtlicher Dschungel, in dem Stammesstreitigkeiten, religiöse Loyalitäten, wirtschaftliche Interessen und politische Machtkämpfe die Gesellschaft zerreißen. Die Abriegelung, vor allem durch Israel, aber auch durch die Ägypter im Süden, und der gewaltsame Widerstand gegen die zionistische Besatzung - die Israel im September 2005 mit dem Rückzug aus Gaza eigentlich beendet haben wollte - wirken einigend. Bei näherer Betrachtung wird immer unklarer, wer was bedingt - die Abriegelung den Widerstand, oder der Terror den Würgegriff.

Außer den Al-Aqsa-Märtyrer-Brigaden der Fatah sind auch die Al-Quds-Brigaden des Palästinensischen Islamischen Dschihad, die Nationalen Widerstandskomitees der marxistischen Demokratischen Front zur Befreiung Palästinas (DFLP) und die Abu-Ali-Mustafa-Brigaden der ebenfalls kommunistischen Volksfront zur Befreiung Palästinas (PFLP) militärisch aktiv.

Alle diese Gruppierungen - und möglicherweise noch mehr! - wetteifern im Widerstand gegen die verhassten Zionisten. Israelische Geheimdienstler gehen davon aus, dass im Gazastreifen 20 000 Menschen Waf-

fen tragen, davon soll etwa die Hälfte den Sicherheitsdiensten der Hamas angehören.

Lediglich die Issadin Al-Qassam-Brigaden der Hamas sind »nicht so aktiv«, weiß Abu Thaer, »die schießen keine Raketen mehr, sondern leisten nur militärischen Widerstand, wenn die Juden in den Gazastreifen eindringen.« Tatsächlich scheint die Islamische Widerstandsbewegung auf Konsolidierung zu setzen. Zu kostbar ist die erste Machtergreifung der radikalislamischen Muslimbruderschaft, deren palästinensischer Arm die Hamas ist. In Ägypten, auf der arabischen Halbinsel und in Jordanien werden die Muslimbrüder brutal unterdrückt. Der syrische Präsident Hafez Al-Assad hatte Anfang der 1980er-Jahre in der Stadt Hama bis zu 35 000 islamische Eiferer umbringen lassen, um an der Macht zu bleiben.

Abu Thaer erstaunt mich mit seiner Darstellung. Hier sind die radikalen Islamisten zurückhaltend - und die Fatah, deren Führer in Jerusalem den israelischen Ministerpräsidenten umarmt, vom Frieden redet und sich vom Westen unterstützen lässt, schießt Raketen?!

Könnte es sein, dass der palästinensische Präsident Mahmud Abbas dadurch eine israelische Offensive und so den Sturz der Hamas bewirken möchte?

Die disziplinierte Atmosphäre bei den Ayman-Dschoudeh-Leuten und die Tatsache, dass es ihnen offensichtlich nicht an Mitteln fehlt, spricht allen Chaos-Theorien Hohn. Ist die Erklärung, Mahmud Abbas habe die Kontrolle über seine Leute verloren, vielleicht nur politisches Kalkül? Oder Unwissenheit?

Jedenfalls muss Abu Mazen, wie der Palästinenserpräsident hier gemeinhin genannt wird, die Macht über den Gazastreifen zurückgewinnen, wenn er vor seinen westlichen Sponsoren glaubwürdig bleiben will. Und demokratisch hat er dazu keine Chance.

Doch politische Erklärungen sind nicht das Feld Abu Thaers und seiner Leute. Für sie ist entscheidend: Sie müssen nicht nur israelische Apache-Hubschrauber fürchten, sondern leben auch vor der Hamas im Untergrund.

Schweigsam und schwarzbärtig steht der riesenhafte Abu Seif während unseres Gesprächs in der Ecke des Raumes. Abu Seif ist der Militärexperte der Truppe und für die technische Durchführung der Operatio-

nen zuständig. »Bislang schießen wir mit wenig Treffsicherheit«, gibt Abu Thaer zu. »Wir können die Raketen nicht steuern.«

Eine ganze Reihe von Palästinensern wurde zu Märtyrern, weil Raketen ihr Ziel im »zionistisch besetzten Palästina« nicht erreichten und zu kurz fielen. »Wir haben Fehler gemacht«, bedauert Abu Seif, dessen Deckname übersetzt »Vater des Schwertes« bedeutet, »aber selbst die modernsten Armeen machen Fehler – und unser Ziel ist, so genau zu treffen, wie die Israelis.«

Augenscheinlich professionell gehen die Al-Aqsa-Märtyrer-Brigaden dieses Ziel an. Sie wissen moderne Medien zu nutzen, kommunizieren über das Internet und unterhalten Webseiten. Neben der Eingangstür zu dem spartanisch eingerichteten Wohnzimmer steht ein Computer. Die Männer zeigen mir einen Film über ihren letzten Raketenabschuss, den sie ins Internet gestellt haben.

»Wir sind eigentlich keine Armee«, meint Abu Thaer, »trotzdem funktionieren wir wie eine Armee in jedem anderen modernen Land.« Streng hierarchisch sind Zellen von drei bis fünf Leuten in Einheiten zusammengefasst, die wiederum einem regionalen Kommandeur unterstehen. Gaza-Stadt und der Norden des Gazastreifens sind in 20 regionale Einheiten aufgeteilt, die einem von drei Kommandeuren im Gazastreifen unterstellt sind. Diese wiederum unterstehen dem Kopf der Al-Aqsa-Märtyrer-Brigaden im Gazastreifen – dessen Identität nur ganz wenige Menschen kennen. Spezialeinheiten kümmern sich um die nachrichtendienstliche Aufklärung.

»Es gibt eine Vision, die für alle gilt«, erklärt Abu Thaer, »und die kommt von der politischen Fatah-Führung im Interesse des palästinensischen Volkes.« Den Vorwurf, die Brigaden seien unkontrollierbar und verbreiteten Chaos, weist er zurück: »Es gibt eine umfassende Koordination unter den Al-Aqsa-Märtyrer-Brigaden. Nach dem Abkommen von Kairo waren wir die Ersten, die sich an den Waffenstillstand hielten. Dasselbe galt für Abkommen zwischen Abu Mazen und Ismail Haniye. Auch als Abu Mazen nach Annapolis ging, haben wir uns an die Abmachung gehalten. – Aber ein Waffenstillstand muss beidseitig sein«, unterstreicht Abu Thaer, »wenn die Israelis mit ihren Morden fortfahren, können wir nicht stillhalten.« Und natürlich ist ein Waffenstillstand, den die Hamas

mit Israel vereinbart hat, in keiner Weise bindend für die Al-Aqsa-Märtyrer. Deshalb fallen auch weiterhin Raketen und Mörsergranaten auf südisraelische Dörfer.

Immer wieder wird der Fatah vorgeworfen, sie sei säkular. »Aber sieh dir nur unsere Reden an«, erklärt mir diese jüngste Kämpfergeneration der Fatah, »alles ist mit dem Islam verbunden. Wir folgen der Sunna, dem Leben des Propheten Muhammad, der gekommen ist, um die Menschen aus der Finsternis ins Licht zu führen. Wir folgen in allem seinem Beispiel«, betont Abu Thaer, dem wichtig ist, dass der Islam, »sehr friedlich« ist. Auf meine Frage, was die Fatah dann noch von der Hamas unterscheide, wirft Abu Mahmud, der Jüngste in der Runde, spontan ein: »Eigentlich nichts.«

Aber dann einigen sie sich darauf, dass in der Fatah »auch Christen und palästinensische Juden« für die Befreiung Palästinas vom Zionismus kämpfen dürfen. Dass im Januar 2006 in Gaza ein Christ für die Hamas kandidierte, erklären sie mit Quotenzwang.

Im Laufe des Gesprächs entdecke ich dann noch einen entscheidenden Unterschied: Ganz im Einklang mit der offiziellen Linie der Fatah behaupten die Al-Aqsa-Kämpfer, wenn Israel sich auf die Waffenstillstandslinien von 1949 – die sogenannten Grenzen Israels von vor 1967 – zurückzöge, hätten sie ihr Ziel erreicht. Die Hamas dagegen weigert sich beständig, jegliches Existenzrecht des jüdischen Staates anzuerkennen und bezahlt dafür einen hohen Preis.

Abu Seif betont, dass es keinen Palästinenser gibt, der das Blutvergießen liebe. »Aber die zionistische Besatzung lässt uns keine Wahl.« Anfangs sei alles sehr primitiv gewesen, erklärt der militärische Anführer der Gruppe. »Doch die Steine verbesserten sich zu Messern, die Messer wurden zu Gewehrkugeln, die Gewehrkugeln zu Märtyreraktionen und Raketen«, fasst er den Weg des palästinensischen Widerstands zusammen: »So haben wir die Zionisten zum Rückzug aus dem Gazastreifen gezwungen. Sie fühlten sich einfach nicht mehr wohl an einem Ort, an dem jeder Märtyrer sein wollte.« Tatsächlich versteht die arabische Straße, nicht nur in Gaza, sondern auch in Damaskus, Amman und Kairo, die einseitige Räumung des Gazastreifens nicht als Friedensgeste, sondern als Einknicken der israelischen Militärmacht.

Bereitwillig erzählen die Al-Aqsa-Märtyrer von ihrem Kampf, ihrer Sicht der Dinge und ihren Zielen. Alle waren irgendwann einmal verletzt, die meisten verbrachten längere Zeit in israelischen Gefängnissen. Ständig sind sie auf der Hut vor der Hamas-Polizei, israelischen Drohnen und palästinensischen Kollaborateuren. Jede Nacht übernachten sie in einem anderen Bett. Ständig werden neue Wohnungen angemietet, für kurze Zeit. Der Vermieter weiß nie, wer seine Mieter sind und welch gefährliches Handwerk sie ausüben. Wer dieses kostspielige Leben finanziert, wollen sie mir nicht verraten.

Wozu setzen diese jungen Männer alles aufs Spiel? – Im Gegensatz zur Hamas betont Abu Thaer: »Wenn sich Israel auf die Grenzen von 1967 zurückzieht, wird keine Kugel mehr auf die Besatzung geschossen werden.« »Aber solange uns die zionistische Besatzung tötet, militärische Überfälle macht, das Recht der Flüchtlinge auf eine Rückkehr nicht verwirklicht wird und Jerusalem nicht die Hauptstadt Palästinas ist, wird der Konflikt weiter eskalieren«, droht der Sprecher der Al-Aqsa-Märtyrer-Brigaden im Gazastreifen.

Am 1. Januar 2008, ein paar Monate nach unserer Begegnung, meldet die palästinensische Nachrichtenagentur Maan, Abu Thaer, Sprecher der Ayman-Dschoudeh-Zelle, sei von der Hamas verhaftet worden.[136] So erfahre ich seinen richtigen Namen: Faruq Al-Adgham. Diese Meldung bestätigt auch die Spannung zwischen den Al-Aqsa-Märtyrer-Brigaden und der Hamas, dass die Fatah-Anhänger sich im Gazastreifen tatsächlich vor den islamistischen Machthabern in Acht nehmen müssen und eine Konkurrenzsituation besteht. Im Sommer 2008 wird mein Bericht über die Raketenschützen im Gazastreifen über eine Agentur 280 deutschen Tageszeitungen angeboten. Keine Einzige druckt ihn ab – obwohl diese Reportage die Erklärung dafür gewesen wäre, warum die Israelis »völlig überraschend« zum Jahreswechsel 2008/2009 den Gazastreifen angriffen. Auch die Erkenntnis von Wikileaks Ende 2010, dass die israelische Militäroperation »Gegossenes Blei« mit der PLO-Führung in Ramallah abgesprochen war, ist nach meiner Begegnung mit Abu Thaer und seinen Leuten keine Überraschung mehr.

---

136 http://www.maannews.net/en/index.php?opr=ShowDetails&ID=26970

Die Operation »Gegossenes Blei«

Es gab keinen Tropfen, der das Fass zum Überlaufen gebracht hätte. Auch fehlte der im Nahen Osten sprichwörtliche Strohhalm, der dem Kamel das Kreuz gebrochen hätte. Die Operation »Gegossenes Blei« war gründlich vorbereitet. Jahrelang hatten Israels Geheimdienstler Angriffsziele gesammelt. Kampfeinheiten der Armee hatten sich eingehend mit den Besonderheiten des 40 mal 10 Kilometer großen Landstreifens und seiner Bevölkerung vertraut gemacht. Der Angriffstermin war vom Kabinett abgesegnet. Die Weihnachtszeit und der Jahreswechsel in der christlichen Welt spielten genauso eine Rolle, wie der Präsidentenwechsel in den USA. Barack Obama sollte am 20. Januar 2009 sein neues Amt antreten.

Am 2. Weihnachtsfeiertag 2008 öffnete die israelische Armee noch Grenzübergänge für Hilfsgüter und Brennstoffe in Richtung Gaza. Palästinensische Christen aus Gaza durften zur Festzeit Verwandte und Heilige Stätten in Israel und im Westjordanland besuchen. Israelische Soldaten, die im Umfeld des Gazastreifens stationiert waren, bekamen zum Sabbat und für die letzten Chanukkatage Urlaub. Die Hamas wähnte sich sicher, hielt einen Angriff des jüdischen Staates am Sabbat für ausgeschlossen.

So war die Verblüffung groß, als die israelische Luftwaffe am nächsten Tag zur Mittagszeit erste Luftangriffe flog. Selbst Israels Militärstrategen waren erstaunt, wie überrascht die Hamas war. Zwar gelang es palästinensischen Raketenteams schon am ersten Tag, Raketen mit neuer Reichweite - darunter chinesische Grad-Raketen - zum Einsatz zu bringen. Erstmals gab es Raketenalarm in den Ortschaften Netivot, Aschdod, Kirjat Gad und Beerscheva. Eine Israelin wurde getötet. Die Hamas brauchte mehrere Tage, um sich vom ersten Schock zu erholen. Den massiven Raketenbeschuss, mit dem israelische Militärplaner gerechnet hatten, brachte die Miliz nie zustande.

Zu den Zielen der ersten Angriffswelle gehörte die Abschlusszeremonie eines Offizierskurses der Hamas. Viele der frisch vereidigten Polizisten kamen ums Leben, auch hohe Kommandeure. Bis zum Abend des ersten Tages hatten israelische Kampfjets in drei Wellen 170 Operationen

geflogen. Neben Polizeistationen und Trainingslagern waren vor allem Raketenfabriken, Munitionslager, Schmugglertunnels und mobile Raketenteams Ziele der israelischen Luftangriffe. Mit 95 Prozent gab die israelische Armee stolz die Treffgenauigkeit bekannt. Mehr als 200 Palästinenser waren tot, Hunderte verletzt. Selbst Quellen aus dem Gazastreifen bezweifelten nicht, dass die überwiegende Mehrheit der Opfer palästinensische Kämpfer waren.

Zur Vorgeschichte

Acht Jahre lang hatten die israelischen Ortschaften im Umfeld des Gazastreifens täglich unter dem Beschuss durch ihre palästinensischen Nachbarn gelitten. Mehr als 10 000 Qassam-Raketen und Mörsergranaten waren in dieser Zeit auf israelisches Gebiet gefallen – nach dem einseitigen israelischen Rückzug aus dem Gazastreifen im September 2005 vor allem auf die Negev-Stadt Sderot.

Als dann im Januar 2008 auch die Küstenstadt Aschkelon beschossen wurde, riegelte Israel den Gazastreifen von der Außenwelt ab, drosselte im Februar die Stromzufuhr. Im Juni diskutierte das israelische Kabinett ernsthaft über einen Einmarsch in das Autonomiegebiet. Trotz der Abriegelung gelangten Unmengen von Sprengstoff, Raketen und Waffen aller Art nach Gaza. Der Preissturz bei den Waffenhändlern sprach für sich.

Am 17. Juni einigten sich Israel und Hamas durch ägyptische Vermittlung auf eine *Tahdia* – von deutschen Berichterstattern meist mit »Waffenstillstand« übersetzt. Das arabische Wort bedeutet aber lediglich »Beruhigung« oder »Langsamfahren« und wird bewusst von dem arabischen Wort für »Waffenstillstand«, *Hudna,* unterschieden. Während der *Tahdia,* die offiziell am 17. Dezember endete, fielen nach Zählung der israelischen Armee »nur« 234 Qassam-Raketen, fünf Grad-Raketen und 185 Mörsergranaten auf Israel.

Mitte Dezember kündigte die Hamas dann ausdrücklich die »Waffenruhe« mit »den Zionisten« auf.

Fünf Jahre überfällig

Aus israelischer Sicht war der massive Angriff auf die radikal-islamische Hochburg längst überfällig. »Fünf Jahre zu spät«, meinte der ehemalige Oberkommandierende des Südabschnitts der israelischen Armee, General Yom-Tov Samia, und erinnerte daran, dass es in Sderot Kinder gebe, die sich ein Leben ohne Raketenbedrohung gar nicht vorstellen könnten. Eine Schülerin aus Netivot meinte nach einer Woche im Bunker: »Wie konnten das die Leute von Sderot acht Jahre aushalten? Wie konnten wir sie vergessen?!«

Das ehemalige palästinensische Parlamentsgebäude in Gaza-Stadt

Schritt für Schritt verschärfte die israelische Luftwaffe ihre Angriffe. Repräsentative Gebäude, etwa das Parlament beim *Dschundi* und Wohnhäuser von führenden Hamas-Repräsentanten, wurden ins Visier genommen. Eine geistliche und militärische Autorität in der Hamas-Bewegung, Scheich Nisar Rayan, leistete der telefonischen Warnung des israelischen Militärs, sein Haus zu räumen, keine Folge. Demonstrativ ging er mit seiner Familie auf das Dach des Hauses, um als »menschliche Schutz-

schilde« die Bombardierung zu verhindern. In der Vergangenheit hatten die Israelis dann von einem Angriff abgesehen. Nicht so in diesem Fall. Mächtige Folgeexplosionen zerstörten das große Gebäude und bestätigten die israelische Darstellung, unter dem Wohnhaus habe ein Munitionslager gelegen.

Erste Reaktionen – aus der islamischen Welt

Während sich westliche Politiker hinter Weihnachtsbaum, Silvester und Neujahr verkrochen, verurteilten Demonstranten auf den Straßen in Berlin, Paris und London »die israelischen Massaker«. Arabische Demonstranten in Israel, im Westjordanland, im Iran und selbst die Hamas sahen einen anderen Sündenbock: Ägypten.

Der ägyptische Präsident Hosni Mubarak hatte den israelischen Angriff auf Gaza zwar verurteilt, dann aber den Zeigefinger in Richtung der Palästinenser erhoben: »Ich habe euch gesagt, dass es so kommen würde!« Ein großes Fragezeichen hinter Mubaraks Loyalität gegenüber seinen »palästinensischen Brüdern« setzte auch die Tatsache, dass die israelische Außenministerin Zipi Livni am ersten Weihnachtsfeiertag – zwei Tage vor Beginn der Offensive – noch in Kairo gewesen war. Was dort besprochen wurde, bleibt unveröffentlicht. Mubarak meinte aber: Der Grenzübergang Rafah zwischen Gaza und Ägypten werde erst geöffnet, wenn die Fatah wieder an der Macht und die internationalen Beobachter wieder auf ihrem Posten seien.

»Ägypten kollaboriert mit Israel!« war der Vorwurf, dem sich der Präsident des mächtigsten arabischen Landes ausgesetzt sah. »Ägypten hat das palästinensische Volk verraten!«, zürnte ein Araber mit israelischer Staatsbürgerschaft und erklärte: »Offensichtlich haben die arabischen Herrscher ihre Seele dem Satan verkauft!« – Auch Syriens Präsident Baschar Al-Assad verhielt sich ambivalent: Einerseits bot er der Hamas und dem palästinensischen Islamischen Dschihad Unterschlupf und rüstete die Hisbollah im Libanon gegen Israel auf. Anderseits gab er vor, über die Türken mit Israel zu reden – und schwieg sich währenddessen über die Vorgänge in Gaza aus.

Der Einmarsch

Auf den Tag genau eine Woche nach den ersten Luftangriffen, rückten israelische Infanteristen und eine Panzerbrigade in das dicht besiedelte Gebiet ein. Zuvor hatte die israelische Artillerie stundenlang die leeren Felder von Gazas Vorstädten bombardiert. Ein Raketenkrieg lässt sich nicht aus der Luft gewinnen. Deshalb – und das war allen klar – war die Invasion nur eine Frage der Zeit.

Erst nach und nach drangen die israelischen Soldaten in bebaute Gebiete ein. Um Sprengstofffallen aus dem Wege zu gehen, nutzten sie eine Technik, die erstmals von deutschen Truppen im Kampf um Stalingrad angewandt worden war: Die israelischen Kämpfer gingen nicht über offizielle Wege und durch Türen in die Häuser, nicht einmal durch die sprichwörtliche Hintertür, sondern durch die Wände, parallel zu den offiziellen Wegen, die möglicherweise vermint waren. Ständig waren sie in Bewegung, um den Hamas-Milizionären kein Ziel zu bieten.

Zeitgleich mit dem Amtsantritt des neuen US-Präsidenten Barack Obama verließ der letzte israelische Soldat den Gazastreifen. Zuvor hatte Israel einseitig einen Waffenstillstand erklärt.

Kriegsziele

Was wollten die Israelis mit der Offensive erreichen? – Im Spätsommer 2005 waren sie aus dem Gazastreifen geflohen und wollten auf keinen Fall dorthin zurückkehren.

Der »Sumpf von Gaza« ist ein Albtraum israelischer Militärs und Politiker. Auch ein Sturz der Hamas-Regierung war ausdrücklich nicht das militärische Ziel Israels. Eine Situation, in der man mit der Fatah verhandelt, während die Hamas Anschläge verübt, gehört ebenfalls nicht zur Traumsituation der Israelis. Vorteil der Hamas-Herrschaft in Gaza ist aus israelischer Sicht, dass man ein Gegenüber hat, das (an-)greifbar ist. Die Vernichtung der Hamas-Bewegung mag mancher erträumen – ist aber nicht realistisch. Dafür ist die Bewegung in der palästinensischen Bevölkerung zu tief verwurzelt.

Nach der ernüchternden Erfahrung des zweiten Libanonkrieges im Sommer 2006 war es nicht einmal mehr Kriegsziel der Israelis, die Fähigkeit der Hamas, Raketen zu schießen, zu zerstören. »Nicht die Fähigkeit, sondern die Motivation, Raketen zu schießen«, soll den radikalen Islamisten genommen werden, meinte Israels Verkehrsminister und ehemaliger Generalstabschef Schaul Mofas. »Die müssen verstehen, dass der Raketenbeschuss ihren eigenen Interessen schadet.«

»Vielleicht«, so überlegten militärisch erfahrene Kommentatoren in Fernsehdiskussionen, »müssen wir die Möglichkeit zur Kontrolle des Gazastreifens erzwingen, ohne eine ständige Präsenz vor Ort?« Vergleichbar wäre das mit der Situation im nördlichen Westjordanland, wo die israelischen Siedlungen geräumt wurden, die israelische Armee aber jederzeit einrückt, wenn es ihr angemessen erscheint. Einig war man sich darin: Internationale Truppen werden Israel die Aufgabe, für die Sicherheit seiner Bevölkerung zu sorgen, niemals abnehmen können.

In jedem Falle war Ziel der Operation »Gegossenes Blei« eine neue, bessere Ausgangsposition für Israel bei künftigen Verhandlungen und vor allem eine Erneuerung und Verstärkung der Abschreckung. Dabei hatten die Israelis nicht nur palästinensische Freiheitskämpfer im Auge, sondern auch Beirut, Damaskus, Teheran, ja selbst die EU, Russland und die USA. Aus israelischer Sicht hatte man dort zu selbstverständlich angenommen, Israelis müssten den ständigen Raketenhagel einfach hinnehmen.

Wer die israelische Vorgehensweise und Motivation im Gazakrieg 2008/2009 verstehen will, muss noch einen weiteren Aspekt bedenken: Das Nachgeben Israels in den vergangenen Jahren – der Rückzug aus dem Südlibanon im Mai 2000, die Räumung des Gazastreifens, das jahrelange Stillhalten unter Raketenbeschuss – wurde von den arabischen Nachbarn Israels als Schwäche ausgelegt und als Ansporn zu neuer Aggression missverstanden. Deshalb durfte sich Israel keinen weiteren »Nicht-Sieg« erlauben.

Christliche Stimmen von beiden Seiten

Vater Alexios …

… betreut die griechisch-orthodoxe Gemeinde in Gaza. Sie hat 3 000 Mitglieder. Zum orthodoxen Weihnachtsfest, das alljährlich am 7. Januar stattfindet, durfte eine ganze Reihe seiner Gemeindeglieder nach Bethlehem ausreisen. Einige sind bei Verwandten in Ramallah geblieben und nicht in das Kriegsgebiet zurückgekehrt.

»Es gibt kein Wasser, keinen Strom, keine Nahrungsmittel, keine Medikamente«, beschreibt er mit sanfter Stimme die furchtbare Lage. »Die Leute haben Angst.« Vier Mitglieder der griechisch-orthodoxen Gemeinde in Gaza sind seit Kriegsbeginn getötet worden, darunter ein 14-jähriges Mädchen. »Hier ist niemand sicher«, erklärt der griechisch-orthodoxe Geistliche. Er erzählt, dass die israelischen Raketen zwar sehr genau treffen. Die Explosionen sind aber so mächtig, dass auch viel an den umliegenden Häusern zerstört wird – »keine Glasscheibe ist mehr heil«.

»Nur unter Gottes Schutz ist man sicher«, meint Alexios, der seit 43 Jahren als Mönch und Priester im Heiligen Land lebt, seit 18 Jahren in Gaza. Er hat alles miterlebt: Die israelische Besatzung, die Intifada, die palästinensische Autonomieherrschaft, den Hamas-Putsch. Als griechischer Staatsbürger hätte Vater Alexios die Möglichkeit gehabt, das Kampfgebiet zu verlassen. Hat er darüber nachgedacht? Die Frage beantwortet er empört: »Ich bin doch der Bischof, der mit seiner Gemeinde verheiratet ist! Wie könnte ich jemals meine Frau verlassen?!«

Auf die Frage, wen er für die Misere verantwortlich macht, reagiert er ausweichend. »Die Situation ist schuld«, meint er, und: »Es gibt zwei Parteien … Man sollte das Problem durch Diskussionen lösen.

Wer schuldig ist? – Das sollen die Leute draußen entscheiden. Gott weiß es. Wir wissen nicht, was im Hintergrund steht. Das ist alles ein politisches Spiel …« Aber dann sieht der Vater seiner Gemeinde doch einen Hoffnungsschimmer: »Der, dessen Geburt wir gestern gefeiert haben, Jesus Christus, er ist der Friedefürst. Nur er kann den Frieden in diese Welt bringen.«

Pastor Howard Bass …

… leitet die messianisch-jüdische Gemeinde in Beerscheva, der »Hauptstadt« des nördlichen Negev. Mit der Operation »Gegossenes Blei« wurde die Stadt von der Hamas mit Grad-Raketen »Made in China« beschossen. Bass hat eine Tochter in der israelischen Armee und sein ältester Sohn dient in einer Kampfeinheit im Gazastreifen. Aufgrund der strengen Zensurbestimmungen haben die Eltern seit Beginn der Bodenoffensive nichts mehr von ihrem Sohn gehört. »Das ist gut«, meint Howard, »so wissen wir, dass ihm nichts passiert ist.«

»Jedes Land hat das Recht auf Selbstverteidigung«, betont Bass, der aus den Vereinigten Staaten nach Israel eingewandert ist. »Das Recht auf Selbstverteidigung ist ein von Gott gegebenes Recht, eine moralische Pflicht. Ein Staat muss seine Bürger schützen, gegen Kriminelle von innen und gegen Angriffe von außen.«

Jesusgläubige Juden wie Howard Bass wissen sich dem Neuen Testament verpflichtet und sehen, dass Israel jahrelang, obwohl es kein »christliches Land« ist, »die andere Wange hingehalten hat«. »Israel antwortet nicht unmittelbar und aus dem Affekt auf Angriffe«, beobachtet Bass, »wenn Israel zurückschlägt, dann hat es sich zuvor lange zurückgehalten, dann ist es eine verzweifelte Notwendigkeit.«

Bass sucht wie andere messianische Juden ganz bewusst das Gespräch und die Begegnung mit gläubigen Christen »der anderen Seite«. »Wir sind keine Kriegstreiber, sondern Bürger eines souveränen Staates, der eine Pflicht hat, seine Bürger zu schützen«, betont er. »Wir sind unserem Staat gegenüber verantwortlich, unseren Mitbürgern, aber auch unseren Feinden. Denen sagen wir: ›Wir sind nicht gegen euch, weil wir euch hassen, sondern weil ihr lernen müsst, damit aufzuhören.‹« Palästinensisch-christlichen Gesprächspartnern wirft er vor, dass sie die Existenz Israels grundsätzlich angreifen, wenn sie nur »die Besatzung« als Grund der gewaltsamen Auseinandersetzung anprangern. »Es ist auch Wahrheit, dass Jesus mich nach Hause zurückgebracht hat«, erklärt er seine Übersiedelung von Amerika nach Israel.

Christlichen Friedensaktivisten, die Israel verklagen, hält er entgegen, dass es möglich sei, in Israel Pazifist zu sein: »In Israel gibt es Pazifisten,

aber wo sind die Pazifisten in Syrien, Jordanien, bei den Palästinensern und im Gazastreifen?« Der Vater von zwei israelischen Soldaten fragt: »Welche Last legen wir unseren Leuten auf, wenn wir behaupten, es ist Sünde zu töten, auch im Krieg, selbst wenn sie nicht töten wollen?«

Howard Bass ist der Ansicht, dass es letztlich darum geht, »dass wir alle die Gerechtigkeit Gottes kennenlernen. Wir müssen mit dem Willen Gottes in Einklang kommen. Wenn wir die Situation aus Gottes Sicht sehen, sehnen wir uns vielleicht mehr nach der Wiederkunft von Jesus, anstatt die Probleme mit eigenen Mitteln lösen zu wollen.«

Dina Gelfand …

… hat Wurzeln in Russland, ist aber in Nordisrael aufgewachsen. Sie fühlt einen geistlichen Auftrag an den Menschen in Sderot, der Stadt, die in Sichtweite zum Gazastreifen liegt und deren Namen praktisch Synonym für den jahrelangen Raketenbeschuss durch die Hamas geworden ist. »Es ist sehr schwer, hier zu leben«, erzählt die junge Frau. »Die Menschen fühlen dauernd den Druck, die Angst, den Schock.« Sie erzählt von psychischen Folgen, die der dauernde Raketenbeschuss auf die Kinder hat: Teenager werden zu Bettnässern. »Ohne meinen Glauben würde ich es hier nicht aushalten.«

»Nur Gott kann uns in dieser Zeit bewahren!« Das weiß Dina, die seit einigen Jahren eine kleine messianisch-jüdische Gemeinde in Sderot leitet – und das ist auch ihre Botschaft an ihre Mitmenschen. Dabei weiß sie: »Der Frieden im Herzen ist wichtiger und die Voraussetzung für jeden äußeren Frieden.« Ganz unvermittelt meint sie: »Wir beten für die Menschen in Gaza. Wir wollen Verbindung mit gläubigen Menschen in Gaza. Ich habe einen Brief geschrieben – aber bislang keine Antwort bekommen.«

Einige Monate zuvor hatte ich einem leitenden evangelikalen Christen aus Gaza den Wunsch der kleinen Gemeinde in Sderot überbracht, dass sie gerne Kontakt zu Christen aus Gaza hätte. Israelis dürfen nicht in die PA einreisen. Palästinensische Christen dagegen bekommen nach eingehender Prüfung durch den israelischen Geheimdienst hin und wieder

eine Genehmigung, nach Israel zu reisen - besonders zu Festzeiten oder auch, wenn es eine Notlage erfordert. Die Antwort des palästinensischen Christen steht bis heute aus.

Dina Gelfand ist überzeugt: »Was die Armee tut, ist notwendig! Jahrelang hatten die Menschen in Sderot das Gefühl: Der Staat hat uns vergessen. Niemand interessiert sich für uns. Jetzt endlich, nach acht Jahren, haben die Leute das Gefühl, dass es eine Armee gibt, die etwas tut, die für uns sorgt, uns beschützt.« Die messianische Jüdin sagt das ohne jeden Hass. Ihrer Ansicht nach ist »die Hamas ein Problem nicht nur für Israel, sondern vor allem für die Palästinenser. Irgendjemand muss dort Ordnung schaffen - und wenn nicht Israel, wer dann?!«

Der Baptistenbischof Naim Chury ...

... lebt in Jerusalem, betreut aber auch eine Gemeinde in Bethlehem. Nach Ansicht dieses Palästinensers, der einen jordanischen Pass hat und in Israel lebt, liegt die Verantwortung für den gegenwärtigen Konflikt allein bei der Hamas: »Es gibt keine Rechtfertigung für das, was die Hamas tut. Die müssen ihre Aggression stoppen, mit dem Raketenbeschuss aufhören, damit die Menschen in Frieden zusammenleben können.«

Chury wirft seinen Landsleuten von der Hamas vor, dass sie nicht an ihre eigenen Leute denken: »Die Zivilisten leiden. Wenn die Hamas mit dem Raketenbeschuss aufhört, wird Israel die Grenzen aufmachen.« Davon ist der Baptist überzeugt, der für seine versöhnliche Haltung gegenüber dem jüdischen Staat auch schon auf den Straßen von Bethlehem beschossen wurde. Bischof Chury weiß: »Wir leben in der Endzeit. Was passiert, ist kein Witz. Der Herr kommt bald! Darauf sollten sich alle Menschen vorbereiten, Christen, Muslime und Juden. Alle müssen wissen, wer der echte Messias ist, der Herr der Herren und König aller Könige!«

Ist Einfluss käuflich?

Die internationale Geberkonferenz von Scharm El-Scheich übertraf alle Erwartungen. 87 Staaten und Finanzinstitutionen waren Anfang März 2009 vertreten, um für den Wiederaufbau des Gazastreifens zu spenden. Statt der erwarteten drei Milliarden US-Dollar wurden 4,4 Milliarden versprochen - sodass der PA von Mahmud Abbas knapp fünf Milliarden US-Dollar zur Verfügung standen, um ein Stück Land aufzubauen, in dem sie gar nichts zu sagen hatte.

Aber warum strömte die ganze Welt eigentlich auf die Sinaihalbinsel, um dort ihr Geld loszuwerden, als gäbe es sonst keine Bedürftigen oder Kriegsopfer? Und das, obwohl nach wie vor täglich Raketen auf Israel abgeschossen wurden und eine erneute israelische Militäroffensive wie eine schwarze Wolke am Horizont der machtpolitischen Möglichkeiten hing? Die UNO schätzte einen materiellen Schaden von etwa zwei Milliarden US-Dollar durch Israels 22-tägige Militäroffensive. Stimmt diese Schätzung, hätten die Palästinenser fast drei Milliarden US-Dollar durch den Krieg verdient.

Um hier nicht missverstanden zu werden: Es ist nichts dagegen einzuwenden, Armen zu helfen oder materielle Kriegsschäden zu beseitigen. Ein friedliches, wohlhabendes Palästina wäre nur gut für den Staat Israel. Aber warten die Kriegsopfer in Georgien, Inguschetien oder Kurdistan, Somalia, Sri Lanka, Darfur und Afghanistan, im Irak, im Tschad, Kongo, Kenia, Äthiopien oder in Pakistan nicht schon viel länger auf die Hilfsmilliarden der Wohltäter unserer Erde? Das Heidelberger Institut für Internationale Konfliktforschung hatte für das Jahr 2008 weltweit neun ausgewachsene Kriege und 30 »Konflikte mit organisierter und wiederholter Gewalt über eine längere Dauer« gezählt. Hinzu kamen zu der Zeit noch 95 Krisen, in denen sporadisch Gewalt eingesetzt wurde. Und schließlich gab es auf dem Balkan noch viele Zerstörungen, die von der NATO verursacht worden waren. Was macht das Bombardement des Gazastreifens so besonders?

Natürlich gab es in Gaza zerbombte Häuser. Das Abed-Rabbo-Viertel im Osten des Dschabalja-Flüchtlingslagers und die Samouni-Gegend im Süden des Gazastadtteils Seitoun waren verwüstet. Aber bei einem Be-

such im Gazastreifen im Februar 2009 fiel mir nach dem Eindruck der Fernsehbilder zuerst einmal auf, dass die meisten Häuser noch standen. Der Verkehr war dicht, wie eh und je, die Marktstände voll und die Benzinpreise traumhaft niedrig - halb oder gar nur ein Drittel so hoch wie in Israel. Dass mit der humanitären Krise im Gazastreifen etwas nicht stimmte, hätte der ganzen Welt auffallen müssen, als in der Nacht des israelischen Einmarsches bis zum Morgen des 3. Januar ein Treibstofflager lichterloh brannte. Nach Sonnenaufgang stand eine tiefschwarze Rußwolke über Nordgaza - per TV für alle Welt sichtbar. Wussten das die spendensüchtigen Konferenzteilnehmer etwa nicht?

Könnte es sein, dass der westlichen Welt, allen voran aber den Arabern, der Iran unheimlich geworden war, unaufhaltsam auf dem Vormarsch - nicht im Gleichschritt, nicht militärisch-wirtschaftlich-kolonialistisch-kulturell, wie wir das gewöhnt sind. Wohl aber deutlich spürbar und vor allem sehr erfolgreich. Begann der Westen zu verstehen, dass das Nukleargeplänkel der Machthaber in Teheran vielleicht nur vom eigentlichen Kriegsschauplatz ablenken sollte?

Wer heute im Libanon unterwegs ist, weiß, dass das Land fest in den Händen der Hisbollah ist. Ohne die Schiitenmiliz geht nichts mehr. Dass der schwarz beturbante Scheich Hassan Nasrallah nicht in der Regierung sitzt, gehört ebenso zur Taktik des Iran wie die Tatsache, dass dessen militärische Überlegenheit kaum sichtbar ist. Die Mullahs in Teheran arbeiten durch Stellvertreter, Marionetten und Gleichgesinnte, ohne selbst als Verantwortliche fassbar zu werden.

Den Amerikanern wird immer klarer, dass sie mit ihrem Irak-Feldzug eines der ölreichsten Länder der Erde den Persern auf dem Silbertablett serviert haben. »Wer heute in Basra bauen will, muss sich die Genehmigung in Teheran holen - nicht in Bagdad«, weiß ein Kenner der Region. Die konventionelle Armee des Saddam Hussein war kein Problem für die US-Armee. Aber gegen die Kämpfer des Iran, die von der Zivilbevölkerung nicht zu unterscheiden sind, gegen die Massen von desillusionierten Orientalen, die bereit sind, alles zu opfern, um den verhassten Satan aus dem Westen in die Knie zu zwingen, und gegen die Attraktivität der Botschaft aus Teheran für muslimische Ohren, hat die Supermacht keine Chance.

In Afghanistan macht die NATO dieselbe Erfahrung. Ein Land militärisch zu erobern, ist eine Sache - es zu halten, zu regieren, aufzubauen oder gar die traditionelle Bevölkerung für westliche Wertvorstellungen zu gewinnen, eine andere. Trotz jahrelangem Militäreinsatz sind die Taliban unübersehbar auf dem Vormarsch, eine Konsolidierung der Marionettenregierung des Westens weit entfernt, eine echte Demokratisierung des Landes unvorstellbar. Die Tatsache, dass Osama Bin Laden die Supermacht USA jahrelang an der Nase herumzuführen wusste, ist symptomatisch.

Die Arabische Liga, allen voran Saudi-Arabien, weiß genau, dass der eigentliche Feind nicht im Westen, sondern im Osten zu suchen ist. Deshalb auch das unüberhörbare Schweigen zu Israels Militäreinsatz gegen die Hamas. Viele westlich orientierte Araber hatten - wie schon beim zweiten Libanonkrieg im Sommer 2006 - gehofft, Israel werde die Kartoffeln für sie aus dem Feuer holen. Allen ist klar, dass die Hamas bei wirklich freien Wahlen auch heute nicht nur den Gazastreifen, sondern auch das Westjordanland gewinnen würde. Die zunehmende Macht der Muslimbruderschaft ist der bedrohliche Schatten über Kairo, Amman und Damaskus. Der Golf, durch den täglich 60 Prozent des weltweiten Bedarfs an Rohöl fließen, heißt in unserem Sprachgebrauch tatsächlich »der persische Golf«. Der Traum vom »arabischen Meer« ist längst ausgeträumt.

Eine ausgestreckte Hand

Im Juni 2009 hielt Barack Obama eine denkwürdige Rede an der Al-Azhar-Universität in Kairo. Ein neues Kapitel der Beziehungen zwischen den USA und der islamischen Welt wollte der junge, dynamische und mächtigste Mann der Welt aufschlagen. Wenige Tage später folgten die Worte des israelischen Regierungschefs Benjamin Netanjahu. »Wir wollen die Palästinenser nicht beherrschen!«, erklärte er unmissverständlich in der Bar-Ilan-Universität von Ramat Gan und zeichnete die Vision von einem entmilitarisierten palästinensischen Staat - neben einem starken Israel. Den Führern der arabischen Welt rief er zu: »Ich bin bereit, Sie

jederzeit zu treffen. Ich bin bereit, nach Damaskus, Riad, Beirut zu kommen, Sie an jedem Ort zu treffen, auch in Jerusalem.«

Doch die ausgestreckten Hände des Westens berührten weder das Gemüt noch die Realität der Menschen im Gazastreifen oder in der PA. Die Antwort der arabischen Welt auf die ausgestreckte Hand des Westens steht bis heute aus. Tatsächlich war das Ergebnis der neuen Nahostpolitik Obamas eine totale politische Eiszeit. Erstmals seit mehr als eineinhalb Jahrzehnten gab es keinerlei politische Gespräche mehr zwischen Israelis und Palästinensern. Und das, obwohl die Maßnahmen der Regierung Netanjahu spürbare Auswirkungen auf das tägliche Leben in der Westbank hatten. Abgesehen von der Diplomatie blühten die Beziehungen zwischen Palästinensern und Israelis auf, sichtbar im wirtschaftlichen, kulturellen und interreligiösen Austausch. Die Sicherheitskräfte beider Seiten kooperierten so gut wie noch nie. Folge war die terrorärmste Zeit des Jahrzehnts. »Israelis und Palästinenser sind wie Katzen in der Nacht«, hatte uns derzeit der palästinensische Verhandlungsminister Saeb Erekat erklärt: »Die machen viel Krach miteinander – und niemand weiß, ob das Liebe oder Krieg ist.«

Gleichzeitig erwuchs die eigentliche Herausforderung von ganz anderer Seite. Als der arabische Nachrichtensender Al-Dschasira Ende 2010 Geheimdokumente aus dem palästinensischen Verhandlungsbüro veröffentlichte und dadurch bekannt wurde, dass die Palästinenser weitreichende Zugeständnisse an ihre israelischen Verhandlungspartner gemacht hatten, bemühte sich Ramallah schleunigst, dies zu dementieren. Das Volk auf der Straße wünscht keine Kompromissbereitschaft. Ein Christ in Bethlehem meinte: »Abu Mazen kann entweder mit den Israelis einen Frieden aushandeln, oder bei seinem Volk beliebt sein. Beides geht nicht!« Ebenso kommt die Konkurrenz für die Machthaber in Gaza nicht von kompromissbereiten, friedenswilligen oder gar prowestlichen Kräften in der palästinensischen Gesellschaft. Im Gazastreifen sucht sich die Hamas gegen diejenigen durchzusetzen, die der Islamischen Widerstandsbewegung vorwerfen, verwestlicht, verweltlicht und zu kompromissbereit zu sein.

Die »wahren Gottesstreiter«

Es war wenige Tage nach der Machtergreifung der Hamas im Gazastreifen im Sommer 2007. Aus dem Augenwinkel heraus hatte ich schon seit einiger Zeit beobachtet, wie mir der hochgewachsene Mann mit dem schütteren Bart nachlief. Die Omar-Al-Mukhtar-Straße im Zentrum von Gaza-Stadt ist am Spätnachmittag voller Menschen. Die meisten verfolgen so zielstrebig, wie die allgemeine orientalische Gemächlichkeit es zulässt, ihre Geschäfte. Doch der Herr in der traditionellen Dschalabiye, dem nachthemdartigen Gewand der Araber, der sich die Kefiye, das weiße Kopftuch, lose um den Kopf gewunden hatte, suchte offensichtlich den Kontakt zu mir.

»Woher kommst du?!«, verwickelt er mich in ein Gespräch, auf das ich mich einlasse, weil mich interessiert, was der sprichwörtliche »Mann auf der Straße« so denkt. Ohne lange Umschweife kommt er dann bald zur Sache: »Bekehre dich zum Islam! Der Islam ist die höchste Stufe der wahren Religion. Das haben intelligente Menschen längst erkannt. Viele Intellektuelle, hochgebildete Professoren bekehren sich heute zum Islam, weil sie die Wahrheit erkennen. Deshalb ist der Islam die am schnellsten wachsende Religion.«

Das missionarische Feuer ist unübersehbar. Nur mit dem Argument, dass schon der Prophet Muhammad betont habe, dass »in der Religion kein Zwang« sein dürfe (Koran, Sure 2,256), schüttele ich die erste Salafiten-Bekanntschaft meines Lebens ab. Dass ich mich erst nach reiflicher Überlegung und nicht aufgrund seines Drängens der Wahrheit anschließen wolle, fand er gut und ließ mich in Ruhe.

Die »Salafiten« betrachten die »frommen Vorfahren« des frühen Islam als Vorbilder dafür, wie der Islam auch heute noch in der Praxis umgesetzt werden sollte. Solch ein »frommer Vorfahre« oder »rechtschaffener Ahne« heißt auf Arabisch *Salaf.* Nach Vorstellung des »Salafismus« war der Islam in den Tagen Muhammads und seiner Gefährten vollkommen. »Der Weg des Salaf« ist nach Meinung der Salafiten über jede Kritik erhaben und für jeden Menschen verbindlich, weil er »nichts als die Wahrheit« ist. Die wörtliche Auslegung des Koran und die Hadithe sind deshalb für den Salafismus grundlegend. In späterer Zeit, so die Vorstellung

der Salafiten, deformierten materialistische und kulturelle Einflüsse den ursprünglich perfekten Islam.

Ziel dieser Bewegung ist es, die erste, unverfälschte, ursprüngliche und perfekte Form islamischer Praxis und islamischen Glaubens zu neuem Leben zu erwecken. »Jede Innovation« halten Salafiten für »eine Verführung«, die zum Abfall vom wahren Glauben verleitet. Im Gegensatz zum klassischen Islamismus lehnt der Salafismus nicht nur westliche Ideologien grundsätzlich ab, sondern auch Konzepte wie Wirtschaft, Verfassung, politische Parteien und Revolution. Deshalb ist die Hamas aus dieser Perspektive verweltlicht. »Die Führer der Hamas glauben nicht an Allah!«, erklärte ein Anführer der salafitischen *Dschaisch Al-Ummah* (»Armee der Gemeinschaft der Gläubigen«) einem palästinensischen Journalisten.

Die Al-Qaida ist eine Splittergruppe des militanten dschihadistischen Salafismus – weshalb Salafiten im Gazastreifen oft als »Al-Qaida nahestehend« charakterisiert werden. Allerdings muss bemerkt werden, dass eine breite Strömung innerhalb des Salafismus als Mittel der Reform des Islam vor allem die *Daawa* sieht. *Daawa* kann frei mit »Evangelisation« oder »Missionierung« übersetzt werden. In Gaza gehen die *Daawa-Prediger* in ihrer eigenartigen Kleidung, die an die Taliban in Afghanistan erinnert, von Tür zu Tür. Sie bemühen sich, mit ihren Landsleuten über den wahren Islam zu reden. Politischen Diskussionen oder Gesprächen über »den zionistischen Feind« gehen sie aus dem Wege. Auf diese Weise sollen die Salafiten im Gazastreifen mittlerweile zwischen 40 000 und 50 000 Anhänger haben.

Im Frühjahr 2007 wurde die Weltöffentlichkeit erstmals auf den Einfluss dieser extremen Strömung des Islam im Gazastreifen aufmerksam. Eine mysteriöse *Dschaisch Al-Islam* (»Armee des Islam«) hielt den britischen Journalisten Alan Johnston fast vier Monate lang gefangen. Bald wurde klar, dass die mächtige, hochgerüstete Dughmusch-Familie hinter dieser Gruppierung stand. Die ebenfalls nebulösen »Volkswiderstandskomitees« vermittelten zwischen Hamas und dem Dughmusch-Clan. In einem komplizierten Prozess, zu dem weitere Geiselnahmen und dann Freilassungen gehörten, kam der BBC-Korrespondent schließlich frei. Doch die Geschichte bedeutete den Bruch zwischen Hamas und der ur-

sprünglich mit ihr verbündeten *Dschaisch Al-Islam,* die ein Jahr zuvor gegründet worden war.

Im Oktober desselben Jahres wurde dann, wie bereits beschrieben, Rami Ayyad von der Palästinensischen Bibelgesellschaft (PBS) entführt und ermordet. Eine Gruppe unter dem Namen »rechtschaffenes Schwert des Islam« bekannte sich zu der Tat. »Dem Westen ist leichter zu erklären, dass die Hamas schuld ist«, erklärte mir ein Mitarbeiter der PBS, als ich ihn darauf aufmerksam machte, dass die Hamas doch zum gegenwärtigen Zeitpunkt überhaupt kein Interesse an einer Christenverfolgung habe. Rami war mehrfach dazu aufgefordert worden, seinem Glauben abzuschwören – und hatte sich geweigert. Nach eigenen Aussagen sehen sich Salafiten dazu verpflichtet, diejenigen zu töten, die sich gegen die Wahrheit sträuben.

Es war offensichtlich, dass die Ermordung des bekennenden Christen im Zusammenhang mit einer ganzen Serie von Bombenanschlägen auf Cafés, Friseursalons, Internetcafés, Restaurants und Schulen stand, die sich über Monate hinzog und der herrschenden Hamas sehr viel mehr Schaden zufügte als Nutzen erbrachte. Selbst das »Gegossene Blei« zur Jahreswende 2008/2009 und die damit verbundenen massiven Luftangriffe auf den Gazastreifen konnten den Eifer der islamischen Glaubenskämpfer nicht dämpfen. Unweit des *Dschundi* wurden kurz nach Ende der israelischen Luftangriffe durch einen Bombenanschlag auf ein Café sieben Palästinenser verletzt.

Mittlerweile wird auch ein Bombenanschlag Mitte Juli 2008 auf eine Hochzeitsgesellschaft des Dahlan-Clans in Khan Yunis, bei dem 50 Menschen verletzt wurden, von der Hamas den Salafiten zur Last gelegt. Diese bestreiten allerdings die Verantwortung für die Tat. Die Fatah, zu deren herausragenden Führern Muhammad Dahlan, der Onkel des unglücklichen Bräutigams gehört, legt die Bluttat der Hamas zur Last. So war es in den vergangenen Jahren immer wieder zu Auseinandersetzungen zwischen den Salafiten und der herrschenden Hamas-Bewegung gekommen. Die Salafiten bemühen sich vor allem um die Kontrolle von Moscheen und Schulen.

Mitte August 2009 kam es dann im Brazil-Viertel der Stadt Rafah, direkt an der ägyptischen Grenze, zur Eskalation. Scheich Abdel Latif

Musa verkündete in der »Scheich Al-Salam Ibn Taymeya-Moschee«, als deren Imam er fungierte, »eine neue Geburt, die Geburt des islamischen Emirats!« Musa war der geistliche Anführer der »Dschund Ansar Allah« (»Soldaten der Gefährten Allahs«), einer salafitischen Gruppe, die im November 2008 gegründet worden war und sich rühmte, 500 Kämpfer zu haben, darunter einige Ausländer. Dr. Abdel Latif Musa, in salafitischen Kreisen besser bekannt als Abu An-Nour Al-Maqdessi, wähnte sich in der Lage, die theokratische Herrschaft über Palästina von Rafah aus zu deklarieren.

Umgeben von teils maskierten, schwer bewaffneten Kriegern verklagte der 47-jährige Prediger vor laufender Fernsehkamera die herrschende Hamas, die *Scharia*, das islamische Recht, nicht konsequent durchzusetzen. Nach den Maßstäben der Scharia müssen Ehebrecher gesteinigt, Dieben muss die Hand abgehackt und wer Alkohol trinkt, muss ausgepeitscht werden. Dann gelobte der Scheich, der auch Arzt für Allgemeinmedizin und medizinischer Direktor des »Rafah Martyrs Medical Centre« war, dem Führer der Al-Qaida, Osama Bin Laden, die Treue.

Unmittelbar nach Beendigung der Nachmittagsgebete kam es im Umfeld der Ibn Taymeya-Moschee zu Schießereien. Die Hamas hatte massiv Sicherheitskräfte und Einheiten der Issadin Al-Qassam-Brigaden um das Gebetshaus zusammengezogen. Unabhängige Berichte gibt es von dem darauf folgenden Geschehen keine. Das Innenministerium der Hamas hatte erklärt, um »der allgemeinen Sicherheitslage« willen sei die Stadt Rafah und ihre Krankenhäuser für Journalisten geschlossen. Kurze Zeit später wurde auch das vierstöckige Wohnhaus von Musa von der Hamas-Polizei umzingelt. Es folgten heftige Feuergefechte. Schwere Geschütze wurden eingesetzt. Mindestens zehn Mörsergranaten landeten auf dem nahe gelegenen ägyptischen Territorium. Ein ägyptisches Kind wurde von einer Gewehrkugel getroffen, die sich über die Grenze verirrt hatte.

Stundenlang konnten Abu Al-Nour Al-Maqdessi und seine Kämpfer der Übermacht der Hamas standhalten. Dann zeigte die Hamas der Welt, wie man mit »gesetzlosen bewaffneten Gruppierungen« umgeht, und sprengte den Wohnkomplex des Imam »einfach mit allen Menschen, die darin waren« – so eine Version. Die Hamas behauptete später, Abdel Latif Musa habe sich selbst, seine Familie und einige seiner Getreuen mit

einem Sprengstoffgürtel in die Luft gesprengt. Die unabhängige palästinensische Nachrichtenagentur Maan vermutete, die Explosion sei noch verstärkt worden durch Sprengstoff, der im Wohnhaus des Scheichs gelagert habe.

Bis zum Abend dieses Augustfreitags verkündete die Hamas, 90 Salafiten in Rafah verhaftet zu haben. Trotzdem dauerten die Schießereien noch bis zum Abend des darauffolgenden Tages. Zweimal waren laute Explosionen zu hören. Dschund-Ansar-Allah-Kämpfer sollen sich in der Nähe von Hamas-Polizisten in die Luft gesprengt haben. Maskierte Hamas-Kämpfer dehnten die Verfolgung der Salafiten dann auf den gesamten Gazastreifen aus. Am Sonntagnachmittag umzingelten Sicherheitskräfte der Hamas ein Haus des Dughmusch-Clans in Gaza-Stadt und verlangten von der Sippe, ein Mitglied auszuliefern, dem Al-Qaida-Mitgliedschaft und der Mord an einem Mitglied einer mit der Hamas liierten Familie während der Unruhen in Rafah vorgeworfen wird.

Das »Palästinensische Zentrum für Menschenrechte« (PCHR) geht von 28 Toten und mindestens 150 Verletzten aus. Das Innenministerium der Hamas bestätigte 24 Tote, darunter sechs Hamas-Offiziere und ein elfjähriges Mädchen. Mehrere Todesopfer konnten nicht identifiziert werden. Hamas-Premierminister Ismail Haniye hatte in der Woche vor dem Massaker von Rafah noch vehement israelische Medienberichte bestritten, islamische Kämpfer aus Afghanistan, Pakistan und dem Irak wären über den Sinai in den Gazastreifen eingesickert.

Außer Dr. Musa und seinem Assistenten Abu Abdullah As-Suri wurde auch einer der höchsten Kommandeure der Hamas, Muhammad »Abu Dschibril« Asch-Schamali, bei dieser innerislamistischen Auseinandersetzung getötet. Schamali hatte die Issadin Al-Qassam-Brigaden, den militärischen Arm der Hamas, im Südabschnitt des Gazastreifens befehligt. Nach israelischen Erkenntnissen war er im Sommer 2006 maßgeblich an der Entführung des israelischen Soldaten Gilad Schalit beteiligt.

Hamas-Sprecher Taher An-Nunu stellte klar, die Hamas werde Gesetzlosigkeit und Anarchie kein Comeback im Gazastreifen erlauben. Man werde die Präsenz von konkurrierenden islamistischen Gruppierungen im Gazastreifen nicht tolerieren und Versuche, solche Gruppierungen einzurichten, mit eiserner Faust zerschlagen. Außerdem beschuldigt die

Hamas die säkulare und vom Westen unterstützte Fatah und »einige arabische Staaten«, über die Salafiten ihre Herrschaft im Gazastreifen destabilisieren zu wollen. Sogenannte »Al-Qaida-Internetseiten« warnten derweil ihre Leser, sich von den Moscheen, dem Parlament und besonders den Militärgerichten »der Abgefallenen« fernzuhalten.

12. Last, but not least: Was sagt die Bibel zur Palästinenserfrage?

Das Land zwischen Mittelmeer und Jordan ist für viele Menschen untrennbar verbunden mit Religion, Glauben und Gott. Wer die Bibel liest, stößt auf die Städtenamen Hebron, Bethlehem, Jerusalem, Ramallah (Bethel, Ramataim Zophim, Rama, Arimathia), Nablus (Sichem) oder Dschenin (Ganim) - samt und sonders Orte, die heute in den sogenannten Palästinensergebieten liegen.

Aus dem Blickwinkel der Heiligen Schrift gab es im »verheißenen Land« immer »Heiden«, Nichtisraeliten, »Fremde« - lange bevor Abram dorthin kam und zu Abraham wurde, solange das Volk Israel dort lebte und staatliche Unabhängigkeit genoss, und auch in der Zukunft.[137] Die gesamte Gesetzgebung Israels ist auf das Zusammenleben mit Fremden ausgerichtet, die Erwählung Abrams ohne Nichtjuden undenkbar. Ohne die nichtjüdischen Völker ist die Existenz Israels sinnlos.

»Sei ein Segen!« und: »Gesegnet werden sollen in dir alle Familien des Erdbodens« (1. Mose 12,2+3; Gerloff). Das hatte Gott dem Abram ins Stammbuch geschrieben, als er ihn von allen anderen Menschen unterschied und ihm das Land versprach. Der Stammvater Israels und seine Nachkommen sollen ein Segen für die ganze Menschheit sein. Dazu gehören auch die Nichtjuden, denen das Land Israel Heimat ist.

Schließlich gibt es noch einen wichtigen Grund für die folgende Untersuchung: Über die Ansichten »biblizistischer Fundamentalisten« oder »christlicher Zionisten«, welche die Bibel wörtlich nehmen, gibt es abenteuerliche Ansichten - deren Ursprung nicht selten in unüberlegten und emotional überladenen Äußerungen bibeltreuer Israelfreunde liegt. Deren emotionales Pendant auf Seiten sozial engagierter Palästinenserfreunde steuert dann seinen Teil bei - und fertig ist das ideologische

137 1. Mose 12,6 (Gerloff); 13,7; 14; 15,16; Richter 19,12.

Gebräu eines wunderbaren Feindbildes, wie nicht zuletzt die Konferenz »Christus am Checkpoint« im März 2010 in Bethlehem gezeigt hat.

Dieser zeitgenössischen Legendenbildung möchte ich einmal die biblischen Aussagen - möglichst wörtlich genommen - entgegenstellen, um zu zeigen, wie ein »biblizistisches« Bild von den Palästinensern aussehen könnte, wenn man an einer Identifizierung des jüdischen Volkes mit dem Israel der Bibel festhält.

Freilich ist es exegetisch als Kühnheit zu bezeichnen, die modernen Palästinenser, die es als erkennbare ethnische und politische Einheit erst seit wenigen Jahrzehnten gibt, mit sozialen, ethnischen oder politischen Größen der Jahrtausende alten hebräischen und griechischen Bibel zu identifizieren. Da dies jedoch allseits vielfach und auf vielerlei Weise fröhlich unternommen wird, will ich es hier ebenfalls wagen - unter dem Vorbehalt, dass ich im Lichte weiterer Erkenntnisse auch meine eigene Sichtweise darüber verändern kann, wo das palästinensische Volk unserer Zeit biblisch zu orten ist.

Kanaanitische Ureinwohner

»Es stimmt schon, dass die Juden Nachfahren des Abraham sind, der die Höhle Machpela als Grabstätte für seine Frau Sara hier gekauft hat«, erklärte Mustafa Natsche, der hochbetagte Bürgermeister von Hebron, am 25. Januar 2005 in die laufende Fernsehkamera eines Schweizer Fernsehsenders. »Wir aber sind seit mehr als 4 000 Jahren hier in Hebron. Mein Ahnvater ist Efron, der Hethiter, der Abraham die Höhle Machpela verkauft hat. Und die Juden kamen erst in türkischer Zeit hierher …«

Mit dem greisen Stadtvater der ehrwürdigen Väterstadt gibt es viele Vertreter des palästinensischen Volkes, die ihre Abstammung von den biblischen Ureinwohnern des Landes Kanaan herleiten.[138] Im November

138 Angefangen vom diplomatischen Vertreter der PLO in der Bundesrepublik Deutschland, Abdallah Frandschi, über den evangelisch-lutherischen Pfarrer Mitri Raheb bis hin zu der in Deutschland lebenden Ärztin Dr. Halima Alaiyan, Ver-

2000 erklärten sich die »Christen im Heiligen Land als Nachfahren der kanaanitischen Stämme, die seit Urzeiten Palästina bewohnt haben«, mit ihren muslimischen Mitbürgern im palästinensischen Nationalkampf gegen den jüdischen Staat Israel solidarisch.

Hebrons Alt-Stadtvater Mustafa Natsche beim Pressegespräch

Nehmen wir einmal an, diese Behauptung entspräche den Tatsachen. Was würde das dann aus Sicht der Bibel für die Palästinenser und ihr Verhältnis zum jüdischen Volk bedeuten?

Zunächst einmal offenbart eine Konkordanzstudie, wie viel Raum die Ureinwohner Kanaans in der Bibel einnehmen. Ihre Existenz ist keineswegs Nebensache. Zudem wird klar, wie differenziert und keineswegs einseitig die Bibel diese Menschen und ihre Beziehung zum auserwählten Volk betrachtet.

Kanaan ist nach dem Zeugnis der Heiligen Schrift einer von vier Söhnen Hams, des Sohnes Noahs, von dem eine ganze Reihe von Völkern

---

treibung aus dem Paradies. Meine lange Flucht aus Palästina (Berlin: Ullstein, 2. Auflage 2006), 151.

abstammen, die uns in der Bibel mehrfach begegnen: Sidon und Het, sodann die Jebusiter, Amoriter, Girgaschiter, Hiwiter, Arkiter, Siniter, Arwaditer, Zemariter und Hamatiter.[139] Über Kanaan und seinen Nachkommen liegt ein Schatten, weil sein Vater Ham die Ehre des Stammvaters Noah empfindlich verletzt hatte. Deshalb wurde Ham verflucht und Kanaan sollte ein Knecht Sems und Jafets sein.[140]

Die biblischen Grenzen der »Geschlechter der Kanaaniter« entsprachen mehr oder weniger den Grenzen des heutigen Staates Israel inklusive der PA - allerdings ohne den zentralen und südlichen Negev. Stattdessen kommt Land hinzu, das im heutigen Südlibanon liegt, bis etwa auf die Höhe von Sidon.[141]

Schon Terach, der Vater Abrams, war von Ur in Chaldäa - heute im südlichen Irak - aufgebrochen. Das Ziel seiner Reise war Kanaan (1. Mose 11,31). Aber erst sein Sohn Abram erreichte dieses Ziel und durchzog das Land (1. Mose 12,5). Ausdrücklich und mehrfach betont die Heilige Schrift des jüdischen Volkes: »Es wohnte aber damals der Kanaaniter im Lande.«[142]

Die Existenz von nichtisraelitischen Ureinwohnern wird durch das gesamte Alte Testament hindurch erwähnt.[143] Bis ins Neue Testament hinein wird das verheißene Land als »Land Kanaan« bezeichnet,[144] manchmal sehr differenziert, etwa als »Gebirge der Amoriter«[145] oder

---

139 1. Mose 9,18.22; 10,6.15-18a; 1. Chronik 1,8.13-16.

140 1. Mose 9,22.25-27.

141 1. Mose 10,18b-19.

142 1. Mose 12,6 (Gerloff); ebenso 1. Mose 13,7.

143 Zur Zeit des Exodus und der Landnahme unter Mose und Josuas (4. Mose 13,22.28.29.33; 14,25.43; 21,13; 33,40; 5. Mose 1,44; 2,10-12.20; 9,1-2; Josua 7,7.9; 9,1; 10,6.12; 11,3; 13,3; 24,18); zur Zeit der Richter (Richter 1,9-10) und des Königs David (2. Samuel 5,6; 1. Chronik 11,4) - um nur einige Beispiele zu nennen.

144 Zur Zeit Jakobs und Esaus (1. Mose 31,18; 33,18; 35,6; 36,5.6; 37,1; 42,5.7.13.29.32; 44,8; 45,17.25; 46,6.12.31; 47,1.4.13.14.15; 48,3.7; 50,5.11; 4. Mose 26,19); z.Zt. Moses und Josuas (2. Mose 16,35; 4. Mose 32,30.32; 34,2.29; 35,10.14; 5. Mose 1,7.27f; 11,30; 32,49; Josua 5,12; 13,4; 14,1; 21,2; 22,9.10.11.32; 24,3); Apostelgeschichte 7,11; 13,19.

145 5. Mose 1,7.19.20; vergleiche auch Josua 24,8.15.

»Land der Hetiter«[146], »Perisiter und Refaiter« (Josua 17,15). Wenn die Palästinenser die Kanaaniter wären, müsste man heute in ähnlicher Weise - wollte man dem biblischen Beispiel folgen - vom »Land Palästina« reden und schreiben. Von Abram heißt es, er wohnte im »Lande Kanaan«[147], »im Hain Mamres, des Amoriters« (1. Mose 14,13). Gegenüber den Hetitern in Hebron bekennt der Stammvater Israels öffentlich: »Ich bin ein Fremdling und Beisasse bei euch«.[148] Dass die Kanaaniter vor den Israeliten im Lande waren, wird also von der Bibel bestätigt. Ideologisch und vom Wortgebrauch her betreibt die Heilige Schrift keine Geschichtsklitterung, um den Anspruch des auserwählten Volkes auf das verheißene Land zu zementieren.

Bei den bis heute heiß umstrittenen Heiligen Stätten Hebron, Schilo (Richter 21,12) und Jerusalem ist das besonders bemerkenswert. So wird Hebron mehrfach als »Stadt des Arba, des Vaters Anaks«,[149] bezeichnet. Jerusalem ist ganz fraglos »die Stadt der Jebusiter«.[150] »Die Tenne Araunas, des Jebusiters« wird zum Heiligtum Israels, aber erst nachdem König David sie rechtens und zum vollen Preis gekauft hat, obwohl Arauna ihm die Tenne inklusive der Tiere und der Ausrüstung schenken wollte.[151] An keiner Stelle unterstützt die Bibel den zionistischen Mythos vom »leeren Land«, oder vom »Land ohne Volk«, das ein »Volk ohne Land« bräuchte.[152]

---

146 Josua 1,4; 2. Samuel 24,6.

147 1. Mose 13,12; 16,3; 24,3.37.

148 1. Mose 23,4; vergleiche auch 1. Mose 37,1, wo dasselbe von seinem Sohn Isaak gesagt wird.

149 Josua 15,13; 21,11; vergleiche auch Josua 14,15; Richter 1,10.

150 Josua 18,28; vergleiche Josua 15,8; 18,16; Richter 19,10; 2. Samuel 5,6-10; 1. Chronik 11,4-8.

151 2. Samuel 24; 1. Chronik 21; 2. Chronik 3,1.

152 Diese Phrase wird dem jüdischen Schriftsteller Israel Zangwill (1864-1926) zugeschrieben, der allerdings nach eigener Aussage den britischen christlichen Zionisten Lord Ashley Shaftesbury (1801-1885) zitiert. Shaftesbury selbst hat den Slogan »Ein Land ohne Volk für ein Volk ohne Land« höchstwahrscheinlich von dem schottischen freikirchlichen Prediger Alexander Keith (1781-1880) übernommen, der 1839 gemeinsam mit drei weiteren schottischen Pastoren eine Un-

Israels Beziehung zu den Kanaanitern ...

... wird von der Bibel so vielschichtig und differenziert gezeichnet, wie die Situation im Land. Abraham und Isaak verbieten zwar ihren Kindern die Heirat mit Kanaaniterinnen,[153] andererseits steht Abram aber mit den Amoritern Mamre, Eschkol und Aner im Bund (1. Mose 14,13). Das Heiratsverbot wird zur Zeit Isaaks mit den Problemen begründet, die Rebekka mit ihren kanaanitischen Schwiegertöchtern hatte[154] - wobei schon die Tatsache, dass Esau mit Kanaaniterinnen verheiratet war, darauf hindeutet, dass die Beziehung nicht grundsätzlich schlecht war. Später verbietet Mose die Heirat mit kanaanitischen Frauen mit der Begründung, dass sie zum Götzendienst verführten (5. Mose 7,3-4).

Die Beziehung zwischen den Erzvätern und den Ureinwohnern des Landes wird überwältigend positiv dargestellt. Als Abraham ein Grab für seine Frau Sara suchte, sagten ihm die Hetiter in Hebron: »Du bist ein Fürst Gottes unter uns. Begrabe deine Tote in einem unserer vornehmsten Gräber; kein Mensch unter uns wird dir wehren« (1. Mose 23,6). Daraufhin verneigt sich Abraham »vor dem Volk des Landes, vor den Hetitern« (Vers 7). Efron will Abraham die Höhle Machpela und das Feld, auf dem sie liegt, schenken (Vers 11). Doch Abraham achtet dessen Eigentumsrecht (oder will sich die eigene Unabhängigkeit wahren?) und besteht auf einer Bezahlung (Verse 13-16). Erst nachdem er das Grundstück rechtens erworben hat, begräbt er seine Frau Sara darauf (Verse 17-20). Später begraben dann auch die Söhne Abrahams ihren Vater dort (1. Mose 25,9.10). Jakob betont Jahre danach noch, dass die Höhle Machpela »auf dem Acker Efrons, des Hetiters« liegt, »im Lande Kanaan«.[155]

Auch Jakob kauft Land bei Sichem »von den Söhnen Hamors« (1. Mose 33,18-19) - und kommt gar nicht auf den Gedanken, es sich einfach zu nehmen, etwa mit der Begründung, dass es ihm von Gott verheißen

---

tersuchungsexpedition nach Palästina unternommen hatte. Diese Aussage wurde bereits während der ersten zionistischen Kongresse als falsch dementiert.

153 1. Mose 24,3.37; 28,1.6.

154 1. Mose 26,34; 27,46; 28,7-9; 36,2.

155 1. Mose 49,29.30.32; 50,13.

wäre. Wir sehen also und halten fest: Bei privaten Besitzansprüchen oder einem privaten Besitzwechsel werden die Besitzrechte gerade von nichtisraelitischen Eignern in biblischer Zeit hoch geachtet. Für Landraub zur persönlichen Bereicherung fehlt in der Heiligen Schrift jede Begründung.

Nach der Schändung Dinas durch den Hiwiter Sichem und die Rache seiner Söhne Simeon und Levi fürchtet Jakob um sein gutes Verhältnis mit den Einwohnern des Landes.[156] Sein Sohn Juda heiratet die Tochter des Kanaaniters Schua und zeugt mit ihr die Söhne Er, Onan und Schela.[157] Simeon hatte mit einer Kanaaniterin einen Sohn namens Schaul[158] und selbst Mose war mit dem Keniter Hobab verschwägert. Später wohnten die Nachkommen des Keniters Hobab im nördlichen Negev »mitten unter dem Volk«.[159] Auch in der Richterzeit heirateten Israeliten und Kanaaniter - und verehrten gemeinsam die kanaanitischen Götter.[160]

Das 19. Kapitel des Richterbuches erzählt eine grausame Geschichte. Für unsere Frage nach der Beziehung zwischen Israeliten und Kanaanitern ist dabei wichtig, dass es einem Israeliten offensichtlich grundsätzlich möglich gewesen wäre, in der Jebusiterstadt, dem späteren Jerusalem, zu übernachten - sonst hätte das der Knecht des Israeliten wohl kaum vorgeschlagen (Vers 11). Doch der Israelit ist den Kanaanitern gegenüber misstrauisch, will lieber bei Israeliten übernachten (Verse 12-13). Die Bibel berichtet in der Folge ganz ungeschminkt, wie Vergewaltigung und Mord nicht in »der Stadt der Fremden« (Vers 12) passieren, sondern in Gibea, »das in Benjamin liegt« (Vers 14). Das Böse geht in diesen Kapiteln nicht von den heidnischen Ureinwohnern Kanaans aus, sondern vom auserwählten Volk, das ganz bewusst Gott den Rücken zukehrt.

Selbstverständlich sind die Ureinwohner des Landes Feinde der israelitischen Einwanderer.[161] Aber zur Zeit des Richters, Propheten und

---

156 1. Mose 34,2.20.30.

157 1. Mose 38,2; 4. Mose 26,19; 1. Chronik 2,3.

158 1. Mose 46,10; 2. Mose 6,15.

159 Richter 1,16; 4,11.

160 Richter 3,5-6; 6,10; 10,6.

161 4. Mose 14,43.45; 21,1.3; 1. Chronik 20,4 und öfter.

Priesters Samuel hatte Israel »Frieden mit den Amoritern« (1. Samuel 7,14). Unter den engsten Vertrauten des Königs David waren kanaanitische Ureinwohner, etwa die beiden Hetiter Ahimelech (1. Samuel 26,6) und Uria.[162] Bemerkenswert ist der Rückblick auf das Leben des Königs David, der in 1. Könige 15,5 betont, dass »David getan hatte, was dem Herrn wohlgefiel, und nicht gewichen war von allem, was er ihm gebot, sein Leben lang, außer in der Sache mit Uria, dem Hetiter«. Nicht die Volkszählung, die »siebzigtausend Menschen aus Israel« (1. Chronik 21,14) das Leben gekostet hatte, ist der Makel im Leben des Vorbildkönigs, auch nicht das Leid, das er der Israelitin Bathseba zugefügt hatte, sondern »die Sache mit Uria, dem Hetiter«!

»Hiram, der König von Tyrus« »liebte David sein Leben lang« (1. Könige 5,15). Die Sidonier halfen Salomo entscheidend beim Bau des Tempels,[163] genau wie nach der Rückkehr aus dem babylonischen Exil beim Wiederaufbau unter Esra und Nehemia (Esra 3,7). König Salomo hatte hervorragende Handelsbeziehungen mit »allen Königen der Hetiter« und den »Königen von Aram«,[164] und liebte die Frauen und Götter der Ureinwohner des Landes.[165]

König Ahab von Israel heiratete die Sidonierin Isebel und verehrte Baal (1. Könige 16,31f). Der Prophet Elia versteckte sich bei einer offensichtlich nichtisraelitischen Witwe in Zarpat bei Sidon[166] und zu Zeiten des Propheten Elisa hielten Aramäer ein Bündnis zwischen Israel und den Königen der Hetiter für durchaus möglich (2. Könige 7,6). Von der Landnahme bis nach der Rückkehr aus dem babylonischen Exil sind die viel zu guten Beziehungen mit den heidnischen Ureinwohnern des Landes das Problem des Gottesvolks. Sie werden ihm zur Schuld und zum Verderben.[167]

---

162 2. Samuel 11,3.6.17.21.24; 12,9.10; 23,39; 1. Chronik 11,41.

163 1. Könige 5,16-32; 1. Chronik 22,3-4.

164 1. Könige 10,29; 2. Chronik 1,17.

165 1. Könige 11,1-13.33; 2. Könige 23,13.

166 1. Könige 17,9; Lukas 4,26.

167 Vergleiche dazu etwa Esra 9,1; Psalm 106,38; Hesekiel 16,29.

Gottes Plan mit den Ureinwohnern

Gott hat einen Plan nicht nur mit Israel, sondern auch mit den umliegenden Völkern. Wir haben deren Geschichte nicht so detailliert vorliegen. Doch an verschiedenen Stellen wird das angedeutet (4. Mose 24,20-24). Abrams Nachkommen müssen für 400 Jahre ins Exil nach Ägypten, also das verheißene Land verlassen, »denn die Missetat der Amoriter ist noch nicht voll« (1. Mose 15,16). Die Gerichtsankündigungen Gottes, etwa über Tyrus und Sidon, nehmen einen breiten Raum ein.[168]

Das Verhalten der nichtjüdischen Völker gegenüber dem auserwählten Volk entscheidet über deren Abschneiden in Gottes Endgericht (Joel 4,4). Gerade im Blick auf Gottes richtendes Handeln wird deutlich, dass Erwählung nicht unbedingt ein »Vorteil« oder gar eine »Bevorzugung« mit sich bringt. So lässt Gott sein Volk wissen: »Aus allen Geschlechtern auf Erden habe ich allein euch erkannt, darum will ich auch an euch heimsuchen all eure Sünde« (Amos 3,2).

Im hebräischen Urtext sticht das »*nur euch* habe ich erkannt« und das daraus erfolgende Heimsuchen »*aller* eurer Sünden« noch viel mehr ins Auge. Für Israel gibt es keinen Ausweg. Das Gottesvolk muss für seine Schuld die Verantwortung übernehmen. Für Nichtisraeliten scheint es noch die Option der Gnade zu geben. Aber dann gilt für sie auch: »Denn siehe, bei der Stadt, die nach meinem Namen genannt ist, fange ich an mit dem Unheil, und ihr solltet ungestraft bleiben?« (Jeremia 25,29; Gerloff). Letztlich stehen beide, Nichtisraeliten und Israeliten, in ihrer Verantwortung vor dem lebendigen Gott.

Die Verheißung für Abraham

Im biblischen Zeugnis bleibt also kein Zweifel daran, wer im verheißenen Land wohnte, bevor die Israeliten kamen, und welchen Anspruch diese Ureinwohner dadurch erheben konnten. Die Verwendung des Begriffes

168 Jesaja 23; Jeremia 27,3; 47,4; Hesekiel 27; 28,11-24; 32,30; Sacharja 9,1ff; »über alle Völker«: Jeremia 25,15ff.

»Land Kanaan« erinnert ständig an diesen Hintergrund. Trotzdem gilt die Verheißung ausschließlich und eindeutig dem Stammesfürsten Abraham, der aus Mesopotamien zugewandert war: »Deinen Nachkommen will ich dieses Land geben«.[169] »Von dem Strom Ägyptens an bis an den großen Strom Euphrat« werden die Grenzen umrissen, um dann noch einmal an die ursprünglichen Bewohner zu erinnern: »die Keniter, die Kenasiter, die Kadmoniter, die Hetiter, die Perisiter, die Refaiter, die Amoriter, die Kanaaniter, die Girgaschiter, die Jebusiter« (1. Mose 15,19-21; Gerloff).

Was zu Abraham gesagt wurde, wird in der Zeit der Landnahme unter Mose und Josua wiederholt,[170] von den Propheten des alten Israel unterstrichen,[171] bei der Rückkehr aus dem babylonischen Exil aufgegriffen[172] und bis ins Neue Testament hinein festgehalten.[173]

1. Es geht um das Gebiet der Kanaaniter, Hetiter, Amoriter, Perisiter, Hiwiter und Jebusiter,[174]
2. in dem Israel ein Fremdling war (2. Mose 6,4);
3. Gott, der Schöpfer des Himmels und der Erde, will dieses Land Israel geben (3. Mose 14,34), wodurch klar werden soll:
4. »Ich bin der Herr, euer Gott ...« (3. Mose 25,38).

Israel hat sich den Landbesitz niemals »verdient« und wird ihn auch nie verdienen können. Gott erklärt seinem Volk: »Ich habe euch ein Land gegeben, um das ihr euch nicht gemüht habt, und Städte, die ihr nicht gebaut habt, um darin zu wohnen, und ihr esst von Weinbergen und Ölbäumen, die ihr nicht gepflanzt habt« (Josua 24,13). Das Land ist unverdiente Gnadengabe Gottes an sein Volk.

---

169 1. Mose 12,7; 17,8; vergleiche 1. Chronik 16,18ff.

170 Vergleiche 4. Mose 13,2.17; 5. Mose 1,20; 32,49; Josua 1,4.

171 Psalm 105,11; 135,11f; 136,17-22; Amos 2,10; Obadja 20; Zefania 2,5-7.

172 Nehemia 9,7-8; vergleiche Nehemia 9,24.

173 Apostelgeschichte 13,19; vergleiche auch Römer 9,6ff, wo die Verheißungslinie Abraham-Isaak-Jakob ausdrücklich im Gegensatz zu der Linie Abraham-Ismael-Esau unterstrichen wird.

174 2. Mose 3,8.17; 13,5.11; 23,23.

Gewaltsame Landnahme

Schon der Erzvater Jakob gab offen zu, dass er das Land bei Sichem »mit meinem Schwert und meinem Bogen« »den Amoritern weggenommen« hatte (1. Mose 48,22; Gerloff). Nach dem Auszug aus Ägypten wird mehrfach davon berichtet, dass Gott seinem Volk befahl, die Ureinwohner des Landes Kanaan zu vertreiben oder gar zu vernichten.[175]

Dabei ging es allerdings nicht darum, einem »Lieblingsvolk Gottes« rücksichtslos »Lebensraum« zu verschaffen. Die Bibel zeichnet ein sehr facettenreiches Bild vom Handeln Gottes mit den Nationen durch Gericht und Gnade. Wie bereits erwähnt mussten Abrahams Nachkommen das Land Israel verlassen. Das bedeutete Zeit der Gnade und Möglichkeit zur Umkehr für die Amoriter. Dass es im Land Kanaan außer Abraham noch andere Menschen gab, die den lebendigen Gott kannten, zeigt die Geschichte von Melchisedek, dem König von Salem (1. Mose 14,18-20).

Doch wenn Reue und Umkehr nicht stattfinden, fordert Gott von den Menschen Rechenschaft. Die Landnahme Israels unter Josua wird von den biblischen Texten als Gericht Gottes über die Kanaaniter erklärt: »Der Herr, dein Gott, vertreibt diese Völker um ihres gottlosen Treibens willen«.[176] Immer wieder wird der Götzendienst der kanaanitischen Urbevölkerung angesprochen und Israel selbst vor »der Weise des Landes Kanaan« gewarnt (3. Mose 18,3).

Aber selbst nach Ablauf der Gnadenzeit, im Gericht, werden die Kanaaniter nicht pauschal beurteilt. »Die Ureinwohner« stehen nicht platt »den Israeliten« gegenüber – nach dem Motto: »Untermenschen« gegen »auserwähltes Volk«.

Im Falle des Amoriterkönigs Sihon etwa waren Feindschaft und Vernichtungsfeldzug von seiten Israels keineswegs von vornherein beschlossene Sache. Die Israeliten wollten das Gebiet der Amoriter im Ostjordanland lediglich durchziehen.[177] Erst die Feindseligkeit und der offene

---

175 2. Mose 23,23.28; 33,2; 34,10-17; 4. Mose 33,51-56; 5. Mose 7,1-7; 20,16-18; 31,3-6; Josua 13,6; 17,18; Richter 1,1f.

176 5. Mose 9,4; ebenso 1. Könige 21,26; 2. Könige 21,11-15.

177 4. Mose 21,21f; Richter 11,19.

Angriff König Sihons gegen Israel initiierte die Auseinandersetzung und führte zur Vernichtung der Amoriter und Einnahme ihres Landes durch die Israeliten.[178] Ähnliches gilt für König Og von Baschan,[179] dem heutigen Gebiet der Golanhöhen. »Es war keine Stadt, die Frieden machte mit den Israeliten, ausgenommen die Hiwiter, die in Gibeon wohnten«,[180] fasst die biblische Berichterstattung die Landnahme im Rückblick zusammen. Noch König Saul unterschied die Keniter von den Amalekitern und wusste: »Ihr tatet Barmherzigkeit an allen Israeliten, als sie aus Ägypten zogen.«[181]

Am Rande erwähnt die Bibel übrigens, dass auch die Amoriter keinesfalls »Ureinwohner« waren, sondern ihre Städte genau wie die Israeliten erobert hatten (4. Mose 21,26-30).

Die biblischen Texte über die Landnahme Israels im zweiten Jahrtausend v. Chr. schildern weder ein Idealverhalten, noch einen Idealzustand. Vielmehr berichten sie die Realität: Völker kommen und Völker gehen. Meist findet der Besitzwechsel unter Gewaltanwendung statt. Das ist weltweit Realität - bis in die Gegenwart. Ethnische Säuberungen gehören zum realpolitischen Tagesgeschehen nicht nur in biblischen Zeiten, sondern bis hinein in unsere Tage. Wer dabei meint, mit dem Finger auf ein herausragendes Volk zeigen zu können, sieht nur den Balken im eigenen Auge nicht (vergleiche Matthäus 7,4-5). Natürlich ist mit dieser Feststellung kein Kriegsverbrechen zu rechtfertigen!

Allerdings sieht die Bibel politisches Geschehen als Handeln Gottes mit den Völkern.[182] »Ich sandte Angst und Schrecken vor euch her; die trieben sie vor euch weg … nicht dein Schwert noch dein Bogen«, erklärte Josua im Namen Gottes die Eroberung des Landes Kanaan durch die

---

178 4. Mose 21,23-25.31.34; 22,2; 32,33; 5. Mose 1,4; 2,24; 3,2.6; 4,46-49; Josua 2,10; 9,10; 12,2; 13,10.21; Richter 11,20-22.

179 4. Mose 21,33-35; 32,33; 5. Mose 1,4; 3,1-17; 4,46-49; Josua 2,10; 9,10; 12,4; 13,12.

180 Josua 11,19; vergleiche 2. Samuel 21,2.

181 1. Samuel 15,6; ein weiteres Beispiel für eine differenzierte Sichtweise der Ureinwohner finden wir etwa aus der Zeit Davids in 1. Samuel 27,10.

182 5. Mose 31,3-4; Josua 11,8; 24,18; Richter 11,21.23; Psalm 135,10f; 136,17ff; Amos 2,9; Apostelgeschichte 13,19.

Israeliten unter seiner Führung (Josua 24,12). Dann wäre auch die von den Amoritern initiierte Feindschaft gegen Israel ein Handeln Gottes gewesen, das letztendlich zu ihrer Ausrottung durch Israel geführt hätte - vergleichbar dem von der Bibel erklärten Hintergrund zum Auszug aus Ägypten, als Gott das Herz des Pharao verhärtete.[183] Interessanterweise werden beide Vorgänge - der Exodus wie die Landnahme - als Handeln Gottes vom Neuen Testament bestätigt. Der Herr führte sein Volk in das Land Kanaan.[184]

In seinem Vermächtnis fasst Josua die Landnahme in all diesen Facetten noch einmal zusammen (Josua 24,8):

1. Ich habe euch gebracht in das Land der Amoriter ...
2. Als sie gegen euch kämpften,
3. gab ich sie in eure Hände,
4. sodass ihr deren Land einnahmt, und
5. vertilgte sie vor euch her.

Die Bibel berichtet auch, dass Kanaaniter sich unter den Israeliten behaupteten.[185] Israel gelang es nicht, die Ureinwohner des verheißenen Landes zu vertreiben oder zu vernichten. Auch das wird als Handeln Gottes verstanden, »damit er durch sie Israel prüfte« »und die Geschlechter Israels Krieg führen lehrte« (Richter 3,1-4; Gerloff). An anderer Stelle werden die Kanaaniter als Gerichtswerkzeug Gottes an seinem Volk Israel gesehen.[186]

Bei alledem konnten die Israeliten als auserwähltes Volk in keiner Weise einfach tun und lassen, was sie wollten. Sie mussten Rechenschaft darüber ablegen, wie sie mit den Kanaanitern umgingen. Unrecht wurde hart bestraft. Das verdeutlicht die Geschichte der Gibeoniter, die sich einen Friedensvertrag mit Josua erschlichen hatten (Josua 9). Das Bündnis Josuas mit den Gibeonitern war ein Verstoß gegen Gottes ausdrückliches Gebot (5. Mose 7,2). König Saul wollte einige Generationen später

183 Siehe etwa 2. Mose 7,2 und Römer 9,13.

184 Amos 2,9.10; vergleiche auch Hesekiel 17,4; Apostelgeschichte 13,19.

185 Josua 15,63; 16,10; 17,11-13.16; Richter 1,19.21.27.28.33.35; 3,3; vergleiche auch Richter 5,19.

186 Richter 4,2; 10,7-13.

diesen Fehler eigenmächtig wieder gutmachen und tötete einige Gibeoniter. Deshalb kam zur Zeit Davids drei Jahre lang eine Hungersnot über das Land. Dieser Fluch wurde erst gebrochen, als David brutal Sühne für die Untaten Sauls erzwang, indem er mehrere seiner Nachfahren an den Galgen der Gibeoniter lieferte, um dann der gesamten Familie ein ehrenvolles Begräbnis zu verschaffen (2. Samuel 21,1-14).

Die Zukunft der Kanaaniter

Der Prophet Zefanja sieht voraus, dass einmal »das ganze Volk Kanaan dahin« ist, »und alle, die Geld wechseln, ausgerottet« sein werden (Zefania 1,11). Mehrfach verwendet die biblische Überlieferung den Begriff *kenaani*, um einen Händler zu bezeichnen.[187] Dabei waren »Kanaans Händler« bekannt für ihre »falsche Waage« und Betrügereien (Hosea 12,8). Der Prophet Sacharja beendet sein Buch mit den Worten: »Es wird keinen *kenaani* mehr geben im Hause des Herrn Zebaoth zu der Zeit« (Sacharja 14,21; Gerloff) - was einen interessanten Nachhall in der Geschichte von Jesu Tempelreinigung findet. Jesus vertreibt die Händler und fordert, dass der Tempel »ein Bethaus« sein solle - wobei jedem Schriftkundigen automatisch die ursprüngliche Ergänzung »für alle Völker« des Propheten Jesaja im Kopf mitklingt.[188]

Diese Aussage ist also keine Abstammungsfrage und schon gar kein Rassismus. Kanaaniter, die sich auf die Seite Israels - und damit auf die Seite Gottes! - schlugen, überlebten nicht nur, sondern wurden ehrenvoll in Israel aufgenommen. So wurde die kanaanitische Prostituierte Rahab aus Jericho (Josua 2+6) zu einem neutestamentlichen Vorbild des Glaubens (Hebräer 11,31). Durch ihre Werke wurde sie gerechtfertigt (Jakobus 2,25). Die Werke der Rahab aber waren ihr unerschrockenes Eintreten für Gottes Volk Israel. Matthäus erwähnt sie als Ahnmutter des Messias ausdrücklich in seiner Genealogie (Matthäus 1,5). Ähnliches

---

187 Sprüche 31,24; Hiob 40,30; Jesaja 23,8.

188 Vergleiche Johannes 2,13-16; mit dem Jesaja-Zitat (56,7) dann aber vor allem die Synoptiker Matthäus 21,12-13; Markus 11,15-17; Lukas 19,45-46.

gilt für die bereits erwähnten Gibeoniter, einen Mann aus Bethel/Lus (Richter 1,22-26) oder Jael, die Frau des Keniters Heber.[189]

Jesus selbst behält die Unterscheidung zwischen Israeliten und Kanaanitern bei, wobei die einen »Kinder«, die anderen »Hunde« sind. Den verzweifelten Hilfeschrei einer kanaanitischen Mutter quittiert der fromme Jude Jesus mit Schweigen. Das Faszinierende an dieser Kanaaniterin ist, dass sie Jesus nicht widerspricht, sondern seine aus ihrer Sicht brutale Aussagen mit »Ja, Herr« hinnimmt. Letztendlich wird ihre Tochter geheilt. Der Schlüssel dazu ist ihr Ja und der Glaube dieser Frau an den König von Israel (Matthäus 15,21-28).

Ismael, ein wilder Mensch …

Nicht selten sehen sich palästinensische Muslime als Nachkommenschaft Ismaels, nicht zuletzt mit Verweis auf den Koran.[190] Nach der Bibel zeugte Abram Ismael mit Hagar, einer ägyptischen Magd seiner Frau Sarai. Im Hintergrund der Geburt Ismaels stehen Ungeduld und Unglaube des Verheißungsträgers Abram und seiner Frau Sarai (1. Mose 16).

Als Hagar schwanger wurde, verachtete sie ihre Herrin (Vers 4). Es kommt zur Auseinandersetzung zwischen den beiden Frauen. Die Sklavin flieht in die Wüste, bekommt dort aber von einem Engel Gottes die Anweisung: »Kehre wieder um zu deiner Herrin und demütige dich unter ihre Hand« (Vers 9).

Gott verspricht Hagar: »Ich will deine Nachkommen so mehren, dass sie der großen Menge wegen nicht gezählt werden können« (Vers 10). Dann weist er sie an, ihren Sohn Ismael zu nennen, »denn der Herr hat

189 Richter 4,17-22; 5,24-31.

190 Der Koran redet von »Ismail« u.a. in Sure 2,119.121.127.130.134; 3,78; 4,161; 6,84; 11,74; 12,5ff.38.59ff; 19,6.50; 21,72; 29,26; 38,45 (nach der Zählung in Der Koran, aus dem Arabischen übersetzt von Max Henning. Einleitung und Anmerkungen von Annemarie Schimmel. Stuttgart: Philipp Reclam jun., 1960; durchgesehene und verbesserte Ausgabe 1991.) Vergleiche auch Halima Alaiyan, Vertreibung aus dem Paradies. Meine lange Flucht aus Palästina (Berlin: Ullstein, 2. Auflage 2006), S. 19.

dein Elend erhört« (Vers 11). Gleichzeitig mit der Namensgebung weiß der Engel den Charakter des Ungeborenen zu beschreiben: »Er wird ein wilder Mensch sein; seine Hand wider jedermann und jedermanns Hand wider ihn, und er wird wohnen all seinen Brüdern zum Trotz« (Vers 12).

Abram, der in diesem Zusammenhang von Gott in »Abraham« umbenannt wird (1. Mose 17,1-17), möchte seinen Erstgeborenen gerne zum Erben einsetzen. Doch diesem Ansinnen setzt Gott selbst ein klares Nein entgegen, mit dem Verweis auf den Sohn Saras (Vers 19). Die Erwählung Isaaks bedeutet nicht, dass Gott den dreizehn Jahre älteren Halbbruder ignoriert. »Auch für Ismael habe ich dich erhört«, lässt er Abraham wissen: »Siehe, ich habe ihn gesegnet und will ihn fruchtbar machen und über alle Maßen mehren. Zwölf Fürsten wird er zeugen und ich will ihn zum großen Volk machen« (Vers 20).[191]

Allerdings steht hinter dem biblischen Ismael-Segen von Anfang an ein »Aber« – »meinen Bund will ich aufrichten mit Isaak, den dir Sara gebären soll« (Vers 21). Vers 22 des 17. Kapitels fährt fort: »Und er hörte auf, mit ihm zu reden ...« Der hebräische Urtext unterstreicht durch die Wortwahl an dieser Stelle, dass Gottes Wort in dieser Angelegenheit vollkommen ist und keiner Ergänzung mehr bedarf. Das Neue Testament bestätigt die Erwählung Isaaks, gerade im Gegenüber zu Ismael.[192]

Ein paar Jahre später beschreibt die Heilige Schrift, wie Ismael seinen jüngeren Bruder Isaak massiv ärgert (1. Mose 21,9ff). Interessanterweise wird er in diesem Zusammenhang nicht »Ismael«, sondern »Sohn Hagars, der Ägypterin« (Vers 9) und »Sohn dieser Magd« genannt. Sara fordert deshalb die Vertreibung Hagars und Ismaels: »der Sohn dieser Magd soll nicht erben mit meinem Sohn Isaak« (Vers 10). Abraham missfällt der Wunsch seiner Frau (Verse 11.12). Aber Gott gibt Sara recht und emp-

---

191 Dass Abrahams Sohn Ismael ein Volk werden soll, wird in 1. Mose 21,13.18 noch zweimal wiederholt mit der Begründung: »weil er dein Sohn ist«. Die Nachkommenschaft Ismaels wird an anderer Stelle namentlich aufgelistet: »Nebajot, dann Kedar, Adbeel, Mibsam, Mischma, Duma, Massa, Hadad, Tema, Jetur, Nafisch und Kedma. Das sind die Söhne Ismaels mit ihren Namen nach ihren Gehöften und Zeltdörfern, zwölf Fürsten nach ihren Stämmen« (1. Mose 25,13-16; vergleiche 1. Chronik 1,28.29.31).

192 Etwa der Apostel Paulus in Römer 9,6-9.

fiehlt Abraham: »Alles, was Sara dir gesagt hat, dem gehorche«, mit der Begründung: »Denn nur nach Isaak soll dein Geschlecht benannt werden« (Vers 12). Damit bestätigt Gott zum dritten Mal die Besonderheit des Isaak-Bundes gegenüber Ismael (vergleiche 1. Mose 17,19.20).

Auch in diesem Falle bedeutet die Verstoßung Ismaels aus seiner Familie keine grundsätzliche Verwerfung. Gott hört das Schreien Ismaels, das wird in Vers 17 gleich zwei Mal betont. Und: »Gott war mit Ismael«, weshalb er »ein guter Schütze« wurde (Vers 20). Der Abrahamssohn Ismael »wohnte in der Wüste Paran« und »seine Mutter nahm ihm eine Frau aus Ägyptenland« (Verse 20f). Offensichtlich versöhnten sich die Halbbrüder Ismael und Isaak später. Jedenfalls begruben sie ihren Vater gemeinsam in Hebron (1. Mose 25,9).

In der Folgezeit verbreiteten sich die Nachkommen Ismaels über das gesamte Gebiet zwischen Zweistromland und Nildelta: »von Hawila an bis nach Schur östlich von Ägypten nach Assyrien hin. So ließ er sich nieder all seinen Brüdern zum Trotz« (1. Mose 25,18). Sie waren bekannt als »Kaufleute auf der Weihrauchstraße« (1. Mose 37,25) und für den Goldschmuck, den sie trugen.[193] Isaaks Enkel Josef wird von seinen Brüdern an Ismaeliter verkauft (1. Mose 37,26-28), die ihn in Ägypten an einen hohen Beamten am Königshof weiterverkaufen (1. Mose 39,1), weshalb angenommen werden darf, dass sie nicht nur mit Gewürzen, sondern auch mit Menschen handelten.

Auch wenn die Nachfahren Ismaels in der biblischen Tradition wiederholt als Feinde Israels charakterisiert werden,[194] berichtet sie doch auch von sehr guten Beziehungen mit den Verheißungsträgern. Nicht nur Esau heiratet eine Tochter Ismaels,[195] auch die Schwester des Königs David, Abigal, war mit Jeter, einem Ismaeliter verheiratet (1. Chronik 2,17). »Obil, der Ismaeliter« war über Davids Kamele gesetzt (1. Chronik 27,30), während »Jasis, der Hagariter« seine Schafe verwaltete (1. Chronik 27,31).

---

193 Richter 8,24. An dieser Stelle und in 1. Mose 37,28 werden midianitische Kaufleute und Ismaeliter miteinander identifiziert.

194 Richter 8,24; 1. Chronik 5,10.19.20; Psalm 83,7.

195 Nach 1. Mose 28,9 heißt sie Mahalat; in 1. Mose 36,3 Basemat.

… und Ahnvater der Beduinen?

Für den Fall, dass die Araber - und in diesem Falle sind das wohl vor allem die Beduinen - als Nachfahren Ismaels gesehen werden, seien sie an dieser Stelle erwähnt: Erst in der späteren Königszeit, als Nordreich Israel und Südreich Juda schon voneinander getrennt waren, finden sich in der Bibel »Araber«. Gemeinsam mit den Philistern entrichten sie Tributzahlungen an den judäischen König Joschafat (2. Chronik 17,11). Unter König Joram plündert eine philistisch-arabische Koalition das Königshaus, entführt die königliche Familie (2. Chronik 21,16) und tötet fast alle Söhne des Königs (2. Chronik 22,1). Auch König Usija kämpfte gegen Philister und Araber (2. Chronik 26,7).

Alter Beduine in der Wüste Juda

Nach der babylonischen Gefangenschaft müssen sich die jüdischen Rückkehrer gegen ein Bündnis aus Samaritanern, Ammonitern, Philistern und Arabern durchsetzen, die mit allen Mitteln versuchten, den Wiederaufbau Jerusalems und vor allem der Befestigungsmauern der Stadt zu verhindern.[196] Statthalter Nehemia lässt sie wissen: »Der Gott des Himmels wird es uns gelingen lassen; denn wir, seine Knechte, haben uns aufgemacht und bauen wieder auf. Für euch gibt es keinen Anteil, kein Anrecht noch Gedenken an Jerusalem« (Nehemia 2,20).

Die hebräische Bibel erwähnt darüber hinaus Araber nur noch an zwei Stellen und dort lediglich als Illustration für Genügsamkeit (Jesaja 13,20) und Verschlagenheit (Jeremia 3,2). An Pfingsten hörten in Jerusalem auch Araber die Apostel auf Arabisch von den großen Taten Gottes reden (Apostelgeschichte 2,11).

Über die Philister will ich jauchzen

Wenn Juden ihre Bibel auf Hebräisch oder Palästinenser ihre Bibel auf Arabisch lesen, haben sie »die Palästinenser« unwillkürlich vor Augen, wann immer von »Philistern« die Rede ist. Tatsächlich liegt der Ursprung der Begriffe »Palästina« und »Palästinenser« bei den biblischen »Philistern« (*pelischtim*) und dem »Philisterland« (*peleschet*).[197] – Was würde es bedeuten, wenn wir die biblischen Philister und das Philisterland mit den Palästinensern und ihrer Heimat identifizierten?

Laut Bibel[198] stammen die Philister von Noahs Sohn Ham ab. Ham wiederum hatte einen Sohn namens Mizrajim, der als Vorvater der Kaftoriter genannt wird, von denen die Philister abstammten. Gott hatte die Philister von Kaftor nach Kanaan geführt, so wie die Israeliten aus Ägypten und die Aramäer aus Kir (Amos 9,7). Ungefähr zeitgleich mit Abraham wanderten sie in Kanaan ein und gründeten im Südwesten des Lan-

---

196 Nehemia 2,19; 4,1ff; 6,1ff.

197 Vergleiche zum Folgenden u.a. »Philister« aus Wikipedia, der freien Enzyklopädie: http://de.wikipedia.org/wiki/Philister

198 1. Mose 10,13f; 1. Chronik 1,12.

des, in der Küstenebene, eine *Pentapolis*, einen Fünf-Städte-Bund, bestehend aus den Stadtstaaten Gaza, Aschdod, Aschkelon, Gat und Ekron. In der Bibel werden sie wiederholt als die »fünf Fürsten der Philister« genannt.[199]

Wahrscheinlich waren die Philister ein Seevolk, das über das Mittelmeer gekommen war, möglicherweise aus Kreta.[200] Zur Zeit Davids wurde die nordwestliche Negevwüste noch als »Negev der Kreter« bezeichnet (1. Samuel 30,14). Auch zur Zeit der babylonischen Gefangenschaft wurden Philister und Kreter noch in einem Atemzug genannt.[201] Die Landnahme der Kaftoriter ging nach biblischem Zeugnis übrigens genauso wenig friedlich vonstatten, wie die Landnahme der Israeliten (5. Mose 2,23). Bis zum Beginn der israelitischen Königszeit hatten sich die Philister im gesamten Land ausgebreitet.[202]

Die Geschichte der Patriarchen Abraham und Isaak setzte entscheidende Parameter für das Verhältnis zwischen Israeliten und Philistern, das über Jahrhunderte deren gemeinsame Geschichte prägen sollte. 1. Mose 20 berichtet, wie Gott zu dem Philisterkönig Abimelech im Traum redet (Vers 3). Der lässt sich auf das Gespräch ein und erkennt den von Gott gesetzten ethischen Maßstab an. Gott bewahrt den Philister vor Sünde (Vers 6) – und stellt in keiner Weise infrage, dass dieser sich ethisch besser verhalten hat als Abraham (Vers 5). Als Abimelech am nächsten Morgen seinen Ministern von dem Traum und von dem, was Gott ihm gesagt hat, erzählt, »fürchteten sie sich sehr« (Vers 8). Abraham war davon ausgegangen, dass bei den Philistern keine Gottesfurcht

---

199 Richter 3,3; Josua 13,3; vergleiche 1. Samuel 6,16.17.

200 Even-Shoshan, Abraham. A New Concordance of the Bible (Jerusalem: »Kiryat Sepher« Publishing House Ltd., 1985), 560, 564.

201 Hesekiel 25,16; vergleiche auch Zefania 2,5.

202 Auf dem zentralisraelischen Gebirge beim »Gibea Gottes« (1. Samuel 10,5; 13,3), bei Michmas, östlich von Bet-Awen (1. Samuel 13,5.11.16.23; 1. Samuel 14,1f.4) oder auch »von Michmas bis nach Ajalon« (1. Samuel 14,31). Im Hügelland, der »Schefela«, »bei Socho in Juda«, »zwischen Socho und Aseka bei Efes-Dammim« (1. Samuel 17,1) oder auch bei Afek (1. Samuel 29,1). Die Philister waren aber auch »bei Schunem am Rande der Jesreel-Ebene« (1. Samuel 28,4; vergleiche auch 1. Samuel 29,11) im südlichen Galiläa.

herrscht (Vers 11). Offensichtlich war diese Annahme falsch! Somit kann im Umkehrschluss gesagt werden, dass den Philistern bekannt war, wer der wahre und lebendige Gott ist.

Mehrfach bezeugt die Bibel, dass die Philister eigene Erfahrungen mit dem Gott Israels gemacht hatten und ihn fürchteten.[203] Nach Psalm 87 gehören die Philister neben Ägypten, Babel, Tyrus und Kusch (Vers 4) zu denen, die Gott kennen, die »im Reigen singen«: »Alle meine Quellen sind in dir!« (Vers 7). Aber Zion ist die Stadt Gottes und es sind die Tore Zions, die der Herr liebt »mehr als alle Wohnungen in Jakob« (Verse 2-3).

Gott betont gegenüber Abimelech die hervorragende Stellung Abrahams: »Er ist ein Prophet« (1. Mose 20,7). Abrahams Fürbitte wird für Abimelech der Schlüssel zur Vergebung. Sein Verhalten gegenüber Abraham und Sara entscheidet über Leben und Tod, vollkommen ungeachtet der Moral Abrahams. Abrahams Schuld wird beim Namen genannt (Verse 9-10), aber nicht weiter kommentiert. Einzig die Wahl und Begabung Gottes ist für Abimelech entscheidend. Und der Philister gibt Sara an Abraham zurück, beschenkt beide reich (Verse 14.16) und bietet ihm an: »Siehe da, mein Land steht dir offen; wohne, wo dir's gefällt« (Vers 15). Durch die Fürbitte des Abraham werden der Philisterfürst Abimelech und sein Haus geheilt (Verse 17-18). Obwohl Abimelech eigentlich im Recht gewesen wäre, hingen seine Fruchtbarkeit, sein Erfolg und seine Gesundheit von der Beziehung zu Abraham und dessen Fürbitte ab.

Abimelech und sein Generalstabschef Pichol erkennen und sprechen das gegenüber Abraham auch offen aus: »Gott ist mit dir in allem, was du tust« (1. Mose 21,22). Gott hat sich an Abraham gebunden. Deshalb bitten sie Abraham um einen Bundesschluss (Vers 23), der mit einem Schwur besiegelt wird (Verse 23.24). Der Name der Stadt »Beer Schewa«, »Schwurbrunnen«, im nördlichen Negev erinnert bis heute daran (Vers 31).

In ähnlicher Weise sehen später Abimelech, sein Freund Ahusat und sein Feldhauptmann Pichol, dass Abrahams Sohn Isaak »der Gesegnete des Herrn« (1. Mose 26,29) und »der Herr mit dir« (Vers 28) ist. Auch mit ihm schließen sie einen Nichtangriffspakt (Verse 26-31). Mehrfach wird

---

203 1. Samuel 4,6-8; 5+6.

den Philistern im Laufe der Geschichte die Sonderstellung Israels klargemacht: »Der Herr hat Zion gegründet, und hier werden die Elenden seines Volks Zuflucht haben« (Jesaja 14,32).

Kapitel 26 des ersten Buches der Bibel berichtet, wie Isaak aus wirtschaftlichen Gründen zum Philisterkönig Abimelech flieht (Vers 1), genau wie vor ihm schon sein Vater Abraham (1. Mose 20,1). Auch später suchten Israeliten zu Zeiten der Not und Verfolgung bei ihren philistäischen Nachbarn Zuflucht. David flieht vor Saul zu Achisch/Abimelech von Gat - entkommt aber dem Misstrauen der königlichen Berater nur, indem er sich wahnsinnig stellt.[204] Einige Jahre später findet er dann doch bei dem Philisterkönig Achisch, dem Sohn Maochs, von Gat Zuflucht (1. Samuel 27,1-3) und wohnt dort »ein Jahr und vier Monate« (1. Samuel 27,7).

Die Bibel zeichnet von der Beziehung zwischen Israeliten und Philistern in keiner Weise ein eindimensionales Bild. Die Realität war schon damals vielschichtig und kompliziert. David findet einerseits vor seinem eigenen König und Schwiegervater Saul bei den Philistern Zuflucht, setzt sich aber gleichzeitig auf brutale Art und Weise für die Interessen Israels ein (1. Samuel 27,11).

Er gewinnt das Vertrauen des Philisterkönigs Achisch, sodass dieser zu ihm sagt: »Du bist mir lieb wie ein Engel Gottes« (1. Samuel 29,9). David erklärt sich bereit, am Krieg gegen Saul teilzunehmen (1. Samuel 28,1), wird dann aber auf Verlangen der anderen Philisterkönige zurückgeschickt. Sie befürchten Verrat.[205] Zu Zeiten seines Sohnes Salomo, fliehen die Knechte Schimis zu Achisch in Gat (1. Könige 2,39-41) und auch noch später flohen Israeliten in Notzeiten zu den Philistern (2. Könige 8,2.3).

Als David dann König war, stand die Bundeslade, das Heiligtum der Israeliten, drei Monate lang im Hause Obed-Edoms, des Gatiters.[206] Einige der treuesten Kämpfer Davids waren Philister, etwa Ittai, der Gatiter, der neben Joab und Abischai zu Davids höchsten Offizieren gehör-

---

204 1. Samuel 21,11.13; Psalm 34,1; 56,1.

205 1. Samuel 29,1.2.3.4.7.9.11.

206 2. Samuel 6,10.11; 1. Chronik 13,13.

te.[207] Mehrfach werden die »Kreter und Pleter« erwähnt,[208] eine Eliteeinheit, die zur Zeit Davids und Salomos für die persönliche Unversehrtheit und Sicherheit des israelitischen Königs zuständig war. Auch sie waren Philister.

Doch zurück zur Geschichte der Erzväter und den Anfängen der Beziehungen zwischen den Philistern und dem Volk Israel. Gott verspricht nicht nur dem Abraham, sondern danach auch Isaak - ganz ausdrücklich im Zusammenhang einer Begegnung mit Philistern: »Dir und deinen Nachkommen will ich alle diese Länder geben«. Trotzdem und praktisch im selben Atemzug wird Isaak - wie vorher schon seinem Vater - gesagt: »Bleibe als Fremdling in diesem Lande«.[209] Abraham und seine Nachfahren sollten sich als »Gäste« sehen, obwohl das Philisterland nach biblischer Vorstellung eindeutig Teil des verheißenen Landes ist[210] und den Stämmen Juda[211] oder Dan (Josua 19,43) zugeordnet wird.

Die Aussagen darüber, welche Teile des Philisterlandes während der Landnahme unter Josua und in der Richterzeit tatsächlich von den Israeliten eingenommen wurden, sind widersprüchlich.[212] In der zukünftigen messianischen Heilszeit wird das zurückkehrende Volk Israel aber das

---

207 2. Samuel 15,18.19.22 und 18,2.

208 2. Samuel 8,18; 15,18; 20,7.23; 1. Könige 1,38.44; 1. Chronik 18,17.

209 1. Mose 26,3; zu Abraham vergleiche 1. Mose 20,1; 21,23.34.

210 Als Grenzen des Landes werden das »Philistermeer« (*yam pelischtim*, 2. Mose 23,31), »Gerar« (1. Mose 10,19; vergleiche auch 2. Chronik 14,12.13) und »Gaza« (Josua 10,41; Richter 6,4; 1. Könige 5,4; 2. Könige 18,8) genannt. *Peleschet* ist ein Teil des Landes Kanaan (Josua 13,2; Psalm 60,10; vergleiche Psalm 108,10). Noch zur Zeit des Königs Salomo wird das »Land der Philister« als Südgrenze Israels genannt (1. Könige 5,1; 2. Chronik 9,26).

211 Josua 15,11.45-47.

212 Josua schlug die Einwohner des Landes »von Kadesch-Barnea an bis Gaza« (Josua 10,41); ließ nur in den Philisterstädten Gaza, Gat und Aschdod einige Anakiter am Leben (Josua 11,22), weshalb auch später noch »Riesen« in Gat bezeugt sind (1. Samuel 17,4-7.23.33.51; 2. Samuel 21,18-22; 1. Chronik 20,5.6.8). Juda eroberte Gaza, Aschkelon und Ekron, »aber die Bewohner der Ebene von HaEmek konnten sie nicht vertreiben, weil sie eiserne Wagen hatten« (Richter 1,18-19) und unter Samuel auch Ekron und Gat (1. Samuel 7,14; vergleiche dazu auch 1. Chronik 8,13).

gesamte Land Israel, darunter ausdrücklich auch »das Land der Philister«, besitzen.[213]

Gott hatte dem Isaak also »alle diese Länder« verheißen (1. Mose 26,3). Offensichtlich ist diese Verheißung Gottes an Isaak aber nicht automatisch *gegen* die Philister gerichtet. Denn untrennbar mit der Landverheißung ist der Segensauftrag verbunden: »Durch dein Geschlecht sollen alle Völker auf Erden [also auch die Philister!, Anm. des Autors] gesegnet werden« (Vers 4).

Isaak lässt sich in Gerar nieder (Vers 6). Abimelech hat wieder, so berichtet der Bibeltext, den höheren ethischen Standard und weist Isaak im Blick auf Rebekka zurecht (Verse 7-11). Auch zur Zeit des Propheten Hesekiel nimmt die Bibel kein Blatt vor den Mund und spricht aus, dass sich »die Feinde« Jerusalems, »die Töchter der Philister«, wegen des schamlosen Treibens der Gottesstadt schämen (Hesekiel 16,27).

Trotzdem segnet der Herr den Isaak (Vers 12) »bis er sehr reich wurde« und die Philister ihn beneiden (Verse 13-14). Abimelech bittet Isaak – im Gegensatz zu Abraham[214] – wegzuziehen (Vers 16). Immer wieder gibt es Streit um Wasserquellen (Verse 20.21). Die Philister schütten Brunnen, die Abraham hatte graben lassen, zu (Verse 15.18). Isaak gräbt sie wieder auf (Vers 18) und geht dem Streit so lange aus dem Wege, bis er »weiten Raum« findet (Vers 22). Auch der Ortsname »Rechovot« ist im modernen Israel ein Begriff.

Nach dem Auszug aus Ägypten begegnen die Israeliten den Philistern neben anderen Bewohnern Kanaans als den »Einheimischen im Lande« (1. Chronik 7,21), die »Angst ankommt« und die »erschrecken«, sobald sie vom Handeln des Gottes Israels mit seinem Volk hören (2. Mose 15,14-16).

Gott sah das Konfliktpotenzial zwischen Israeliten und Philistern schon kurz nach der wunderbaren Befreiung aus Ägypten und führte sie deshalb nicht auf der Via Maris entlang der Südostküste des Mittelmeeres, sondern auf einem Umweg durch die unwirtliche Wüste Sinai (2. Mose 13,17).

---

213 Obadja 19; Zefania 2,7.

214 Vergleiche 1. Mose 20,15.

Abraham war den Philistern gegenüber misstrauisch gewesen (1. Mose 20,11). Bei Isaak gab es Neid, Reibereien und Streit um Land und Wasser (1. Mose 26,20-22). Sowohl in der Richterzeit, als auch unter den Königen Israels, waren die Philister die ausgesprochenen Feinde Israels.[215] Die klassischen Beispiele für diese Auseinandersetzung sind die Geschichten des Richters Simson, sowie der Könige Saul und David.

»Selbstmordattentäter« Simson in Olivenholz

Simson erhält von Gott die Aufgabe, Israel aus der Hand der Philister zu erretten,[216] genau wie einige Jahrzehnte später König Saul[217] und

215 Richter 3,3.31; 1. Samuel 4,1-3; 7; 13; 14; 17; 1. Chronik 7,21 u.ö.; ebenso auch *hoi allophyloi* in der LXX: 1. Makkabäer 3,41; 4,12.30; 2. Makkabäer 10,2.5.

216 Richter 13,5; 15,3.5.6.9.11.12.14.20.

217 1. Samuel 9,16; vergleiche 1. Samuel 14,47.

dessen Nachfolger David (2. Samuel 3,18). Letztendlich wird Simson in Gaza zum ersten »Selbstmordattentäter«, »sodass es mehr Tote waren, die er durch seinen Tod tötete, als die er zu seinen Lebzeiten getötet hatte« (Richter 16,30) - was von Palästinensern bis heute durch entsprechende Olivenholzfiguren »gefeiert« wird.

Das Monopol auf Eisenherstellung ermöglichte den Philistern ein ausgebildetes Berufsheer und dessen perfekte Ausrüstung. Sie waren nicht nur den Kanaanitern, sondern auch den Israeliten waffentechnisch überlegen und erlangten die Vorherrschaft im Lande.[218]

Der Philisterfürst Goliat aus Gat tritt dem israelitischen König Saul und seinem Heer herausfordernd und höhnisch entgegen (1. Samuel 17). Der Hirtenjunge David, der eigentlich gekommen war, um nach dem Wohl seiner Brüder zu sehen, begreift: Der verhöhnt »das Heer des lebendigen Gottes« (Verse 26.36) und damit den lebendigen Gott selbst (Vers 45). Das Auftreten Goliats war so prägend, dass der Talmud mehr als ein Jahrtausend später pauschal feststellt: »Die Philister waren Spötter«.[219]

Eigentlich ging es beim Kampf zwischen David und Goliat um eine geistliche Auseinandersetzung. »Alle Welt« sollte erkennen, »dass Israel einen Gott hat« (Vers 46). Israel sollte erkennen, dass der Herr »nicht durch Schwert und Spieß« hilft (Vers 47). Die Feindschaft der Philister gegen Israel ist Feindschaft gegen den Gott Israels.[220] Aus Sicht Davids sind Philister schlicht »die Unbeschnittenen« (2. Samuel 1,20). Viel später übersetzt die Septuaginta - die griechische Übersetzung des Alten Testaments - »die Philister« teilweise einfach mit *hoi allophyloi*, »die Andersstämmigen«[221] und »das Philisterland« mit *he ge allophylon*, »das Land der Andersstämmigen« (1. Makkabäer 5,66.68).

Durch die gesamte israelitische Königszeit hindurch bleibt das Verhältnis zwischen Israeliten und Philistern gespannt. Nachdem David selbst König geworden war, bemühen sich die Philister, ihn gefangen zu

218 1. Samuel 13,19.20; vergleiche »das Schwert Goliats« 1. Samuel 21,10; 22,10.

219 Zu Richter 16,25 im Traktat Avodah Zarah 19a.

220 1. Samuel 18,6.17.21.25.27.30; 19,5.8; 21,10; 22,10; 23,1-5.27-28; 24,2.

221 1. Makkabäer 4,30; 4. Makkabäer 3,7.

nehmen.[222] Doch David entkommt, gewinnt die Oberhand[223] »und nahm Gat und seine Ortschaften aus der Philister Hand« (1. Chronik 18,1).

Zur Zeit seines Nachfolgers Salomo sind die Philister tributpflichtig (1. Könige 5,1). Vollkommen gefestigt erscheint die israelitische Herrschaft über das Philisterland jedoch nie. So baut Salomos Sohn Rehabeam (10. Jahrhundert v. Chr.) zwar Gat zur Festung aus (2. Chronik 11,8), gleichzeitig wird aus seiner Regierungszeit aber auch bezeugt, dass Gibbeton den Philistern gehörte.[224] Unter König Joschafat (9. Jahrhundert v. Chr.) zahlen die Philister Steuern an Juda (2. Chronik 17,11) - aber Joschafats Sohn Joram muss erfahren, dass »der Herr den Geist der Philister erweckte«: »Und sie zogen herauf und brachen in Juda ein und führten alle Habe weg, die vorhanden war im Hause des Königs, dazu seine Söhne und seine Frauen, sodass ihm kein Sohn übrig blieb außer Joahas, seinem jüngsten Sohn« (2. Chronik 21,16-17).

Danach erobert der Aramäerkönig Hasael die Philisterstadt Gat (2. Könige 12,18). König Usija von Juda (8. Jahrhundert v. Chr.) kämpft gegen die Philister und zerstört ihre Städte (2. Chronik 26,6.7). Sein Urenkel Hiskia »schlug auch die Philister bis nach Gaza« (2. Könige 18,8). Schließlich erobert der assyrische Feldherr Tartan zur Zeit des Propheten Jesaja die Stadt Aschdod (Jesaja 20,1).

Nach der Rückkehr der Israeliten aus dem babylonischen Exil (5. Jahrhundert v. Chr.) gehören die Aschdoditer (Nehemia 4,1) zu denen, die sich gegen den Wiederaufbau Jerusalems verschwören, um »miteinander hinzuziehen, um gegen Jerusalem zu streiten und bei uns Verwirrung anzurichten« (Vers 2).

Die Philister waren für Israel aber nicht nur eine militärische Herausforderung von außen, sie bildeten auch eine kulturelle und moralische Gefahr von innen für das auserwählte Volk. Gott hatte Philister und andere Völker nach der Landnahme im verheißenen Land übrig gelassen, ausdrücklich zu dem Zweck, »um Israel durch sie zu prüfen, damit es kundwürde, ob sie den Geboten des Herrn gehorchten« (Richter 3,1-4).

---

222 2. Samuel 5,17.18.19.22.24.25.

223 2. Samuel 8,1.12; 19,10.

224 1. Könige 15,27; 16,15.

König Saul besteht die Prüfung durch die Philister nicht.[225] Er selbst und seine Söhne fallen schließlich auf dem Gebirge Gilboa im Kampf gegen die Philister.[226]

Die Götter der Philister - die Bibel nennt Dagon von Aschdod[227] und Baal-Sebub von Ekron[228] - besaßen eine große Anziehungskraft auf die Israeliten (Richter 10,6.13). Für den Propheten Jesaja steht neben der Wahrsagerei aus dem Osten die Zeichendeuterei der Philister. Israel hatte beides von seinen heidnischen Nachbarn übernommen, weshalb Gott sein Volk verstoßen musste (Jesaja 2,6).

Wiederholt spricht die Bibel das Problem von Mischehen zwischen Philistern und Israeliten an. So heiratet der Richter Simson eine Philisterin (Richter 14,1-4.20), geht in Gaza zu einer Prostituierten (Richter 16,1), bis ihm die Philisterin Delila zum Verhängnis wird (Richter 16). Nach der babylonischen Gefangenschaft waren unter den »fremden« Frauen, deren Ehen mit Israeliten Nehemia auflöste, Frauen aus Aschdod, deren Kinder »aschdodisch« sprachen, »aber jüdisch konnten sie nicht sprechen« (Nehemia 13,23.24).

Durch die ganze Bibel hindurch werden die Philister als Mittel des Gerichts Gottes gegen Israel dargestellt[229] - wobei allerdings das Handeln Gottes mit Israel vor den Augen der Philister[230] immer auch eine Warnung für diese Nichtisraeliten darstellt.

Psalm 83 schließt an die traditionelle Feindschaft der Philister gegen Israel an und zählt unter anderen *Peleschet* zu den Feinden Gottes. Die hassen Gott, haben sich in einem Pakt gegen Gottes Volk verschworen (Verse 3-4) und sagen: »Wohlan, lasst uns sie ausrotten, dass sie kein Volk mehr seien und des Namens Israel nicht mehr gedacht werde!« (Vers 5). Zu diesem Zweck haben sie einen Bund geschlossen (Vers 6).

---

225 1. Samuel 13; 28,15.19.

226 1. Samuel 31,1.2.7.8.9.11; 1. Chronik 10,1.2.7.8.9.11.

227 Richter 16,23; 1. Samuel 5,1.2.3.4.5.7.8.10; 1. Chronik 10,10.

228 2. Könige 1,2.3.6.16; vergleiche den Beelsebul des Neuen Testaments in Matthäus 20,25; 12,24.27; Markus 3,22; Lukas 11,15.18.19.

229 Richter 10,7-13; 13,1; 1. Samuel 4,1ff.17; 7,3; 12,9; 2. Chronik 28,18-19; Jesaja 9,11; Hesekiel 16,27.57.

230 Vergleiche dazu Amos 3,9; Micha 1,10.

»Weil die Philister sich gerächt und mit beständigem Hass so höhnisch Rache geübt haben zum Verderben meines Volks, darum spricht Gott der Herr: Siehe, ich will meine Hand ausstrecken gegen die Philister und will die Kreter ausrotten und will umbringen, die übrig geblieben sind am Ufer des Meeres, und will bittere Rache an ihnen üben und sie mit Grimm strafen, dass sie erfahren sollen, dass ich der Herr bin, wenn ich Vergeltung an ihnen übe« (Hesekiel 25,15-17). An einer ganzen Reihe von Stellen spricht die Bibel vom Gottesgericht über die Philister,[231] vor allem auch als warnendes und abschreckendes Beispiel für Israel (Amos 6,2).

Der Prophet Sacharja (9,5-7) schließlich fasst Gerichtsandrohung und Heilsankündigung für die Philister zusammen: »Wenn Aschkelon das Gericht über die umliegenden Großmächte sehen wird, wird es erschrecken, und Gaza wird sehr angst werden, dazu Ekron, denn seine Zuversicht wird zuschanden. Es wird aus sein mit dem König von Gaza, und in Aschkelon wird man nicht mehr wohnen, und in Aschdod werden Mischlinge wohnen. Und ich will die Pracht der Philister ausrotten. Und ich will das Blut von ihrem Munde wegnehmen und das, was mir ein Gräuel ist, von ihren Zähnen, dass auch sie unserm Gott übrig bleiben und wie ein Stamm in Juda werden und die Bewohner Ekrons wie die Jebusiter.«

Illusionslos ist da vom Blut am Mund der Philister, vom Gräuel in ihren Zähnen, von der Feindschaft gegen Israel und dem darauf folgenden Gericht die Rede. Gleichzeitig weiß der Prophet aber auch, dass der Herr all das wegnehmen wird, sodass die Philister »wie ein Stamm in Juda werden«.

Luther übersetzt *aluf biyhudah* einfach mit »Stamm in Juda«. In Jeremia 11,19 ist *keves aluf* ein »zahmes«, »argloses Lamm«.[232] Dort zeigt das Wort *aluf* ein Verhältnis, das auch bei der Übersetzung »Gefährte«, »Freund«, »Vertrauter«, »Jugendfreund« oder »Ehemann« zum Ausdruck kommt.[233] Das hebräische Wort *aluf* ist verwandt mit *alef*, dem ersten

---

231 Jesaja 11,14; 14,29.31; Jeremia 25,20; 47,1.4.5; Joel 4,4ff; Amos 1,6-8; Zefania 2,4.5.7.

232 Vergleiche auch Psalm 144,14, wo das Wort für ein Rind verwendet wird.

233 Vergleiche dazu Jeremia 13,21; Micha 7,5; Psalm 55,14; Sprüche 16,28; 17,9 oder auch Jeremia 3,4; Sprüche 2,17.

Buchstaben des hebräischen Alphabets, und *elef*, der Zahl »Tausend«, weshalb das Wort *aluf* auch »Anführer« oder »Stammeshäuptling« bedeuten kann.[234] Der Talmud meint: »*aluf* bezeichnet einen ungekrönten Herrscher« (Sanhedrin 99b). Im modernen Hebräisch ist der *aluf* ein »General« oder auch »Champion«.

Die Philister sollen von Gott nach Vorstellung des Propheten Sacharja also zum »zahmen Lamm«, zum »Gefährten«, »Freund« und »Vertrauten« Judas verwandelt werden, der eine geachtete Führungsposition im Gottesvolk einnehmen wird, eben zum *alef*, zur »Nummer Eins« in jeder Hinsicht. In Sacharja 12,5.6 sagen die *alufei Yehuda*, die »Fürsten in Juda«, »in ihrem Herzen: Die Bürger Jerusalems sollen getrost sein in dem Herrn Zebaoth, ihrem Gott!« und werden dann zum vernichtenden Werkzeug in der Hand Gottes für die Völker ringsumher.

Gott hat einen wunderbaren Plan mit den Philistern, weshalb der Psalmist auffordert: »Philisterland, jauchze mir zu!« (Psalm 60,10). Denn Gott selbst sagt: »Über die Philister will ich jauchzen!« (Psalm 108,10). Der babylonische Talmud (Sanhedrin 105a) greift das hebräische Wortspiel aus diesen beiden Psalmversen auf und führt es in einer Haggada fort. »Was sollen wir tun, wenn David kommt, der die Philister geschlagen und Gat deinen Kindern als Erbteil gegeben hat«, fragen dort die Engel den Ewigen, gelobt sei er, in ihrer Ratlosigkeit darüber, dass selbst die Erzfeinde Israels in den Himmel kommen sollen. Worauf der Vater im Himmel antwortet: »Es ist meine Pflicht, sie zu Freunden zu machen – sodass sogar David dem zustimmen wird.«[235]

Bemerkenswert ist in diesem Zusammenhang, dass sowohl in Psalm 60,10 als auch in Psalm 108,10 Juda zuvor als *mechoqeqi* genannt wird. Luther übersetzt das Wort mit »mein Zepter«, andere mit »mein Gesetzgeber«. Juda ist und bleibt der Maßstab, die Messlatte in der Hand Gottes,

---

234 Besonders bei den Edomitern: 1. Mose 36,15-19.21.29.30.40-43; 2. Mose 15,15; 1. Chronik 1,51-54.

235 Vergleiche hierzu die Talmud-Ausgabe von Adin Steinsaltz (Jerusalem: 1989), 458. Raschi verweist in seinem Kommentar auf das Wortspiel von *rei'im* (Freunde) und *hitroa'i* (jauchze mir zu) (Psalm 60,10) bzw. *etroa* (will ich jauchzen) (Psalm 108,10).

anhand dessen der Richter das Urteil über die nichtjüdischen Völker spricht.

Kaum zufällig wird diese Versöhnungsabsicht des Schöpfers im Neuen Testament zum Ausdruck gebracht, wenn der Apostel Petrus im Haus des römischen Hauptmanns Kornelius in Cäsarea erklärt: »Ihr wisst, dass es einem jüdischen Mann eigentlich nicht erlaubt ist, mit einem *allophylos* [»Andersstämmigen«] umzugehen oder zu ihm zu kommen; aber Gott hat mir gezeigt, dass ich keinen Menschen meiden oder unrein nennen soll« (Apostelgeschichte 10,28).

Der Fremdling in deiner Mitte

Was für ein Bild zeichnet die biblische Überlieferung, wenn wir die Palästinenser mit den »Fremden« (hebräisch: *zarim* oder *nokhrim*),[236] die nicht zum Volk oder zur Sippe, nicht zu dem Haus oder Gemeinwesen gehören, identifizieren?[237] Wenn ein »Fremder« (*zar* oder *nokhri*) seinen Wohnsitz im Ausland hat, bezeichnet ihn die Bibel als *ger* oder *to-*

---

236 Dass *zar* und *nekhar/nokhri* in der Heiligen Schrift als Synonyme verwendet werden, zeigen etwa Jesaja 61,5 oder Jeremia 5,19. Noch eine Bemerkung zur Umschreibung und Aussprache der hebräischen Worte: Ich habe mich entschieden, das stimmhafte *zajin* zu Beginn des Wortes *zar* mit »z« zu umschreiben, im Unterschied zu den stimmlosen hebräischen S-Lauten *sin* und *samekh*. Das »z« sollte also wie das »s« im hochdeutschen »Sonne« ausgesprochen werden. Den hebräischen Buchstaben *kaf* schreibe ich in *nekhar, nokhri* oder auch am Ende des Wortes *samekh* als *kh* zur Unterscheidung von dem hebräischen Buchstaben *chet*, wie er etwa zu Beginn des Wortes *chajim* (= Leben) steht. Das »kh« muss wie das »ch« im deutschen Wort »noch« ausgesprochen werden.

237 1. Mose 31,15; 2. Mose 2,22; 18,3; 21,8; 5. Mose 25,5; 29,21 »aus fernen Landen«; Richter 19,12 »die nicht von den Israeliten sind«; 1. Könige 3,18; 8,41 »der nicht von deinem Volk Israel ist«; Hiob 19,15; Psalm 69,9. Even-Shoshan, Abraham. A New Concordance of the Bible (Jerusalem: »Kiryat Sepher« Publishing House Ltd., 1985), 338. H.M. Carson, »Fremder/Fremdling« in Helmut Burkhardt, Fritz Grünzweig, Fritz Laubach, Gerhard Maier (Herausgeber), Das große Bibellexikon, Band 1 (Wuppertal/Gießen: R. Brockhaus Verlag / Brunnen Verlag, 1987), 389.

schav.[238] So können Abraham und seine Nachkommen bezeichnet werden,[239] aber auch Nichtisraeliten, die im Land Israel wohnen.[240]

Mit »fremd« wird in der Bibel zunächst einmal jeder bezeichnet, der nicht berufen, geweiht und deshalb heilig ist. Im Blick auf den Dienst im Heiligtum bezeichnet die Schrift gar Israeliten, die nicht aaronitische Leviten sind, als »Fremde«.[241] Alles »Fremde« musste strengstens von allem, was für den Gottesdienst kultisch gereinigt wurde, getrennt werden.[242] Wer diese Trennungsanordnung übertritt, »soll aus seinem Volk ausgerottet werden« (2. Mose 30,33). An mehreren anderen Stellen steht: »Wenn ein Fremder sich naht, soll er sterben«[243] - was dann bei den Aaronssöhnen Nadab und Abihu auch konkret geschah, als sie »fremdes« Feuer zum Opfern verwendeten.[244]

»Fremd« sind Götzen, die dem Herrn ein Gräuel sind.[245] Im modernen hebräischen Sprachgebrauch wird Götzendienst als *avodah zarah*, wörtlich »fremde Arbeit«, bezeichnet. Auf die zwischenmenschlichen Bezie-

---

238 Im rabbinischen Judentum wird der Begriff *ger* nicht mehr als »Fremdling« gesehen, sondern als Bezeichnung für den »Konvertiten«, der zum Judentum übergetreten ist, verstanden. Die Übertragung halte ich indes für unzulässig, weil dann der gesamte Vergleich »wie ihr Fremdlinge (*gerim*) in Ägypten wart« hinfällig würde. Israel ist in Ägypten niemals zur ägyptischen Religion konvertiert, sondern hat seine ethnische, kulturelle und religiöse Identität durch das gesamte Exil hindurch bewahrt. Deshalb fasse ich in der folgenden Abhandlung die Begriffe *zar, nokhri, ger* und *toschav* unter dem Begriff »Fremdling« zusammen.

239 1. Mose 12,10; 15,13-14; 19,9; 20,1; 21,22-23.34; 23,4 hier stehen *ger* und *toschav* nebeneinander; 26,3; 32,5; 35,27; 47,4; 2. Mose 2,22 hier wie in 2. Mose 18,3 erscheinen *ger* und *nokhri* nebeneinander; 6,4; 5. Mose 26,5; Rut 1,1; 2. Könige 8,1-2; Esra 1,4; Psalm 105,23; Jesaja 52,4. Sogar Bürger aus dem Nordreich Israel, die sich im Südreich Juda niederließen, wurden als *gerim* bezeichnet (2. Chronik 15,9; 30,25).

240 2. Samuel 1,13; 1. Chronik 22,2; 2. Chronik 2,16-17.

241 4. Mose 17,5; vergleiche auch 4. Mose 18,4.

242 2. Mose 29,33; vergleiche 2. Mose 30,9.33; 3. Mose 22,10.12.13.

243 4. Mose 1,51; 3,10.38; 18,7.

244 3. Mose 10,1; 4. Mose 3,4; 17,5; 26,61.

245 5. Mose 32,16; Psalm 44,21; 81,10; Jesaja 43,12; Jeremia 3,13; 5,19.

hungen übertragen, sind außereheliche sexuelle Beziehungen »fremd«,[246] weshalb die deutsche Redensart vom »fremdgehen« einen durchaus biblischen Hintergrund hat. Dem weisen König Salomo wurden seine »fremden« Frauen zum Fallstrick[247] und der Priester und Schriftgelehrte Esra sah sich nach der Rückkehr aus dem babylonischen Exil gezwungen, die Mischehen von Israeliten mit »fremden« Frauen aufzulösen.[248]

Wenn »Fremde« durch Betreten das Heiligtum entweihten und dafür von Gott nicht bestraft wurden, war das ein Zeichen des Gerichts (Jeremia 51,51). Der Prophet Jeremia verbindet in einer Gerichtsankündigung über Babylon den Begriff *zarim* (»Fremde«) mit der Wurzel *zarah* (»worfeln«) (Jeremia 51,2). Das Bild von der Tenne, auf der Getreide gedroschen und geworfelt wurde, ist in der Heiligen Schrift mehrfach ein Bild für Gottes Gericht.[249] Insofern erstaunt es dann nicht, wenn Gott sein Gericht über ungehorsame und gottlose Menschen durch »Fremde« ausführen lässt.[250] So wird der Begriff »Fremder« praktisch gleichbedeutend mit dem Begriff »Feind«.[251]

Vor diesem Hintergrund ist verständlich, dass für die messianische Heilszeit vorausgesehen wird, dass Gott sein Volk befreit, sodass sie »nicht mehr Fremden dienen« werden (Jeremia 30,8). Jerusalem wird heilig sein – das bedeutet: »Fremde werden nicht mehr hindurchziehen«.[252] Diese Perspektive bedeutet jedoch nicht automatisch, dass »die Fremden« vernichtet werden. Vielmehr sieht der Prophet Jesaja voraus, dass

---

246 Sprüche 2,16; 5,3.20; 6,24; 7,5; 22,14; 23,27; Hesekiel 16,32; Hosea 5,7; in Jeremia 2 wird das Bild von der sexuellen Verfehlung mit dem Götzendienst vermischt und die Begriffe *zarim* (Vers 25) und *nokhri* (Vers 21) werden verwendet.

247 1. Könige 11,1-13; Nehemia 13,26.

248 Esra 10; Nehemia 13,23-31.

249 Vergleiche etwa Jesaja 41,15f; oder auch Matthäus 3,12.

250 Siehe 5. Mose 28,43; Sprüche 5,10; Prediger 6,2; Jesaja 1,7; Jeremia 5,19; Klagelieder 5,2; Hesekiel 7,21; 11,9; 28,7.10; 30,12; 31,12; Hosea 7,9; 8,7; Obadja 11.

251 Psalm 54,5; 109,11; Jesaja 29,5. H.M. Carson, »Fremder/Fremdling« in Helmut Burkhardt, Fritz Grünzweig, Fritz Laubach, Gerhard Maier (Herausgeber), Das große Bibellexikon, Band 1 (Wuppertal/Gießen: R. Brockhaus Verlag / Brunnen Verlag, 1987), 389.

252 Joel 4,17; vergleiche zu dieser Vorstellung auch Hiob 15,19; 19,27.

der *ger* dem Haus Jakob anhangen wird (Jesaja 14,1) und *zarim* beim Aufbau des Landes mit Hand anlegen werden, etwa als Hirten, Ackerleute oder Weingärtner (Jesaja 61,5).

Wichtig ist in diesem Zusammenhang noch die Beobachtung, dass die Bibel ganz offensichtlich keine wie auch immer geartete »Blut-und-Boden-Theologie« vertritt. Rassismus lässt sich von der Heiligen Schrift her nicht begründen. Eine »Fremde« (Rut 2,10) und gar Moabiterin[253] wie Rut kann in das Volk aufgenommen und zur Stammmutter des messianischen Königs werden (Rut 4,13-22).

Interessant ist eine Episode aus der Flucht Davids vor seinem Sohn Absalom. Der geschlagene und gedemütigte König David sagt zu Ittai, dem Gatiter - einem Philister (!)[254] –: »Warum willst du mit uns gehen und mein ungewisses Schicksal teilen? Du bist doch Ausländer und hast deine Heimat schon einmal verlassen?!« Worauf der Philister Ittai aus Gat antwortete: »So wahr der Herr lebt und so wahr mein Herr und König lebt: Wo immer mein Herr, der König, ist, es gerate zum Tod oder zum Leben, da wird dein Knecht auch sein!« (2. Samuel 15,19-21).

König Salomo schließt bereits bei der Einweihung seines Tempels den »Fremden« in sein berühmtes Gebet mit ein: »Und wenn ein Fremder, der nicht von deinem Volk Israel ist, aus fernem Lande kommt um deines Namens willen ... wenn er kommt, um zu diesem Hause hin zu beten, so wollest du hören im Himmel, an dem Ort, wo du wohnst und alles tun, worum der Fremde dich anruft.«[255] Nicht Abstammung oder Blutsverwandtschaft geben den Ausschlag, sondern die Loyalität des »Fremden«

---

253 Der Skandal des im Buch Rut geschilderten Vorgangs wird deutlich, wenn wir die Aussagen von 5. Mose 23,4-7 in Betracht ziehen. Demnach hätten weder König David noch König Salomo in den Tempel kommen dürfen! Dieses Problem ist für die rabbinischen Schriftausleger so groß, dass sie sich nur zu helfen wissen, indem sie betonen, dass die Schrift in 5. Mose 23 nur vom »Moabiter« redet, nicht aber von der »Moabiterin« (vergleiche dazu etwa im babylonischen Talmud im Traktat Yebamot die Seiten 76b und 77a).

254 Auch in Jesaja 2,6 stehen »Philister« und »Fremde« parallel.

255 1. Könige 8,41-43; vergleiche die Parallele in 2. Chronik 6,32.33.

gegenüber dem Gott Israels, dem messianischen König Israels und dem Volk Israel.[256]

»Ihr seid selbst einmal Fremdlinge in Ägypten gewesen«, erinnert Mose die Israeliten und folgert daraus: »Deshalb sollt ihr die Fremdlinge weder bedrängen noch bedrücken«.[257] Nach Maßgabe der Heiligen Schrift soll grundsätzlich gleiches Recht für den Einheimischen wie für den Fremdling gelten.[258] In besonderer Weise sollen sich die Israeliten nicht nur dem Wohl der Armen, Leviten, Witwen und Waisen, sondern auch dem Wohl des Fremdlings widmen.[259] »Er soll bei euch wohnen wie ein Einheimischer unter euch«, ordnet Mose an, »und du sollst ihn lieben wie dich selbst«.[260] Die Begründung für das Liebesgebot gegenüber dem *ger* ist, dass Gott die Fremdlinge liebt (5. Mose 10,18) und behütet (Psalm 146,9). Vor dem Einzug ins Gelobte Land verpflichtete Mose das Volk: »Verflucht sei, wer das Recht des Fremdlings, der Waise und der Witwe beugt! Und alles Volk soll sagen: Amen« (5. Mose 27,19).

Zu jener Zeit waren die Fremdlinge übrigens einbegriffen in den Moabbund (5. Mose 29,10) und sollten ganz wie die Israeliten den Herrn

---

256 Vergleiche auch den Treueschwur der Moabiterin Rut gegenüber ihrer gescheiterten Schwiegermutter Naomi in Rut 1,16-17.

257 2. Mose 22,20; 23,9; 3. Mose 19,34; 5. Mose 5,15; 10,19; 24,18.22; vergleiche auch 5. Mose 23,8-9. Übrigens durchzieht die gesamte hebräische Bibel das Bewusstsein, dass das auserwählte Volk selbst nur Fremdling im Heiligen Land ist, weil dieses Gott gehört (vergleiche 3. Mose 25,23 hier stehen *ger* und *toschav* nebeneinander; 1. Chronik 16,19; 29,15; Psalm 39,13; 105,10-12; 119,19; Jeremia 35,7; 43,5).

258 2. Mose 12,19.49; 20,10; 23,12; 3. Mose 16,29; 17,8-15; 18,26; 20,2; 22,18; 24,16.22; 25,6; 4. Mose 9,14; 15,15f.26.29.30f; 19,10; 35,15; 5. Mose 1,16-17; 5,14; 16,11.13-15; 24,14; Josua 8,33; 20,9; Hesekiel 14,7-8; Ausnahmen bestanden im Blick auf die Speisegesetze (2. Mose 12,45; 3. Mose 22,10; 5. Mose 14,21), das Erlassjahr (5. Mose 15,3), das Zinsverbot (5. Mose 23,21) und die Sklavenhaltung (3. Mose 25,44-48.55). Außerdem durfte ein Fremder nicht König Israels werden (5. Mose 17,15). Bewusst habe ich in dieser Fußnote alle relevanten Bibelstellen aufgeführt, die ich gefunden habe, um die überwältigende »Übermacht« der Gleichheitsbetonung gegenüber den wenigen Ausnahmen deutlich werden zu lassen.

259 3. Mose 19,10; 23,22; 5. Mose 10,17-19; 14,28-29; 24,17.19-21; 26,11-15; Psalm 94,6; Jeremia 7,5-6; 22,3; Hesekiel 22,7.29; Sacharja 7,9-10; Mal 3,5.

260 3. Mose 19,34; 5. Mose 10,19.

fürchten, sein Wort hören, lernen, halten und an ihre Kinder weitergeben.[261] Für die endzeitliche Verteilung des Landes unter die Stämme Israels ordnet der Prophet Hesekiel an: »Wenn ihr das Los werft, um das Land unter euch zu teilen, so sollt ihr die Fremdlinge, die bei euch wohnen und Kinder unter euch zeugen, halten wie die Einheimischen unter den Israeliten; mit euch sollen sie ihren Erbbesitz erhalten unter den Stämmen Israels, und ihr sollt auch ihnen ihren Anteil am Lande geben, jedem bei dem Stamm, bei dem er wohnt, spricht Gott der Herr« (Hesekiel 47,22f).

Eine Beobachtung muss an dieser Stelle noch festgehalten werden: Für den Nichtisraeliten, der im Land Israel unter dem Volk Israel lebt, ist in der Bibel weder ein »Recht auf Widerstand« noch auf eine kulturelle Autonomie festgeschrieben. Gleiches Recht bedeutet aus Sicht der Bibel auch gleiche Verpflichtung und Loyalität. Die wenigen Unterschiede in der biblischen Rechtsprechung ergeben sich aufgrund besonderer Verpflichtungen des auserwählten Volkes gegenüber seinem Gott. Etwa beim Sklavenrecht wird nicht behauptet, Israeliten hätten aufgrund ihres höheren Standes ein besonderes Recht, andere zu unterdrücken, oder ein Recht auf größere Freiheit. Vielmehr ist die Begründung: »Mir gehören die Israeliten als Knechte; meine Knechte sind sie, die ich aus Ägyptenland geführt habe. Ich bin der Herr, euer Gott« (3. Mose 25,55). Aus diesem Grunde darf auch kein Ausländer König über Israel werden (5. Mose 17,15).

Besser als ein Bruder in der Ferne

Viele Aussagen des Alten Testaments über das Verhältnis der Philister zu den Israeliten werden inhaltlich wiederholt, wenn man das Wort »Nachbar« (*schakhen*) durch die Bibel hindurch verfolgt. In einem Fall tauchen »Nachbarn« und »die Töchter der Philister« gar parallel auf (Hesekiel 16,26f).

261 5. Mose 31,12-13; vergleiche dazu auch Josua 8,35.

Ein Nachbar kann der engste Vertraute sein, den man mit in den eigenen Haushalt hineinnimmt und der auch in Not Hilfestellung bietet.[262] Das Wort steht parallel zu »Väter«, »Söhne« und »Brüder«.[263] Der weise König Salomo lehrte: »Ein Nachbar in der Nähe ist besser als ein Bruder in der Ferne« (Sprüche 27,10).

Die Nachbarn Israels waren aber immer auch Feinde und Widersacher,[264] sodass im Wortumfeld nicht nur erklärt wird, »die um uns her sind«,[265] sondern auch die Worte »Heiden« und »Völker« auftauchen,[266] »die dich nicht kennen« (Psalm 79,6), »sich gegen uns erheben« (Psalm 44,6) und »uns hassen« (Psalm 44,8.11). Die Nachbarn des Gottesvolkes sind »Königreiche, die deinen Namen nicht anrufen« (Psalm 79,6) und nur zu oft Israel verspotten.[267] Ein Psalmbeter bittet seinen Gott: »Vergilt unsern Nachbarn siebenfach auf ihr Haupt ihr Schmähen, mit dem sie dich, Herr, geschmäht haben« (Psalm 79,12) - was durchaus in den Kontext des Kampfes zwischen David und Goliat passen würde.

Auf meine Frage, wo er denn die heutigen Palästinenser in der Bibel finde, meinte der Leiter einer messianisch-jüdischen Gemeinde in Jerusalem: »In Jeremia 12,14ff!« - Dort »spricht der Herr: Über alle meine bösen Nachbarn, die das Erbteil antasten, das ich meinem Volk Israel anvertraut habe: Siehe, ich will sie aus ihrem Erdboden ausreißen und das Haus Juda aus ihrer Mitte reißen«. Das ist eine Aussage, die erstaunlich genau die Flüchtlingsbewegung der Palästinenser einerseits (»ich will sie aus ihrem Erdboden ausreißen«) als auch die Politik der einseitigen Trennung andererseits (»und das Haus Juda aus ihrer Mitte reißen«) beschreibt - und Theorien über das Schwarz-Weiß-Denken der bibelgläubigen Israelfreunde zu bestätigen scheint.

Aber der Text geht weiter: »Und es wird geschehen, nachdem ich sie ausgerissen habe, werde ich umkehren und mich über sie erbarmen und will einen jeden zu seinem Erbteil zurückbringen und einen jeden zu

262 2. Mose 12,4, vergleiche Rut 4,17; 2. Könige 4,3.

263 Jeremia 6,21; 49,10.

264 Psalm 44,6.8.11.17; 80,7; 89,43; Hesekiel 16,26-27.

265 Psalm 44,14; 79,4.

266 Psalm 44,3.12.15; 79,1.10; 80,9.

267 Psalm 31,12; 44,14; 79,4.12; 80,7; 89,42.

seinem Land. Und es soll geschehen, wenn sie die Wege meines Volks lernen werden, bei meinem Namen zu schwören: So wahr der Herr lebt!, wie sie mein Volk gelehrt haben, beim Baal zu schwören, so sollen sie inmitten meines Volks gebaut werden. Wenn sie aber nicht hören wollen, so will ich solch ein Volk ausreißen und vernichten, spricht der Herr.«

Gedenke, was dir Amalek tat!

Über keinen anderen Volksstamm fällt die Bibel ein so hartes Urteil wie über Amalek. Mose befiehlt den Israeliten: »Denke daran, was dir die Amalekiter taten auf dem Wege, als ihr aus Ägypten zogt: wie sie dich unterwegs angriffen und deine Nachzügler erschlugen, alle die Schwachen, die hinter dir zurückgeblieben waren, als du müde und matt warst, und wie sie Gott nicht fürchteten. Wenn nun der Herr, dein Gott, dich vor allen deinen Feinden ringsumher zur Ruhe bringt im Lande, das dir der Herr, dein Gott, zum Erbe gibt, es einzunehmen, so sollst du die Erinnerung an die Amalekiter austilgen unter dem Himmel. Das vergiss nicht!« (5. Mose 25,17-19).

Amalek war ein Enkel von Abrahams Enkel Esau,[268] ein Fürst im ostjordanischen Edomiterland (1. Mose 36,16). Hinterhältig griffen die Amalekiter - offensichtlich ein räuberischer, gottloser Nomadenstamm - die aus Ägypten entflohenen hebräischen Sklaven auf der Sinaihalbinsel an. Mose beschreibt ihre Kampfweise: Anstatt sich dem feindlichen Heer mutig entgegenzustellen, ermordeten sie die schwachen und schutzlosen Nachzügler. Hin und wieder kam es zur offenen Schlacht.

Als Erzfeinde Israels begegnen uns die Amalekiter in der biblischen Überlieferung nach Israels Wüstenwanderung[269] zu Zeiten der Richter[270], sowie der Könige Saul[271], David[272] und Hiskia[273]. Zur Zeit des

---

268 1. Mose 36,12; 1. Chronik 1,36.

269 2. Mose 17,8-16; 4. Mose 13,29; 14,25.43.45; 24,7.20; 5. Mose 25,17-19.

270 Richter 3,13; 6,3.33; 7,12; 10,12; 12,15.

271 1. Samuel 14,48; 15,2.3.5.6-9.15.18.20.32.33; 28,18.

272 1. Samuel 27,8; 30,1.13.18; 2. Samuel 1,1.8.13; 8,12; 1. Chronik 18,11.

273 1. Chronik 4,41-43.

persischen Königs Xerxes - vom Buch Ester »Ahasveros« genannt - wird uns Haman, der Judenverfolger, als »Agagiter« vorgestellt.[274] Agag war der letzte Amalekiterkönig, durch den der israelitische König Saul zu Fall gekommen war (vergleiche 1. Samuel 15). Im bereits erwähnten Psalm 83 gehört Amalek mit Edom, Ismael, Moab, den Hagaritern, Gebal, Ammon, den Philistern und »denen von Tyrus« zu einer Gruppe von Feinden Israels, die »miteinander eins geworden und einen Bund wider dich gemacht haben« (Verse 6-8).

Aber Amalek ist nicht nur irgendein Feind, sondern *der* Feind Israels schlechthin - kann auch im übertragenen Sinne verstanden werden. Der heidnische Seher Bileam ben Beor aus Petor am Euphrat erkannte: »Amalek ist das erste unter den Völkern; aber zuletzt wird es umkommen« (4. Mose 24,20). Amalek ist *reschit goyim*, das heißt »Kopf«, »Beginn«, »Anfang«, »Ausgangspunkt«, »Erstling«, der »Erste« und damit auch der »beste Teil« oder die »Hauptsache« der nichtjüdischen Völker.[275]

»Amalek war der Erste, der Israel mit dem Schwert angriff«, stellte der mittelalterliche Arzt und Rabbiner Maimonides fest, »und so sollte Israel seinen Namen mit der Schärfe des Schwertes austilgen«.[276] In 2. Mose 17 ist nachzulesen: »Und der Herr sprach zu Mose: Schreibe dies zum Gedächtnis in ein Buch und präge es Josua ein; denn ich will Amalek unter dem Himmel austilgen, dass man seiner nicht mehr gedenke« (Vers 14). »Der Herr führt Krieg gegen Amalek von Kind zu Kindeskind« (Vers 16).

Wer im heutigen Israel die - vor allem zur Zeit des Purimfestes alle Jahre wieder neu geführte - Diskussion um Amalek aufmerksam verfolgt, stellt schnell fest, dass es jüdischen Auslegern nicht um Abstammung oder ein rassisches Konzept geht. Rabbi Ovadia Yosef etwa, der greise Mentor der orthodox-sefardischen Schass-Partei, ist bekannt dafür, kein Blatt vor den Mund zu nehmen. Unverblümt unterbreitet er

---

274 Ester 3,1.10; 8,3.5; 9,25.

275 Vergleiche dazu Wilhelm Gesenius, Hebräisches und aramäisches Handwörterbuch über das Alte Testament. Bearb. von Frants Buhl (Berlin, Göttingen, Heidelberg: Springer, 1962 = 17. Auflage 1915), 739.

276 Joseph Herman Hertz, Pentateuch und Haftoroth. Hebräischer Text und deutsche Übersetzung mit Kommentar, Band 2: Exodus (Zürich: Verlag Morascha, 1984), 190.

seine Ansichten der Öffentlichkeit und kam etwa zu dem Schluss, Gott habe bereut, »die Araber geschaffen zu haben«.[277]

Als »Amalek« bezeichnete Rabbi Yosef aber den russisch-stämmigen, säkularen Politiker Avigdor Lieberman, dem er vorwirft, durch seine liberale Politik das jüdische Volk zu zerstören. Rabbi Elijah Ben Salomon Salman, der sogenannte Gaon von Wilna, hatte schon im 18. Jahrhundert prophezeit, Deutschland sei »Amalek« - was sich keine zwei Jahrhunderte später furchtbar erfüllte. »Amalek« ist demnach ein geistliches Prinzip. »Amalek« ist, wer seine ganze Existenz investiert, um Israel zu vernichten. »Amalek« ist, wer die Vernichtung des jüdischen Volkes verfolgt, auch um den Preis des eigenen Wohls.

Interessanterweise sucht die jüdische Tradition auch die Schuld für den Hass des Erzfeindes Amalek - wie in so vielen anderen Fällen - bei sich selbst. Timna (vergleiche 1. Mose 36,40), so erzählt der Talmud, war eine heidnische Prinzessin, die gerne zum Judentum konvertiert wäre. Mit diesem Anliegen wandte sie sich an Abraham, Isaak und Jakob. Doch die Erzväter wiesen sie ab. Da ging Timna und wurde zur Geliebten des Elifas, des Sohnes Esaus. Aus dieser Verbindung wurde Amalek geboren, der Israel verfolgte. »Warum?«, so fragen die Weisen Israels: »Weil man sie nicht hätte abweisen sollen!« (Sanhedrin 99b).

Nicht die biblische Überlieferung, wohl aber der Talmud sieht auch für die Nachfahren Amaleks eine Zukunftsperspektive und stellt fest: »Die Sohnessöhne Hamans lernten Torah in Bnei Brak. Offensichtlich wollte der Heilige, gelobt sei er, sogar die Enkel dieses Bösen unter die Schwingen der Schechinah [der Herrlichkeitsgegenwart Gottes; Anm. des Autors] führen. Aber die dienstbaren Geister protestierten vor dem Heiligen, gelobt sei er. Herrscher des Universums, willst du wirklich unter die Flügel der Schechinah bringen, der dein Haus in Ruinen gelegt und deinen Tempel verbrannt hat?« (Sanhedrin 96b).

277 Verbatim, TIME (July 26, 2010): 7.

Zusammenfassend bleibt festzuhalten:

Die Wortstudien zu »Kanaan/Kanaaniter« inklusive anderer kanaaniter Volksstämme, »Ismael«, »Araber«, »Philister«, »Fremdling«, »Nachbar« und »Amalek« ergeben ein differenziertes, aber erstaunlich einheitliches Bild, das die Bibel von den Palästinensern zeichnet - immer vorausgesetzt, die Identifizierung des modernen palästinensischen Volkes mit einer oder allen diesen Gruppen ist haltbar.

Oft verweist die Bibel auf gemeinsame Wurzeln von Israel und den »Palästinensern« - was ja auch heute von beiden Seiten landläufig behauptet wird, wenn man sich gegenseitig als »Cousins« bezeichnet. Die Beziehungen werden differenziert dargestellt und reichen von abgrundtiefer Feindschaft bis hin zur Verbrüderung und Verschwägerung - wobei Einheit nicht automatisch positiv gewertet wird. Nicht selten war die Vereinigung Israels mit den nichtjüdischen Einwohnern des Landes Rebellion gegen Gott.

Realitätsnah zeichnet die biblische Tradition Völkerwanderungen als normale Erscheinung der Weltgeschichte, inklusive ihrer grausamen Bestandteile: Kriege, (nach heutigem Verständnis) Kriegsverbrechen, Landnahmen und Landverluste. Dabei ist genau zu beobachten, wann die Heilige Schrift Wertungen vermittelt und von wem diese Wertungen anhand welcher Maßstäbe vorgenommen werden. In den meisten Fällen berichten die biblischen Schreiber, ohne zu werten.

Wer voraussetzt, dass der »Erwählte« automatisch auch immer das Richtige in Gottes Augen tut, muss sich den Vorwurf gefallen lassen, den biblischen Text nur oberflächlich gelesen und nicht verstanden zu haben. Nicht selten wird bei näherer Betrachtung klar, dass Israel nach biblischem Zeugnis sündigt, während »die Anderen« den höheren ethischen Standard an den Tag legen. Letztendlich müssen sich beide, Juden wie Nichtjuden, »Israelis« und »Palästinenser«, dem von Gott gesetzten Maßstab stellen. Keiner von beiden hat automatisch recht.

Das Land Israel ist nach biblischem Befund ausschließlich dem Volk Israel als Erbteil, das heißt gewissermaßen als Lehen, anvertraut. Wer das infrage stellt und sich dagegen auflehnt, setzt die eigene Existenz aufs Spiel. Letztendlich gehört das Land Gott und er gibt es, wem er will.

Wer gegen Gott rebelliert, sei er Jude oder Nichtjude, muss damit rechnen, vom Land »ausgespien« zu werden.

Die Vision des Schöpfers ist ein Miteinander von Israel und seinen nichtjüdischen Nachbarn im Heiligen Land und sein Wort verheißt eine gemeinsame Zukunft. Voraussetzung dafür ist, dass alle – Juden wie Nichtjuden – die Ordnungen des lebendigen Gottes in Theorie und Praxis achten. Das jüdische Israel hat dem nichtjüdischen Einwohner gleiche Rechte bei gleichen Pflichten zu gewähren. Fremdlinge haben zwar kein Recht auf das Land, wohl aber ein von Gott verliehenes Recht im Land.

Entscheidend ist dabei nicht die Abstammung oder ethnische Zugehörigkeit, sondern die Einstellung zu dem einen lebendigen Gott, der sich als Gott Abrahams, Isaaks und Israels identifiziert. Für einen »Palästinenser« ist die alles entscheidende Frage, ob er sich gegen den Gott Israels stellt, oder sich von diesem in seinen Heilsplan mit dem auserwählten Volk und dadurch mit der ganzen Welt einfügen lässt. Für Juden wie Nichtjuden, »Israelis« wie »Palästinenser«, entscheidet die Loyalität gegenüber dem Gott Israels über Sein oder Nichtsein. Und diese Loyalität erweist sich nicht zuletzt an der Loyalität gegenüber dem auserwählten Volk.

Die »Völker des Landes«

Einige Wochen nach der Begegnung mit dem Hebroner Altbürgermeister Mustafa Natsche war ich wieder in Hebron unterwegs. Dieses Mal mit einem palästinensischen Christen aus der Nähe von Bethlehem, der sich in der Theologie des Islam wie auch der palästinensischen Geschichte sehr gut auskennt. »Weißt du eigentlich, dass der Familienname ›Natsche‹ gar kein arabischer Name ist?«, fragt er unvermittelt. Meinen erstaunten Blick beantwortet er: »Die ›Natsches‹ hießen eigentlich ›Nitsche‹ und stammen ursprünglich aus Deutschland.«

»Du kannst mir viel erzählen«, denke ich im Stillen und gehe ein paar Tage später zu einem Freund, der in der Altstadt von Jerusalem ein Touristengeschäft betreibt. Abu Ali entstammt der altehrwürdigen Amro-Sippe, die hauptsächlich in Hebron und Dura angesiedelt ist. »Ja«, bestätigt

er mir, »die Natsches stammen wie alle Glasbläser in Hebron aus Süddeutschland und der Schweiz!« Jahre später lese ich in einem Heimatmuseum im Südschwarzwald, dass im 17. und 18. Jahrhundert dort Hungersnot herrschte. Fähige Handwerker suchten eine neue wirtschaftliche Zukunft und kamen dabei bis ins Morgenland.

In das Gespräch in der Jerusalemer Altstadt schaltet sich ein Freund von Abu Ali ein. »Der Begriff ›Palästina‹ ist überhaupt eine englische Erfindung«, erklärt Nasser, der in der Christian Quarter Road »T-Shirts mit Aufdruck nach Wunsch« verkauft. »Die Bezeichnung ›Palästinenser‹ wurde uns von den westlichen Kolonialisten aufgezwungen!« »Ja, wenn du nicht ›Palästinenser‹ bist«, wage ich zu fragen, »was bist du dann?« »Ich bin Muslim!« »Aber das ist doch keine Volkszugehörigkeit?!«, wende ich ein. »Dann bin ich Kurde, denn meine Vorfahren stammen aus Kurdistan – so wie übrigens auch die Familie von Dr. Aschraf Al-Kurdi, dem Leibarzt von Jasser Arafat.« »Okay, aber wenn wir hier nicht in ›Palästina‹ sind, wo dann?«, frage ich weiter. »Im *Ard Al-Quds* – im ›Heiligen Land‹!«, antwortet er. Worauf ich erwidere: »Auch das ist ein religiöser Begriff. Für Buddhisten oder Hindus ist dieses Land doch nicht ›heilig‹. Was erkläre ich denen?« »Dann sind wir in ›Bilaad Asch-Scham‹, in den ›Gefilden von Damaskus‹!«

Tatsächlich ist die Vorstellung, dass die heutigen Staaten Israel und Jordanien eigentlich »Südsyrien« sind, mehr als eine Marotte in den Köpfen der Machthaber in Damaskus. Sie begegnet einem an ganz unterschiedlichen Stellen und manchmal in einem sehr unerwarteten Kontext, wenn man mit »Palästinensern« redet. Der Anspruch Syriens erstreckte sich bis vor wenigen Jahren noch ganz offiziell auch auf den Zedernstaat Libanon. Erst die diplomatische Anerkennung des Libanon durch die Regierung in Damaskus im August 2008 signalisierte eine atemberaubende ideologische Wende bei den Alewiten, die in Syrien am Schalthebel der Macht sitzen.

»Wo hat dann deine Amro-Familie ihre Ursprünge?«, wende ich mich zurück an Abu Ali. »In Saudi-Arabien und Europa«, erwidert er ohne Zögern. Oft sind es die Familiennamen, die eine Herkunft verraten: So kommen die »Masris« aus Ägypten, die »Buschniaks« aus Bosnien, die »Sinioras« aus Spanien, die »Othmans« aus der Türkei und die »Al-Hindis«

aus Indien. Mein Versicherungsmakler Johnny Salab erklärt, sein Familienname sei vom hebräischen *zlav*, »Kreuz«, abgeleitet und seine Vorfahren seien als Kreuzfahrer aus Italien gekommen. Viele Nachnamen, die Handwerksberufe bezeichnen, wie etwa die *Nadschars* (»Zimmermann«), wurden Gastarbeitern gegeben, die in den letzten 150 Jahren aus dem Hauran[278] nach Palästina eingewandert sind.

»Als Bindeglied zwischen Kleinasien und den Euphratländern einerseits und Ägypten andererseits sowie als ein an sich begehrenswertes und zugleich den Zugang zu einem reichen Innern erschließenden Kulturland war Syrien zu allen Zeiten die Stätte mächtiger Völkerstürme, das Ziel gieriger Eroberer«, beschreibt ein Reiseführer, der vor mehr als 100 Jahren erstmals erschienen ist, die Bevölkerung des Landes: »Als Schauplatz des Wirkens heiliger Männer, als Land, an das sich für die Bekenner aller drei Weltreligionen ehrwürdige Erinnerungen knüpfen, war es zugleich allezeit das Reiseziel unzähliger Pilger.«[279]

Viele palästinensische Familien wissen um ihre Wurzeln und fangen begeistert an zu erzählen, wenn man sich für sie interessiert – und wenn der Propagandadruck, den Kameras und Aufnahmegeräte vermitteln, verschwunden ist. Ich kenne persönlich mittlerweile Palästinenser, deren Wurzeln im gesamten Nordafrika liegen, bis hinunter in den Tschad und Sudan. Beim »Mughrabi-Tor« an der Südwestecke des Haram Asch-Scharif wohnten Leute, die irgendwann einmal aus dem Maghreb ins Heilige Land gekommen sind. Die Assyrer kamen aus dem Südosten der Türkei und aus Syrien, die Armenier, vor allem infolge des türkischen Völkermordes im zweiten Jahrzehnt des 20. Jahrhunderts, aus Armenien und dem Osten der Türkei. Die Familie von Khaled, einem Muslim, der zum Glauben an Jesus gekommen ist und sich heute zu einer messianisch-jüdischen Gemeinde in Jerusalem hält, ist vor 250 Jahren aus Kroatien eingewandert.

Die Vorfahren von vielen, die sich heute »Palästinenser« nennen, kamen als Sklaven, Söldner, Pilger, Händler, Eroberer, Kreuzfahrer oder

---

278 Gebirgszug im Südwesten Syriens.

279 Palästina und Syrien, Meyers Reisebücher (Leipzig und Wien: Bibliographisches Institut, 5. Auflage, Februar 1913), 36.

Missionarshelfer aus dem gesamten Gebiet von Gibraltar bis nach Indien und vom Kaukasus bis nach Zentralafrika. Einige christliche Familien behaupten ihre Abstammung von den ersten Judenchristen. Und die *Hamra*, die »Rotweinsäufer«, die bis heute in den Höhlen der südlichen Hebronberge wohnen, haben ihrer mündlichen Tradition zufolge vor zwei Jahrhunderten den Süden der arabischen Halbinsel als verfolgte Juden verlassen, um einige Zeit später in Palästina als »Araber« wieder aufzutauchen.

Manche zünden bis heute am Freitagabend Kerzen an oder wissen zur Winterzeit von einem Lichterfest.

Der Prophet Sacharja schreibt im 12. Kapitel von einer Zeit, in der Jerusalem im Zentrum der Aufmerksamkeit der Weltöffentlichkeit stehen wird. Bemerkenswert ist dabei für unser Thema, dass er diejenigen, die sich für Jerusalem interessieren, in drei Gruppen einteilt:

1. Für »alle Völker ringsumher« wird Jerusalem zu einem Taumel- oder Giftbecher werden (Vers 2).
2. Für »alle Völker« weltweit wird Jerusalem zu einem Laststein werden (Vers 3) – zu einem Problem, das man beim besten Willen nicht loswird.
3. *Kol goyei ha-aretz* werden sich gegen Jerusalem versammeln (Vers 3).

Deutsche Bibelübersetzungen geben *kol goyei ha-aretz* mit »alle Völker auf Erden« wieder, sodass der Leser darauf wartet, dass sich einmal alle Welt gegen Israel versammeln wird. Der hebräische Begriff *ha-aretz* kann aber, ebenso wie das entsprechende griechische *he ge*, sowohl mit »die Erde« als auch mit »das Land« übersetzt werden. Der Übersetzer muss aus dem Zusammenhang entscheiden, welche Wiedergabe angemessen erscheint.

Ein ganz neues Verständnis entsteht daher, wenn man *kol goyei ha-aretz* mit »alle Völker des Landes« wiedergibt. Könnte es sein, dass der Prophet Sacharja die Leute vor Augen hatte, die wir heute als »Palästinenser« bezeichnen, und deren Wurzeln sich praktisch über die gesamte Welt biblischer Zeiten erstrecken? Wie wir gesehen haben, sprach man schon zu Zeiten der Erzväter von ganz verschiedenen »Völkern des Landes«. Auch eine Nebeneinanderstellung der verschiedenen in diesem pro-

phetischen Zusammenhang beteiligten Menschengruppen legt nahe, dass die Begriffe »alle Völker« und »alle Völker von *ha-aretz*« Unterschiedliches meinen.

Wir werden also auch in Zukunft nicht umhin kommen, Geschichtsbücher, Zeitungen und Bibel aufmerksam nebeneinander zu lesen – und dabei offenzubleiben für neue Erkenntnisse.

Mosab Hassan Yousef, Ron Brackin

Sohn der Hamas
Mein Leben als Terrorist
Gebunden, 13,5 x 20,5 cm, 272 S.,
mit Schutzumschlag
Nr. 395.223
ISBN: 978-3-7751-5223-5

Sein Vater ist einer der Gründer der islamistischen Organisation Hamas. Er selbst wird zum Spion für Israel und wendet sich dem Christentum zu. Mosab Hassan Yousef weiß Dinge über den Nahostkonflikt, die nur einer Handvoll Menschen bekannt sind ...

Bitte fragen Sie in Ihrer Buchhandlung nach diesem Buch!
Oder schreiben Sie an: SCM Hänssler, D-71087 Holzgerlingen;
E-Mail: info@scm-haenssler.de; Internet: www.scm-haenssler.de

Ellen Hirsch (Hrsg.)

Israel von A-Z
Paperback, 14,5 x 21 cm, 288 S., farbig ill.
Nr. 393.756
ISBN: 978-3-7751-3756-0

Das Nachschlagewerk für Israelreisende und interessierte! Für schnelle, präzise Einblicke in die israelische Kultur, Geschichte und Lebensweise.

Krista Gerloff, Johannes Gerloff

Der Alltag fängt am Sonntag an
Ein Erlebnismosaik aus dem jüdischen Land
Paperback, 13,5 x 20,5 cm, 220 S.
Nr. 394.332
ISBN: 978-3-7751-4332-5

Begeben Sie sich auf eine Reise durch den Jahresablauf im jüdischen Staat Israel. Spannend und mit einer Prise Humor gewürzt erzählen Krista & Johannes Gerloff von Traditionen und Festen des jüdischen Volkes.

Bitte fragen Sie in Ihrer Buchhandlung nach diesen Büchern!
Oder schreiben Sie an: SCM Hänssler, D-71087 Holzgerlingen;
E-Mail: info@scm-haenssler.de; Internet: www.scm-haenssler.de

D1994579